XAMANISMO
O CAMINHO DO CORAÇÃO

Wagner Frota

XAMANISMO
O CAMINHO DO CORAÇÃO

XAMANISMO: O CAMINHO DO CORAÇÃO
® Publicado em 2021 pela Editora Alfabeto

Supervisão geral: Edmilson Duran
Diagramação: Décio Lopes
Revisão de texto: Hélio Mattos
　　　　　　　　Tatiana Mamede
　　　　　　　　Luciana Papale
Ilustração da capa: Sarah Cloutier

DADOS INTERNACIONAIS DE CATALOGAÇÃO NA PUBLICAÇÃO

Frota, Wagner

Xamanismo o Caminho do Coração/Wagner Frota. Editora Alfabeto. 2ª Edição. São Paulo, 2023.

ISBN: 978-65-87905-22-8

1. Xamanismo. 2. Esoterismo. 3. Xamãs. 4. Misticismo 5. Magia 6. Espiritualidade 7. Desenvolvimento Pessoal   I. Título.

Todos os direitos sobre esta obra estão reservados ao Autor, sendo proibida sua reprodução total ou parcial ou veiculação por qualquer meio, inclusive internet, sem autorização expressa por escrito.

A violação dos direitos autorais é crime estabelecido na Lei n. 9.610/98 e punido pelo artigo 184 do Código Penal.

EDITORA ALFABETO
Rua Protocolo, 394 | CEP: 04254-030 | São Paulo/SP
Tel: (11) 2351-4168 | editorial@editoraalfabeto.com.br
Loja Virtual: www.editoraalfabeto.com.br

A todos os buscadores sinceros do Sagrado Caminho do Xamanismo.

Agradecimentos

> Amigo é coisa pra se guardar, no lado esquerdo do peito, mesmo que o tempo e a distância, digam não, mesmo esquecendo a canção. O que importa é ouvir a voz que vem do coração.
>
> Fernando Brant & Milton Nascimento

Tive a honra de conhecer e receber amor de pessoas a quem tenho algo a agradecer. Quero tornar público o meu agradecimento a todos que, de certa forma, contribuíram diretamente para que eu seja quem sou e auxiliaram na execução deste livro. Corro o risco de esquecer alguns nomes, mas mesmo assim quero nomeá-los para que saibam que seus nomes estão gravados no meu coração e em minha mente.

Xamanismo – O Caminho do Coração é fruto da minha formação, experiência e pesquisa, bem como do trabalho de numerosos estudiosos que têm pesquisado e escrito extensivamente sobre o assunto. Sou grato a esses xamãs e pesquisadores, cujas atividades formaram a minha pesquisa. Espero que eu tenha representado a visão e as ideias de vocês completamente e com precisão. Quaisquer deficiências são de minha autoria.

Agradeço aos Mestres que compartilharam comigo os ensinamentos ancestrais e que me deram a chave para abrir uma porta para outros Universos que antes eu pensava não existir e ainda me ensinaram o verdadeiro significado de rituais e cerimônias: Xabi Fjellheim Agirretxe, Claudio Capparelli, Mirella Faur, Mama Julia Flores Farfan, Bayir Rinchinov, Marco Antonio Nuñez Zamalloa, Don Nazário Quispe, Don Martin Pinedo Acuña, Dona Bernardina Catary, Hank Wesselman, Julio Tiwiram Taish, Julia Calderon, Dona Maria Apasa, Márjá Sofe Aikio, Miguel Chiriap, Pai Legba, Don Julio Cortez, Serge King, Tayta Pedro Condoriri, Tuyana Bolod-Akhe, Don Humberto Soncco, Don Mariano Quispe, Don Pascual Apaza Flores, Salqa Apaza e Don Francisco Chura Flores.

Também quero reconhecer e oferecer minha profunda gratidão para os xamãs que se mantiveram fiéis às suas práticas mesmo depois de séculos de perseguição, preservando os caminhos sagrados e seu conhecimento para toda a humanidade. Tenho uma dívida especial de gratidão para com os xamãs andinos (*paq'o, hampeq, yachac, yatiri*) sem cuja bênção e sabedoria eu não teria prevalecido nesse esforço.

E aos que encontrei no Sagrado Caminho do Xamanismo e que possibilitaram a geração de tanta magia que temos compartilhado durante todos esses anos de aprendizado contínuo: Adriana Augusta Correia de Freitas, Adriana Fittipaldi, Adriana Jaccoud, Adriana Marguerita, Agustin Guzmán, Alberto Villoldo, Aldo Grau, Alex Guerrero, Alexandre Campello, Alice Leal, Ana Lúcia Tourinho, Ana Marques, Ana Paula Cordeiro, Ana Paz, Anna "Huaman Soncco" Gonçalves, Anna Victória de Azevedo, Anderson da Costa, André Karuno, André Panizzi, André Rossi, Andrea Boni, Andréa Farfan Flores, Anselmo Paes Jr, Antônio Queiroz, Arsenio Hypolito Junior, Artur Carvalho Neto, Arthur Corrêa, Assis Aymone, Auristela Guardia Villanueva, Carminha Levy, Carla Nicolini, Catarina Gano, Cecília Pilli, Célia Santos, Celina Beatriz Villanova, Celso Duarte, Celso Fortes, Claudia Cabral, Claudia Coelho Marsico, Claudia Mello, Claudia "Nina" Araújo, Claudio Medeiros, Cristian Martins, Christian Spencer, Cristiane Madeira Ximenes, Cristine Müller "Takua", Claire Maron Andrade, Clóvis Lima, Cris Gianni, Cris Marques, Cristiana Straccialana Parada, Cristiane Magalhães da Costa, Daniel Namkhay, Deyzivan Ferreira, Don Manuel Aspana, Don Isidro, Don Jorge Aspana, Dviane "Yana Anka" Alini, Edina Alkmin, Eduardo Varela, Eudes Cangussú, Fani Mamede, Fernanda Suhet, Fernado Augusto, Filipa Batista, Fred Brasiliense, Gary Farfan Flores, George Lucena, Giu Menegazzi, Gustavo Cornejo, Helena Maria Maltez, Heliane Bergo, Horácio Netho, Hugo Garrido, Hugo Silva, Inês Souza, James Arévalo Merejildo, Janine Araújo, Jarbas Leonel, João Carlos Cavalcante, João Vinícius Corassa, Jonathan Novais, José Roberto Morais Sobrinho, José Rubens Santana Rebuá, José Wilson, Josep Alan Flores Farfan, Jozé Ronaldo di Magalhães, Juliene de Paula, Julieta Menezes, Júlio Lenzi, Júnior Pilli, Ká Ribas, Kaká Werá, Karina Brito, Karla Carvalho, Léo Artése, Liana Carbon, Liana Utinguassú, Lia Vieira Domingues, Liliana Meireles, Lívia Raelle Costa, Lívio Barbosa, Lu Santa Rita, Luane Bittes, Lucas Rebuá, Luciana Bueno, Luciano Brandão, Luciene Arecippo, Luiz Amore, Luiz Fernando Monteiro Couto, Magnólia Barros, Marcelo Felício, Marcelo Leão, Marcia Duarte, Marcia Pacheco, Marcio Decat, Marco Antonio Capparelli, Marco Fachinelli Portes, Marco Túlio Oliveira, Marcos Gustavo Sperandio, Marcus Fraga, Maria Elisa Amaral, Mariana Maia,

Mariana Venturelli, Marília Altoe, Marina Allevato, Mario Vítor Almeida, Maurício Eloy, Michael White, Monica Berger, Nádima Nascimento, Nane Silva, Natália Carvalho, Natália Preard Duarte, Natalie Rakusin, Nilo Martins, Ninon Cramer, Osvaldo Oliveira, Patrícia Branco, Patrícia Fox Machado, Patrícia Pessi, Patrícia Taquece, Paulo Gustavo Tavares de Mattos, Paulo Maurício Arantes, Pedro Maia, Pedro Pestana, Piotr Kilanowski, Porfirio Chino Sequeiros Pinares, Regina Célia Pinheiro, Regina Vilela, Valéria Mota, Regina Oliveira, Renata Navega, Renata Vidal, Renata Vasconcelos, Reynaldo "Papoq" Vallenas, Ricardo Monteiro, Rita Almeida, Roberto Fontenele, Rodrigo Giovanetti Alves, Rodrigo Ecos, Rodrigo Romeu Araújo, Robson Seloti, Rogério Favilla, Rosa Preard, Rosane Amantéa, Rose Kareemi Ponce, Rudier Barriga Chavez, Sabrina Alves, Sabrina Negri, Samaya Antunes, Samuel Souza de Paula, Silvio Silveira, Stevie Garvie, Sthan Xannia, Susanna Queiroz, Taiana Maciel, Tamara Helena, Tatiana Clauzet, Tatiana Menezes, Tânia Ramalho, Tatiana Lima Campello, Tatiana "Menkaiká" Meurer, Thais Barata, Thales Jaccoud, Thelma Cruz, Tony Paixão, Thiago Queiroz, Thiago Portella, Tuga Martins, Ulisses Trindade Jr, Valéria Bastos, Vandré Silveira, Valéria Fish, Vanesa Flores, Vanessa Conterato, Vanessa Corbucci, Vincent Marmo, Viviane Pinheiro, Vitor Hugo França, Walid Barham Ode, Zeca Gomes e Zelinda Orlandi Hypolito.

Agradeço também aqueles que hoje vivem na Aldeia do outro lado do rio da vida, mas estão presente em minhas jornadas da alma e até hoje dividem comigo o seu conhecimento: Balam, Don Juan Uviedo, Don Manuel Quispe, Dona Juanita Máximo Morales, Cyro Leãoo, Elaine Cipriano, Evans de Azevedo e Silva, Isabel "Munay" Marques, Joaquim Miranda, Julio César Guerrero, Luis Alfredo Ramos Gonzales, Luiz José Berardo Loyo, Marco Falcão Peregrino, Maria Célia Frota, Maria Célia Loyo, Natálya "Iktomi" Vidal, Pai Tito, Paulo Carvalho, Pierre Weil, Rachel Mello, Silvia Miranda, Tayta Matzú, Trajano Moreira, Twilah Nitsch, Vera "Tanka" Maria de Souza, Wallace Hekaha Sapa e Zaine Faria Neves.

Envio os meus mais profundos e sinceros agradecimentos a todos os meus alunos e clientes que, através do meu trabalho com eles, deram-me uma compreensão profunda e autêntica do Xamanismo. Sem a minha experiência com eles este livro não seria possível.

Ao meu editor, Edmilson Duran, e a toda a equipe da Editora Alfabeto pelas ideias sugeridas e por terem trabalhado com afinco e extremo carinho na confecção deste livro.

A meus ancestrais diretos, que são fontes constantes de inspiração e já não vivem aqui em nossa Mãe Terra, mas seguem sua jornada nas estrelas. Aos meus avós: Sólon Frota, Aurea Nogueira da Frota, Abigail Frota e Fabrício Correia de Sousa. O meu agradecimento especial ao meu pai, Manoel Joaquim Correia de Sousa, por ter estado sempre ao meu lado e pelos seus sábios conselhos.

Tenho um agradecimento especial para Sarah Cloutier, que criou o desenho da capa, entendendo completamente a ideia que eu pretendia e indo além com a sua forte intuição.

Ao meu querido irmão de jornada, Hélio Mattos, por sua amizade, companheirismo, cumplicidade, sua detalhada leitura, correções e valiosos comentários ao manuscrito.

A minha mãe, Maria Therêza Nogueira da Frota, que além de me dar a vida e seu amor incondicional, ensinou-me, com Coração de Loba, a primeira canção de amor que aprendi, cujas notas ainda embelezam o meu mundo.

O meu profundo agradecimento a minha esposa Tatiana Mamede, pelo amor, apoio, carinho, colaboração, compreensão, cumplicidade, zelo e por ser minha companheira nesta vida e em outras jornadas.

Não posso deixar de agradecer à Vida, pelas dádivas que me foram concedidas, as risadas, choros, lições aprendidas e obstáculos superados.

E aos meus amigos espirituais e da natureza, que me acompanharam nesta grande jornada, destacando: as árvores, as montanhas, o povo de pedra, os lagos, os ventos e os animais. E agradeço ainda ao Círculo dos Dragões Ancestrais e outros seres, que me presentearam com os seus segredos de harmonia e poder e me permitiram aprender outras formas de comunicação.

Agradeço aos guerreiros ancestrais e aos espíritos aliados que me acompanham todos os dias ao longo da minha caminhada e me receberam no seu "mundo", dando-me conselhos valiosos para que eu possa prosseguir na minha jornada, até chegar o dia em que eu me reúna a eles no Grande Conselho ao redor da fogueira e possamos, juntos, beber um chocolate quente.

A Mãe Terra que me acolheu e me nutriu em seu seio, dando-me o sustento para seguir em frente, caminhando docemente pelo seu ventre.

E, é claro, ao Grande Espírito que nos deu a essência da Vida, para que possamos explorar o Grande Mistério e viver em Harmonia com todos os seres.

Sumário

PREFÁCIO 15
APRESENTAÇÃO 17
PRÓLOGO 25
XAMANISMO 33
    A espiritualidade na idade da pedra 34
    Xamã 42
    A Trilha Xamânica 48
        Treinamento 51
        Iniciação 53
    Profissão: Xamã 60

UNIVERSO XAMÂNICO 65
    Níveis do Cosmo – Os três mundos 70
    Energia e Ancestrais Míticos 74

VOO XAMÂNICO 79
    Universo do Xamã 89
    Transe e êxtase no Xamanismo 93

INDUTORES DO EXCA 103
    Dança 104
    Instrumentos 106
        Tambor 107
        Chocalho 109
    Enteógenos 110
        Amanita muscaria 112
        Ayahuasca 113
        Brugmansia 115
        Coca 117

       Cogumelo Psilocybe cubensis 119
       Datura 120
       Iboga 122
       Jurema-preta. 123
       Paricá ou Yopo 124
       Peyote 125
       Salvia divinorum 126
       Tabaco 127
       Wachuma 129
   Cantos xamânicos 134
   Meditação xamânica 136

CULTURAS XAMÂNICAS PELO MUNDO 139
   Tribos caçadoras-coletoras e agropastoris 139
   Xamanismo na Sibéria e Mongólia 142
   Xamanismo na Ásia Meridional e Oriental 148
   Xamanismo na América do Norte 159
       Xamanismo do Círculo Ártico. 160
       Xamanismo nas Pradarias e Florestas. 162
       Xamanismo no Oeste Selvagem. 168
       Xamanismo Havaiano. 173
   Xamanismo na América Central e no México 178
   Xamanismo Sul-Americano. 187
       Xamanismo Amazônico 187
       Xamanismo Andino 203
       Xamanismo Pampeano e na Terra do Fogo 213
   Xamanismo na África 225
   Xamanismo na Oceania 237
   Xamanismo na Europa 246

XAMÃS VARIANTES 257
   Shapeshifting (Mudança de forma) 261
   Berdache, Dois-Espíritos, Xamã Suave 263
   Estágios de Mudança de Gênero 272

RITOS E CERIMÔNIAS 277
Criando o Espaço Sagrado 278
Espaço Sagrado 279
Abrindo o Espaço Sagrado 279
Tipos de cerimônias e rituais 283
Busca da Visão 283
Yurupari 285
Caça ao Peyote 287
Caminhada de Poder 289
Dança do Sol 291
Yuwipi 293
Tenda do Suor 296

RODA DA MEDICINA 305
Meditando com as quatro direções 309
Roda Xamânica de Cinco Pedras 312
Roda da Medicina Norte-americana 312
Roda da Medicina de Trinta e Seis Pedras 314
Círculo Interno 315
Círculo Externo 316
Lunações 317
Caminhos Espirituais 318
Honrando o lugar onde você está 320
Saudando as quatro energias primordiais 322
Roda da Medicina Sul-Americana 324
Direções Sagradas 326
Círculo Interno 328
Círculo Externo 330
Lunações 330
Caminhos dos Ventos Espirituais 333
Círculo de Proteção Xamânico 334
Cada momento é Sagrado 335

ALIADOS DE PODER. 337
    Xamãs e Espíritos Aliados 341
    Tipos de Aliados de Poder 345
    Pedra de Poder. 348
        Encontrando seu Mineral de Poder 349
        Limpando sua Pedra de Poder. 350
        Energizando cristais e pedras. 350
    Plantas de Poder. 351
        Encontrando sua Planta de Poder. 353
    Animal de Poder. 354
        Relação com o Animal de Poder. 356
        Encontro com o Animal de Poder. 358
        Trabalhando com o Animal de Poder. 359
    Objetos de Poder 360

A CURA XAMÂNICA 365
    Procedimentos de ações xamânicas 368
    Extração das enfermidades. 370
    Elementos simbólicos no processo de cura 373

XAMANISMO HOJE. 377
    Neoxamanismo 380
    Xamanismo na atualidade 384

EPÍLOGO. 387
    Caminho xamânico 393

ANEXO I 399
ANEXO II 411
ANEXO III. 419
GLOSSÁRIO 433
BIBLIOGRAFIA 443

Prefácio

Em outras épocas, quando o pensamento mágico determinava a significação da existência e proporcionava ao Homem uma vivência simultânea em dois mundos – no cotidiano e maravilhoso, ou no profano e místico – a obra pontifical não era um simulacro religioso, mas, sim, uma experimentação da alma, uma disposição consentânea da interioridade psíquica desperta e o fazia apto à percepção, quer visual, quer auditiva, das mensagens transdimensionais, onde se revela o "entre o Céu e a Terra", na linguagem de Shakespeare.

Alódio Továr

Ao ser convidada por Wagner, meu irmão e mestre querido, para escrever a apresentação desta preciosa obra, meu coração se encheu de alegria. Mas agora, sentada na frente do computador, olhando o teclado e pensando: "como colocar em palavras o que senti lendo estes escritos?", percebo a responsabilidade em fazê-lo. E mais ainda, percebo como nossos mestres nos tiram da zona de conforto e usam de suas "medicinas" para nos colocar de volta à roda da vida.

Cada pedido de um xamã/mestre, tem uma medicina sendo aplicada. Na veia!

Atravessar o portal do que está aqui escrito é mergulhar nos ensinamentos mais profundos e simples do Xamanismo. É ser chamada a autorresponsabilidades, autocrítica e, acima de tudo, é um retorno ao mundo não mental, tão conhecido meu.

Ler sobre as vivências é adentrar memórias ancestrais e pessoais por um olhar absolutamente sagrado. Como o próprio caminho é.

Wagner teve delicadeza nas escolhas das palavras, na forma como ensinar com elas e através delas o que, naturalmente, o faz caminhando e vivenciando as situações colocadas aqui.

Quem já percorre o Caminho Sagrado do Xamanismo ou quem pretende assuntar por esses caminhos, terá nessas páginas a possibilidade de, ou reviver suas memórias ou ter a exata extensão de como é a jornada de um xamã e de quem se coloca como aprendiz de seus saberes.

Prepare-se para adentrar um mundo mágico, repleto de seres encantados, de magia, de autoconhecimento, de muita responsabilidade e de profundo Amor.

O Sagrado Caminho do Xamanismo nos convida a um retorno ao sagrado de cada um de nós, aos ensinamentos que nossos ancestrais deixaram registrados nas memórias celulares e que, pela correria do dia a dia e todo excesso de informação que nos é jogada, vamos nos afastando e deixando de ouvir e ver.

Prepare seus olhos, seus ouvidos, seu coração e esteja atento para os pelos dos braços. A cada frase, os olhos estarão se abrindo e se livrando dos véus que os separam do mundo encantado da natureza.

A cada palavra, seja ela vegetal, mineral, animal, onírica... a cada expressão os ouvidos vão se aguçar e perceber o chamado do vento, da chuva, das flores... e o corpo se arrepia, porque quando os véus caem, a barreira entre os mundos se desfaz e a percepção dos "encantados", dos "espíritos", dos "mestres" fica mais clara e presente.

Tome assento, ocupe sua poltrona mais confortável e boa viagem ao Sagrado. Não esqueça, o Xamanismo é o retorno ao simples, ao profundo e ao respeito por tudo e todos. Wagner foi magistral em colocar isso tudo aqui!

Eu sou
Rose Kareemi Ponce
Assim falei!
Aguyjevete

Apresentação

> Persiga sua bem-aventurança e não tenha medo, que as portas se abrirão, lá onde você não sabia que havia portas.
>
> Joseph Campbell

Sempre que retorno de minhas jornadas, nos meus atendimentos terapêuticos ou ao abrir o meu e-mail da página de Xamanismo que mantenho na internet[1], encontro pessoas que perguntam: o que é Xamanismo? O que vem a ser um xamã? Quais são seus poderes? O que realmente eles realizam? Como posso me tornar um xamã? Existe algum curso para isso?

A partir destas indagações e por notar o crescimento do número de pessoas fascinadas pela arte xamânica, resolvi escrever este livro e pretendo, com ele, apresentar o Xamanismo de maneira acessível e prática tanto para aqueles que o conhecem como para os incautos. Demonstrando a todos aqueles que o lerem que o Caminho Xamânico é uma abordagem natural da vida que nos foi confiscada no processo de socialização.

Já faz mais de três décadas que percorro o Sagrado Caminho do Xamanismo. Durante minha trilha, aprendi que esta é uma jornada rumo à liberdade.

Xamanismo para mim é um modo de vida, um caminho que me ajudou a despertar certos dotes e que tem me auxiliado em todas as áreas de minha vida, tornando-me um Ser Pleno. Nesta caminhada, descobri que muitas das pessoas que convivem comigo como alunos e amigos, tornaram-se mais saudáveis física e emocionalmente ao começarem a utilizar técnicas e práticas xamânicas.

Os personagens xamânicos aparecem ao longo da história da humanidade, da religião e da psicologia. O termo "xamã" é originado na Sibéria, onde se pronuncia *xamán*, com acento tônico na última sílaba. Em inglês, pronuncia-se geralmente *shaman* no singular e *shamans* como plural.

Em todo o mundo a palavra *xamã* tem sido usada com certa liberdade, sendo sinônimo de curandeiro, líder espiritual, contador de histórias, mago, sacerdote,

---

1 www.xamanismo.com

feiticeiro, etc., principalmente nos locais onde estes personagens têm trabalhado além da corrente das religiões institucionalizadas. Para nós que trilhamos o Caminho Xamânico, os xamãs realizam atividades tão especiais relacionadas à viagem da alma, que merecem um termo que a eles se refira unicamente.

Há muitas obras literárias disponíveis que reúnem fatos, pesquisas de campo e histórias sobre xamãs e que, efetivamente, defendem a existência e a eficácia do Xamanismo. Não é meu objetivo com este livro. Minha intenção é apresentar informações sobre xamãs e suas práticas para que o leitor seja capaz de compreender através dos olhos do xamã. Para este fim, vamos definir conceitos xamânicos e de outros campos nesta luz. Ao fazê-lo, esperamos fornecer um recurso completo e prático para as pessoas contemporâneas, neoxamãs e praticantes do Xamanismo.

Pretendo, nesta obra, apresentar um trabalho abrangente e sem mistificações do que os xamãs realizaram ao longo dos séculos e do que fazem atualmente, pois se entende que o seu papel ultrapassa a visão limitada de um técnico do êxtase, ligado ao sobrenatural e às entidades espirituais. Seu caminho interior participa da mesma febre mística atemporal que caracteriza a mais assídua das buscas espirituais.

E se, na aparência, o caráter mágico do xamã continua a ser sua assinatura, já não se trata simplesmente de um fim a ser atingido, mas do resultado tangível de um formidável poder pessoal adquirido com o tempo e por meio da vontade. Esse poder não advém de um domínio qualquer das pulsações íntimas, muito menos de um combate psicológico travado contra si mesmo. Exerce-se a dualidade xamânica entre o homem e a natureza – mais precisamente, entre o mundo e a ideia que o homem faz dele. Por meio do êxtase, manifestação última e espetacular de sua atuação no mundo, o xamã rompe essa defasagem temporal e ilusória.

Montal (1984, p. 9) cita:

> Embora visto corriqueiramente como vidente, mago, mágico, curandeiro, feiticeiro, poeta, líder, etc., o xamã em sua essência vai além de tudo isso. Analogamente, caminhar sobre brasa, predizer o futuro ou voar em sonho, nada disso significa ser xamã. Afirmá-lo constitui absurdo tão grande quanto dizer que bater um prego torna alguém marceneiro.

Uma atenção especial se faz necessária ao contexto social em que se insere a atividade xamânica que se reveste de significado ao cuidar de si mesmo, da terra e de outras pessoas.

No capítulo sobre Culturas Xamânicas pretendo fornecer informações específicas sobre determinados conceitos e as práticas dos povos xamânicos. Para não perder a diversidade de tradições, a complexidade e a singularidade dos xamãs, procurei definir os conceitos a partir da perspectiva xamânica na esperança de que o leitor seja capaz de ver estes seres e suas práticas através de novos olhos. Aproximadamente cinquenta culturas de todos os continentes estão representadas aqui.

Uma vez que existem milhares de grupos étnicos que possuem xamãs, focalizar-se-á neste livro atenção aos povos que possuem tradições xamânicas mais representativas, a fim de transmitir ao leitor a sensação da vista, do som e do cheiro das suas aldeias e paisagens. Aqui nos concentraremos no Xamanismo das sociedades tradicionais, porque é nestas que se encontra o núcleo da prática xamânica. Algumas das ideias e dos rituais descritos podem ter se alterado atualmente, ou até já nem serem praticados. Porém, verifica-se o renascimento do Xamanismo entre alguns povos tradicionais xamanistas.

Os espíritos aliados e as práticas xamânicas estão igualmente disponíveis para homens e mulheres, de todas as raças e sem levar em conta a orientação sexual. Para enfatizar esse ponto eu usei o incômodo ele/ela como pronomes ao longo deste livro, exceto naquelas culturas onde os xamãs são tradicionalmente de um ou outro sexo. Sempre que possível utilizarei a palavra tradicional da cultura para o xamã, lembrando que todos os povos xamânicos têm seus próprios termos para eles.

O conhecimento pessoal e o poder do xamã são obtidos em muitas jornadas aos outros reinos da consciência e, como diz Harner (1980, p. 83) "anos de experiências xamânicas são habitualmente necessários para alcançar um alto grau de conhecimento do quebra-cabeça cósmico". Desta forma, a motivação, a disposição e o tempo para se comprometer com um longo período de aprendizado são pré-requisitos para ingressar no Xamanismo.

Muitos encaram o Xamanismo como religião. E para esclarecer esta questão e demonstrar que na verdade é uma filosofia de vida e uma escolha do coração, é preciso ressaltar que religião vem do latim *religare* e significa "reconexão", "religamento" entre o ser humano e a divindade, o princípio espiritual. Embora a vivência xamânica possa representar em circunstâncias específicas o retorno ao sagrado, à ideia de divindade e ao conforto espiritual, ela é, na verdade e desde sua origem, uma forma de reverenciar, conhecer, interagir e comungar com o Universo.

O termo "religião" não poderia ser aplicado aos povos que o desenvolveu como linguagem espiritual, porque os povos nativos, tão comumente conhecidos por nós como "índios" – mesmo sem terem nascido na Índia –, organizavam-se holisticamente, inteirados dos ciclos de vida-morte-vida e dos mistérios sagrados e naturais, entendendo-se como parte deles, como um organismo vivo, único.

Com o desenvolvimento e a aquisição de tecnologias e urbanização ocorreu um processo de rompimento com os conhecimentos subjetivos, intangíveis, considerados primitivos e inadequados para o modo de vida que surgia.

O Xamanismo é uma ciência, uma arte, uma filosofia, uma mística. É um modo de vida. Infelizmente, à medida que as "civilizações" "evoluíam", dedicavam-se com afinco a invadir outras culturas e a impor a sua doutrina religiosa como forma de dominação. Assim, as civilizações xamânicas invadidas foram forçadas a adotar uma deidade distante e inatingível que lhes roubava a comunhão de que desfrutavam e oferecia um paraíso futuro e incerto, depois de uma vida baseada em medo, pecado e culpa.

Todos os povos nativos de que se tem notícia desenvolveram uma forma própria de lidar com as questões espirituais e físicas, em comunhão com o ambiente e o corpo em que viviam, por isso o Xamanismo não pode ser considerado apenas como uma religião. É um sistema completo de soluções políticas, privadas e religiosas. Como qualquer sistema, é suscetível a críticas, todavia, estas não o invalidam. O Xamanismo é uma abordagem da realidade alternativa a esta que temos hoje, uma forma de aceitar a existência e se relacionar com outras realidades dentro de paradigmas completamente diferentes daqueles impostos pelo processo de socialização predominante. Pode-se dizer que é uma abordagem orgânica da vida, do fenômeno de estar vivo e da vida como campo cognitivo.

Como o leitor pode ver, o Xamanismo não é um sistema de fé. Pelo contrário, é um conjunto de atividades e experiências comuns dos xamãs e sua experiência única do mundo. As experiências que os xamãs têm em estados extáticos e que são necessários para o seu trabalho é tão real para eles, como a que o leitor/a está tendo ao ler este livro ou ao ver o sol nascer todos os dias. Essas experiências reforçam e desenvolvem nos xamãs a compreensão do Universo como vibrações e padrões de energia inter-relacionados e interdependentes.

Ao escrever este livro, procurei utilizar o termo Xamanismo o menor número de vezes possível. Budismo, capitalismo, comunismo, cristianismo, feminismo – todos estes "ismos" são doutrinas ou ideologias estabelecidas em relação a outras ideologias e que estão dotados de textos, ministram ensinamentos e possuem aspirações políticas e sociais. As culturas xamânicas foram baseadas em tradição oral, portanto não formalizaram seus princípios e mecanismos. De um modo geral, as ideias e práticas xamânicas coexistem, com maior ou menor liberdade com os sistemas formalizados. Prefiro designar as atividades xamânicas como Xamaria – em analogia à Bruxaria – e a qualidade profissional do xamã talvez merecesse um nome próprio. Por isto, e uma vez que não existe uma ideologia unificadora, usarei a denominação "Xamanismo" no plural, ao me referir ao complexo de atitudes, ações, usos, ensinamentos, aplicações e práticas terapêuticas.

Hoje, numerosos profissionais da área da saúde como médicos, psicólogos, psicoterapeutas, etc., defendem e utilizam as técnicas ancestrais para atingir outras dimensões, de forma a alcançar a cura efetiva no tratamento de certas desordens do corpo e da alma. Longe desses caminhos já trilhados, principalmente no norte dos continentes asiático e americano, este livro propõe a tarefa de ajudar a encontrar, aqui e agora, o "xamã interior" de cada um.

Assim, buscar-se-á numa primeira parte apresentar o Xamanismo e o Caminho do Xamã no espaço e no tempo, seguir-lhe a senda iniciática, descobrir os seus estranhos poderes e o ambiente mágico, para depois, numa segunda parte, como o espectador que põe sua razão totalmente de lado, acompanhá-lo até o fim de sua busca extática e com ele transgredir essa nova realidade, rumo ao autoconhecimento.

O Xamanismo representa o mais antigo e difundido sistema de métodos e técnicas de tratamento da mente e do corpo que a humanidade conheceu. Existem mais de cinquenta mil anos de evidências arqueológicas. Aceitarmos um conjunto de crenças ou de conceitos metafísicos não tem grande importância no nosso trabalho. Não existe a necessidade de exercitar a fé na existência da realidade "comum" do dia a dia, porque podemos passar por tudo isso sozinhos. Essa experiência é obtida por meio da ampliação da consciência. São experiências consideradas extraordinárias, mas são perfeitamente naturais, pois na verdade, todos nós somos seres multidimensionais, apesar de a maioria não saber disto.

Vamos deixar de lado todas as definições, as ideias pré-concebidas e os modos de raciocínio. Na verdade, iremos além do raciocínio para chegar à parte de nós que nos conduziu a este momento em que nos reunimos aqui. A intenção deste trabalho não é encher a mente de ninguém com ideias, mas limpá-las para que elas possam ocupar seu verdadeiro lugar dentro do Ser complexo que somos, permitindo que cada parte nossa se integre num ser harmonizado e totalmente realizado. É obvio que isso não será alcançado completamente ao final da leitura deste livro. Entretanto, ao conhecermos a vasta expansão da nossa consciência, reconheceremos o "Espírito Sagrado" que habita dentro de nós. Como uma árvore, iremos nos modificar a cada dia, transformando-nos num ser grande e frondoso.

Essa é uma mudança que só pode ser alcançada dentro do universo particular e íntimo de cada Ser que se dispõe a dançar consigo mesmo e com as infinitudes que lhe rodeiem. O que podemos fazer é abrir os canais por meio dos quais essas mudanças podem ocorrer. Mesmo que vocês discordem das ideias e das técnicas que iremos expor, se conseguirem vê-las simplesmente como ideias e práticas arcaicas, a verdade por trás delas já será capaz de ajudá-los a provocar as mudanças necessárias para que encontrem, conscientemente, sua própria realidade, para, assim, tocar sua própria verdade.

Todos os vocábulos indígenas usados na narrativa são ressaltados em *itálico*. Para uma melhor compreensão do seu significado, o leitor poderá consultar o glossário ao final do livro, como também descobrir como se desenvolveram alguns conceitos fundamentais das culturas xamânicas.

Quanto a grafia das etnias, optei por usar minúscula quando me refiro a aspectos internos da cultura em foco e iniciar com maiúscula ao destacar o povo que origina como uma forma de reconhecimento e respeito aos povos originários.

Utilizei a nomenclatura Era Comum (EC) no lugar de *Anno Domini* (AD) e Antes da Era Comum (AEC) em vez de Antes de Cristo (a.C), que são preferidas nos meios acadêmicos e que evitam o uso a referências religiosas.

Há também, ao fim desta obra, três anexos sobre os atributos, significados e poder de cura dos Aliados de Poder.

Alguns dos leitores certamente perguntarão: "Por que o subtítulo *Caminho do Coração*?". Eu poderia responder tal e qual Don Juan Matus falou para Castaneda (1968, p. 105).

> Este caminho tem coração? Se tiver, o caminho é bom; se não tiver, ele não presta. Ambos os caminhos não conduzem a parte alguma; mas um tem coração e o outro não. Um torna a viagem alegre, enquanto você o trilhar, será um com ele. O outro o fará maldizer sua vida. Um torna forte; o outro enfraquece.

Porém irei responder a essa questão narrando uma pequena estória que foi contada durante gerações ao redor de fogueiras.

Narra a lenda que, o Grande Mistério (*Spíritu*), após a criação da Terra, ficou angustiado quando os homens começaram a se queixar da vontade divina em todas as suas manifestações. Cansado de tantos questionamentos Ele dirigiu-se à Montanha Sagrada para encontrar e pedir orientação a um sábio dragão que lá vivia em uma caverna de cristal. Ao chegar ao seu destino encontrou o velho dragão ermitão sentado numa pedra contemplando a natureza. Sentindo a presença do Grande Espírito o eremita olhou em sua direção e, ao vê-lo tão preocupado, perguntou a causa da sua aflição.

– Creio que cometi um equívoco durante a criação da Terra, os humanos não param de reclamar. Quando envio as chuvas para que os campos se frutifiquem e eles tenham fartura, queixam-se por estarem molhados. Se para de chover, reclamam que estão secos. O mesmo ocorre com o calor e o frio. Senão bastasse isso, não param de pedir coisas. Mesmo fazendo suas vontades, eles nunca estão satisfeitos.

O dragão com os olhos compassivos, indagou:

– O que necessita? Como posso ajudá-lo?

Spíritu refletiu por alguns instantes e falou:

– Preciso de descanso, tenho que dormir por um longo tempo, sem pedidos ininterruptos. Mas não encontro um lugar onde possa me esconder e não ser encontrado.

Neste momento os olhos do sábio dragão brilharam, um sorriso maroto iluminou seu rosto e ele respondeu:

– Conheço um lugar onde nunca irão buscá-lo, um local no qual poderá descansar tranquilamente sem ser interrompido por uma saraivada de pedidos.

– Que lugar é este? – perguntou o Espírito Sagrado.

– Esconda-se no coração das pessoas. Não passará pela cabeça delas que estás lá e certamente não irão encontrá-lo.

– É exatamente isso que farei, e irei além, depositando no seu osso sacro o fogo sagrado que os auxiliará a expandir sua consciência e a me encontrar quando for a hora.

A partir deste dia o *Spíritu* passou a dormir dentro do coração dos humanos e não existe tarefa mais importante na vida de cada homem e de cada mulher na Terra do que encontrá-lo e trilhar o Caminho do Coração.

Passei por várias experiências de quase morte e já fui submetido a inúmeras provas iniciáticas dentro do Xamanismo até ser reconhecido como um líder espiritual. Porém, acredito que a iniciação xamânica formal não seja necessária para que possamos nos beneficiar destes métodos milenares de vida. Muito menos de que tenhamos que sofrer para que aprendamos o valor do Caminho do Coração. Tradicionalmente, provas extremas e sofrimentos profundos para a sobrevivência são uma via para as pessoas que resolvem trilhar o caminho do aprendizado xamânico. A vivência nos mostrou que existe outro caminho homeopático e suave.

Existem dois tipos de aprendizagem xamânica, quiçá três. Uma é aquela em que vivenciamos nossas experiências caminhando sempre à beira de um abismo, colocando constantemente nossa vida em risco. A outra se adequa mais à vida urbana, onde aprendemos suavemente o que vem a ser o Xamanismo. As duas abordagens têm os seus defensores, porém acredito que, por os indivíduos serem diferentes, alguns aprendem melhor em uma abordagem e não na outra. A meu ver, mesclando as duas podemos atingir o mesmo propósito. Chamo a atenção para que antes devemos perguntar qual será o melhor caminho para nós e, certamente, se ele tem coração.

Lembre-se de que você irá percorrer o seu caminho e que ninguém, por mais sábio que seja, por melhor Mestre que possa ser, é capaz de conhecê-lo melhor do que você mesmo se conhece. A única coisa que é possível fazer é ajudá-lo a despertar e a se conscientizar do que você é capaz e sabe e, obviamente, oferecer as nossas mãos com amor e amizade, tal como fazemos agora, reconhecendo que todos os caminhos conduzem ao mesmo destino: ao ponto onde todos somos um.

No Caminho Xamânico aprendemos que devemos aprender a valorizar o poder de ouvir a si mesmo e a perceber a realidade através de diferentes perspectivas. Só que para isso, é necessário percorrer uma trilha muitas vezes árdua, mas cheia de surpresas e alegrias. E certamente nessa jornada encontraremos nosso lugar no mundo. Para mim, só vale a pena percorrer um caminho que tenha coração, e o Xamanismo tem um que pulsa vigorosamente na totalidade do meu Ser.

Wagner Frota

Prólogo

> O conhecimento ancestral está guardado dentro do coração dos homens. Para resgatá-lo, devemos olhar dentro de nós, reencontrando o *Spíritu* que lá habita e juntos ouvirmos a voz do coração sagrado do Grande Mistério.
>
> Wagner Frota

No início da humanidade tínhamos medo dos trovões e dos animais, principalmente daqueles que viviam em cavernas nas quais procuravam refúgio das manifestações da natureza. Todos esses valores estão gravados em nós.

Como os primeiros seres humanos, os nômades andavam fugindo dos animais, escondendo-se deles, aprendendo a caçar e a sobreviver. Viviam de maneira extrativa, que não os enraizava na terra. À medida que o ser humano passou a observar os ciclos da natureza, passou também a escolher um local, a se fixar nele e a usar o seu diálogo com a Natureza para reconhecer as épocas certas do ano, e assim, poder plantar e colher. Ao observar o ciclo da natureza e suas manifestações, o homem refletiu sobre sua relação com o Universo e, sem saber, estabeleceu uma ponte com o macrocosmo, traçando um fio que nunca mais iria se romper. Criou-se assim uma ligação maior com a terra, aprendendo a manusear e a respeitar a natureza. Quando as coisas não eram favoráveis (as colheitas não estavam satisfatórias, de repente as manadas de búfalos sumiam ou então faltava alimento por esse ou aquele motivo), a humanidade voltava-se para o céu como se estivesse buscando ajuda ou respostas para tudo aquilo que estava acontecendo. O que fazer? Como proceder?

Foi a partir deste momento na História que o ser humano passou a contatar a Mãe Natureza, respeitando-a e prestando atenção aos seus sinais, aplicando-os nas suas vidas e atividades, passando a viver em harmonia com o meio ambiente.

Faur (1997, p. 10) explica:

> Acreditando na existência de uma força vital e da essência espiritual em todos os seres (independentemente do seu plano ou reino), os antigos podiam chamar ou parar a chuva com suas orações, aumentar a fertilidade das lavouras ou dos animais com suas cerimônias e curar doenças do corpo e da alma com ervas, rezas, encantamentos ou rituais.

Durante eras o ser humano viveu em harmonia com seus irmãos – animais, minerais e vegetais – equilibrando as forças energéticas da Mãe Natureza. Conseguia sentir e ouvir o Espírito dentro de si e em todas as criaturas ao seu redor. Acima de tudo, respeitava a vida. Toda vez que era obrigado a tirar a vida de um animal, o fazia dando algo em troca e pedindo desculpa ao espírito do ser morto.

Ao deitar, olhava o manto de estrelas à procura de uma resposta para o Grande Mistério da Vida. Sentia o renovar dessa vida ao ter uma criança em seus braços e tinha o mesmo sentimento em todas as primaveras, quando via a grama crescer e os frutos amadurecerem nas árvores. Neste momento percebia um elo que o ligava a outros seres e habitava dentro de todos eles, uma marca registrada que o Grande Mistério deixara em cada um. Vendo a vastidão do Universo, elevava seus braços em agradecimento a esse Grande Mistério, aquele Espírito do qual toda vida emanava, única resposta para suas perguntas.

O homem convivia em harmonia com todos os seres da natureza, porém, em um dado momento, não satisfeito com as respostas, ousou atravessar aquela linha entre ele e o Grande Mistério, afastando-se da Grande Estrutura Harmônica.

Quebrando o Arco Sagrado, afastou-se da natureza, reverberando os seus atos na energia que o conectava aos outros irmãos, que antes viviam em sintonia e que a partir daquele momento caíram em desequilíbrio.

A sede de poder cresceu e o ser humano tomou as rédeas da natureza em suas mãos, desvendando seus segredos. Seus conhecimentos aumentaram, entretanto, a Sabedoria Espiritual se perdeu e ele se afastou cada vez mais da Essência. Tornara-se um cientista e passava os seus dias desvendando a arte do Grande Mistério: não vivia mais na inocência, mas, sim, num mundo racional. A emoção foi banida da Terra, ocorrendo uma ruptura entre o ser natural e o cientista. A humanidade separada da natureza distanciou-se das plantas e dos animais, afastando-se do contato consigo mesma e com o Grande Mistério.

Esta ruptura levou o ser humano a se sentir isolado, amedrontado, criando um mundo onde imperam a poluição e a violência, dentre outros desequilíbrios. Vendo a Terra apenas como fonte de rendimento e os minerais, vegetais e animais como meios para servir aos seus interesses, a humanidade cortou os laços que a ligavam à Mãe Terra, tornando-se solitária, desvitalizada, desencantada e desequilibrada. Provavelmente devido à perda desse sentido de ligação com o universo primitivo interno, o ser humano contemporâneo passou a desrespeitar a natureza, levando à catástrofe ecológica tanto externa quanto interna.

Ao comer o fruto do conhecimento, passou a procurar por fatos e respostas que se encaixassem dentro de uma estrutura lógica. Avançou em direção às estrelas, chegando a pisar na Lua, mas não conseguiu ultrapassar as dimensões do que consiste em ser humano. Chegou então o momento em que descobriu que toda racionalização das coisas, tudo que se encontrava à sua volta e ele pensava dominar, constituía mais um tipo de manifestação do Grande Mistério.

A indefinição filosófica com a consequente crise de todas as escalas de valores talvez seja a característica mais evidente do momento histórico vivido atualmente por nossa civilização. Fonte de grande insegurança e sofrimento tanto para o indivíduo quanto para a sociedade, essa situação também apresenta seus aspectos positivos e renovadores. Impossibilitados de organizar nossas vidas a partir de sistemas e valores externos, somos cada vez mais obrigados a buscar, dentro de nós mesmos, os sinais, parâmetros e convicções frescas, os quais, na devida alquimia do tempo, constituirão os novos sistemas e valores que caracterizarão a civilização do futuro.

Na situação presente estamos como náufragos no meio do mar em busca de terra firme. Lançamos nosso olhar para o futuro, desenvolvendo novas utopias embasadas principalmente nas descobertas da ciência e retornamos também às fontes mais antigas do conhecimento, para aí resgatar valores e métodos até pouco catalogados de "primitivos" e de tal sorte desprezados pela ciência oficial.

Nesse contexto de recuperação do passado arcaico e projeção no futuro até os limites do imaginável, muitas surpresas esperam pelo buscador e pela buscadora sinceramente desprovidos de preconceito, o maior inimigo do conhecimento. Poderá descobrir, por exemplo, que aquilo que desponta no horizonte luminoso do futuro já era bem conhecido no passado mais remoto. Foi o que aconteceu com Albert Einstein e com o físico contemporâneo Fritjof Capra, que descobriram que muitas ideias fundamentais da física relativística e da hiperfísica já estavam perfeitamente desenvolvidas, de modo conceitual, nas antigas doutrinas e filosofias da Índia, Tibete e da China.

Por um tempo adormecido, mas não esquecido, os rituais xamânicos voltam agora a despertar a atenção da humanidade, independentemente de seu estágio cultural ou do fato de viver na selva de pedra urbana cercada de racionalidade, coisa que não existia quando os nossos antepassados se reuniram pela primeira vez ao redor de uma fogueira.

O Xamanismo é o mais antigo sistema de práticas espirituais e de métodos de cura física, mental e espiritual. Segundo arqueólogos, antropólogos e etnólogos, as técnicas xamânicas existem há mais de cinquenta mil anos espalhadas pelos quatro cantos do mundo, sendo preservadas até os nossos dias pelos povos indígenas. Em nossos dias o Xamanismo tem sido estudado e adotado como uma filosofia de vida por um número cada vez maior de indivíduos. Existem muitas informações que ainda não foram compartilhadas pelos anciões e xamãs de inúmeras tribos, mas aos poucos este conhecimento está sendo passado a xamanistas nativos e urbanos, visando principalmente a preservação da nossa Mãe Natureza, mas para que possamos também vivermos de maneira equilibrada, harmoniosa e saudável.

O ressurgimento do Xamanismo se deve principalmente a uma série de variáveis, entre elas:

- A procura de uma abordagem de cura holística, sem remédios alopáticos e médicos mecanicistas.
- A busca por experiências esotéricas e expansão da consciência, viajando a outros mundos sutis ao som do toque do chocalho, tambor ou outro instrumento que seja tocado num ritmo constante, como também por meio da dança, sauna, postura corporal, jejum, técnicas respiratórias e uso de plantas psicoativas.
- A procura incessante da convivência pacífica do homem com a Natureza. Aprendendo a honrar e a reverenciar a Mãe Natureza, reconectando-se ao vínculo perdido no decorrer da dita evolução humana.

Segundo Harner (1980, p. 76):

Hoje o conhecimento xamânico sobrevive principalmente entre os povos que, até há pouco tempo eram de cultura primitiva. O conhecimento que eles preservam foi adquirido por centenas de gerações humanas, em situações de vida e de morte. Os ancestrais desses povos aprenderam e usaram, com muito esmero, esse seu conhecimento em seus esforços para manter a saúde e a força para enfrentar doenças graves e lidar com a ameaça e com o trauma da morte. Esses guardiões dos métodos antigos são muito importantes para nós, porque quase nenhuma das suas culturas deixou registro. Só através de seus representantes ainda vivos é que podemos aprender os princípios xamânicos.

A definição mais completa que encontrei sobre o Xamanismo foi escrita por Faur (2007, p. 411-412):

Consideram-se práticas xamânicas as técnicas de transe extático (induzidos por danças, batidas de tambor, plantas alucinógenas, jejuns, isolamento, sofrimento físico ou psíquico) a comunicação com os espíritos (invocação, canalização, incorporação), a possessão por divindades, as viagens astrais para outros níveis da consciência (os vários mundos distribuídos ao redor de uma Árvore ou Pilar Cósmico), a conexão com aliados (vegetais, animais, espirituais), a cura de doenças (pelo "resgate da alma", "extração" de energias intrusas, exorcismo, encantamentos, rezas, ervas), o domínio da mente sobre o corpo, as habilidades de desdobramento, projeção astral (*faring forth*), metamorfose (*shapeshifting*), a condução de alma dos moribundos, o intercâmbio com o mundo dos mortos (necromancia) e o culto dos ancestrais.

Desde que comecei a trilhar o Sagrado Caminho do Xamanismo, passei a me considerar um Guerreiro do Coração. Ao ser iniciado, jurei perante as forças da Mãe Natureza e ao meu Clã que eu não passaria pelos outros seres sem deixar a minha marca. Pedi que de minha boca pingasse o mel da vida em homenagem à Natureza. Que aos meus ouvidos fosse permitido ouvir o som do Universo no coração das crianças que brincam alegremente em contato com os seres da natureza. Que meu nariz fosse como o focinho do jaguar que sente de longe o perfume das flores. Viajei nas fibras de luz do meu Ser. Senti como se um desses filamentos luminosos tivesse pertencido a um andarilho das estrelas e fizesse parte de um lobo que há onze mil anos uivava ao luar no meio de uma floresta, onde hoje surge uma Terra Vermelha. Prometi também compartilhar todos os ensinamentos que me foram passados pelos Ancestrais Sagrados e difundir essa Tradição Milenar conhecida pelo nome de Xamanismo.

Porém, nem tudo são flores e poesia, na minha jornada descobri que este é um caminho árduo e tal como o Círculo do Sol, existe uma determinada fase em que as sombras envolvem a luz solar. Durante esse processo cai fascinado pelo meu próprio poder, seduzido pelo meu Ego. Esculpi minha imagem em meus próprios ensinamentos. Passei a evitar as minhas responsabilidades e a perder as forças. Parecia que não havia mais humildade e pureza no meu coração. Não era este tipo de marca que eu havia jurado deixar nas pessoas. Eu tinha permitido o meu lado sombra agir. Havia deixado a máscara egóica cobrir o meu rosto. Cheguei ao fundo do poço vivenciando a Grande Noite Escura da Alma, e lá, fazendo das tripas coração, tomei consciência dos meus atos. Reconheci a minha Sombra, integrei-a ao meu Ser e me levantei com a força do intento que habita dentro de mim.

Tudo tem sua porção luz e sombra, e certamente tiramos uma lição de qualquer situação pela qual passamos. Comigo não foi diferente e passei a ver com outros olhos aquelas pessoas que adentraram ao universo xamânico na busca deste como uma via de fuga de sua realidade existencial ou como uma maneira de superar os obstáculos que a vida coloca em nosso caminho. Cada um de nós tem uma história singular de vida. Alguns se aproximam do Xamanismo e se afastam dele sem terem vivenciado realmente este Caminho, pois ele é ambíguo.

Andei por cerrados, montanhas, florestas, aldeias e cidades, dentro e fora do país, procurando resgatar a sabedoria ancestral nativa. Conhecendo pessoas dos mais diversos tipos, entre eles "mestres" pomposos que viviam de maneira egóica e eram extremamente vaidosos. Já outros viviam simplesmente em situação de penúria, sem ao menos saberem assinar o seu próprio nome, mas manipulavam com total controle as forças naturais, demonstrando serem excelentes curandeiros e rezadores. Já testemunhei muita coisa, e não há como negar que a verdadeira magia é real. Algumas pessoas tem o dom de desaparecer na sua frente e podem estar em dois lugares ao mesmo tempo, podendo curar, matar, passar despercebidas na multidão, chegar perto de nós, dar o seu recado e saírem sem serem vistos.

Estive sentado no galho de uma árvore ancestral no meio do cerrado brasileiro e, com o toque do maracá e sem nenhuma substância catalisando o processo, vi a terra se abrir e dela surgir um dragão vermelho, que me convidou a viajar montado em suas costas, com outros irmãos, a mundos paralelos, onde vivem povos que não quiseram ser destruídos e tiveram, através da magia, condições de mudar de realidade, onde ainda hoje vivem. Lá encontrei seres encantados, divindades ancestrais e entes da natureza que compartilharam comigo sua sabedoria, ritos, mitos e a medicina sagrada ancestral.

Em minhas andanças estive na África, na Amazônia, nos Andes (Argentina, Bolívia, Chile, Colômbia, Equador e Peru), no Uruguai, na Venezuela, nos Estados Unidos, na Europa, no México, nos estados brasileiros de Alagoas, Goiás, Minas Gerais, Paraná, Pernambuco, Rio de Janeiro, São Paulo e Tocantins, onde conheci nativos que guardam segredos milenares, verdadeiras bibliotecas vivas, que me ensinaram a verdadeira magia tribal. Ao percorrer esses lugares conheci tribos cuja chave se encontra em plantas mestras, que ingeridas após saunas sagradas ou danças vigorosas durante dias, não produzem a inconsciência, mas a supraconsciência. Estive em *kivas* e *opys*, que são verdadeiras casas de oração dos povos nativos, onde pude presenciar curas milagrosas. E assim, pouco a pouco, descobri que ao lado deste mundo na qual a vida é perene e alguns estão mais preocupados em ter do que ser, existem também círculos sagrados de pessoas que buscam outros estados de consciência, no qual linhagens esquecidas pela história continuam seu caminho, onde há uma busca pela cura e equilíbrio da Mãe Terra e dos seus filhos.

Em terras estéreis no cerrado brasileiro vi o sol se pondo atrás de uma árvore seca e, ao cantar para esse astro sendo engolido pela noite que se aproximava, vi surgir um tênue arco-íris e escutei a alma do Universo dizendo que mais um ciclo da vida tinha chegado ao seu fim, e que neste momento fogueiras ancestrais estavam sendo acesas para aquecer a alma e os corações dos guerreiros que voltarão a surgir no novo amanhecer que se aproxima, resgatando as raízes da sabedoria ancestral de antigos povos. Recuperando a ligação com os gêmeos do pólen, a menina e o menino que vem do Leste, trazendo a semente da primavera para a humanidade, lembrando que é o momento de celebrarmos a Vida nesta nova alvorada, percorrendo o Caminho que nos levará ao nosso Coração.

Xamanismo

> O xamanismo tem representado uma via primordial para entrar em contato com as forças da natureza com o propósito de entender e curar, e o tem feito, desde os gelados árticos até selvas tropicais. Essas vias xamânicas levaram o buscador a desenvolver métodos que surgiram desse contato e à transformação inexorável do próprio buscador.
>
> Manuel Almendro

Em 1952, no bosque de Pavlov Hills, na República Tcheca, arqueólogos descobriram uma escavação em um sítio do Paleolítico Superior conhecido por Dolní Véstonice, um esqueleto feminino deitado em posição fetal sob dois ossos da escápula de um mamute e coberto por ocre vermelho. Esse corpo que foi ali enterrado não era de uma pessoa comum, mas, sim, de uma xamã que tinha em suas mãos uma raposa e ao lado de sua cabeça uma ponta de lança de sílex. Ao serem realizados maiores exames no esqueleto, verificou-se que a mulher deveria ter quarenta anos na época do seu falecimento e que tinha uma estatura anatômica próxima a dos seres humanos modernos. Testes de carbono 14 indicam que aquela mulher estava enterrada há cerca de 55 mil anos, ou seja, desde os últimos anos da Era do Gelo.

O grupo de arqueólogos dirigido por Bohuslav Klima foi o que encontrou esse corpo e disseram na época que o fato de a raposa estar enterrada com ela é um indício de que pertencia a uma xamã, já que este animal tem uma longa história como guia espiritual no Xamanismo, na Ásia, Europa e Américas. Neste mesmo sítio arqueológico foi encontrada uma estátua feminina em terracota, com a representação desta mulher.

Outras escavações arqueológicas descobriram tumbas de xamãs na Sibéria, datadas do período neolítico entre 1.700 a 1.300 AEC, sendo considerado o esqueleto mais antigo encontrado de um xamã na Ásia. Desta vez de uma mulher jovem com um avental ornamentado com dois ossos de mamutes esculpidos, tal qual os xamãs da etnia *Sakha* (*Yakutes*) ostentam em suas vestes xamânicas.

Em 1991, foi descoberto o corpo mumificado de um homem preservado sob um glaciar dos Alpes austríacos. Acredita-se que ele foi apanhado por um temporal ao cruzar um desfiladeiro da montanha há cerca de cinco mil anos. Talvez tivesse sido um pastor, mas as tatuagens na pele, um disco de pedra numa correia e alguns musgos secos medicinais encontrados na sua posse permitem a suposição de que fosse um xamã numa jornada ritualística.

A espiritualidade na idade da pedra

Infelizmente não podemos saber a origem exata do Xamanismo, porém, além destas evidências encontradas na República Tcheca, na Sibéria e nos Alpes da Áustria, sabemos que a figura do xamã aparece na arte e nas histórias de povos antigos de todos os continentes. A representação mais antiga de xamãs está registrada nas pinturas rupestres encontradas no complexo de cavernas de Lascaux, no sudoeste da França, com datação por carbono 14 entre 14.000 e 12.600 AEC, o que deu origem a especulações sobre as figuras metade humanas e metade animais que surgem entre os animais comuns, e que foram consideradas como representando xamãs e conduziram à suposição de que o Xamanismo foi a prática espiritual humana original e primordial. Ao olharmos para uma imagem em particular numa das paredes, com um conhecimento do Xamanismo, vemos um xamã deitado em frente a um auroque ferido (boi selvagem, extinto atualmente), um antigo símbolo do poder criativo indomável do Universo. A figura humana está posicionada como um xamã em transe. Seu pênis ereto indica um estado de êxtase e um pássaro empoleirado ali ao lado representa um espírito aliado, um mensageiro ou a própria alma do xamã voando. Esta interpretação foi popularizada em 1963 por Lommmel, num livro ilustrado intitulado *Shamanism: The Beginnings of the Art*.

Outros escritores e arqueólogos alargaram o debate sobre as pinturas rupestres da América do Norte, Ásia e África do Sul. Embora falem de xamãs, evitam quaisquer pretensões sobre a posição social ou a saúde mental destes indivíduos, mas os definem em termos de "estados alterados de consciência". Contudo, se as posições sociais dos xamãs pré-históricos são quase impossíveis de adivinhar, o estado do espírito do xamã é ainda mais abstrato.

Imagens semelhantes às de Lascaux, de xamãs femininos e masculinos com os tambores e chocalhos usados para induzir os seus estados de êxtase, são representados em pinturas rupestres e pictogramas (desenhos) do mesmo período de tempo. Eles são encontrados na antiga União Soviética (Lago Onega, Sibéria oriental), no norte da Espanha (Altamira, El Castillo), no sul da França

(Trois-Frères, Teyat, Chauvet, Dordogne, Pech Merle, Cougnac), Zimbábue (Makoni, Murewa), África do Sul (Karaoo, Salmanslaagte) e China. Estas imagens revelam cenas xamânicas nas quais pode-se ver figuras entrando em estados alterados de êxtase, teriantropos (híbrido entre um ser humano e um animal), homens feridos e mulheres dançando.

Além destas pinturas e pictogramas em cavernas, arqueólogos têm encontrado artefatos de culturas xamânicas na África, Austrália, Bali, Indonésia, Malásia, Tibete, Sibéria, nas Américas do Norte, Central e do Sul, na Patagônia, ao redor da Europa, mais especificamente na velha Inglaterra, nos Pirineus, Grécia e nos países escandinavos.

O Xamanismo é, provavelmente, a expressão mais arcaica da espiritualidade do *Homo Sapiens* e a mais difundida através do espaço e do tempo, que, de forma direta e ininterrupta, chegou até nossos dias. Então, o Xamanismo é a técnica do êxtase, um conjunto de cultos arcaicos com determinadas práticas e técnicas antigas como o ser humano e que usa o simbolismo da cultura das pessoas que as praticam. E, debaixo daqueles símbolos, as mesmas forças e os mesmos elementos estão agindo no insondável infinito, possibilitando aos indivíduos aprenderem conscientemente a transpor o aparente abismo existente entre o mundo físico e as esferas da imaginação e da visão.

Faur (2010, p. 341) explica que:

> A tradição xamânica é um caminho espiritual, cujos valores se baseiam no respeito mútuo, na harmonia e na cooperação entre todos os seres vivos. Tudo que existe na Teia da Criação é conectado e interdependente; não existe conflito nem cisão entre espírito e corpo, energia e matéria, mundo real e "realidade não ordinária ou incomum" (os reinos sutis). Tudo é Sagrado; tira-se da Natureza apenas o necessário e se repõe o que foi retirado de uma forma ou de outra. A essência espiritual reside em todos os seres, independentemente de suas formas físicas.

Diz ainda que:

> [...] "O caminho do xamã" visa à transformação, ao fortalecimento e à cura individual, grupal, global. Os xamãs sabem como usar as energias com fins de transmutação e de renovação e como se deslocar entre o mundo físico e espiritual em busca de auxílio, orientação, cura e sabedoria, para si, para seus irmãos ou para a comunidade.

Desde o início do século 20, os antropólogos e etnólogos se habituaram a utilizar a palavra xamã para fazer referência a grupos específicos de curadores em diversas culturas, utilizando os termos bruxos, curandeiros, feiticeiros ou magos de acordo com a maneira pela qual se comunicam com outros universos em estado de êxtase. De acordo com Faur (1997, p. 13), o xamã se identifica com os seus auxiliares ao se transportar para outros planos, enquanto os outros invocam estes seres para seus rituais e trabalhos mágicos. No entanto, esses termos são demasiadamente vagos para definir de maneira adequada o grupo específico de curadores que se ajusta à definição mais estrita de xamã adotada neste livro.

A prática xamânica é encontrada em todas as partes do mundo, da Sibéria até a Patagônia, do Tibete até as Américas, da Escandinávia até África e a Oceania. Independentemente de estas culturas serem separadas por continentes e oceanos, seus conjuntos de práticas e técnicas são semelhantes e, apesar de haver pequenas diferenças nas adaptações que são feitas de acordo com a cultura de cada uma delas, apresentam o mesmo conteúdo mágico, espiritual e simbólico.

Segundo Harner (1980, p. 78):

> Através de migrações pré-históricas e do isolamento, muitos desses grupos foram separados de outras divisões da família humana, por dez ou vinte mil anos. Ainda assim, ao longo de todos esses anos, o conhecimento xamânico básico não sofreu mudanças importantes.

Walsh (1993, p. 24) completa:

> As notáveis semelhanças entre xamãs de áreas tão remotas suscitam a questão de como tantas similaridades se desenvolveram. Uma possibilidade para explicá-las é terem aparecido de forma espontânea, em diferentes localidades, talvez por causa de uma tendência humana inata ou de uma necessidade social premente. Outra possibilidade é que as semelhanças resultaram da migração e da divulgação de ancestrais comuns.

Como tantas similaridades se desenvolveram em todos os continentes? Talvez tenham aparecido de forma espontânea em diferentes locais, porém, é mais provável que tenha sido resultado da migração e da divulgação entre ancestrais comuns.

Estudiosos têm se esforçado para dar conta destas características com a história da migração humana e difusão (a propagação natural de elementos linguísticos ou culturais de uma área, tribo ou povo, através do contato) a partir de um ancestral comum. Para explicar a migração, a difusão dessas habilidades teria que começar pelo menos 20.000 anos atrás. Dentro de um longo período de tempo, a linguagem, a estrutura social e os regimes políticos variaram em graus significativos. Práticas xamânicas têm variado muito menos do que esses outros aspectos da cultura humana sobre o mesmo período de tempo. É difícil explicar o porquê.

A origem simultânea (a ideia de que diferentes culturas em distintos continentes desenvolveram práticas semelhantes, sem contato uns com os outros) é considerado por alguns estudiosos como uma explicação parcial para a ampla distribuição dos xamãs e as semelhanças notáveis em práticas xamânicas. O Xamanismo baseia-se em capacidades humanas que permitem acesso a um Estado Alternativo de Consciência. Preferimos usar esse termo "alternativo" em lugar de "alterado", porque usando o segundo termo, deveríamos definir o que é o estado "normal" e, consequentemente, o conceito de "normalidade" e, por contraposição, o conceito de "alteração". O problema é que a definição de normalidade, que engloba o de "realidade", não é o mesmo para a cultura ocidental e para as xamânicas.

O médico psiquiatra, filósofo e estudioso do Caminho Xamânico, Roger Walsh (1993, p. 24-25), sugere que o Xamanismo foi desenvolvido em diferentes localidades e épocas, por diversos povos, quando eles entraram em tempos semelhantes de extrema necessidade. É razoável supor que os seres humanos com as mesmas habilidades inatas para acessar a mesma fonte de informação no mundo espiritual irão voltar a partir de estados de transe com respostas semelhantes para a resolução de problemas similares. Variações na forma de interpretação (pessoal e cultural) surgem e os espíritos da geografia (dos Andes, das planícies norte-americanas, os subaquáticos do mundo ártico, etc.) variam. Entretanto, a essência é a mesma.

Desta forma, diferentes aspectos das práticas do xamã foram desenvolvidos em graus diversificados em indivíduos e sociedades diferentes uma da outra. Embora o contato humano não explique o grau de similaridades no Xamanismo, isso claramente afetou a difusão de práticas xamânicas e seus apetrechos. Ritos e cerimônias xamânicas eram essenciais para a sobrevivência e o bem-estar da humanidade primitiva. É seguro afirmar que, no processo incerto e perigoso da migração, o Xamanismo estava presente entre eles. Há evidências na linguagem, estrutura ritual e a percepção (da paisagem e da população) do mundo espiritual que sugere que os indivíduos que entraram em contato com outros grupos, compartilharam essas coisas entre as culturas.

As tradições orais dos povos xamânicos oferecem outra perspectiva sobre a origem do Xamanismo. Em diversas culturas existem histórias da heroica Primeira Xamã, um ser que existia na Terra em uma época em que os animais e os seres humanos falavam a mesma língua e xamãs podiam se mover entre os mundos físico e espiritual em corpo e espírito. A origem do poder da Xamã Primeva estava no mundo espiritual, embora a fonte específica varie de uma cultura para outra, com algumas citando o Criador de todas as coisas como a origem do poder xamânico e outras um animal mensageiro que veio das estrelas. Independentemente da forma, o Espírito Sagrado, em um ato de inspiração e compaixão pela necessidade da humanidade para a cura, orientação e sobrevivência, ensinou à Primeira Xamã as técnicas de transe, músicas, remédios e danças utilizados para cura e adivinhação. Sendo assim, acredita-se que o Xamanismo chegou aos seres humanos, vindo do mundo espiritual.

Povos antigos sabiam que a Natureza vive por sua própria vontade e que ela continua a fazê-lo, ciclo após ciclo, com ou sem os homens. Os seres humanos sabiam que se quisessem alterar o curso da natureza em seu benefício, eles deviam estar preparados para sacrificar algo em troca. Um dos papéis originais do xamã era a viagem ao mundo dos espíritos para falar com a Senhora ou Mestre dos Animais e então negociar os sacrifícios apropriados com os espíritos. No decorrer da história esta relação passou a ser chamada de "caça mágica".

O sacrifício dos animais necessários para a sobrevivência humana foi trocado por ofertas e cerimônias que honraram os espíritos dos animais mortos. Estes atos permitiram que os seres humanos continuassem a viver em um equilíbrio dinâmico de sacrifício mútuo com o seu ambiente físico, não caçando excessivamente uma espécie, como também espiritual, não ofendendo os espíritos animais, cuja ajuda necessitavam. O sucesso da caça era essencial para a sobrevivência, especialmente em áreas como o Ártico, onde pouca coisa cresce. Sem as negociações em curso de "caça mágica" do xamã, as histórias orais narram que os espíritos vingativos dos animais causaram estragos em seres humanos, como doenças e acidentes.

O que é e como o Xamanismo é praticado é determinado pelos espíritos auxiliares que trabalham com o xamã e as necessidades das pessoas. Portanto, o Xamanismo é definido pela geografia do lugar onde o grupo de pessoas está vivendo. São duas as razões para isso: primeiro, os xamãs trabalham com os espíritos da natureza, intrinsecamente ligados aos atributos físicos da Mãe Natureza – a fauna, flora, rios, formações de terra e os padrões climáticos, em segundo lugar, estes mesmos atributos afetam objetiva e significativamente as necessidades de sobrevivência dos seres humanos que vivem em um lugar que, por sua vez, determinam as necessidades trazidas para o xamã. O Xamanismo nasce das relações dos seres humanos com a Terra e o Universo.

A geografia influencia a forma como o Xamanismo se desenvolve em uma região por várias razões. Em todo o mundo, as condições geográficas afetam o modo como a cultura muda ou permanece a mesma. Elas definem as necessidades das pessoas e da comunidade e, com base nessas carências, determinam-se as questões a serem levadas ao xamã. Como os indivíduos sobrevivem em sua região afeta as suas crenças sobre a estrutura do mundo espiritual e as necessidades de intervenção do xamã com esse outro mundo não visível. Por exemplo, em áreas onde as condições do solo e a falta de água não permitem o plantio, culturas de pastores nômades apresentam diferentes questões de sobrevivência do que as de vida agrícola e gregária.

A região geográfica também define os espíritos aliados disponíveis ao xamã. Em parte, a geografia com que o/a xamã está familiarizado/a fornece as metáforas que usam para descrever e interpretar os padrões de energia que experimentam no mundo espiritual. No entanto, não explica como eles trabalham com os espíritos dos animais que não existem em seu ambiente. Não está claro se o aparecimento desses espíritos animais estrangeiros é devido à difusão ou a introdução desses espíritos auxiliares por uma cultura que experimentou esse animal, ou se o espírito aliado está simplesmente presente no mundo espiritual.

A geografia também influencia a forma como entram em Estados Alternativos de Consciência (EAC). Xamãs são práticos, usam o que funciona. Os tambores e chocalhos são muitas vezes utilizados para induzir ao transe. Onde o clima é muito úmido, varas e troncos ocos são usados para percussão. Psicotrópicos, quando acessíveis, desempenham seu papel de instigar o transe. Em climas frios, cantos e danças que aquecem o corpo são empregados para o êxtase. Do ponto de vista de um xamã, não há nenhuma razão para lutar com um formato que não é adequado para a geografia, quando cada local fornece pelo menos uma maneira de entrar em estado alternativo.

A sobrevivência humana está intimamente ligada à nossa capacidade de manter uma relação equilibrada com o meio ambiente. Para os povos xamânicos o ambiente é experimentado simultaneamente como físico e espiritual. O xamã é o mediador entre os aspectos materiais e imateriais do meio ambiente para garantir que a caça seja bem-sucedida, a cura se manifeste, ter uma passagem segura do nascimento e da morte e uma boa orientação em todos os outros aspectos da vida humana. Aquilo que é necessário à humanidade vai desde as noções básicas de sobrevivência física e bem-estar até as necessidades existenciais da alma.

A habilidade do xamã para se comunicar e negociar com os animais, o tempo e a terra foi essencial para atender a essas carências. Em cada etapa do desenvolvimento humano individual e comunitário algumas questões, tais como a localização de fontes de água e a cura, permaneceram as mesmas, enquanto outras evoluíram. O homem pré-histórico devia de ter sucesso na caça e na coleta. Culturas nômades necessitavam saber da localização de boas pastagens e do conhecimento de como os animais pastavam. Culturas agrícolas precisavam de chuva, sol, proteção contra inundações, bem como informações sobre como cuidar das culturas e quando deixar os campos descansando.

Como as atividades das pessoas mudam da caça ao pastoreio e de se reunir para horticultura (plantio em pequena escala) e para a agricultura (plantio em grande escala), de acordo com as suas necessidades, o Xamanismo também mudou de forma. Como os seres humanos mudam seu modo de vida, sua relação com o mundo natural e as suas solicitações também se alteram. E essas mudanças não são simplistas, porque a relação entre as coisas é tanto aparente como simbólica. Por exemplo, o corpo e o espírito de um animal caçado devem ser tratados com respeito e honra, como um ser e como parte da riqueza que o Universo oferece. Aos seus espíritos eram também dadas oferendas de comida ou escoltados para a terra dos mortos, onde as almas humanas estavam. Em contraste, os animais domesticados, embora honrado como seres, foram considerados uma extensão da riqueza de uma pessoa. Animais domesticados foram oferecidos em sacrifício para as caças serem fartas.

Segundo Santos (2007, p. 70):

> O fenômeno do xamanismo tem sido, acima de tudo, um conjunto de práticas em constante transformação, que tem mostrado um grande senso de adaptabilidade em qualquer tipo de encontro multicultural no qual tenha se envolvido. Como o próprio xamã, que frequentemente muda sua voz, alça um voo mágico pelo ar ou até desloca o curso da natureza, de acordo com os requerimentos de determinado ritual, o xamanismo experimentou uma série de adaptações para se manter vivo.

Um aspecto do Xamanismo permaneceu consistente através de todas essas mudanças, o xamã continuou a acessar estados alternativos para atender ao que a comunidade precisava. Como as necessidades da comunidade mudaram, as questões do xamã também e a orientação dos espíritos aliados foi alterada. No entanto, a tecnologia do xamã, a entrada em Estados Alternativos de Consciência para fazer perguntas e receber respostas, manteve-se constante. Por exemplo, os xamãs continuam a realizar o voo extático para recuperar almas perdidas, embora as razões e os sintomas da perda da alma tenham mudado ao longo do tempo.

As necessidades humanas e as formas correspondentes do Xamanismo se modificaram desde que as paredes da caverna de Lascaux foram pintadas. Contudo, a entrada do xamã em estados de transe para atender às necessidades das pessoas tem se mantido constante. Há uma razão para os nossos antepassados se preocuparem em pintar e esculpir xamãs em pedra. Provavelmente isso tenha sido realizado porque o Xamanismo realmente funcionava e ainda funciona, permitindo que nossos ancestrais sobrevivessem, prosperassem e se adaptassem. E quiçá fosse mais do que a sobrevivência que inspirou sua arte. Talvez a intenção do artista para gravar as técnicas de êxtase tenha sido porque os seres humanos têm uma necessidade básica de entrar em contato com o sagrado e as pinturas rupestres podem ter sido criadas para nos lembrar de como voltar para casa.

Diante do exposto, podemos dizer que, antes de nascerem os deuses e os cultos serem organizados e celebrados, o sobrenatural era percebido como um poder tremendo e fascinante sem rosto nem forma. Suas manifestações eram o raio e o trovão, a altivez das feras, o sol e o furacão, cada amanhecer e a primavera que reveste de flores os despojos do inverno. Naquelas épocas remotas, a difusão do Xamanismo era planetária. E o processo histórico não acabou com ele. Não há grupo nômade ou seminômade de caçadores-coletores que não conte com uma mulher ou homem sagrado que ao mesmo tempo é um vidente capaz de ver o desconhecido. Esta pessoa é quem exerce o papel de xamã, cuja função é controlar o incontrolável, transformar o sagrado aterrador em uma força terapêutica, buscar almas perdidas dos enfermos subindo até as estrelas por meio de cordas mágicas, cavalgando o arco-íris ou viajando até a terra dos mortos.

O Xamanismo existiu na Europa arcaica; Orfeu era um xamã, como também o era Dionísio e Odin. No Tibete, Nepal, Butão, Mongólia o budismo não pode desenraizar o Xamanismo e teve que conviver com ele, aceitando e readaptando algumas de suas práticas rituais e ascéticas. No xintô japonês a estrutura xamânica é transparente. Até o intransigente islã incorporou algumas técnicas xamânicas para o transe, transformando-as em suportes místicos, como no caso da dança dos *dervixes* da Turquia, Egito e Sudão.

Quando da chegada dos europeus às Américas, o Xamanismo estava presente desde as culturas dos esquimós, passando pelas planícies norte-americanas, a Amazônia, Andes, até a Terra do Fogo onde a *machi* (xamã *Mapuche*) ainda executa antigas práticas autóctones com rituais parecidos aos dos *mongóis*: uma misteriosa consequência casual que interconecta, como fio sutil, o Xamanismo no tempo e espaço.

Xamã

A palavra "xamã" teve sua origem na palavra *Saman*, utilizadas pelos Tungus e tribos altaicas da Sibéria. Ela foi introduzida na literatura russa em 1672, pelo sacerdote russo Avvakum Petrov, mas foi a partir do trabalho da antropóloga polonesa Marie Antoinette Czaplicka, em 1914, que a palavra *xamã* foi difundida. O termo chegou até nós através da língua *evenca*, que é própria da tribo dos *Tungus* que designaram este nome para "Aquele que voa". A melhor definição talvez seja a de que o xamã é alguém capaz de entrar em transe e viajar a outros mundos, sem perder a consciência deste, e trazer a cura para seu paciente ou para a comunidade. Os conhecimentos adquiridos nessas viagens com os habitantes de diferentes realidades, entre outras coisas, qualificam o xamã a manter o bem-estar e a cura para ele próprio e para os membros da sua comunidade. É essa facilidade deles de realizarem viagens extáticas que define o xamã como "Aquele que voa". E é o seu voo que lhe proporciona acesso e contato com seus aliados (animais, vegetais, minerais), seres de outras dimensões e os espíritos ancestrais, o que não ocorre quando estamos em Estado Comum de Consciência (ECC).

Podemos encontrar diversos nomes para a figura do xamã dependendo de sua designação geográfica. Apresentamos a seguir alguns exemplos que serão citados neste livro: *oyun* (Sakha ou Yakut), *bö, odügan* ou *utcha* (Buryate), gam (entre os altaicos), *samana* (Pali), *mudang, paksu* (Coreia), *balian, basir* (Ngaju dyak), *tumung* (Nepal), *txiv neeb* (Hmong), *marrnggijt* (Aborígine), *noai'de* (Saami), *tietäjä* (Finlândia), *kegey* (Yurok), *djessakid, jesako, jizikiwinini, manäo* ou *midewinini* (Anishinaabe), *wicasa wakan* (Sioux), *hadihiduus* (Onondaga), *hataali* (Diné ou Navajo), *po'hage* (Shoshone), *payé* (Dessana, Tukano e outras tribos amazônicas), *onánya, meráya* e *yobé* (Shipibo-conibo), *seripigari* (Machiguenga) *karaí, pa'i, ñande'rú* (Guarani), *yuxibus* (Kaxinawa/huni kuin), *angakok* (Inuit), *mamo* (Arahuaco), *nahuatl* ou *tlamatiquetl* (Asteca), *h'men* (Maya), *maraákame* (Huichol), *owirúame* (Tarahumaras), *kusiut* (Bella colla), *tojunga* (Polinésia), *dukun* (Java), *itako, kamisana, munusu, tusukur* e *yuta* (Japão), *boga, buga* ou *tserin-zaarin* (Mongol), *kahuna kupua* (Havaí), *tuuhikia* (Hopi), *paq'o, yatiri, yachac, wayt'iris, layka* (nos Andes), *machi* (Mapuche), *yachak* (Kichwa), *uwishin* (Shuar), *sangoma* e *sanusi* (Zulu, Swazi, Xhosa e Ndebele), *nqom k"xausi* (!Kung), *!gi:xa* (San), *igqirha* (Nguni), *ngaanga ngoombu* (Yakas), *oyumm* (Sakká), *mama* (Kogi), *wabinu* (Innu) e *zimas* (Niger). Qualquer que seja seu termo, todos eles estão ligados à ideia do sobrenatural.

Assim que começamos a estudar e a pesquisar sobre o Xamanismo, deparamo-nos com o mito do surgimento do primeiro xamã no mundo. Trata-se de um mito generalizado, comum a praticamente todas as culturas xamânicas.

Numa época em que os homens em desamparo eram dizimados pelos demônios das doenças e da morte, a divindade suprema atendeu suas súplicas enviando a Águia para ajudá-los, mas ela não foi aceita pelos homens como enviada divina por se tratar de uma ave. Apenas uma mulher, já madura, a acolheu, reconhecendo-a como representante da divindade. Da união da mulher com a Águia nasceu uma menina que foi a primeira xamã e tornou-se a mãe da linhagem xamânica de que tanto falam os nativos da Sibéria. Portanto, desde o início o xamã foi e é um misto de divino, de humano e de animal. Pelo fato de conter em si essas três naturezas, ele tem acesso aos três planos. Daí a sua importância na comunidade onde vive: os homens comuns já não se sentem mais no desamparo, pois um deles possui a divindade e pode servir de intermediário entre esta e a humanidade.

Capazes de elevar a consciência para estados de êxtase desconhecidos para o homem comum e de se relacionar com outras realidades, os xamãs são seres privilegiados por viverem entre o mundo material e o reino invisível dos espíritos. Hoje, numerosos doutores e psicoterapeutas defendem e utilizam as técnicas ancestrais para atingir outras realidades, para a cura efetiva no tratamento de certas desordens do corpo e da alma. A bibliografia sobre Xamanismo foi ampliada nestes últimos anos. Porém, apesar disto, continuam a ocorrer equívocos ao definirem os xamãs como feiticeiros, videntes, curandeiros, médiuns e outros intermediários das coisas sagradas. Mas o que é realmente o Xamanismo? Quem pode ser chamado de xamã?

Para Halifax (1979, p. 3) o xamã:

> [...] pode ser descrito não somente como um especialista na alma humana, mas também um generalizador, cujas funções sociais e sagradas cobrem uma extraordinária ampla ordem de atividades. Os xamãs são curandeiros, clarividentes e visionários que dominaram a morte.

É importante observar que, a presença de um complexo xamânico numa cultura qualquer não implica necessariamente que a vida mágico-espiritual de determinado povo esteja cristalizada em torno do xamã. Isso ocorre, mas não é o mais corriqueiro. Geralmente, o Xamanismo coexiste com outras formas de magia e tradições espirituais.

É neste contexto que se pode avaliar a vantagem de utilizar o termo xamã em seu sentido próprio e rigoroso. Ao procurarmos ter o cuidado de diferenciar o xamã de outros "magos" e curandeiros das culturas primevas e nativas, a identificação de complexos xamânicos em determinadas tradições espirituais adquire de saída um significado muito importante. A magia e os magos existem em todo o mundo, ao passo que o Xamanismo aponta para uma "especialidade" mágico-numinosa específica, que envolve processos tais como: o domínio dos elementos, o voo da alma, a arte de curar, realizar adivinhações, etc.

Magos e Magas exploram os reinos alquímicos da magia. Bruxos e Bruxas extraem energia da natureza para fazer magia. Feiticeiros e Feiticeiras exploram outros reinos para reunir o poder pessoal para interesse próprio. Estas pessoas não são xamãs. No entanto, os xamãs podem fazer magia a serviço de suas comunidades. Magos realizam ilusões, prestidigitação e potencialmente a verdadeira magia alquímica. Xamãs trabalham com a energia dos espíritos dos quatro elementos, Terra, Ar, Fogo, Água e de espíritos elementares, tais como: cavernas, lagoas, estrelas ou árvores, além das forças da Natureza, de espíritos totem e de auxiliares falecidos. Mágicos e feiticeiros são os estudiosos da magia. Eles tendem a servir a busca de aprendizado e do poder que vem a partir dessa informação. Bruxos e Magos evocam os espíritos da natureza e as energias do Universo para servir suas próprias intenções, que podem ser boas ou malévolas. Xamãs trabalham com essas mesmas energias, mas sua intenção é render-se a direção do Espírito e as energias do Universo para servir às necessidades dos outros, mas nada impede de que alguns as utilizem para o mal em alguns casos.

Práticas da bruxaria trabalham com um conjunto tradicional de deuses e deusas, dedicando-se devocionalmente a esses de forma religiosa. Ao contrário das bruxas, xamãs não destacam um tipo de energia em detrimento de outra, porque eles trabalham para equilibrar todas as energias em dimensões onde realmente não há divisões em dualidades, como macho e fêmea. Xamãs podem trabalhar, como fazem as bruxas, com um conjunto tradicional de espíritos reconhecidos pela sua cultura. No entanto, eles geralmente não são os deuses e deusas acessados através de bruxaria, mas isso não os impede de fazê-los também.

O feiticeiro trabalha entre os reinos dos mundos físico e espiritual assim como o xamã, aproveitando a ajuda dos espíritos e energias encontradas lá. O feiticeiro, no entanto, explora outros reinos para busca de poder pessoal em benefício próprio. O intuito do xamã é sempre servir. A intenção das ações de um feiticeiro pode ser maléfica ou benéfica. Quando os xamãs usam suas habilidades e sua relação com os espíritos, ajudando seres malevolentes, eles cruzam a linha da feitiçaria. A maioria dos xamãs estão cientes de como é perigosamente fácil cruzar esta linha e fazer o mal com qualquer uma das suas técnicas. Havia e há xamãs que praticam feitiçaria. Eles podem fazer esta escolha por atender às necessidades de defesa e proteção da sua comunidade contra seus inimigos ou porque se deixaram seduzir pela ilusão de seu próprio poder absoluto.

Embora o xamã tenha entre suas qualidades a de feiticeiro, não é qualquer feiticeiro que pode ser chamado de xamã. O mesmo ocorre quando falamos da cura xamânica: todo curandeiro cura, mas o xamã emprega um método exclusivamente seu. As técnicas do êxtase do xamã não esgotam as variedades das experiências de Estados Alternativos de Consciência (EAC) registrados em outras tradições espirituais. Não podemos considerar que toda pessoa que entra em estado extático é um xamã, pois este é um especialista em um transe durante o qual se acredita que sua alma deixa o corpo para realizar jornadas aos outros mundos.

Williams (2013, p. 164) ratifica dizendo:

> Qualquer pessoa pode entrar em transe, mas só ao se aproximar e trabalhar com os espíritos ela deixa de ser um turista no outro mundo para se tornar um praticante de xamanismo. Ainda assim, tornar-se um xamã é difícil, pois só uma comunidade pode conceder tal título e isso só acontece após anos de dedicação curando doentes, ajudando excluídos e seguindo um caminho de harmonia, equilíbrio e beleza. Apenas praticar o Xamanismo não faz de alguém um xamã.

Entre os conceitos de Estados Alternativos de Consciência e os Estados Xamânicos de Consciência Ampliada, temos preferência pelo último, pois os xamãs combinam percepções intuitivas que ocorrem durante diversos estados alternativos (inclusive o êxtase e o transe), com percepções internas, que ocorrem enquanto estão cognitivamente cientes ou lúcidos. A combinação destes diversos estados mentais e a movimentação entre eles é que caracteriza a atuação do xamã.

Da mesma forma que há inúmeros mundos ou dimensões, há diversos Estados Xamânicos de Consciência (EXC), que são utilizados para acessar a criatividade, a transcendência e a revelação. Diferentemente dos sonhos, nos Estados Xamânicos de Consciência Ampliada (EXCA, usaremos este termo no decorrer do livro) as experiências são como no mundo físico, quando estamos despertos, podemos controlar nossas ações, ir para onde desejamos e termos plena consciência da experiência vivida, do que fizemos e de como interagimos com os outros seres.

Faz-se necessário fazer o mesmo tipo de distinção para a interação do xamã com os seres espirituais. Ao estudarmos tanto a História Primitiva como a Contemporânea, encontraremos indivíduos que alegam se relacionar com os "espíritos", dominando-os ou sendo possuídos por eles. O que ocorre no voo xamânico, ou estado de transe extático, é a essência do Xamanismo, no entanto, os elementos-chave são os espíritos aliados, que após o problema apresentado, na maioria das vezes fornecem as energias do mundo invisível para a solução. No contexto xamânico, estes seres espirituais são padrões de energia presente encontrados no mundo invisível. Eles podem se apresentar como: animal, planta, montanha, antepassado, divindade, seres míticos ou elementais, que podem ser sem forma, ou o espírito pode ser a presença do Cosmo como um Ser, muitas vezes chamado de "O Criador", *Spíritu* ou Deus.

Capazes de elevar a consciência para estados de êxtase desconhecidos para o homem comum e de se relacionar com outras realidades, os xamãs possuem o privilégio de viverem entre o mundo material e o reino invisível dos espíritos. Xamãs entram num EAC para transitar neste mundo oculto e fazer mudanças nas energias encontradas lá, de maneira que afete direta e especificamente as alterações necessárias no mundo físico. É esse contato direto com os "espíritos" através do EXCA e o movimento da energia entre os mundos que distingue o xamã de bruxos, curandeiros, feiticeiros, magos, médiuns e outros.

Durante seu aprendizado, os xamãs percebem e compreendem o mundo invisível e desenvolvem habilidades necessárias para trabalhar dentro desse reino. Muitas vezes suportam transformações dolorosas e assustadoras, passam por treinamentos árduos e fazem sacrifícios pessoais profundos para obter esse conhecimento e para construir relacionamentos de longo prazo com os espíritos auxiliares. As ações dos xamãs são inspiradas na maioria das vezes por seus aliados espirituais. Como o xamã entra em EXCA depende da cultura, geografia, das necessidades reais do ritual e da habilidade pessoal. Ações, como batuque, canto, chocalho, oferendas e danças são ferramentas para entrar no estado de transe. Funcionam como a tecnologia do processo de cura xamânica e são repetidos em todas as sessões.

Harner (1980, p. 93-94) esclarece que:

> Ao entrarmos em EXC temos a consciência de que os animais, plantas, seres humanos e outros fenômenos vistos são inteiramente reais, dentro do conceito da realidade incomum, na qual eles são vistos. O xamã entra em EXC para ver essas formas não materiais e interagir com elas. Essas formas não são vistas pelos xamãs ou por outras pessoas em ECC e não constituem parte da realidade comum.

O xamanismo envolve profundo respeito por todas as formas de vida, com humildade e compreensão da nossa dependência em relação às plantas, aos animais e mesmo à matéria inorgânica do nosso Planeta. O xamã sabe que o ser humano está relacionado com todas as formas de vida, que todos são "nossos parentes", como dizem os *lakotas*. Tanto em EXC como em ECC, ele se aproxima das outras formas de vida com respeito familial e compreensão. Reconhece sua antiguidade, seu parentesco e seus poderes especiais.

Assim sendo, o xamã entra em EXC demonstrando reverência pela Natureza, pelos poderes inerentes aos animais selvagens e por todos os gêneros de plantas, pela sua insistente capacidade de sobreviver e florescer ao longo de uma existência que se afirma através de incontáveis períodos planetários. Quando procurada em Estado Alterado de Consciência com respeito e amor — o xamã acredita –, a Natureza está preparada para revelar coisas que não podem ser conhecidas num estado comum de consciência. (sic)

Aonde vão os xamãs em suas viagens e como eles acessam esse estado alternativo são aspectos importantes do Xamanismo. Também é importante compreender que, para onde eles viajam, só importa porque é lá que encontram os aliados espirituais. É a relação com estes espíritos que dá acesso ao xamã ao poder necessário para criar uma mudança no mundo físico. Além disso, não é apenas o conhecimento de como acessar um espírito poderoso que é importante, mas a capacidade de desenvolver um relacionamento de longo prazo com esse poder ou ente e trabalhar com ele sempre que precisar.

Retoma-se, então a questão: O que é um xamã? A resposta a essa pergunta remete ao espaço ao redor do prego, à pequena sombra que corre na relva, ao olhar de fogo da serpente no meio da noite, enfim, ao grande especialista do invisível. Isto pode ser confirmado por Watts (1971, p. 27), quando diz que:

> O xamã segue o curso do seu próprio destino, sendo por isso considerado um indivíduo estranho, pois transcende as convenções sociais. Ele está fora do mundo, ou dentro de outro mundo, e atribuem-se a ele poderes mágicos, porque ele representa a inquietante estranheza, porque ele vive fora das normas comuns e porque abre para si uma senda diversa dos caminhos já trilhados.

Santos (2007, p. 136) diz que "... o xamã é alguém que pode se retirar da vida cotidiana e mergulhar em outras camadas de consciência através do voo mágico". Ou seja, ele se desloca do mundo racional para um domínio mágico-numinoso de exploração sobrenatural.

Desde o ressurgimento do Xamanismo no último século e sua vasta bibliografia, o xamã já não é apenas um personagem imbuído de poderes estabilizadores e transcendentes das sociedades primitivas. Já não é visto unicamente como um técnico do êxtase, ligado ao sobrenatural e a seres espirituais.

Como bem diz Montal (1986, p. 8) sobre o xamã:

> Seu caminho interior participa da mesma febre mística atemporal que caracteriza a mais assídua das buscas espirituais. E se na aparência, o caráter mágico do xamã continua a ser sua assinatura, já não se trata simplesmente de um fim a ser atingido, mas do resultado tangível de um formidável poder pessoal adquirido com o tempo e por meio da vontade. Esse poder não advém de um domínio qualquer das pulsações íntimas, muito menos de um combate psicológico travado contra nós mesmos. A dualidade xamânica é exercida entre o homem e a natureza, mais precisamente entre o mundo e a ideia que o homem faz dele. E é através do transe extático, manifestação última e espetacular de sua implicação no mundo, que o xamã rompe essa defasagem temporal e ilusória.

A Trilha Xamânica

Na maioria das tradições xamânicas, quando alguém nasce com um problema congênito ou marcas de nascimento muito visíveis, são sinais de que irá se tornar um xamã. Entretanto, quase sempre o xamã é escolhido a partir de um "chamado divino", geralmente durante uma doença grave ou um acidente, podendo também trilhar esse caminho através de uma herança ou por aprendizado. Em qualquer um desses casos, logo após a sua eleição, o xamã entra num EAC, num coma profundo, no qual é levado para a caverna dos antepassados. Sua cabeça é então retirada do corpo, seus olhos lavados para que possa "ver", seus membros arrancados e o resto do corpo cortado em muitas partes que são jogadas nos quatro cantos do mundo. Esses pedaços são comidos pelos espíritos e demônios de todas as doenças, e isso, posteriormente, vai outorgar-lhe o direito de cura destas enfermidades. Ao final deste banquete dos espíritos, estes vomitam a carne que comeram e juntam com os ossos do futuro xamã, moldando-o também com porções de outros animais e o restitui, transfigurando-o. Ao vomitar a carne, os espíritos colocam para fora um pouco das suas forças vitais e sobrenaturais que, a partir deste momento, o xamã carregará dentro de si.

Lascariz (2011, p. 301) corrobora essa corrente de pensamento quando exemplifica as iniciações dos povos indo-europeus:

> Este processo é chamado também de "desconjuramento", tomado no sentido que usamos para luxação, isto é, um deslocamento duradouro, parcial ou completo, de um ou mais ossos de uma articulação. Os ossos são puxados com um gancho

e separados, as carnes arrancadas, as vísceras puxadas, o sangue vertido e bebido pelos espíritos e os olhos vazados das órbitas. O corpo é desconjuntado como uma tenda ou uma yurt, enquanto o espírito do neófito observa. Depois os ossos são ligados com pregos de ferro e batidos pelo martelo, com a arte do ferreiro, revestindo-o de carne e soprando, dentro dela, o espírito transfigurado. [...] Depois do corpo reconstituído o xamã tornava-se polissêmico, partilhado da energia e substância dos espíritos ancestrais e dos demônios iniciadores, veículo de uma lembrança arcaica de unidade com as forças não domesticadas da natureza: o pássaro, o animal, o vento, a doença, a fertilidade, etc.

A partir dessa vertente de entendimento, constata-se a existência do arquétipo do "curador ferido". Aquele que cura com sua própria dor. Ao reconhecer e aceitar a existência em nós mesmos desse arquétipo ativado, recuperamos também alguns de seus atributos. Dentre esses, a compaixão e a humanidade, sem os quais qualquer trabalho xamânico não tem possibilidade de êxito real. Ao aceitar sua natureza animal, o xamã integra a sua sombra com consequente contato com uma fonte de criatividade e de cura. Impregnado de compaixão e humildade, o que lhe permite aceitar o paciente exatamente como ele é, em toda a dimensão de sua realidade, o curador mobiliza esse mesmo arquétipo no paciente. Este irá assim desabrochar em termos de compaixão por si próprio. E chegará à humildade de se perceber imperfeito e desprovido de um "osso", como o próprio xamã o é.

Com base nisso, podemos concluir que a cura xamânica é simplesmente uma ampliação da consciência buscando a mobilização do fator de autocura. Todo arquétipo pressupõe uma contraparte. O curador contém o doente e vice-versa. E é essa dualidade que mantém o fiel da balança em nossa procura. A busca do xamã interiorizado é a do curador que existe em todo doente. Abre-se assim um leque de cura para todos os enfermos.

A título de informação, devemos esclarecer que existem algumas culturas xamânicas que não envolvem diretamente o desmembramento como a metáfora de iniciação para a morte e o renascimento. Desmantelamento pode não aparecer em culturas onde a linhagem xamânica é herdada ou o indivíduo simplesmente escolhe tornar-se um aprendiz de um xamã. Sendo assim, o desmembramento não desempenha um papel decisivo na formação dos xamãs em todas as culturas, mas na maioria delas sim.

Os requisitos básicos para se tornar um xamã englobam a capacidade de criar uma atmosfera de referência, poder espiritual e onisciência, e resistência para manter um desempenho que exige o poder de concentração durante horas e até mesmo semanas. A inclinação para o Xamanismo na maioria das culturas é demonstrada pelo relato de ocorrências sobrenaturais durante a busca da visão, sonhos recheados de mensagens e premonições ou talentos como clariaudiência e clarividência além do mundo ordinário. Os comportamentos habituais do candidato tendem a indicar uma capacidade imaginativa maior do que a ordinária e/ou a de recuperar-se de uma doença significativa, nomeada de "doença do xamã" e que prevalece em toda a literatura sobre Xamanismo.

Sobre esse assunto Achterberg (1996, p. 27) diz que:

> A doença tem pelo menos dois papéis na escolha xamânica da vocação. Primeiro, ser acometido por certas doenças pode automaticamente incluir alguém nas fileiras dos xamãs potenciais. Na Sibéria, por exemplo, ter epilepsia ou outras doenças nervosas é uma clara indicação de talento xamânico. Em segundo lugar, o chamado iniciático, em que a vocação é revelada, pode sobrevir durante uma crise física ou mental aguda.

O chamado ao Caminho geralmente acontece de maneira súbita e misteriosa, deixando a pessoa num estado de incerteza sobre si mesma. De uma forma semi-inconsciente a sua alma submete-se, por uma dolorosa provação, à uma transformação durante um período que pode durar meses ou anos. Passa a perder interesse pelas coisas comuns da vida cotidiana, torna-se introspectiva, isola-se, passa a dormir muito e a ter sonhos proféticos. Para a sociedade ocidental, esse tipo de comportamento é encarado como um quadro grave de psicopatologia, porém nas sociedades xamânicas é um sinal de vocação mística.

A rejeição ao chamado dos espíritos é muito mais perigosa do que a aceitação deste. Quem se esquiva termina morrendo por meio de uma doença misteriosa. Já no caso da crise xamânica de iniciação é impossível ignorar, pois uma força devastadora desintegra a identidade e "exige" um nascimento que traz algo de novo e mais equilibrado. Isso ocorre geralmente por ocasião da sobrevivência a uma doença em que se passam dias inconsciente e volta, milagrosamente, para o mundo dos vivos.

Sobre essa questão Williams (2013, p. 122-123) narra que:

> As comunidades tradicionais veem a doença e o sofrimento como uma rota para o Xamanismo. Para os *Yaka* do sudoeste do Congo, a transformação em *ngaanga ngoombu* começa com uma doença crônica que se supõe ser herdada da mãe e permite transe e interação com os espíritos. Na Tailândia e no Laos, os *txiv neeb* do povo *Hmong* iniciam seu caminho com doenças que não respondem a tratamentos

tradicionais ou modernos, como certas afecções como a epilepsia, tidas como particularmente importantes. Os *angakkug inuit* muitas vezes recebem o chamado dos espíritos após acidentes sérios, enquanto os xamãs *hopi* (povos yaqam e outros nomes do tipo que significam "ver com olhos especiais") sofrem males letais ou ataques antes da iniciação. [...] É desse tipo de sofrimento que o xamã extrai poder.

Williams complementa (2013, p. 123) alertando que:

> É importante alcançar o espírito do sofrimento e fazer as pazes. Entender que o sofrimento faz parte da jornada. Admitindo os tempos difíceis como portais do poder, é possível minimizar, ou mesmo anular, o domínio dele sobre alguém. Devemos ceder ao chamado dos espíritos, aceitar a possibilidade de luz na escuridão. Nós sobrevivemos. Agora precisamos encontrar força no sofrimento e poder na dor.

A caminhada xamânica não é brincadeira de criança, transformar-se num xamã não acontece num final de semana. O Xamanismo é uma prática espiritual perigosa e poderosa na qual muitas vezes o iniciado é chamado contra sua vontade para trabalhar a favor de sua tribo. Solidão e grandes provas de força espiritual são exigidas. O xamã é um intermediário entre a comunidade e o Divino. A trilha iniciática xamânica é muito semelhante aos que os mitólogos chamam de "A Jornada do Herói", que é dividida em quatro etapas:

- O Chamado – que é o Despertar pela doença ou crise existencial.
- O Isolamento – a Busca através da disciplina e do treinamento.
- O Encontro – com o Mestre por revelação e vivências de morte e renascimento.
- O Retorno – após ter respondidas as perguntas e o mergulho em si mesmo, retorna para compartilhar o que aprendeu na sua jornada.

Treinamento

Após ter aceito sua vocação e ter tido um contato com os espíritos, o noviço deve passar por um período de instrução, realizando uma série de práticas ascéticas que servem para fortalecer e purificar o postulante, despertando a coragem, a resistência psicológica e removendo as impurezas físicas e mentais, propiciando, assim, a clareza e a concentração mental. A soma total desses benefícios é o poder: do corpo, da mente e do espírito, visando superar os obstáculos e as tentações, como também o poder para servir e beneficiar a comunidade. As práticas ascéticas também ensinam o futuro xamã a confrontar os próprios limites, medos e autoenganos.

Através do treinamento, desenvolve-se a capacidade de entrar numa relação com a realidade que transcende a aparente separação entre as pessoas, as coisas e o ambiente. A capacitação pode seguir uma tradição ou caminho espontâneo, guiado pelos espíritos aliados do aprendiz. Como o xamã, ele ou ela aprende a mover-se da realidade física em outras realidades possíveis e tem a capacidade de perceber o pulso do Universo em todas as coisas. O xamã não procura influenciar ou alterar essa pulsação, mas fazer mudanças nas vibrações das pessoas e coisas, para colocá-los em ressonância e harmonia com o pulso cósmico. A abordagem do xamã é baseada em unidade com a força vital inerente a todas as coisas, na empatia com o medo e a dor que os outros experimentam quando estão fora da harmonia com a força vital universal.

Embora o xamã deva experimentar a unidade com o espírito para o trabalho, deve também desinteressar-se, emocional e mentalmente, do Mundo dos Espíritos. A disciplina do desapego é uma das coisas mais importantes aprendidas na formação xamânica. Deve-se aprender a se mover como um equilibrista nos reinos do espírito em pleno controle de seu estado emocional, permanecendo solto para o que vê e faz. Desenvolver esse desprendimento da consciência em todos os reinos do mundo espiritual exige a capacidade de transcender o eu pessoal, ou ego, e passa a ver a sua experiência através dos olhos do Universo. E deve continuar sem julgamento e com a capacidade de discernir as emanações do Universo e determinar o que é necessário para trazer vibrações para manter a harmonia com o fluxo universal. Para fazer isso, xamãs desenvolvem uma relação com os espíritos aliados mais estreita e contínua.

Dominar o desapego é essencial para o xamã poder servir aos outros. Durante seu aprendizado, este raramente é autorizado a praticar o Xamanismo antes da puberdade. Em algumas culturas se espera que cada menino e menina transcendam seu ego para ser iniciado na vida adulta. Ao trabalhar com a doença, este entra no estado vibracional do paciente com o mesmo desprendimento consciente com que entra no mundo espiritual. Isso permite ao xamã sentir os sintomas e dores, para diagnosticar a verdadeira origem da doença e para determinar o curso de ação apropriada, sem se apegar a si ou ao paciente.

A própria "doença do xamã" se torna uma forma de aprendizagem e compreensão, na medida em que, durante seu aprendizado é apresentado aos espíritos aliados, a partir do que terá de atuar com decisão, prevenido sobre possíveis inimigos e conhecedor da verdadeira natureza das doenças, ataques externos a combater e a explorar outros níveis de consciência durante o voo da alma. Esta capacidade de experimentar diferentes estados vibracionais com desprendimento é essencial para a segurança e a eficácia do xamã. Dominar essa capacidade é o objetivo principal do treinamento.

É a capacidade do xamã para trabalhar com intenção dentro do estado de transe que determina o grau de poder dele. A competência de um xamã para agir é determinada por uma série de variáveis. No entanto, esses estão sobretudo relacionados com a capacidade do xamã de apreender a realidade sem limites infinitamente poderosa do Universo e trabalhar esse poder seminal. A habilidade do xamã de agir no mundo espiritual está vinculada à sua aptidão de ir além de seus próprios limites humanos e compreender as vastas implicações da verdadeira natureza da realidade, qual a real origem do problema e como prescrever ações que irão restaurar o equilíbrio.

Iniciação

O processo iniciático xamânico é gradativo e lento, requerendo muita paciência e persistência. O sucesso está em aprender tudo sobre o EXCA. É durante este estado que o xamã consegue entrar em contato com energias poderosas e com o despertar profundo das forças cósmicas e telúricas. Embora a iniciação xamânica ocorra na maioria das vezes em um estado alternativo, não é necessário que seja uma visão alucinante de morte, porém deve haver um ritual que a simbolize. Relatos de iniciações apavorantes não são incomuns. Essas provas testam o brio e a motivação dos xamãs, ocorrendo geralmente nas buscas de visões, após dias de jejum e isolamento.

A morte está sempre presente nos ritos iniciáticos. Quando isso ocorre durante a iniciação, significa que o "antigo" ser está morrendo e, a partir daquele momento, através do renascimento, se está apto a percorrer um caminho luminoso e vibrante como é a vida. Morrendo simbolicamente nesses ritos, morre-se para o seu antigo mundo repleto de condicionamentos e definições. Rompendo essas barreiras renasce-se das cinzas tal como a Fênix para começar a trilhar um caminho árduo com um sorriso nos lábios e com sua visão aberta. Assim é o Xamanismo, um caminho que visa a expandir a consciência, mostrando outras dimensões de realidade.

Por isso percebemos que todo trabalho iniciático, quando profundo e não apenas formal, tem a fase da morte para a antiga vida e a do renascimento para um novo ciclo. O ser que nasceu dentro deste contexto que chamamos realidade, tem um *script* pronto, um papel a desempenhar na realidade da vida.

As cerimônias xamânicas de morte são encaradas como um sacrifício, em que se descartam o desequilíbrio e a angústia adquiridas no mundo dito civilizado. São essas cerimônias que fazem com que encontre seu verdadeiro ser, fazendo-o acordar do sonho social.

Achterberg (1996, p. 27) nos conta que:

> Há um relato da iniciação de um xamã, um homem atacado por varíola, que permaneceu inconsciente por três dias. No terceiro dia, ele parecia tão inerte que quase foi enterrado. Ele teve visões em que descia a um mundo profundo no interior da Terra, onde foi carregado para uma ilha sobre a qual se erguia a Árvore do Senhor da Terra. O Senhor deu-lhe um galho da árvore para com ele fazer um tambor. Prosseguindo, ele chegou a uma montanha. Entrando em uma caverna, viu um homem nu, que o agarrou, decepou-lhe a cabeça, cortou seu corpo em muitos pedaços e cozinhou-o em uma caçarola durante três anos. Decorrido esse tempo, seu corpo foi reconstituído e revestido de carne. Durante suas aventuras, ele encontrou xamãs malvados e senhores das epidemias que lhe transmitiram instruções sobre a natureza da doença. Ele foi fortalecido na terra das mulheres xamãs, que lhe ensinaram a "ler dentro de sua cabeça", a ver misticamente sem seus olhos normais e a entender a linguagem das plantas. Quando finalmente despertou, ou melhor, foi ressuscitado, pode começar a praticar o Xamanismo.

A iniciação do xamã é sempre um caminho no qual ele se desintegra, desfaz-se de tudo que se tornou e então é reconstruído por forças sutis e, redivivo, começa outra vida, não mais presa às antigas formas, mas nascido de si, pronto para trilhar um caminho que quiçá poderá levá-lo muito longe com o auxílio de seus espíritos aliados.

Uma vez "convocada, a pessoa nada mais faz do que entrar num caminho que irá reduzi-la metodicamente, numa compreensão substancialmente perfeita, a um verdadeiro xamã. A iniciação pelos espíritos ancestrais é de natureza íntima e subjetiva, mas subentende sempre a morte e ressureição simbólicas. A iniciação ritual que se sucede é praticada por um mestre ou pelo clã no intuito de preparar o futuro xamã para sua tarefa. Diferentes ritos de entronização encerram publicamente o período iniciático e, nessa fase, deve-se prestar juramento diante de todos.

A iniciação deve permitir a começar a fascinante aventura de abandonar os limites da condição humana e partilhar com espíritos e deuses, que o levarão a ser, de fato, um xamã. Capturado pelos "Entes", vai encontrar-se subitamente num universo desconhecido, onde receberá instrução austera, sem apelar para nenhuma espécie de conhecimento anterior. Ainda fraco, terá de enfrentar sozinho, isolado do mundo pelo êxtase, entidades mais ou menos "demoníacas", que não o pouparão, pois, para renascer é necessário morrer. Sua carne e seus ossos devem ser purificados ou substituídos. Seu corpo será desmantelado, sua alma torturada, antes de ser-lhe infligida a morte.

Vitebsky (1995, p. 59) sobre esse processo diz que:

> A experiência psíquica do candidato fica expressa pelo desmantelamento do corpo. Ele ou ela poderão ver-se como um esqueleto, um tema largamente encontrado na Ásia e nas Américas. Na Sibéria, cada osso e cada músculo são tomados à parte, contado e voltado a ser reunido com os restantes. Existem outros processos segundo os quais o xamã pode se tornar uma pessoa diferente e o terror da experiência pode também surgir entremeado de êxtase e prazer.

Relatos de iniciações assustadoras não são incomuns. Estas provações ocorrem, sobretudo, durante as buscas rituais da visão, quando se procura uma vocação, após dias de jejum e isolamento, como também com o uso de psicotrópicos. Dessa forma, o brio e a motivação dos futuros xamãs são testados. O tema subjacente é, repetidas vezes, o da morte e renascimento, em visões bastantes comuns de desmembramento e reconstituição física. Contudo, não é essencial para se tornar um xamã em todas as culturas como veremos mais adiante.

No universo xamânico, a estrutura desse primeiro contato com o sagrado em toda parte é o mesmo e passa necessariamente pelo rito iniciático da morte. A iniciação xamânica da etnia *Salish* inclui, primeiramente, um período de tortura e privações: levar cacetadas, ser mordido, jogado de um lado para outro, ter os olhos vendados, ser imobilizado, objeto de caçoadas e passar fome. Quando o iniciado "aprende bem a lição" ou quando a sua mente é inteiramente apagada, o espírito guardião ou animal de poder aparece. Esta segunda fase da iniciação é acompanhada de uma atividade física significativa: correr descalço na neve, nadar em águas gélidas, dançar e tocar tambor até a exaustão. Durante o período de "doutrinação", os xamãs narram a entrada em estados de transe extático.

O ou a postulante siberiano(a) permanece de três a nove dias num local ermo, sem beber, comer e quase sem respirar. Ao regressar de sua jornada, narra que teve seu corpo retalhado, sua carne raspada com os ossos e seus olhos arrancados. Outros contam que foram postos para cozinhar e receberam um corpo novo e sangue fresco. Entre os *Sakha* (denominados também *Yakutes*), a cabeça é decepada, o corpo dividido em pedaços e distribuídos aos "espíritos" das diferentes doenças; ou então o crânio foi transpassado por uma lança e a mandíbula deslocada. Entre os *altaicos*, os Ancestrais participam do banquete comendo a carne e bebendo o sangue do(a) candidato(a).

Isso tudo é vivenciado no EXCA. Convém lembrar que no decorrer desse rito iniciático o futuro xamã é mergulhado num profundo sono letárgico que dura vários dias ou semanas. Sua imobilidade e a diminuição de sua respiração podem fazê-lo passar por morto até o seu "regresso". É o chamado coma iniciático.

A experiência de desmembramento do corpo e da mudança de pele é vivida de igual modo entre os aborígenes *Wotjoballuks* da Austrália, onde o(a) aprendiz é torturado, decapitado e retalhado, tendo seu esqueleto posto para cozinhar, sendo, no final, revestido de uma nova carne e um novo sangue. Depois são introduzidos em seus corpos cristais de quartzo mágicos que lhe conferem seu poder. A inserção, pelos "espíritos", ou pelos mestres, de elementos mágicos no novo corpo do xamã praticamente não ocorre na Sibéria. Mas é característica do Xamanismo da Austrália e da América do Sul, onde os cristais de rocha são portadores de um simbolismo bastante peculiar.

Por outro lado, não é raro entre os siberianos a intervenção do ferro na operação de retalhamento corporal. É comum ocorrer com xamãs *Sakha*, cujos membros são separados com a ajuda de um gancho de ferro e cujo esqueleto é reconstituído e mantido por cavilhas deste mineral. Sucede com frequência que as cabeças, uma vez decepadas, sejam fixadas em estacas de ferro, metal que tem o poder de afastar os espíritos demoníacos.

Encontramos o tema da morte ritual e da ressurreição entre os *Mapuche* na América do Sul, para os quais a vocação se manifesta geralmente através de uma súbita enfermidade. A *machi* (xamã) retira a energia negativa de uma iniciada chupando violentamente seu seio, ventre e a cabeça até sangrar. Na manhã seguinte a *machi* apanha uma faca de quartzo-branco e corta os dedos e lábios da futura xamã. Logo após, como diz Eliade (1998, p. 145) "faz as mesmas incisões em si mesma e mistura o seu sangue com o da candidata".

Para conseguir ter espíritos aliados o candidato a xamã esquimó, deve passar por uma prova iniciática que visa reverter seu corpo ao estado de esqueleto. Permanecendo inanimado por três dias e três noites, o(a) neófito(a) com o poder da sua mente consegue despojar seu corpo da carne e do sangue, de tal maneira que só fiquem os ossos. Para logo em seguida uma nova pele surgir, num processo que Eliade (1998, p. 81) chamou de "renascimento místico".

Williams (2013, p. 133) contribui com este tema assim:

> Tendo encarado a morte e a aniquilação, o xamã recebe dos espíritos uma nova vida. É uma experiência assustadora, mas só um prelúdio dos riscos que os xamãs enfrentam sempre que visitam o outro mundo. Em cada jornada, a alma

vai deste mundo para outro e, nesse sentido, o indivíduo experimenta uma forma de morte. Mas o desmembramento é também um símbolo do grande poder do xamanismo, extraindo vida da morte. É uma experiência que muda a identidade da pessoa, permitindo aos espíritos refazê-la para que ela renasça diferente, repleta de poder xamanístico.

Após essa série de morte iniciáticas aqui expostas, podemos agora falar do valor simbólico de seu conteúdo. Como observamos, a "morte xamânica" por meio dos ritos de passagem são rituais de morte e renascimento no qual o antigo deve morrer, para, das cinzas de seu esqueleto, brotar uma nova "persona", adequada à busca evolutiva e espiritual do ser; ou seja; na maioria das culturas xamânicas se morre para o antigo *Self* corporal e se renasce com um novo corpo liberto do antigo. A partir desta morte iniciática, que é na maioria das vezes uma provação involuntária, o xamã está pronto para enfrentar os rigores do trabalho xamânico.

Vitebsky (1995, p. 59) sobre esse assunto narra que:

O primeiro contato com os espíritos toma a forma de um ataque violento, que conduz ao que parece ser a destruição da personalidade do futuro xamã. A isto se segue a reconstrução do xamã, cujos novos poderes não se limitam a um acrescento externo ou uma ferramenta. Na realidade, é uma espécie de visão íntima das coisas, uma perspectiva da natureza do mundo e, em particular, das formas de sofrimento humanas que ele ou ela acaba de sofrer de modo tão intenso. A interiorização de todas estas experiências levará ao aparecimento de uma nova personalidade, e é esta que se exprime através da destruição da anterior natureza do xamã.

Complementa (1995, p. 61) dizendo que:

Na iniciação do xamã, o tema da morte completa-se com o renascimento, e o movimento do xamã no espaço cósmico é por vezes especificamente comparado ao regresso ao útero. Para além de ser amamentado ao peito de uma mãe-espírito, o xamã siberiano é ainda ocasionalmente embalado num berço de ferro por espíritos, sobre um dos ramos da Árvore do Mundo.

Entre os povos caçadores, os ossos simbolizam a essência da vida, a partir da qual nascem os animais e os homens. Se estão cercados de carne enquanto homem vivo, os ossos se perpetuam na morte e concentram em si suficiente potência vital para renascer novamente e assim por diante. A carne não passa de máscara passageira, da qual o xamã deve desembaraçar-se antes dos outros para ascender aos planos superiores. "A carne", diz Sapa (1953, p. 57), "representa a ignorância, assim, quando realizamos a cerimônia da Dança do Sol e nossa carne dilacerada se desprende das correias, é como se nos libertássemos dos laços da carne". Não é necessário desenvolver mais a ideia presente na maioria das religiões, da natureza perecível – e, portanto, acessória – da carne, esteja ela associada ao pecado, à ilusão, à ignorância, etc.

Desta forma, na iniciação xamânica dos povos caçadores, não há retorno do corpo à terra, mas a ressurreição do esqueleto. As tribos nativas norte-americanas não enterram seus mortos: colocam-nos sobre uma plataforma mortuária, envolvidos por uma manta, oferecendo-os às forças da Mãe Natureza. Essa concepção mágica opõe-se à dos povos agricultores, para quem a Mãe-Terra é a fonte de toda vida; eis porque, nos ritos xamânicos, o corpo do candidato volta simbolicamente ao ventre da Terra para depois renascer dela.

Os ritos de iniciação dos *yachacs*, nos Andes peruanos, duram semanas e até meses, no qual caminham pelas montanhas e visitam locais sagrados. Em cada nível participam de rituais para se conectarem com *Pachamama* e os espíritos dos *Apus* (as montanhas sagradas). No início devem passar suas noites nas montanhas, tendo somente o céu sobre eles e meditar com o Cosmo. Precisam tomar banho em lagoas muito frias na cordilheira andina para se purificarem. Assim, as salas de aula dos *yachacs* são as montanhas, as lagoas e toda a natureza. Esse é o templo onde conhecem as suas vocações. Há muitas provas duríssimas e cheias de sofrimento. Estes são testes de fogo que servem para determinar as aptidões físicas, a preparação dos seus corações, suas habilidades para serem compassivos, amar e acessar o conhecimento sagrado.

Na iniciação, os paradigmas que já não servem são removidos e se rompem com as convenções que foram impostas desde o nascimento. Para os *yachacs*, renunciar a um passado que não serve e que nunca pode servir, não é um processo em etapas, destruindo os pedaços um por um, mas um ato de amor e de poder em que se dedicam a destruir todos de uma vez. Na Roda da Medicina dos Ventos isto é simbolizado por *Yacumama*, a serpente arquetípica que troca sua pele completamente em um só movimento, como uma afirmação de vida.

Tal como nas outras tradições xamânicas pelo mundo, os *yachacs* passam por um "Rito da Morte" para encontrar o seu verdadeiro poder e ter uma relação com o *Spíritu*. Nestes ritos, o candidato a xamã tem acesso ao que eles chamam de seu *kawsay* pessoal, e tem a oportunidade de limpar seu ego, podendo mudar as incrustações culturais que influem na sua vida "física e psíquica". Em um contexto maior, o *kawsay* é uma energia universal que forma o Cosmo, e entre os andinos existe um pessoal para cada indivíduo. Limpando-o, eles podem forjar laços mais fortes com o *Spíritu* universal.

Uma vez que a identidade do ego entrou em colapso a alma do *yachac* pode experimentar a verdadeira unidade com a natureza, os animais, as plantas e o mundo. Esta experiência de um *Self* transpessoal é a recompensa por todos os sacrifícios de treinamento do aprendiz, a iniciação e a vida de serviço que está para vir. O xamã iniciado representa a ponte entre o mundo da realidade física e de todos os mundos possíveis do nosso universo infinito.

Os ritos de morte, ao contrário do nome, são ritos de passagem que acontecem sempre que há uma transição na nossa vida; uma passagem do velho para o novo, de quem a pessoa era para quem está se tornando. Eles também são rituais que auxiliam a enfrentar seus medos, raivas e agressividades. Para os *yachacs*, o medo é comparado com a agressividade. O oposto da ordem não é o caos, mas, sim, a agressividade.

Eles dizem que, ao nascermos, fantasmas famintos do passado vieram nos convidar para nos alimentarmos das sucatas do outono de seu prato. Esses fantasmas alimentam-se do presente; eles se alimentam de nossa energia vital. Assim os ritos de morte, e muitos outros rituais dos *yachacs*, são projetados para exorcizar e se livrar destes fantasmas famintos, de forma que o presente não esteja sendo reivindicado pelo passado.

É interessante observar que a morte iniciática no Xamanismo complementa-se com o renascimento do homem ou da mulher como Xamã, sendo comparado como um regresso ao útero cósmico. É comum nestes ritos os candidatos entrarem numa passagem, túnel, cabana ou caverna que simbolizam uma vagina, e de lá saírem transformados num novo ser.

Vitebsky (1995, p. 61-62) sobre esse tópico narra que:

> São estas imagens que permitem a alguns psicanalistas interpretar a iniciação xamânica como uma regressão infantil. É claro, contudo, que nem todos os retornos ao útero são regressivos, uma vez que o xamã reemerge como um adulto integrado e excepcionalmente poderoso. Neste aspecto, a iniciação assemelha-se à iniciação efetuada em muitas sociedades por ocasião dos ritos de puberdade, da qual se diz que o adolescente regressou ao útero para renascer, desta vez completamente adulto ou, por outras palavras, como uma pessoa mais completa do que anteriormente.

A iniciação retira o xamã de todos os seus hábitos sociais e mentais, ideias religiosas, filosóficas e funções anteriores na comunidade. Essa transcendência de si mesmo exige uma disposição de sofrer uma verdadeira morte do ego e não apenas uma imaginação mito-poética da morte na forma de alegorias e arquétipos. Sem a perda do ego, o xamã não pode "servir" livremente à vontade do espírito. A função de iniciação é libertar a alma do(a) noviço(a) de seu ego. Somente aqueles que transcendem as suas motivações ligadas ao ego podem interpretar as experiências de estados alternativos através dos olhos do Universo ou Grande Espírito. A transformação psíquica que resulta da iniciação cria uma mente clara, percepção reforçada, maior capacidade de compaixão e verdadeira mansidão.

Ao longo do tempo os ritos iniciáticos sofreram uma série de modificações. Hoje os testes não são mais tão duros como eram, porém algumas tradições preservam longos retiros, com testes físicos, mentais, emocionais e espirituais. De qualquer maneira, qualquer que seja o processo de iniciação, o buscador deve ser disciplinado, responsável e perseverante, ter equilíbrio e discernimento, pois só com estas qualidades é que poderá se doar e entregar ao compromisso assumido perante as forças da natureza. Desta forma, irá aprimorar e ampliar a sua visão, alcançando o poder pessoal necessário para direcionar o intento às suas metas e objetivos.

Profissão: Xamã

Na busca de uma definição, podemos dizer que os xamãs foram os primeiros médicos, psicoterapeutas, sacerdotes, místicos, mágicos, artistas e contadores de histórias do mundo. Eles são líderes espirituais reconhecidos pela comunidade e que deliberadamente alteram sua consciência, a fim de obter informações do Mundo dos Espíritos, usando esse conhecimento e poder para ajudar e curar os membros de sua comunidade, bem como a coletividade como um todo.

Tradicionalmente, a prática do Xamanismo procura manter o equilíbrio saudável entre as pessoas e seu meio ambiente, tanto físico como espiritual. O xamã satisfaz as necessidades da comunidade: ao escolher as almas dos mortos em seu retorno ao mundo espiritual, porque as almas dos defuntos são problemáticas para os vivos, e ao assegurar caçadas bem-sucedidas, através da negociação na realidade não ordinária com o Mestre ou Senhora dos Animais e conduzir os rituais prescritos (caça mágica). O xamã restaura o equilíbrio entre a comunidade e o mundo animal, espiritual ou o ambiente natural, criando os rituais necessários orientados por seus espíritos aliados. Esta tarefa inclui determinar quais os tipos de sacrifícios necessários e em que quantidade. Rituais comunitários, por vezes são focados na cura de um indivíduo quando a falta de equilíbrio deste prejudicou a harmonia da comunidade. As necessidades da comunidade variam continuamente. Através da relação com os seus espíritos auxiliares o xamã é capaz de criar novos rituais para atender a essas necessidades.

Habitualmente o xamã está disponível para atender às necessidades de cura dos indivíduos, além de obter informações do mundo espiritual por meio de adivinhação. Ele ou ela recupera o espírito aliado do mundo espiritual através da restauração de energia; de partes da alma, quando estas foram perdidas ou roubadas, ou de doenças causadas por invasões energéticas com limpezas, sucção ou outras formas de extração e reciclagem de energia, enviando-a de volta para o mundo espiritual através de purificações e rituais. As sessões de cura duram muitas vezes ao longo da noite. O xamã geralmente está disponível a qualquer hora do dia também.

Se quisermos uma definição sintética da função do xamã nas culturas mundiais, devemos dizer que é a ponte entre o aspecto visível e a contraparte invisível da realidade, ou seja, entre "corpo" e "alma" de todas as coisas. Entre o microcosmo e o macrocosmo, entre o humano e o sagrado. Os *Incas* definiam os xamãs como *punku*, que literalmente significa "porta" ou "entrada". O xamã atua como um link entre o "corpo" e a "alma" de seus pacientes e de sua cultura, ou seja, os mitos e verdades aprendidas pela fé e pelas vivências dentro da sua tradição.

Uma das funções mais importantes, desta profissão, a meu ver, é a de psicopompo. Como tal, o xamã transporta as almas dos mortos para o além, garantindo uma viagem segura e completa até o seu destino. Ele ou ela entra em EXCA e deixa o corpo para acompanhar as almas dos mortos para o lar dos ancestrais ou a Terra dos Espíritos. Cada cultura tradicional define o processo de morte à sua própria maneira. As especificidades do trabalho de um xamã psicopompo é influenciada por crenças culturais sobre a alma, a morte e o processo de morrer. No entanto, este trabalho sempre envolve uma viagem ou voo da alma, que é a ferramenta necessária para a alma do xamã entrar nos reinos do espírito, onde ele ou ela pode servir como um guia.

Na maioria das culturas, acredita-se que os espíritos ancestrais virão ao encontro do recém-falecido e guiarão a alma através da conclusão do processo de morte. Quando os ancestrais não vêm ou os rituais de morte não são executados ou realizados de forma correta, a alma do falecido pode se perder e vagar. Se isso acontecer, tornam-se incapazes de completar seu processo de morte sem ajuda. Neste ponto, o xamã deve ser chamado para atuar como psicopompo.

A necessidade de um psicopompo também pode surgir em rituais de cura com os vivos. Se um paciente é atormentado ou possuído por um espírito extraviado dos mortos, o xamã precisará escoltar esse espírito para a Terra dos Mortos, após libertá-lo da conexão com seu paciente. Este tipo de cura para os mortos é muitas vezes necessário para curar os vivos.

Os rituais funerários realizados *post mortem* são baseados na percepção de que, após a morte da consciência, ela encontra-se inesperadamente sem corpo e não está disposta a abrir mão de seu lugar no seio da família. Ela precisa de tempo para se acostumar à nova situação. Durante este tempo, a alma do falecido pode tentar atrair as almas dos parentes para que ele não se sinta sozinho. A alma não percebe imediatamente que ela não pertence mais ao mundo dos vivos e que é hora de voltar para casa, por essa razão é necessária a intervenção do xamã como psicopompo nestes casos.

O Xamanismo mudou ao longo do tempo com a evolução das necessidades das comunidades e dos indivíduos. Enquanto no passado um dos papéis principais do xamã estava ligado especificamente à magia, hoje xamãs ajudam as pessoas com preocupações profissionais que envolvem carreiras, sucesso e reconhecimento. Questões profissionais são, talvez, uma versão contemporânea da antiga necessidade de saber "onde caçar" e "quando plantar". Essas perguntas são levantadas pela questão fundamental: "Como faço para sobreviver?" A necessidade de sobrevivência não mudou, como também permanece igual o transe do xamã e a sua relação com os espíritos aliados.

As formas externas de rituais xamânicos também mudaram ao longo do tempo, em resposta a troca nas necessidades das pessoas que são provocadas pela influência de mudança de culturas, governos e sistemas religiosos dominantes. Geografia, mitologia, a flora e fauna e os padrões climáticos dominantes são alguns dos muitos fatores que influenciam os tipos de espíritos com os quais o xamã pode trabalhar.

Indivíduos contemporâneos se voltam para os xamãs essencialmente pelas mesmas razões que seus antepassados o fizeram, por soluções práticas e pragmáticas para os problemas da vida cotidiana. Eles acreditam que a solução está além das dimensões do mundo físico comum do problema. Essa crença pode ser culturalmente realizada ou pode realmente ser contrária às crenças do indivíduo, mas o xamã é procurado porque todas as outras vias convencionais de ajuda falharam. Algumas pessoas relatam uma sensação estranha ou intuição de que buscar um xamã é a coisa certa a fazerem, mesmo sem saberem nada sobre Xamanismo. A maneira como o xamã cria a mudança é determinada pela necessidade e varia de caso a caso, tal como acontece desde os primórdios. Os rituais de cura xamânica têm por objetivo restaurar a integridade da alma do paciente e também a sua força vital, além de restituir a harmonia e o equilíbrio entre o indivíduo e o meio ambiente e reestabelecer a energia do cliente.

Xamãs atualmente abordam uma ampla gama de problemas de saúde desde o resfriado mais comum ao câncer, depressão, fertilidade, longevidade e problemas familiares, incluindo as questões que surgem entre cônjuges, pais e filhos e membros da família falecidos. Eles ou elas também realizam cerimônias de aberturas de novos lugares ou eventos, tais como estradas, pontes, casas, viagens de embarcações, bem como o fechamento de espaços antigos.

Universo Xamânico

> A técnica xamânica de maior destaque é a passagem de uma região para outra, da Terra para o Céu, ou para o mundo inferior. O xamã conhece o mistério de romper as limitações do plano espacial. Essa comunicação entre zonas cósmicas é possibilitada pela própria estrutura do Universo.
>
> Mircea Eliade

A Árvore da Vida é um símbolo recorrente em várias culturas para a conexão entre os três reinos do mundo espiritual. A estrutura do Universo, segundo o Xamanismo, é sempre percebida de maneira muito semelhante, independentemente de qualquer que seja o lugar ou a época. Assim, o Universo seria formado por três mundos – o superior, o médio e o profundo – religados entre si por um pilar central. Como bem disse Eliade (1998, p. 287), "a técnica xamânica por excelência consiste no deslocamento de uma região cósmica para a outra". Por meio dos seus conhecimentos, o xamã compreende o mistério da comunicação entre esses níveis. Ou, como narra Drouot (1998, p. 160), "a passagem, representada na realidade por uma abertura ou um buraco (não raro descrito como uma coluna de uma tenda)", pela qual o xamã, num EXCA, atravessa o limiar entre os mundos e se desloca entre eles, buscando poder, conhecimento ou cura para um enfermo.

Este eixo do mundo (*Axis mundi*) representa o Espaço Sagrado que o xamã utiliza na maioria das jornadas aos outros mundos como um ponto de partida. Eliade (1998, p. 293) observa que:

> Embora à experiência xamânica propriamente dita possa ter sido atribuído o valor da experiência mística, graças à concepção cosmológica das três zonas comunicantes, tal concepção cosmológica não pertence exclusivamente ao xamanismo siberiano e centro-asiático, nem, aliás, a nenhum outro xamanismo. É uma ideia universalmente difundida, ligada à crença na possibilidade de interlocução direta com o Céu. No plano macrocósmico, essa comunicação representada por um Eixo (árvore, montanha, pilar, etc.); no plano microcósmico ela é retratada pelo pilar central da cabana ou pela abertura superior da tenda; o que significa que toda habitação humana se projeta no "Centro do Mundo" ou que todo altar, tenda ou casa possibilita a ruptura de nível e, portanto, a ascensão ao Céu.

Eliade (1998, p. 294-295) também descreve a Montanha Cósmica, que faz positivamente a relação entre a Terra e o Céu, assim como o Pilar do Mundo. A ideia da Montanha Cósmica era familiar para os povos primitivos da Sibéria e em outras culturas. É outra imagem mítica do centro do mundo. Narra uma lenda siberiana que o primeiro xamã, *Bai Ülgän*, está assentado no alto da montanha. A montanha cósmica faz a conexão entre a Terra e o Céu. Os *Buryate* dizem que a Estrela Polar está presa a seu topo. Os deuses agarraram esta montanha e agitaram o oceano primordial, dando o nascimento ao Universo. Um futuro xamã pode escalar a Montanha Cósmica durante sua iniciação. Ascender à montanha significa sempre uma viagem ao mundo central, o que pode ser feito também pela Árvore do Mundo.

Os simbolismos da Árvore do Mundo e o da Montanha Cósmica são complementares. Os dois são fórmulas míticas elaboradas do Eixo ou Pilar do Mundo. Montanhas e pilares são culturalmente imagens recorrentes que levam ao mesmo significado e função como Árvore da Vida. Eles representam a montanha mítica ao Centro da Terra e o pilar que sustenta o céu, respectivamente. Com a fusão com a Árvore da Vida, o xamã fica no centro do Cosmos, ligado ao Todo, e de lá é capaz de viajar para qualquer canto quando em EXCA.

A Árvore da Vida é, simultaneamente, o centro, o equilíbrio e o eixo do universo do xamã. As árvores, por sua configuração, inspiram uma noção de comunicação escalonada, tanto individual quanto coletivamente. Seu simbolismo, abordado individualmente, remete ao subconsciente ou a sombra no tangente às raízes; à expressão do ego, representada pelo tronco e a centelha divina, a consciência superior, retratada pelos galhos, flores e frutos. Considerado o plano coletivo, suas raízes são o elo de comunicação com a porção subterrânea e invisível, conhecido como Subterrâneo, Submundo ou Mundo Inferior; o tronco espelha o Plano Material, palpável e a copa, com seus frutos, flores e folhas, o Mundo Superior invisível.

Estas características tornaram a árvore símbolo presente nas mais diversas culturas em seus mitos cosmogônicos e, por conseguinte, parte fundamental dos mitos religiosos. Esta afirmação encontra amparo no mito do Jardim do Éden cristão, em que a Árvore do Bem e do Mal desempenha papel central no destino da humanidade, ou no mito nórdico de *Yggdrasil*, que era não somente o sustentáculo dos nove mundos, mas também doadora de sabedoria e visão; ou ainda na tradição budista, em que aparece como o suporte necessário a Buda para o alcance da Iluminação.

Para o Xamanismo, é o caminho entre os mundos, o eixo que liga os três níveis: o profundo, o intermediário e o superior; o próprio Cosmo multidimensional, além de doar partes de sua matéria para a concretização de instrumentos auxiliares ao exercício da função xamânica, como flautas, maracás e tambores. É essencial, porque é o portal para outros planos e dimensões, o lar dos animais sagrados e, inegavelmente, por ser uma representação completa do ciclo morte-vida e suas alterações. É uma das mais perfeitas representações da Mãe Terra, que alimenta seus filhos, mesmo que cegos, já que suas raízes buscam sustento no solo, mas também doam com a queda de suas folhas, flores e frutos o alimento necessário para que este mesmo solo a retroalimente, permitindo a existência de um número infindo de espécies em todas as partes de seu corpo. Oferece sombra e proteção contra tempestades aos que descansam sob seus galhos. Oferta sua história e sua sabedoria a quem quer que se disponha a ouvir e recarrega, embala e protege os que buscam seu abrigo.

Ao estudarmos mais a fundo sobre a Árvore da Vida iremos encontrar sua utilização em diversas culturas e segmentos filosóficos e religiosos, como podemos ver abaixo.

Na Cabalá, a Árvore da Vida, com sua extraordinária e profunda simbologia, assim como as suas técnicas, causa a conscientização de todos os valores físicos, psíquicos, éticos e morais necessários à Divina Centelha, para a exteriorização da perfeição original do Grande Plano.

As tradições dos bardos e druidas apresentam o eixo cósmico ligando quatro círculos de seres, que são visualizados em planos circulares atravessados pelo Eixo Cósmico. Na verdade, apenas três são acessíveis ao espírito humano, pois o mais elevado de todos, o *Ceugant*, é o lar exclusivo do Deus Criador transcendente, conhecido pelo nome bardo de *Hen Ddihenydd*. O círculo ou plano imediatamente abaixo é *Gwynvyd*, a Terra Branca, cujo nome se traduz como a qualidade da Felicidade. Abaixo deste fica o Mundo Médio, o nível terreno, conhecido como *Abred* ou *Adfant*, o lugar do aro que gira invertido. O Mundo Profundo é conhecido como *Annwn*.

Na tradição *Maya*, da Guatemala e Honduras, a Árvore da Vida era um tipo de ceiba verde, chamada *Wacah Chan*, que os *h'men* (xamãs) utilizavam para acessar os três mundos. Já para os *Mayas* do México a Árvore Verde da Abundância (*Yaax-ché*) crescia na península do Yucatán e abrigaria aqueles que seguissem à risca todos os rituais religiosos e chegassem a atingir o paraíso. Para todos os *Mayas*, o Universo era dividido em três estratos: o Céu (*Ka'an*) era fracionado em treze estratos; a Terra (*Cab*) teria uma forma quadrangular, e o Inframundo (*Xibalba*), subdividido em nove níveis.

Plantar árvores "permanentes", como se fossem o eixo central de uma cidade, é um ato que se reflete na velha tradição de fincar estacas em lugares com muita energia e que depois brotavam. A lenda de José de Arimateia, em Glastonbury, e de Santa Etheldreda, em Etheldredestow, são os melhores exemplos conhecidos dessa tradição. Enterrar a estaca numa determinada profundidade fazia com que ela adquirisse nova vida, revitalizando assim tudo à sua volta. Em Glastonbury, essa estaca se transformou num famoso e sagrado espinheiro e em Etheldredestow, num enorme freixo. É importante lembrar que essas duas árvores formam, com o carvalho, a trindade sagrada das árvores reverenciadas pelos *Celtas*.

O "Mastro de Maio" (*maybaum* ou *maypole*), da cultura europeia, faz parte dessa mesma tradição, sendo o foco central de danças cerimoniais que celebram o final do inverno e dão as boas-vindas ao verão, como também o Rito de Fertilidade celebrado pelos pagãos. O "Mastro de Maio" é a última lembrança das festividades realizadas em torno de um mastro central ou de uma estrutura que simbolizava a Terra e o Cosmo.

Na cerimônia da Dança do Sol dos *Lakota*, os dançarinos dançam durante quatro dias em volta de um tronco que simboliza a Árvore da Vida (ver capítulo Ritos e Cerimônias).

Faur (2010, p. 386) complementa:

> Inúmeros mitos se referem ao Cosmo como uma árvore. Na cosmologia nórdica, a árvore Yggdrasil sustenta os Nove Mundos da criação, enquanto a Deusa Mãe hebraica Asherah se apresentava como uma árvore. Os nomes e atributos da Árvore Sagrada variam entre Árvore Cósmica, da vida, do conhecimento, do paraíso, da paz, pilar celeste ou eixo do mundo.

A despeito da diversidade de crenças sobre a Árvore da Vida, decorrente da grande quantidade de culturas xamânicas, existem vários pontos comuns entre tais credos. Segundo Faur (2007, p. 45), nos mitos das tribos celtas, siberianas e turcas "a Árvore sustenta diferentes mundos (deuses, seres sobrenaturais, homens, ancestrais), que podem ser alcançados pelos xamãs em estado alterado de consciência". Os xamãs subiriam na árvore por degraus talhados no tronco, por uma escada ou levado por um pássaro aliado, atravessando diversos mundos ou portais, subindo para o Mundo Superior ou descendo ao Mundo Profundo. Os galhos dessa árvore, os que tocam o céu, correspondem ao Mundo Superior e suas raízes estão ligadas ao Mundo Inferior. O tronco, por sua vez, sustenta vários mundos, entre eles este que vivemos. Em seus galhos, sustenta-se uma Águia, enquanto uma Serpente está enrolada em suas raízes.

A referida autora ainda fala que, em algumas tribos, os xamãs sonhavam com a localização da Árvore Sagrada como representada por uma árvore realmente existente na realidade ordinária e seguiam até ela para arrancar seus galhos e usá-los na confecção de tambores.

Na América do Sul não existe a tradição da Árvore da Vida, mas se conhece o centro cósmico. *Qosqo* (Cusco) foi inaugurada por Manco Capac (o primeiro *Inca*) ao enterrar o bastão de ouro dado por *Wiracocha* para essa finalidade: onde ele entrasse completamente no solo, ali seria o centro do mundo. *Qosqo* em *runasimi* (a "linguagem humana" falada pelos indígenas andinos) significa "umbigo"; e seu centro é marcado pelo *Koricancha*, o Templo do Sol. Dele partem 41 linhas retas – chamadas *ceques* – que ligam o templo a vários locais sagrados, chamados *Huacas* (templos, pedras, fontes, montanhas, etc.) e lugares destinados a oferendas ritualísticas.

Entre os *Guarani* há uma tradição semelhante: o *Peabiru* é o "Caminho do Sol", marcando seu início no Leste e fim no Oeste. O centro é *Yvy Puruã*, o Umbigo da Terra. Ali nasceu *Ñandecy*, Nossa Mãe, pois é o lugar de onde as águas surgem. *Jakaira*, a névoa primigênia que é origem da vida e se renova em cada neblina, no orvalho, na chuva e na Árvore Sagrada – o cedro, que fala e destila sua água para saúde e reparo das pessoas. Sobre *Yvy Puruã*, o centro da Terra, fica também *Ara Mbyte*, o Meio do Céu, morada de *Kuarahy*, o Sol. Sem o Sol, nada poderia viver ou crescer; ele rege ou cuida da Terra, percorrendo com tal objetivo a sua trajetória cotidiana.

Como podemos ver, a árvore simboliza o Eixo Cósmico que liga o Céu à Terra e que proporciona o intercâmbio entre os mundos. Em diversas tradições, a Árvore da Vida ou do Conhecimento é representada como uma árvore cujas raízes penetravam no mundo subterrâneo (morada dos espíritos ancestrais e dos animais de poder), o tronco atravessa o mundo dos homens e seus galhos se erguem para captar as energias do céu e das estrelas. Na tradição xamânica, o xamã se desloca ao longo da Árvore Cósmica buscando as informações e energias necessárias para curar ou aconselhar seus semelhantes no Mundo Superior, Mediano ou Profundo.

Níveis do Cosmo – Os três mundos

De acordo com a visão xamânica do mundo, seja qual for o modo pelo qual as pessoas concebem e vivem no seu ambiente normal, está sempre presente a dimensão dos espíritos. E ela fica escondida não por exprimir a natureza superficial das coisas, mas, sim, a sua natureza íntima. Assim, para os xamãs, a realidade é mais vasta do que é dado perceber aos nossos olhos e sentidos, especialmente no que se refere à consciência que dela temos. No Xamanismo aprendemos desde o início que a realidade invisível além do mundo físico é acessível por meio da viagem xamânica ou voo da alma, como é mais comumente conhecido. Para compreendermos as jornadas dos xamãs necessitamos compreender o seu Universo e em que se resume sua cosmologia.

Ingerman (2009, p. 45) sobre esse assunto diz:

> No xamanismo céltico essa realidade que não vemos é conhecida como o "Outro Mundo". Na tradição aborígene australiana os mundos invisíveis são chamados de "Tempo do Sonho". Muitas tradições xamânicas acreditam que a realidade invisível está dividida em três mundos separados, chamados de Mundo Inferior, Mundo Superior e Mundo Intermediário. Cada mundo possui qualidades distintas, inclusive portas de entradas ou portais específicos e uma paisagem reconhecível.

A maioria das tradições xamânicas consideram que o mundo está dividido em três camadas (em algumas cosmologias o número aumenta para quatro, cinco, seis, sete ou nove, mas a divisão tríplice permanece básica): a superior, a intermediária e a profunda, sendo que o mundo superior e o profundo podem ser compostos por inúmeros níveis. Costumamos usar as camadas da cebola como metáfora para falar sobre essas realidades invisíveis, onde cada camada é uma realidade. Cada uma delas é um mundo diferente, com seres dos mais diversos. Segundo os xamãs estes mundos nos ignoram como nós os ignoramos, mas alguns mantêm contato e outros influenciam o nosso mundo, algumas vezes com ações nada benéficas.

Ao acreditarmos que outros seres dimensionais, que podemos chamar de espíritos, existem em um reino diferente deste em que nos achamos e que entram em contato com a nossa realidade para afetar a saúde e o abastecimento de alimentos, por exemplo, concluiremos que, quando estes aspectos da realidade se alteram, alguém terá de viajar até esse "Outro Mundo" para persuadi-los a se comportarem de outro modo.

Se considerarmos os espíritos como a essência das coisas que nos rodeiam, este reino, então, não se distinguirá geograficamente. Ele ocupa, na verdade, o mesmo espaço que nós, mas será acessível só a alguns e apenas em certas ocasiões. Tal acesso só poderá ser possível com grande esforço e habilidade. Segundo Walsh (1993, p. 129), "o que torna os xamãs 'viajantes cósmicos' é sua vivência de serem capazes de atravessar esses múltiplos mundos e níveis". O espaço é uma forma de exprimir a diferença e a separação, mas a jornada do xamã representa a possibilidade de regresso em conjunto com o espírito ou outra solução ao problema.

Eliade (1998, p. 208) assinala:

> O xamã é curandeiro e psicopompo, porque conhece as técnicas do êxtase, isto é, porque sua alma pode abandonar impunemente o corpo e vagar por enormes distâncias, entrar nos Infernos e subir aos Céus. [...] A técnica xamânica de maior destaque é a passagem de uma região cósmica para outra, da Terra para o Céu, ou para o Mundo Inferior. O xamã conhece o mistério de romper as limitações do plano espacial. Essa comunicação entre zonas cósmicas é possibilitada pela própria estrutura do Universo.

Na maioria das vezes, o Mundo Profundo é chamado de Inferior ou Subterrâneo, passando uma ideia negativa deste nível cósmico. Contudo, engana-se quem pensa desta forma. Ao fazermos uma jornada para lá encontraremos paisagem terrenas, como desertos, florestas, vales cercados de montanhas, selvas e praias. Devemos lembrar que nós estamos apenas numa das camadas da cebola, e qualquer que seja ela, não é superior e nem inferior a nada, mas, sim, apenas mais uma camada.

Vitebsky (1995, p. 17) alerta que:

> O reino separado dos espíritos nem sempre se situa noutros níveis cosmológicos. Localiza-se num determinado local da Terra, e a tarefa do xamã é a de voar para locais conhecidos na paisagem familiar. Numa determinada região da Índia, passa-se pelo reino dos mortos na viagem de carro para a cidade. Mas, mesmo na Terra, a diversidade do reino é salientada pela inacessibilidade dos tabus que rodeiam o local, que pode ser um estranho afloramento rochoso ou uma caverna no interior de uma montanha.

Conclui (1995, p. 72) dizendo que:

> A jornada psíquica do xamã pode ocorrer totalmente ao nível da Terra. Por exemplo, um xamã *desana*, do Amazonas, que viaja até um afloramento de rochedo próximo para negociar com o Senhor dos Animais que habita uma gruta que lá se encontra. E ainda um esquimó do Alasca, que voou através do Estreito de Bering até a Sibéria, para verificar o que sucedera a uma pessoa desaparecida. Esta viagem

em espírito retraçava a que pessoas vulgares normalmente percorrem por mar. No Nepal, os xamãs viajam em espírito desde paisagens conhecidas no vale do Katmandu até os campos de neve no Tibete. Atravessam florestas, montanhas, rios e estradas descrevendo os seus movimentos à assistência passo a passo. Os próprios aliados são criaturas que pastam à superfície da terra. Quando invocados por um xamã, atravessam a paisagem local por caminhos que o xamã também descreve em pormenor. Contrariamente às viagens para mundo sob a terra, ou através do Cosmo, estas jornadas têm um efeito particular no estado físico e emocional do paciente, por se passarem numa paisagem que ele próprio conhece perfeitamente.

Os três reinos do mundo espiritual se estendem em todas as direções a partir do centro, como nós a percebemos na realidade física. A forma como esses reinos são acessados varia de cultura para cultura. De um modo geral:

O Mundo Superior é acessado a partir dos ramos da Árvore da Vida, montanhas, arco-íris, fumaça e neblina. É o lugar das estrelas (em um vasto sentido, espiritual), assim como o Sol, a Lua, o espírito do Céu, outros corpos celestes, deuses, deusas, o Divino, e espíritos aliados em outras formas. O xamã pode visualizar todo o Cosmos do Mundo Superior e ir até lá para aprender e receber inspiração.

O Mundo Profundo é acessado a partir das raízes da Grande Árvore, através de cavernas, poços ou buracos no chão. Por lá o xamã pode entrar na Terra dos Mortos, o reino dos ancestrais, e conhecer os espíritos da Terra como um Ser. Nas culturas marítimas, esse mundo também envolve um reino subaquático, onde o Senhor ou Senhora dos Animais do Mar vive e libera seus filhos para serem mortos apenas por aqueles que demonstram, por meio do sacrifício apropriado, que são dignos da vida dos animais.

O Mundo Mediano se estende a partir do tronco da "Grande Árvore" em todas as oito direções cardeais. Ele é habitado pelo Espírito de Tudo o que existe fisicamente – o tempo, paisagens, animais, pessoas, plantas, ar, fogo e água. O xamã também encontra lá muitos dos espíritos totem animais, que são passados no seio das famílias ou clãs. O Mundo Mediano contém o mundo físico em que vivemos e suas dimensões sobrenaturais, que existem fora do tempo e do espaço comum. O plano físico e espiritual da existência de sobreposição se inter-relacionam de tal forma que os portais são criados, permitindo o acesso entre os mundos. A conexão é multidimensional, o que os *Celtas* interpretam poeticamente como fitas de energia que circundam e entrelaçam todos os três reinos do universo do xamã. A mudança em uma parte afeta todas as outras.

Em muitas culturas, o mundo espiritual não é simplesmente um Mundo Superior e um Profundo, mas ambos contêm um número de níveis, sendo, tipicamente, três, sete, nove, doze ou infinitamente e que se desdobram. Embora os níveis não representem uma hierarquia de valor, uma alma viajando nestes reinos deve mover-se através deles sucessivamente. Esses níveis correspondem às fases de crescimento pessoal, ou *insights*, desenvolvendo habilidades psíquicas ou domínios que permitem ao xamã ajustar sua energia para que ressoe com a vibração energética desse nível. O movimento entre as camadas pode ser instantâneo para aqueles que tenham cumprido os desafios de um nível em uma visita prévia ou que dominam vários níveis de desenvolvimento psíquico. Outros podem permanecer em uma camada até que evolua algum aspecto de seu ser, ou não, e volte à realidade ordinária, incapaz de ir além desse nível. Para aqueles que dominam o seu estado pessoal, como o xamã iniciado, o movimento entre os níveis é uma jornada sem fim da evolução da consciência, com momentos brilhantes de revelação e êxtase.

De acordo com Vitebsky (1995, p. 17):

> A técnica fundamental da viagem xamânica é um estado de transe controlado. A geografia xamânica pode ser considerada como uma topografia de estados mentais. Alguns psicólogos e neoxamanistas tentam produzir mapas de estados mentais, em vários sentidos, literais e simbólicos. Sob este aspecto, parecem seguir muito de perto a correspondência que os xamãs tradicionais fazem entre o seu estado de espírito e a sua localização numa carta do espaço cósmico.

A atuação do xamã une os mundos interior e exterior, os do indivíduo e da sociedade, o contido na mente ou no corpo e o do Cosmo que para além deles se situa.

Faur (2007, p. 45) complementa:

> Definimos o Cosmo como a totalidade da criação, incluindo uma variedade e diversidade de planos, níveis, dimensões, mundos e camadas. Enquanto o Cosmo é o Todo, o Universo representa uma parte, uma esfera com atividades e influências diferenciadas e específicas. Existem muitos universos, mas há somente um Cosmo que transcenda a noção de tempo e espaço, pois suas camadas se interpenetram e entrelaçam, estendendo-se para dentro e para fora de sua estrutura básica.

Cada tradição xamânica tem a sua forma de exprimir a diferença entre os diversos níveis de realidade. Os *Sora*, da Índia, admitem a existência de um Mundo Profundo, mas também têm a experiência com os espíritos por intermédio de uma sobreposição entre os dois mundos. O mundo não ordinário seria uma inversão do que vivemos. Enquanto aqui é dia, lá é noite. Caso os indivíduos derrubem árvores numa determinada estação, irão provocar a irritação nos espíritos que as utilizam como suporte para as suas colheitas. Da mesma forma, em determinadas regiões da Indonésia, quando os mortos falam, pronunciam as palavras de trás para frente.

O mundo dos espíritos também contém e exprime a verdadeira causa das coisas que sucedem no mundo ordinário. As duas realidades estão ligadas de tal forma, que os acontecimentos do Mundo dos Espíritos produzem efeito no nosso de maneira que uma caçada bem-sucedida ou a fome, uma comunidade saudável ou doente, podem ser sempre atribuídas a ações de espíritos. Ao se movimentar livremente entre estes mundos, o xamã demonstra ter uma percepção da outra realidade e compreende o modo como ela afeta na que vivemos. Nas tradições xamânicas estas realidades aparecem muitas vezes como fundidas, de modo que o xamã pode falar casualmente que dirigiu uma motocicleta até a cidade e cavalgou num cavalo na Lua, tudo simultaneamente, o que, durante muito tempo, fez com que sua figura fosse estereotipada como esquizofrênica. Talvez seja melhor não falarmos em realidades separadas, considerada a nossa forma usual de compreender as coisas. Aprendemos no Xamanismo que os espíritos representam a natureza essencial das coisas e são as causas reais dos acontecimentos no mundo da percepção comum.

Energia e Ancestrais Míticos

O poder do xamã para ajudar e curar vem dos "espíritos". No entanto, a palavra "espírito" é uma tradução enganosa das muitas palavras utilizadas pelos primeiros povos em todo o mundo para descrever a própria substância e ou essência daquilo com que lidam os xamãs. Este poder, energia ou espírito sagrado é chamado de *mana* pelo *Maori*, *orenda* ou *oki* pelo *Iroquês*, *wakan* pelo *Sioux*, *coen* pelo *Athapaskan*, *yok* pelo *Tlingit*, *manitou* pelo *Anishinaabe*, *tara* pelo *San*, *kawsay* pelos andinos, isso só para citar alguns. Nenhuma dessas palavras pode ser traduzida verdadeiramente. Este poder como força vital é inerente a todas as coisas criadas no Universo. No mundo do xamã este poder/energia/espírito é honrado porque ele se conecta à toda criação.

O xamã está preocupado com o fluxo ou o padrão de energia e se ele está ou não se movendo na direção de afirmação da vida. A energia é vista como neutra. Nem boa nem má. Ela pode ser modelada por um propósito e colocada em movimento. O xamã está preocupado com a intenção por trás da energia ou a tarefa para qual ela foi enviada. Durante seu trabalho ele discerne se a intenção é benéfica ou maléfica. Isso vai determinar o que deve ser feito. Xamãs procuram a raiz do medo e não do mal. Eles olham para o desequilíbrio revelado que cria o medo e agem para trazer as energias de harmonia e equilíbrio, criando uma ligação harmoniosa entre os mundos visível e invisível.

Dentro de qualquer que seja a tradição nativa, sempre escutamos falar sobre os Ancestrais Míticos. Sabemos que nós, como todas as coisas no mundo, somos compostos de energias que estão ligadas à Grande Teia Cósmica. Mas o que vem a ser Ancestrais Míticos? Bem, não podemos falar das outras tradições iniciáticas, porém, dentro da nossa, eles são determinados padrões de energia que conseguimos sentir e nos comunicar. São os links com as outras camadas da cebola. Os elos entre nosso mundo ordinário, que sentimos e pensamos conhecer. É o Universo vasto e insondável de energia e com um potencial ilimitado que sustenta o nosso mundo. Tudo aquilo que sentimos e percebemos é apenas a superfície de uma vasta realidade; constituindo um espetáculo holográfico de som e luz. Nosso corpo, mente, percepções, sentimentos e as coisas que compõem o que chamamos de *Tonal*, fazem parte desse espetáculo, dessa profunda vastidão invisível por trás do mundo superficial.

Devemos deixar bem claro que os Ancestrais não são "de outro mundo". É um erro pensar neles como entes separados de nós. Eles não vivem fora de nós, assim como não podemos pensar que somos separados uns dos outros e do Universo. No entanto, podemos nos relacionar com os Ancestrais Míticos como se fossem distintos de nós, exatamente como nos relacionamos uns com os outros. Podemos evocá-los ou invocá-los, pedir que respondam algumas questões e que nos ajudem. Eles certamente não irão nos salvar de nós mesmos, isto cabe a cada um, mas podem nos auxiliar e estão dispostos a fazê-lo. Os Ancestrais adquirem vida e se fazem conhecidos para nós, desde que os contactemos com um desejo sincero, motivado por uma genuína preocupação altruísta.

Xamãs em seus ritos e cerimônias sempre procuram evocar ou invocar os ancestrais míticos (espíritos aliados, entes ou divindades) para estarem presentes. Existe uma diferença entre estes dois chamamentos que vale a pena explorarmos para que não ocorram dúvidas. A evocação é um convite feito pelo xamã a um ente protetor (guardião), animal aliado ou deuses, para que se façam presentes na cerimônia ou ritual. Por outro lado, a invocação se caracteriza por convidar estes seres espirituais a fundirem-se ao corpo do xamã, agindo por meio dele, mas não tirando sua autonomia e liberdade.

Faur (2007, p. 439) corrobora esse pensamento ao dizer que:

> Invocar e evocar são modos diferentes de apelar para a presença de divindades ou seres espirituais. A invocação (usando meios externos, como gestos e palavras, ou internos, como orações e meditações) é mais indicada quando o praticante almeja receber a energia de um determinado arquétipo dentro de sua estrutura psicoespiritual, para fundir-se com ela (fusão), como acontece nas "canalizações" de mensagens, na "captação" de atributos ou nas incorporações. No entanto, evoca-se (por meio de recitações ou práticas cerimoniais) um deus, guardião ou protetor, chamando-o para que ele se faça presente no ritual ou cerimônia. Nesse caso, porém, não ocorre uma fusão energética como acontece nos "convites" para os guardiões das direções, os ancestrais ou os seres da natureza. É importante conhecer a diferença e saber como e quando invocar ou evocar, evitando, assim, sobrecargas e sobreposições de diversas energias.

Quando expandimos nossa consciência, podemos ouvir os Ancestrais no bater das asas do Beija-Flor, nos sons do vento, da cachoeira e da chuva. Podemos senti-los numa folha que cai e brilha à luz do sol, quando flores desabrocham na primavera, quando as nuvens se unem anunciando a tempestade, em lugares sagrados, nos locais de poder, nos momentos de inspiração criativa e em todo o nosso mundo, bastando, para isso, escutar nosso coração.

A maioria dos homens e mulheres de hoje acreditam que os seres humanos, outros animais e plantas são os únicos a sentir e a se comunicarem, embora povos inteligentes e sensíveis do mundo inteiro tenham vivido, cantado e dançado com diversos padrões de energia durante milhares de anos.

Nos dias atuais, os Ancestrais Míticos receberam dezenas de nomes, tais como anjos, encantados, deuses, deusas, devas, fadas, guardiões, loas, mentor espiritual, orixás, entre tantos outros, porém, todos são termos limitados. Na nossa tradição iniciática, ao irmos para o meio da natureza e calarmos aquela voz dentro de nossa mente que teima em falar, aprendemos a conversar com os Ancestrais e, principalmente, com nós mesmos de uma maneira nova e profunda. Neste momento, aprendemos a nos comunicar mais abertamente com o Cosmo e a estar consciente de nosso papel de cocriadores e participar da evolução deste Universo. Foi-nos ensinado que precisamos começar agora a usar essa forma de comunicação, diariamente. Isto exige uma alegre expansão da nossa visão da realidade, a prontidão de como Guerreiros estarmos abertos para nós mesmos e para o nosso ambiente e o movimento consciente de abraçarmos nossa totalidade.

Os Ancestrais Míticos não têm um corpo físico; seus corpos e essências existem num vácuo, um lugar inteiramente vazio da matéria. E vazio não significa dizer que não existe nada ali. Em algumas tradições eles habitam as montanhas sagradas, outras acreditam que vivem no mar, na floresta ou nos fundos dos rios, já a grande maioria crê que eles se encontram acima das nuvens. Segundo a nossa tradição iniciática, eles são os Guardiões da Terra e estão associados a objetos naturais como o sol, as montanhas, os rios, árvores e rochas; aos fenômenos naturais, como o vento e o trovão; aos animais de poder; e aos espíritos ancestrais, como eles são verdadeiramente. Cada um possui característica própria e tem uma missão particular.

Como observamos, os Ancestrais Míticos se manifestam em um grande número de culturas por todo o mundo. Eles aparecem de formas diferentes, mas existe uma essência comum em todas elas: são as formas que os seres humanos encontram de entrar em contato com a energia, a profundidade e o poder no mundo real. Muitos se perguntam se existe alguma maneira de entrarmos em contato com os Ancestrais em nossa cultura moderna. Claro que sim! É possível para todos nós restabelecer a ligação com eles e trazer essa energia para nosso mundo a fim de curá-lo e alegrar nossa vida.

Os Ancestrais Míticos são expressões da cocriação interdependente da qual tudo toma parte. Os Ancestrais, os seres humanos, os animais, as plantas e as pedras só existem dentro da rede de existência interligada, a Teia da Vida, em eterna transformação e mutuamente criando a realidade. Existe uma sinergia entre todos. Eles são interdependentes e se necessitam entre si, entrelaçando-se num imenso evento de comunhão.

Muitas pessoas teimam em comparar os Ancestrais Míticos com a ideia de "Deus", mas isto não é apropriado. Nenhum Ancestral existe como um ente objetivo, um agente exterior da graça ou da salvação, como concepção ocidental de Deus. Não existe nenhum Ancestral "criador".

Wall e Arden (1990, p. 39) complementam ao dizer que:

> Termos hoje utilizados como Deus, Criador, Grande Espírito, não são nomes adequados para *Sakoiatisan, Wakan Tanka, Taiowa, Wiracocha, Kitche Manitou*, entre tantos outros. Isto são falhas nas línguas, não da ideia. Deus ou Deusa é um termo que sugere um ser antropomórfico, que vive fora dos seres humanos e da natureza. Criador é um termo masculino atribuído a causa primeira. Esses seres capazes de criar mundos e outras formas de vida, podiam ser masculinos ou femininos. *Taiowa* e *Wakan Tanka* não são divindades masculinas. Esses nomes representam a soma de todas as coisas. Até mesmo a palavra *Spíritu*, que tanto

utilizamos, tem suas limitações. A expressão Grande Espírito tenta definir o que é incompreensível. Precisamos compreender que estes termos – Deus, Criador, Grande Espírito – são utilizados pelos Guardiões da Sabedoria para transmitir o conceito de que todas as coisas estão interrelacionadas e são uma parte igual do todo, lembrando que somos gotas de chuva que um dia retornarão ao oceano e, tal como tochas acesas pelo fogo do sol, somos eternamente parte dele.

Os Ancestrais Míticos vivem no nível da energia, do seu sentimento da luminosidade de todas as coisas, numa esfera ou espaço interdimensional. Porém, independentemente de onde eles vivam, as maneiras de contactá-los não são extrínsecas ao mundo ordinário, elas estão presentes aqui. O espaço vivo dos Ancestrais interpenetra o nosso mundo, assim como o físico interpenetra todas as coisas materiais, embora estas pareçam ser sólidas e ocupar espaço, de modo que as esferas material e especial parecem diferentes. Os Ancestrais Míticos encarnam qualidades, como a delicadeza, a coragem e a sutileza do intelecto. Estão ligados ao corpo e ao ambiente, aos objetos naturais, como as árvores e as rochas, aos lagos e as montanhas, aos fenômenos naturais como a chuva e os furacões e as atividades humanas, como cozinhar, tecer, talhar a madeira e construir. Talvez seja por realizar estas atividades e terem estas qualidades que eles tenham sido e sejam até hoje chamados de deuses e deusas.

Voo Xamânico

> O estado xamânico de consciência é a verdadeira essência do xamanismo; é fundamental na premissa de que o xamã é, tanto no passado como no presente, o mestre da imaginação como agente de cura.
>
> JEANNE ACHTERBERG

O desabrochar do Xamanismo talvez signifique o verdadeiro momento do surgimento da consciência humana na face da Terra, na sua necessidade de se explicar a si mesma. E com o passar das luas, todas as culturas ao redor do nosso Planeta desenvolveram formas de atingir Estados Alternativos de Consciência (EAC). À medida que estudamos esse caminho descobrimos que o voo da alma ou viagem xamânica é a habilidade chave no Xamanismo. O xamã é definido por essa jornada, que é a característica que o diferencia em relação a outros curadores, extáticos e místicos. É esta habilidade que o faz ser considerado como um viajante do Cosmo.

Walsh (1993, p. 194) sobre este assunto narra o seguinte:

> Sejam quais forem os mecanismos neuronais precisos, está claro que os xamãs descobriram uma imensa variedade de dispositivos psicológicos, fisiológicos e químicos para modificar a consciência. Os xamãs desenvolveram uma ampla gama de técnicas que constitui uma das primeiras tecnologias da humanidade, a tecnologia da transcendência. As técnicas eram simples e provavelmente foram descobertas por acaso, quando a tribo passava fome, extremo cansaço e desidratação ou ingeria plantas psicodélicas. Em virtude de seus efeitos agradáveis e proveitosos, essas técnicas foram talvez lembradas e repetidas. Depois reunidas e acopladas a um sistema cosmológico e a uma tradição, o xamanismo então nasceu. É assim que teria sido descoberto e redescoberto, em diferentes tempos e lugares, como o primeiro mapa de viagem da humanidade até a transcendência, a primeira tecnologia da transcendência humana, por meio da qual visões do sacro viriam para sustentar e inspirar a humanidade durante milhares de anos.

A importância que na década de 1960 se atribuiu às drogas psicodélicas foi largamente ultrapassada por um interesse muito maior naquilo que hoje se chama erroneamente de "estados alterados de consciência". Como falamos anteriormente, enfatizamos que preferimos o termo Estado Alternativo de Consciência, pois acreditamos que ao utilizarmos a palavra alterado teríamos que definir o estado "normal" e, consequentemente, o conceito de "normalidade", por contraposição, o conceito de "alteração". Além disso, o conceito de normalidade, que envolve o de "realidade", não é o mesmo para a cultura ocidental e para as xamânicas. Os psicólogos não estão mais interessados na questão da realidade dos espíritos ou do seu contexto social. Em vez disso, tendem a considerar os potenciais psicobiológicos humanos admitidamente livres da cultura, passíveis de se reproduzir e estudar em condições laboratoriais.

Esta investigação recorre à neurofisiologia ou ao estudo do sistema nervoso, muito especialmente no que se refere à relação entre os ritmos de batida do tambor e as ondas cerebrais, e a química, através do estudo de composto semelhante aos opiáceos e designados por endorfinas. Os praticantes neoxamanistas partilham este compromisso com a ideia de estados de consciência independentes das culturas em que se manifestam, portanto, embora se deem conta de alguns aspectos etnográficos fascinantes e sedutores, não pretendem, de modo algum, deixar-se prender a todos os seus aspectos específicos.

Certos autores se referem a um estado religioso de consciência de caráter geral, que caracteriza não só o Xamanismo, mas também a possessão. Outros identificam um estado xamânico de transe ou êxtase característico e que se baseia na experiência xamânica do voo da alma. Embora alguns autores falem apenas de um único Estado Xamânico de Consciência (EXC), como foi batizado por Michael Harner, torna-se cada vez mais evidente que há muitos, por isso adotamos o nome de Estados Xamânicos de Consciência Ampliada (EXCA), que engloba os estados de êxtase e o visionário que os xamãs atingem.

Harner (1980, p. 16) explica que:

> Ao se envolver com prática xamânica, a pessoa move-se entre o que chamo de um Estado Comum de Consciência (ECC) e um Estado Xamânico de Consciência (EXC). Esses estados de consciência constituem as chaves da compreensão de como, por exemplo, Carlos Castaneda pode falar de uma "realidade comum" e de uma "realidade incomum". A diferença entre esses estados de consciência pode ser exemplificada, talvez, por meio de animais. Dragões, grifos e outros animais que consideraríamos "míticos" quando estamos em ECC, são "reais" quando estamos em EXC. A ideia de que há animais "míticos" é válida e útil interpretação na vida ECC, mas supérflua e irrelevante em experiências EXC. Pode-se dizer que "fantasia" é uma palavra aplicada por uma pessoa em ECC ao que está sendo experimentado em EXC. Em contrapartida, uma pessoa em EXC pode perceber as experiências em ECC como ilusórias, em termos de EXC. Ambas estarão certas, conforme o estado de consciência de cada uma.

Consciência é um atributo do espírito, da mente e do pensamento humano. Ser consciente é ser no mundo e do mundo, para isso usamos a intuição, a dedução e a indução como meios para atingi-la de forma mais plena; usando-a de forma coerente, ou seja, aplicando-a às diversas situações que se apresentam em nossas vidas. Algo que estabelece um vínculo entre o além e o aquém das pálpebras. Portanto, somos o que a nossa consciência perscruta. Assim sendo, expandir a nossa consciência é sair da esfera da percepção corpórea e da inferência criada por esse meio de análise e começar a "inferir" sobre especulações lógicas e totalmente dentro das Leis Universais; esse é o senso de mensuração que nos faz sair da esfera do ego e nos lança no espaço cósmico.

De fato, não é possível definir corretamente o que é consciência, porque ela é múltipla, existindo em diversos níveis de percepção, ou seja, pode manifestar-se em várias realidades ao mesmo tempo. Melhor seria dizer apenas que a consciência é a mágica dentro de nós, que faz com que tenhamos a capacidade de perceber tudo o que nos cerca, inclusive nós mesmos.

Desde sempre o homem busca alterar a consciência. Veja as brincadeiras de criança, que giram como os *dervixes*. É possível alterar a maneira de perceber tudo em volta das mais variadas formas e, de fato, o cérebro humano já carrega em si substâncias alteradoras de consciência, como a *dimetiltriptamina*. Diariamente nós provocamos o EAC de forma espontânea. Recorrendo à parte inconsciente da consciência, por meio de várias técnicas ditadas por nossa cultura. Algumas tribos alcançam os outros níveis de percepção através das plantas de poder, outros por meditação, controle da respiração, danças, exercícios e controle dos movimentos, música ritmada constante ou uma simples oração.

Há ainda os que sofrem as influências dos espíritos, como os praticantes do Candomblé e da Umbanda, ou que se comunicam com eles, como os espíritas kardecistas. Mesmo tendo um forte apelo religioso nas experiências, elas se manifestam muito mais próximas da experiência pessoal ou transpessoal. Já se conhece que emoções e dores intensas podem alterar o estado de consciência. O orgasmo também. Atletas de alto desempenho entram em um EAC quando praticam seus esportes.

Nos anos 1960, os relatos de uma nova geração de antropólogos sobre suas experiências pessoais no seio de culturas xamânicas e os estudos científicos sobre o coma superado forneceram novos desafios à psiquiatria e à psicologia tradicional. Mesmo a psicanálise, antes tão resistente, tem adotado os métodos de alteração de consciência desde os anos 1960, e as pesquisas feitas nessa época sobre os estados de consciência descobriram que estes se manifestam de diversas formas. Em suas pesquisas Stanley Krippner (*apud* White, 1993) classificou vinte Estados Alternativos de Consciência (EAC). Devemos alertar que se entendem como EAC todos os estados mentais que um indivíduo ou mais percebam e que representem uma alteração no funcionamento do estado psicológico de alerta. São eles:

1. **Onírico:** é o início do sono. As ondas cerebrais são lentas e há movimentos rápidos nos olhos. É possível perceber uma alteração no relaxamento do corpo, mas a mente ainda está consciente.
2. **Adormecido:** ondas cerebrais ainda lentas e ausência de movimentos nos olhos. É um estado mais profundo que o onírico, mas ainda há atividade cerebral, embora de ondas lentas.
3. **Hipnagógico:** advém no início do sono. Ocorrem alucinações visuais e auditivas, vindas do subconsciente, cada vez com mais força à medida que as ondas cerebrais diminuem a intensidade.
4. **Hipnopômpico:** ocorre no final do sono e apresenta alucinações visuais e auditivas, que diminuem sua intensidade à medida que o corpo se prepara para acordar, aumentando, gradativamente, a velocidade da atividade cerebral.
5. **Hiperalerta:** estado desperto total, em capacidade máxima de concentração.
6. **Letárgico:** atividade mental entorpecida, sentimentos ruins, mau-humor, "sonolência", preguiça.
7. **De arrebatamento:** causado por emoções fortes, positivas e agradáveis, como iniciações, orgasmo, danças.
8. **Histérico:** é o estado contrário e negativo do arrebatamento.
9. **De fragmentação:** são estados temporários ou de longa duração, onde o indivíduo não consegue estabelecer uma ligação entre os aspectos da personalidade total. Clinicamente, pode ser classificado como psicose, amnésia, personalidade múltipla ou dissociação.
10. **Regressivo:** condição em que o indivíduo apresenta comportamento inadequado para sua idade cronológica. Pode ser temporário, como em caso de uma regressão hipnótica, ou um estado senil permanente.
11. **Meditativo:** caracteriza-se pela produção contínua de ondas alfa, apresentando ausência total de estímulos visuais e auditivos.
12. **De transe:** caracteriza-se pela ausência de ondas alfa contínuas, hipersugestão e concentração total em um único estímulo, contínuo e intenso, como o som de um tambor ou as linhas de uma estrada, quando em movimento.

13. **De devaneio:** ocorre de forma semelhante ao onírico, porém durante o transe.
14. **De fantasia:** acontece quando o indivíduo se encontra em condições de isolamento, como o afastamento social, tédio, ausência de sono, ou de forma espontânea. Trata-se de uma onda de pensamentos rápidos que pouco tem a ver com a realidade comum.
15. **De exame interior:** ocorre quando percebemos em nosso corpo alguma sensação, sem que haja a necessidade de uma análise consciente, quando, por exemplo, sentimos que estamos prestes a pegar um resfriado antes mesmo de os sintomas aparecerem. Neste exemplo, percebeu-se no corpo alguma mudança, sem analisar bem qual foi, apenas se sentiu.
16. **De estupor:** redução da capacidade de perceber o ambiente e os estímulos, atividade motora e linguagens comprometidas. Pode ser causado por psicose ou drogas.
17. **Coma:** incapacidade de perceber estímulos. Sem atividades motoras ou uso de linguagem. Atividade mínima no cérebro. Pode ser causado por doença, trauma ou agentes tóxicos.
18. **De memória armazenada:** estado que evoca lembranças de experiências passadas através do acesso dos engramas (traços duradouros) presentes na consciência profunda do indivíduo.
19. **Expandido de consciência:** alteração da forma de percepção dos meios (interior e exterior). Pode ser provocado por hipnose, por um excesso de estímulos sensoriais, mas o mais comumente é causado pelo uso de enteógenos e alteradores da consciência. Manifestam-se em quatro níveis: no nível sensório, percebem-se alterações no espaço-tempo, sentidos e sensações; no nível evocativo-analítico apresenta ao indivíduo um bombardeio de análises sobre si mesmo, o universo em que vive e sua relação com o meio, sua função; no nível simbólico propõe uma lembrança de fatos e momentos do passado através da ligação com lendas, mitos e personalidades e o nível integral, que é o estado de consciência cósmica, unidade, em que o indivíduo sente-se confrontar a Deus ou fundir-se ao Cosmo.
20. **Comum de consciência:** estado em que nos encontramos na maioria das vezes, é o estado consciente do desperto, do corpo. É nele que raciocinamos e realizamos.

Quando o pensamento, próprio do ser humano, sai de cena e ocorre a liberação dos estímulos externos, o cérebro também se libera dos cinco sentidos e, assim, podemos alcançar um estado em que extrapolamos a consciência pessoal, adentrando em estados de lucidez, meditação, transcendência e contemplação. A percepção adquirida neste estado ultrapassa todas as limitações e passamos a perceber a teia energética que a tudo interliga, a unicidade que a tudo agrega, no tempo e no espaço. O objetivo é abandonar a consciência com sua estrutura lógica e racional e interromper o diálogo mental, para entrar em interação direta e não especulativa com o mundo e fundir-se nele. O Estado Xamânico de Consciência Ampliada é um destes tipos de Estado Alternativos de Consciência ou de experiência transpessoal.

Entre os conceitos de Estado Alternativo de Consciência e o Estado Xamânico de Consciência Ampliada, temos preferência pelo último, pois os xamãs combinam percepções intuitivas que ocorrem durante diversos estados alternativos (inclusive o êxtase e o transe) com percepções internas, que ocorrem enquanto estão cognitivamente cientes ou lúcidos. A combinação destes diversos estados mentais e a movimentação entre eles é que caracteriza a atuação do xamã.

Há inúmeros outros mundos "ocultos", que alguns chamam de "dimensões", que podem ser acessados por meio de um ou mais Estados Alternativos de Consciência. Na experiência comum da nossa vida diária, um desses é o mundo dos sonhos. Para o sonhador, as informações, intuições e experiências vividas no sonho trazem para ele novas possibilidades e soluções dos problemas que podem e normalmente são aplicadas com êxito na vida diária desperta.

No Xamanismo, outro modo de acessar os diferentes mundos é o que chamamos de "Voo da Alma" ou o Estado Xamânico de Consciência Ampliada (EXCA). Castaneda em seus livros dizia que o EXCA é a condição cognitiva na qual a pessoa percebe a realidade incomum, a realidade dos outros mundos. Da mesma forma que há inúmeros mundos ou dimensões, há inúmeros estados xamânicos de consciência, que são utilizados para acessar a criatividade, a transcendência e a revelação. Diferente dos sonhos, no EXCA, as experiências são como no mundo físico, no mundo desperto, onde podemos controlar nossas ações, ir para onde desejamos e termos plena consciência da experiência vivida e do que fizemos e de como interagimos com os outros seres. Outro ponto importante é que, diferente do sonho, o EXCA é atingido de acordo com um objetivo específico pelo qual a jornada foi delineada.

Weil (2003, p. 72) sobre este tema diz que:

Os xamãs transmitem ao seu povo, através de sinais, canções e danças, a natureza da geografia cósmica que lhes é revelada nos transes iniciáticos e nas jornadas espirituais. Como cartógrafos e dançarinos de mitos, os xamãs vivem internamente num reino multidimensional contínuo com a dita realidade ordinária.

O mais importante na prática xamânica, e o que define o xamã, é a jornada além da realidade ordinária, na qual atravessamos o limiar entre os mundos. O poder adquirido da experiência de visitar outras realidades e níveis de consciência. No Xamanismo, as experiências vivenciadas em outras realidades são tão convincentes e reais quanto as da vida cotidiana. É sobre isso que o mundo dos xamãs insiste tanto. Aprendemos, dentro da nossa Tradição Iniciática, que não há outra realidade senão aquela que sentimos, não importando se as nossas pálpebras estão abertas ou fechadas.

Em outra dimensão, se queremos nos comunicar com o espírito de um determinando animal ou ente de poder, temos que utilizar os meios de comunicação pertencentes a essa outra realidade, o que somente é possível em um Estado Alternativo de Consciência. Neste mundo incomum, as experiências vividas entre nós são tão reais quanto no mundo físico, diferenciando-se apenas o nível de consciência que passa do ECC para o EXCA, que é mais de acordo com a realidade incomum. Assim, essas experiências vividas não são fantasias, mas experiências reais como aquelas que vivemos no mundo físico e dos sonhos, cada realidade acessada com o estado de consciência em maior conformidade com a natureza dessa realidade. A prática do EXCA permite que o xamã entre num ou noutro desses estados de consciência (EXCA e ECC), por livre escolha, no momento oportuno e, acima de tudo, para o bem maior da sua comunidade.

No EXCA são ativados recursos mentais aos quais não se tem acesso na presença do pensamento lógico-racional-consciente e a imaginação vai além do intelecto. Assim, obtém-se a chave para acessar um banco de dados com abstrações, símbolos e imagens subconscientes e supraconscientes, permitindo que o xamã seja senhor deste campo imaginário-curativo, trazendo do além o conhecimento e a percepção próxima da fonte. Como bem diz Santos (2007, p. 120), o voo da alma é o momento em que "o espírito desce às mais abissais regiões da psique do homem, para alçar seu voo sagrado e adentrar o mundo sobrenatural do pensamento mágico, para além do alcance da razão".

O EXCA não é passível de ser explicado com palavras e vocábulos, mas podemos evocá-lo por símbolos e, a partir daí, interpretá-lo com os conceitos de uma cultura particular. Por isto, as realizações e as experiências pelas quais o xamã passa neste estado são coerentes e organizadas de acordo com o propósito da jornada e as imagens que determinada cultura utiliza. Para apresentar as informações da sua viagem, utiliza-se um sistema para comunicação de uma realidade pouco compreendida por alguns, sendo os símbolos o modo utilizado com esta finalidade.

Vive-se, no Estado Xamânico de Consciência Ampliada, também numa realidade multidimensional e contínua com a realidade ordinária e concreta, unificando-as na pessoa do xamã. Para ele ou ela, há vários níveis da realidade e, de algum modo, os xamãs existem em todos estes níveis, percebem a sua existência simultânea em um ou vários planos. Mesmo em EXCA, parte da consciência do xamã fica ligada à realidade física e material, onde se encontra naquele momento e, desta forma, o Estado Xamânico de Consciência Ampliada permite a recordação da experiência quando retorna ao Estado Comum de Consciência. Assim, traz de volta à mente suas descobertas para estruturar seus conhecimentos e ajudar outras pessoas.

Drouot (1998, p. 197-198) alerta que:

> Por não ter levado em conta a distinção entre EXC e estado de consciência ordinária, os ocidentais desenvolveram uma visão falsa das práticas xamânicas. Os indivíduos habituados a raciocinar em termos de realidades múltiplas, como os metafísicos, alguns físicos quânticos e os xamãs, não encontram qualquer dificuldade em apreender as implicações do EXC. Quando se concebem os pensamentos como "coisas" ou as "coisas" como pensamentos – uma troca eterna entre massa e energia –, o sistema xamânico cessa de aparecer como um simples conglomerado de crenças animistas a serem colocadas entre as superstições.

A renomada antropóloga Erika Bourguignon, olhou para as práticas de formas culturalmente padronizadas de Estados Alternativos de Consciência em todas as partes do mundo. Reunindo estatísticas de 488 sociedades (57% das representadas no atlas etnográficos), ela determinou que, 90% delas (437), tem uma ou mais formas institucionalizadas, culturalmente padronizadas de EAC. Bourguignon concluiu que a capacidade de entrar em Estado Alternativo de Consciência é uma faculdade psicobiológica disponível para os seres humanos em todas as sociedades. A aptidão de experimentar uma série de estados de transe é um potencial humano básico. Barbara W. Lex (1979, p. 147) diz que o transe "surge a partir da manipulação de estruturas universais neurofisiológicas do corpo humano e está dentro do comportamento potencial de todos os seres humanos normais". Homens e mulheres são fisiologicamente projetados para entrar numa grande variedade de estados alternativos. Porém, a capacidade de entrar em EAC nos torna humanos, não xamãs.

Algumas culturas têm uma consciência altamente refinada de diferentes estados de consciência, ao passo que outras tem um conhecimento bastante limitado. Em culturas com uma Consciência da consciência, acredita-se que os adultos devam cultivar a capacidade de entrar em estados alternativos específicos, a fim de manter a sua saúde mental. Nas culturas ocidentais contemporâneas, a capacidade de entrar em estados alternativos é um sintoma de doença mental. Meditação e yoga são exemplos de disciplinas tradicionais destinadas a produzir Estados Alternativos de Consciência específicos, da mesma maneira que há nas culturas xamânicas. Estes Estados Xamânicos de Consciência Ampliada têm qualidades diferentes das que são atingidas através da meditação e yoga. Em EXCA há um nível de conhecimento sobre o meio ambiente não ordinário, consciência de si mesmo nesse ambiente, como a de seres invisíveis e energias, e uma orientação muito elevada de se concentrar na tarefa.

Na opinião de Walsh (1993, p. 245), tanto os xamãs como os budistas e iogues, todos eles entram num Estado Alternativo de Consciência, ele argumenta que, tal como a consciência xamânica se confundia anteriormente com estados patológicos do tipo da esquizofrenia, também agora se confunde com o os estados de consciência iogues e de meditação. A própria consciência xamânica varia desde a clara luz de uma alegre viagem ao Céu até a terrífica jornada aos mundos subterrâneos. Para nós, os estados atingidos pelos budistas e iogues não podem ser confundidos com os do xamã, pois este último tem uma experiência extracorporal, enquanto os outros dois não vivenciam essa jornada extática, já que eles em sua concentração interior perdem total percepção do seu corpo.

Eliade (1958, p. 93) corrobora essa ideia, afirmando que:

> O yoga não pode ser de forma alguma confundido com o xamanismo ou classificado como uma técnica de êxtase. O objetivo do yoga clássico permanece sendo a autonomia perfeita, enquanto o xamanismo é caracterizado por um esforço desesperado para alcançar a "condição de um espírito", realizando o voo extático.

Xamãs vivem com um pé neste mundo e outro no espiritual. É importante salientar que o xamã atua na realidade não ordinária apenas por um determinado período do seu tempo e, só o faz, quando é realmente necessário. Ele exerce, na maior parte do tempo, outras funções tais como a participação nas questões sociais e políticas da comunidade. O xamã cumpre os fundamentos do Xamanismo quando engajado nessa atividade e segue os preceitos da realidade ordinária quando não está trabalhando xamânicamente. Ele se movimenta propositalmente entre essas duas dimensões e, em qualquer que seja a realidade, pensa e age segundo os padrões próprios de cada uma delas e tem como meta o domínio tanto da atividade ordinária como a da não ordinária.

Infelizmente, a humanidade se acostumou a viver no Estado de Consciência Comum (ECC), nesse estado de alerta em que vivemos e, presunçosamente, acredita que este é o único. O que cria uma série de limitações juntamente à objetividade que tantos valorizamos. Qualquer experiência é sempre subjetiva, e negar a realidade que experimentamos numa jornada xamânica do voo da alma é negar uma parte de nós mesmos.

Hultkrantz (1973, p. 31) diz que:

> O mundo do êxtase é o mundo dos poderes e das intervenções sobrenaturais, por isso o xamã mergulha nele. Ele existe em dois mundos: fora do transe vive a rotina da tribo, dentro do transe é parte de um mundo sobrenatural, compartilhando com os espíritos algumas das potencialidades deles: a capacidade de voar, de se transformar, de se tornar um com seu espírito auxiliar, e assim por diante.

Para os ocidentais, o xamã parece estar atuando de maneira lúcida quando estão em EXCA, mas na realidade a sua mente está ocupada com uma série de visões interiores. Vale a pena salientar, que êxtase no âmbito do Xamanismo não significa um estado de arrebatamento, mas, sim, de se afastar do estado normal e entrar num estado de sensações intensificadas. Como a cultura em que vivemos não é xamânica, ao falar de Xamanismo, faz-se necessário deixar clara a distinção entre o EXCA e o ECC, ou seja, a realidade não ordinária e a ordinária. Essa não é uma diferença que possa ser facilmente notada nas conversações entre xamãs.

Sobre esse assunto Harner (1980, p. 86) diz:

> Se o leitor ouvisse a conversa de um Jivaro, poderia ouvir relatos de experiências e ações que lhe pareceriam, por ser um ocidental, claramente abusadas ou impossíveis. Por exemplo, ele poderia falar-lhe sobre achar uma árvore grande a distância, por meio do poder xamânico, ou que ele viu um arco-íris às avessas dentro do peito de um vizinho. Sem tomar fôlego pode continuar dizendo que está fazendo uma nova zarabatana ou que esteve caçando na manhã anterior.

O conceito do xamã como um indivíduo portador de dupla cidadania, uma no "mundo consciente" e outra no "mundo inconsciente", dá asas a nossa imaginação. A ciência ocidental está atualmente apenas se aproximando da natureza subjetiva da realidade. Segundo a mecânica quântica, o resultado de um experimento é influenciado pela nossa observação e coisas desse tipo. Para entendermos um pouco melhor esse assunto é necessário explicarmos o que vem a ser o Universo Xamânico.

Universo do Xamã

Desde o final do século 20, na tentativa de explicar a natureza material do nosso Universo, cientistas descobriram que existem mais de três dimensões nele e o retratam como os xamãs descreveram por milhares de anos. Os cientistas, por meio das teorias físicas da mecânica quântica, chegaram lá por meio de hipóteses e de suas experimentações, e os xamãs mediante suas experiências em EAC.

O físico Drouot (1998, p. 155) sobre este assunto diz que:

> Ora, a recente aproximação entre a ciência e a tradição demonstrou que o fenômeno xamânico não tem nada de sobrenatural. Se assim parece, é porque a ciência material procura integrá-lo em seu quadro de pesquisa. Hoje, porém, que a ciência tem elaborado estruturas mais abertas, os físicos começam a dar-se conta de que no Universo tem mais de três dimensões e que o xamã, mediador entre o sagrado e o profano, já trabalha sobre essas outras dimensões há vários milhares de anos.

Os cientistas, por intermédio da mecânica quântica, descrevem a natureza física do Universo como composta de elementos energéticos: elétrons, prótons, nêutrons e fótons, que se quebram ainda mais em partículas subatômicas. No entanto, todos estes elementos estão ligados de um modo energético muito real. Xamãs usam Estados Alternativos de Consciência para ver a verdadeira natureza do Universo, que é a energia. Veem que o Universo é feito de energia vibracional; que é um tecido contínuo, multidimensional de vibração. Os mecânicos quânticos concordam. Suas teorias, como o modelo holográfico de Bohm e o teorema de Bell, indicam que o Universo é feito de vibrações de energia e que essas conectam tudo.

Na física, vibrações são padrões repetitivos em sistemas físicos. As ondas sonoras que se movem pelo ar, bem como a luz se movendo através do Universo, são exemplos de movimentação vibracional. As teorias da mecânica quântica explicam vibrações em níveis subatômicos e atômicos. E elas, também conhecidas como "ondas quânticas", são chamadas de "ondas de probabilidade", porque têm um padrão vibracional que é relativamente estável e mais presumível do que outras possibilidades. Esse padrão determina como eventos físicos prováveis são, em nível atômico, o que eventualmente determina eventos físicos no nível humano. De acordo com a mecânica quântica, tudo no Universo tem probabilidade e padrão vibracional inerente.

Xamãs acreditam em uma subestrutura de vibração semelhante do Universo. Eles lidam com um mundo de vibrações, ciclos e círculos. A chave para entender o mundo do xamã é perceber que é um mundo de vibração e que esse pode ser afetado pelas vibrações de cantos sagrados, danças e percussão rítmica. Todas as ferramentas do xamã são projetadas para alterar o estado vibracional dele, e/ou do paciente ou de uma situação particular na comunidade.

Beery (2017, p. 60) sobre esse assunto diz que:

> Os xamãs acreditam, como a ciência, que tudo o que existe Universo é feito de partículas de energia (atômica e subatômica), que se movem em movimento perpétuo, ricocheteando-se entre si, vibrando em diferentes velocidades e frequências, criando diferentes estruturas físicas.

É um desafio compreendermos que a nossa vida atual é realmente apenas uma realidade provável. Enquanto vivemos no estado físico, ao mesmo tempo, há um número infinito de possíveis estados. Esta é uma das características mais estranhas do nosso mundo físico e é precisamente esta particularidade que permite que os xamãs trabalhem em EAC. A mecânica quântica, em sua teoria do "efeito do observador" ou "efeito zeno quântico" diz que um átomo em movimento não ocupa uma posição única no espaço até que a posição seja realmente observada. Isto significa que até um observador "ver" o átomo, este ocupa um número infinito de lugares possíveis simultaneamente. Essa característica do nosso Universo é conhecida como "o efeito do observador". Isso significa que o observador do sistema quântico perturba o sistema por meio da sua observação.

Ao entrar num Estado Xamânico de Consciência Ampliada, o xamã explora outras realidades possíveis e, utilizando o seu poder de observação, faz emergir novas possibilidades. Esta é a importância da interpretação do xamã dos reinos do espírito e de sua narração das experiências que teve durante o voo da alma. O xamã usa essas outras possibilidades para criar uma mudança no mundo físico, como a cura ou trazendo a chuva. O "efeito do observador" é uma conexão primária entre ciência e o universo do xamã. Tanto os mecânicos quânticos quanto xamãs alteraram a realidade, embora de maneiras e pontos de vista diferentes. Um ponto importante a tratar aqui é que não pode haver nenhuma realidade objetiva nos domínios científicos ou espirituais de nosso Universo. O observador sempre afeta aquilo que é observado. Cientistas e xamãs interpretam as suas experiências subjetivamente; não há outra maneira.

As ondas quânticas existem para o físico da mesma maneira que os espíritos para o xamã. Ondas quânticas são invisíveis; elas são construções do pensamento humano necessárias para que possamos entender a matéria atômica e subatômica, os blocos de construção do nosso mundo. Cientistas acreditam nelas sem nunca realmente tê-las observado. Elas são invisíveis e vitais para entendermos o nosso Universo, como os espíritos são para os xamãs interpretarem os deles. Entretanto, ao contrário do físico que acredita em suas teorias do mundo invisível, o xamã experimenta o mundo invisível. Não precisam acreditar em espíritos mais do que acreditam na casa em que vivem ou nas crianças com quem brincam. A mecânica quântica nos pede para aceitar o que, teoricamente, os xamãs já conhecem devido às suas experiências em EXCA. Xamãs sabem que o nosso mundo é, na verdade, uma composição de muitas outras realidades. Estas não diferem da forma que chamamos de real – o mundo físico como o vemos. São as outras dimensões que o xamã percorre, para, então, trazer a cura e mudar a conjuntura presente.

Os xamãs são conscientes de que vivem simultaneamente em mundos paralelos. Dominar esta habilidade é um elemento importante na sua formação. Esses mundos paralelos estão constantemente interagindo, além das dimensões que normalmente não experimentam. Ao entrar em um EXCA, passam de um mundo para outro. Mas como os xamãs antigos vieram a compreender o Universo de formas tão semelhantes aos nossos cientistas modernos? Fizeram isso experimentando o Universo enquanto em EXCA. Através de visitas repetidas a outros reinos, aprenderam a conhecer o terreno do tecido vibracional do Universo. Movendo-se por muitos reinos deste Universo, viajando sem esforço entre os reinos de vibração da matéria, de ressonância da mente e a harmonia do reino do espírito. Desta forma, incorpora não só a verdadeira natureza do Universo, mas do Cosmos completo no sentido grego da palavra.

O filósofo e matemático grego Pitágoras, do século 6 AEC, foi o primeiro a utilizar o termo como natureza padronizada ou o processo de todos os domínios da existência, da matéria à mente de Deus. Ken Wilber utiliza o termo para se referir a todas as existências manifestas, com inclusão de diversos reinos da consciência, explicando que, normalmente, experimentamos o Cosmo – o Universo físico – como os limites de nossa consciência. No entanto, o Cosmos é realmente o todo que contém o *cosmos* (matéria, fisiosfera), a *bios* (vida, a biosfera), o *nous* (psique, noosfera) e os *theos* (domínio divino, theosfera). O xamã adquire esse conhecimento prático, no sentido pitagórico, desde a formação e a iniciação.

Wilber (1996, p. 418-419) explica que o Cosmos tem sentido; ele está evoluindo, empurrado por sua própria natureza inerente que é a criatividade. Ambos, Wilber e os xamãs, referem-se a esta força criativa como vazio ou o desconhecido. Xamãs muitas vezes a chamam de "vazio". É a energia potencial que ainda não tem forma. Mesmo que seja inqualificável, não é inerte e inflexível. A direção do Cosmos dá origem a uma manifestação de si; novas formas surgem; esta é a criatividade final. Este é o universo do xamã.

Por meio de um treinamento longo e árduo, os xamãs adquirem conhecimento do Universo. Quando começam a dominar a capacidade de entrar e sair de EXCA intencionalmente, passam a experimentar outras realidades possíveis e a natureza infinita de espaço e tempo. Embora as metáforas que usem para comunicar essas experiências sejam retiradas do mundo comum, as próprias vivências são extraordinárias. Essas jornadas muitas vezes exigem grandes sacrifícios, culminando com o autossacrifício da iniciação. É através da "morte do ego", essencial para a iniciação, que o xamã se rende ao "espírito" e, finalmente, ganha o poder de aplicar seus novos conhecimentos e habilidades.

É por intermédio de sua capacitação que desenvolve a habilidade de manter uma relação com a realidade que transcende a aparente separação entre as pessoas, coisas e seu ambiente. O treinamento pode seguir uma tradição ou caminho espontâneo guiado pelos espíritos aliados do xamã. Ao aprender a mover-se da realidade física para outras realidades possíveis, aprende também a perceber a pulsação do Universo em todas as coisas. O xamã não procura influenciar ou alterar esse pulso, mas fazer mudanças nas vibrações das pessoas e coisas, para colocá-los em ressonância e harmonia com o batimento do Cosmos. A sua abordagem é baseada na unidade com a força vital inerente a todas as coisas, na empatia com o medo e a dor que os outros experimentam quando estão em desarmonia com a força vital universal.

Embora o xamã deva experimentar a unidade com o espírito para o trabalho, ele ou ela deve também desinteressar-se, emocional e mentalmente, do Mundo dos Espíritos. A disciplina do desapego é uma das coisas mais importantes aprendidas na sua formação. O xamã deve mover-se como um equilibrista nos reinos do espírito, em pleno controle de seu estado emocional, permanecendo solto para o que vê e faz. Desenvolver esse desprendimento da consciência em todos os reinos do mundo espiritual exige a capacidade de transcender o eu pessoal, ou ego, e, para ver a sua experiência por meio dos olhos do Universo, devem continuar sem julgamento e com a habilidade de discernir o fluxo universal e determinar o que é necessário para tornar as vibrações de seu paciente ou comunidade harmônicas com a corrente cósmica. Para fazer isso, xamãs desenvolvem uma relação com os espíritos aliados estreita e contínua.

Dominar o desapego é essencial para poder servir a sua comunidade e aos outros. Raramente são autorizados a praticar o Xamanismo antes da puberdade e sua entrada na vida adulta. Ao trabalhar com a doença, o xamã entra no estado vibracional do paciente com o mesmo desprendimento, consciente de sua entrada no mundo espiritual. Isso lhe permite sentir os sintomas e dores para diagnosticar a verdadeira origem da doença e para determinar o curso de ação apropriada, sem se apegar a si ou ao paciente. E é a habilidade em experimentar estes diferentes estados vibracionais sem apego que lhe garante uma viagem segura e eficaz. Dominar essa capacidade é um objetivo principal do treinamento para que possa explorar os diferentes níveis do EXCA.

É a experiência do xamã para trabalhar com intenção dentro do Estado Xamânico de Consciência Ampliada que determina o grau de poder dele. A sua capacidade de agir é afetada por uma infinidade de variáveis. No entanto, essas variáveis estão sobretudo relacionadas com a competência do xamã de apreender a realidade sem limites, infinitamente poderosa do Universo e trabalhar com esse poder. A eficiência da sua ação no mundo espiritual está vinculada à sua perícia em ir além de seus próprios limites humanos e compreender as vastas implicações da verdadeira natureza da realidade, o que a autêntica origem do problema é, e como prescrever ações que vão realmente restaurar o equilíbrio das coisas.

Transe e êxtase no Xamanismo

Ao redor do mundo os xamãs utilizam combinações de superestimulação e privação sensoriais que disparam elétrica e quimicamente a consciência extática ou o transe. Estudos científicos recentes afirmam que as atividades xamânicas afetam e são afetadas pelos trabalhos do cérebro e do sistema nervoso. Como vimos neste capítulo, são utilizadas práticas específicas ou tecnologias sagradas para entrar em uma estreita faixa de Estados Alternativos de Consciência conhecida como Estados Xamânicos de Consciência Ampliada (EXCA). Esta categoria particular tem certas qualidades que permitem ao xamã trabalhar em parceria com os seus espíritos aliados. Estes estados de transe são essenciais e fundamentais para o trabalho xamânico. A parceria entre o xamã e os espíritos, seja no mundo físico, seja no espiritual, gera a energia para a cura xamânica e o ritual. O transe do xamã não é um estado, mas uma série de estados entre incorporação e o voo extático. Quando o xamã viaja para o reino do espírito, o estado de transe utilizado é referido pelo nome de "voo da alma ou jornada do espírito". Para outras tarefas, é mais eficaz para o espírito vir ao mundo físico por meio do corpo do xamã para trabalhar aqui no reino humano. Este estado de transe é referido como "personificação" para distingui-lo claramente de possessão, que é em muitas culturas considerado uma "doença". Jornada da alma (voo xamânico) e personificação (incorporação) são os estados de transe em extremidades opostas da estreita faixa de estados alternativos que, juntos, compõem EXCA.

Algumas das principais características do estado de transe são: arrepios, tremores, desmaios, quedas, espuma pela boca, olhos protuberantes, respiração ruidosa, olhar vidrado, insensibilidade ao calor, frio e dor. Apesar de perturbadoras, estas manifestações representam parte essencial das atividades xamânicas. Tanto no Xamanismo como nos casos de possessão é fundamental que ocorra um tipo qualquer de transe, embora o de um xamã, contrariamente ao de um indivíduo possesso, seja profundamente controlado. É provável que isto ocorra devido à natureza de sua iniciação, que se desenrola e se repete em rituais.

Vitebsky (1995, p. 65) sobre esta questão diz:

> Quer a menina *sora*, descendo em sonhos até o mundo profundo, quer o futuro xamã siberiano, que, em visões é raptado, torturado e desmembrado, ambos repetem partes das suas experiências iniciáticas todas as vezes que fazem uma jornada no decurso de seu trabalho. Durante a iniciação, o futuro xamã não teve o conhecimento e os recursos necessários para suportar os esforços do que ele ou ela vão passar, e a violência da experiência foi associada à incapacidade de a controlar. Na verdade, era muito semelhante à possessão involuntária. A partir do momento da iniciação, assinalada pela morte de si próprio e da personalidade, e a partir daí em ações regulares, o xamã opera agora como uma pessoa recém-formada ou muito melhorada.

A iniciação retira o xamã de todos os seus hábitos sociais e mentais, ideias espirituais, filosóficas e funções anteriores na sua comunidade. Essa transcendência de si mesmo exige dele uma disposição de sofrer uma verdadeira morte do ego e não apenas uma imaginação mito-poética da morte na forma de alegorias e arquétipos. Sem a morte do ego, o xamã não pode exercer livremente as funções que se espera dele e desvendar outras esferas. A função principal da iniciação é libertar a alma do ego. Somente aqueles que transcendem as suas motivações egóicas pode interpretar as experiências de estados alternativos através dos olhos do Cosmo ou do Espírito. A transformação psíquica que resulta da iniciação cria uma mente clara, percepção reforçada, maior capacidade de compaixão e verdadeira mansidão.

O aprendiz xamânico só conquista o seu verdadeiro poder, a relação com os espíritos aliados, após a iniciação. Uma vez que a identidade do ego entrou em colapso, a alma do xamã pode experimentar a verdadeira unidade com a natureza, os animais, as plantas e o mundo. Esta experiência de um *Self* transpessoal é a recompensa por todos os sacrifícios de seu treinamento, a iniciação e a vida de serviço que está para vir. O iniciado ou iniciada representa a ponte entre o mundo da realidade física e de todos os mundos possíveis do nosso universo infinito.

Alguns xamanistas, tal como o antropólogo Michael Harner (1980, p. 87) consideram que o Estado Alternativo de Consciência como componente do EXCA inclui vários níveis de transe "que vão desde o essencialmente leve (como os dos *medicine men* nativos norte-americanos), ao intensamente profundo (como no caso dos *Saami*) onde os xamãs parecem que estão em coma". Na realidade, essa escala completa é relatada pelos xamãs da Sibéria.

Da mesma forma, Eliade (1998, p. 250-251) observa:

> Entre os *Úgricos*, o êxtase xamânico é menos um transe que um "estado de inspiração". O xamã vê e ouve espíritos, fica "fora de si" porque viaja em êxtase para regiões longínquas, mas não fica inconsciente. É um visionário e um inspirado. A experiência fundamental é, contudo, extática, e o meio principal de obtê-la continua sendo, como em outras áreas, a música mágico-religiosa. A intoxicação por cogumelos também produz o contato com os espíritos, ainda que de modo passivo e repentino. Mas como já notamos, essa técnica xamânica parece configurar um empréstimo tardio. A intoxicação reproduz, de modo mecânico e subversivo o "êxtase", a "saída de si mesmo"; esforça-se por imitar um modelo que lhe é anterior e que pertence a outro plano de referências. (sic)

Como podemos ver, o transe está profundamente ligado ao êxtase. Estas duas palavras são muitas vezes utilizadas indiferentemente, ou então, usa-se o transe como termo médico, referido ao estado psicológico da pessoa, e o êxtase como termo espiritual, essencialmente para o mesmo fenômeno. Todavia, o antropólogo americano Rouget (1985, p. 183) argumenta que o transe e o êxtase deverão ser considerados como referentes a tipos muito diferentes de sensibilidade religiosa. Enquanto o êxtase implica a imobilidade, o silêncio e a solidão, o transe depende do movimento, do ruído e da companhia. O êxtase abrange a provação sensorial, como a dos *marabus*, ou homens santos muçulmanos no Senegal, que buscam o êxtase no silêncio e na solidão em suas grutas; enquanto o transe de outros povos, africanos e siberianos, envolve a superestimulação dos sentidos motivados pela bebida, por uma dança frenética e pelo bater dos tambores.

Mesmo que aceitemos essa distinção, o êxtase e o transe coexistem em muitas tradições espirituais e até mesmo em indivíduos. Os xamãs podem, muitas vezes, como no caso da busca das visões entre os nativos norte-americanos, fazer uso da contemplação. No entanto, a ideia da própria jornada cósmica, com a luta que a caracteriza para vencer inimigos e ultrapassar obstáculos, explica a razão pela qual a experiência xamânica tende a ser vigorosa, em especial no Xamanismo clássico.

Sobre esse assunto Tedlock (2008, p. 86) escreve:

> Êxtase e transe podem ser utilizados de maneira intercambiável, embora os antropólogos utilizem transe para se referirem a ambos e os historiadores da religião, do mesmo modo, empreguem êxtase. Gostaria de diferenciar os dois termos. O transe é um estado hiperlúcido de superestimulação sensorial provocada por música, barulho e odores. As imagens, audições e experiências de transe são geralmente esquecidas depois. O êxtase é um estado de privação sensorial e recolhimento. Pense em jejum, silêncio e escuridão. As experiências durante o êxtase não apenas são lembradas mais tarde, como podem ser rememoradas repetidas vezes. O sonho, o monitoramento de energia vital do corpo e o estado produzido pelas "drogas" psicodélicas são experiências estáticas em vez de transe.

Em *Psychomental complex of the tungus* (1935), um dos estudos etnográficos sobre o xamanismo na Sibéria, Shirokogoroff postula que o atributo mais básico de transe do xamã é o domínio dos espíritos ou a personificação do espírito aliado. Os *Tungus* distinguem entre um transe involuntário de possessão, que é uma "doença", e o de incorporação voluntária do xamã, que possui intencionalmente espíritos aliados como uma parte da cura de "obsessões" em outras pessoas. Este tipo de transe é relatado em diversas culturas xamânicas. Em contraste, outros estudiosos, o mais proeminente Eliade (1998) em *Xamanismo: Técnicas do Êxtase*, apesar de nunca ter encontrado um xamã e, portanto, ter dependido de fontes publicadas como informação, afirma que o verdadeiro transe do xamã é o êxtase visionário do voo da alma ou a viagem xamânica. Neste estado de transe, a alma do xamã realiza uma jornada para o reino do espírito. Eliade observa que a incorporação (personificação) é uma forma degenerada posterior do voo extático, apesar de sua observação de que este tipo de transe do xamã seja um eficaz fenômeno universalmente distribuído em uma ampla gama de culturas xamânicas.

Tal como Eliade (1998) observa, o xamã distingue-se dos outros tipos de mágicos e curandeiros pelo uso que faz de um estado de consciência que, a exemplo da tradição mística ocidental, chama de "êxtase". Porém, apenas a prática do êxtase, como ele enfatiza com propriedade, não define o xamã, porque este tem técnicas específicas para entrar num EXCA. Assim, Eliade (1998, p. 17) afirma que "não se pode, portanto, considerar qualquer extático como um xamã: que é especialista em um transe durante o qual se acredita que sua alma deixa o corpo e sobe ao Céu ou desce ao Submundo." A isso acrescentamos que, em seu transe, ele costuma trabalhar para curar um enfermo restaurando seu poder pessoal, vitalizando-o ou extraindo um poder nocivo.

Tedlock (2008, p. 79) sobre essa questão diz:

> Segundo Eliade, a possessão envolve a perda de controle sobre os espíritos e o xamanismo requer controle, então, a possessão não poderia ser uma parte legítima do xamanismo. A perda de controle foi subsequentemente descrita como um caráter feminino, um recurso que as mulheres usavam para atrair atenção e obter prestígio social. O antropólogo americano Michael Harner aprimorou as ideias de Eliade durante um transe mediúnico, ou o que agora é denominado de "transe canalizado", que envolve a perda de controle sobre os espíritos que entram no corpo de alguém.

Infelizmente, a abordagem de Eliade influenciou muitos outros estudiosos que, ao contrário dele, encontraram-se com praticantes. A maioria deles adotaram a concepção de que homens xamãs faziam voos extáticos da alma fora do corpo e que as mulheres médiuns eram possuídas por espíritos humanos, concluindo, equivocadamente, que o xamanismo masculino envolve sair do corpo e o feminino o de compartilhar o corpo de alguém. Porém a situação é muito mais complexa. Existem tradições em que o voo da alma é considerado uma ação feminina, ao passo que a possessão é vista como masculina. Entre os *Rejang* da Sumatra, as mulheres jovens fazem a jornada da alma para o Mundo dos Espíritos, enquanto os homens jovens são possuídos por espíritos. Já homens e mulheres maduras são capazes de combinar o voo da alma com a possessão do espírito; e, após anos de práticas, são capazes de mudar de sexo. Em defesa de Eliade, devemos esclarecer que o seu livro foi originalmente publicado em francês, em 1951, quando o movimento psicanalítico, com seu forte viés antifeminista, estava no auge.

Porém a questão aqui discutida não é o tipo de estado de transe, mas o domínio da arte de EXCA. O estado de incorporação não é encontrado apenas no Xamanismo, nem o voo da alma. No entanto, isso não impede o fato de que eles podem e muitas vezes se relacionam com o Xamanismo. Nem todas as possessões são realizações xamânicas, porque a posse por si só não cumpre os critérios para um transe extático. Nem todo voo da alma é uma jornada xamânica, porque entrar em uma viagem não cumpre os critérios para um EXCA. Os seres humanos que entram em transe têm profundos sonhos lúcidos e experimentam outros eventos espontâneos, inexplicavelmente. É a sua natureza. Ambos os tipos de estado de transe são comuns no Xamanismo.

Em seu trabalho com o LSD em 1970, Stanislav Grof determinou que ambos são fenômenos espirituais primordiais, não pertencente à uma cultura em particular, mas à humanidade como um todo. Incorporação animal, mediunidade espiritual e visões de viagem pelo Universo são desenvolvidas espontaneamente durante Estados Alternativos de Consciência induzidos por LSD. Grof também descobriu que, como em EXCA, a pessoa em transe permanece lúcida, mantendo controle das visualizações e mantêm a memória da experiência em estado alternativo após o retorno à consciência comum. O tipo de transe usado por um xamã é determinado principalmente pelo que está tentando realizar através do transe e, secundariamente, pelas expectativas culturais. Entretanto, qualquer definição abrangente de transe do xamã deve incluir voo da alma e incorporação pelos espíritos aliados.

Além disso, devemos entender que em um ritual de cura xamânica podem existir esses estados de transe separadamente ou coexistindo em vários graus. Transe é um termo amplamente utilizado, muitas vezes com conotação negativa e imprecisamente definido. No uso geral, transe implica inconsciência e uma incapacidade para dirigir os pensamentos e ações com intenção. Pode significar também um estado de animação suspensa, total ou em parte – como um torpor ou estupor em que o indivíduo não tem conhecimento do ambiente e é incapaz de responder a estímulos. Em definições mais extremas, muitas vezes o transe está associado com estados espirituais ou doença mental e é então definido como estado hipnótico, cataléptico ou sonolento, caracterizado pelo contato sensorial e uma incapacidade de manter a memória da experiência vivida depois de voltar a consciência comum. Nenhuma dessas definições de transe se aplica ao Xamanismo.

O transe extático do xamã é um estado intencional de arrebatamento, onde ele deixa sua consciência comum no ambiente físico e foca sua consciência sensorial no ambiente espiritual invisível. O transe xamânico é caracterizado por uma atenção centrada na tarefa com a consciência reduzida de objetos, estímulos ou o ambiente fora do contexto experiencial do transe. Xamãs usam intenção e disciplina, enquanto no EXCA, usa-se para ajustar o tipo e a profundidade necessária para a cura e o sucesso em sua empreitada. Estudiosos contemporâneos, especialmente aqueles que fazem extensos trabalhos de campo com os xamãs, de forma consistente os observam fazendo uso do espírito aliado tanto no voo da alma quanto incorporando-os em seu trabalho.

O transe xamânico é uma ferramenta versátil, podendo ir de um estado de diagnóstico ao de jornada profunda ou para a plena incorporação pelo espírito. A proporção do EXCA varia de acordo com as necessidades da cura. Xamãs tem o controle em todos os tempos sobre a natureza, profundidade e qualidades de seus estados de transe. Na prática, os xamãs frequentemente passam por uma série de estados alternativos ou profundos do transe durante qualquer sessão, até que atinjam o nível em que eles operam melhor ou que seja necessário para os diferentes estágios que a cura ocorra. A capacidade de entrar em um Estado Alternativo de Consciência (EAC) é uma habilidade humana.

Um EAC é experimentado como qualitativamente diferente do normal para o indivíduo. Consciência, neste contexto, é o padrão total de um indivíduo de pensar e de sentir em determinado momento. O Estado Comum de Consciência (ECC) é o dia a dia da experiência de um indivíduo, independentemente se está acordado, dormindo ou sonhando. ECC serve como a linha de base de um indivíduo. Na consciência não ordinária ou estados alternativos a mente processa as informações e registros de experiências de forma diferente. Em EAC, as funções mentais realizam o que não operam normalmente e as qualidades de percepção são acessadas de forma espontânea.

O transe do xamã se distingue dos outros seres humanos pela sua habilidade em controlar e usar seus estados de transe. A maioria das pessoas não cultiva o domínio de sua capacidade inata de se conectar com o espírito através de estados alternativos. Quando o fazem, eles são muitas vezes incapazes de alcançar os níveis mais altos de maestria, acessível apenas com a iniciação e a disciplina exercida ao longo do tempo. Tal como acontece com canto, dança e pintura, o transe extático é uma arte expressiva.

Como já foi falado anteriormente, todos os seres humanos são capazes de cantar, dançar e entrar em transe. No entanto, alguns são mais dotados do que outros. Xamãs são mestres das artes antigas, as técnicas de êxtase utilizadas para induzir e realizar os voos extáticos. As características essenciais dos EXCA são o controle voluntário de entrada e duração do estado alternativo, a capacidade de comunicar com os outros durante essa jornada e ter a memória da experiência após o retorno à consciência comum. Estados Xamânicos de Consciência Ampliada também são caracterizados por um tipo de autoconsciência que permite o foco na tarefa, relação direta com o mundo invisível e as relações de trabalho com os espíritos aliados específicos. Quando uma planta psicotrópica é ingerida para induzir transe, há também uma relação de trabalho entre o xamã e o espírito desse vegetal.

Há xamãs, especialmente nas culturas africanas, que alcançam total controle e domínio sobre seus estados de transe sem qualquer referência às viagens espirituais ou espíritos encarnados. Para estes xamãs, os poderes de cura são originários de uma energia e magia de dentro deles, não dos espíritos. Mesmo nestas culturas, o transe é reconhecido como um estado não ordinário alternativo de consciência. Este estado de transe é necessário a esses xamãs para ativar e utilizar seus poderes de cura, como acontece com todos em outras culturas xamânicas. O elemento comum entre os xamãs é o seu domínio no EXCA, independentemente da origem percebida da energia não comum utilizada no estado de transe. Para exibir maestria, o xamã deve permanecer no controle do voo da alma ou do espírito incorporado. Deve ser capaz de utilizar o estado de transe para as razões específicas e de controlar os poderes disponíveis no EXCA para realizar a mudança necessária no paciente ou comunidade.

Para o xamã, estados de transe são ferramentas. O tipo de transe usado é determinado, principalmente, pelo que é necessário fazer para o trabalho. No entanto, há uma variedade de expectativas culturais que podem influenciar os transes extáticos do xamã. Por exemplo, os povos siberianos do Nordeste Asiático esperam o domínio de voo da alma de seus xamãs, enquanto os povos do Sudeste da Ásia aguardam o domínio de estados de personificação (incorporação) do espírito. Mesmo com as expectativas culturais, o transe do xamã é ajustado de acordo com sua tarefa. Não é simplesmente um cabedal de rituais antigos, uma dramatização das expectativas do público ou um reflexo condicionado. O transe xamânico oferece uma oportunidade para a conexão autêntica com o mundo espiritual. É importante para as pessoas experimentar o contato regular e literal com o Divino. Para muitos na plateia, esse contato em si é a cura.

Os símbolos, espíritos e histórias trazidas no transe extático são únicos e autênticos em cada ritual de cura. Embora um xamã adapte às suas interpretações do mundo invisível para as expectativas da comunidade, essas não definem o que ele encontra no mundo invisível. Não basta o xamã ter visões e entrar em EXCA, ele deve ser capaz de interpretar os padrões de energia encontrados no Mundo dos Espíritos e dar-lhes a forma que proporciona a cura eficaz ou a tarefa a ser realizada em benefício da comunidade. O sistema simbólico utilizado pelo xamã para expressar a experiência do EXCA é crucial para o contato com o "divino" a ser traduzido para o público. Os símbolos devem ter significado e poder no contexto da cura, mas eles também devem ser precisos. Os símbolos, espíritos e histórias que emergem do transe extático são padrões coerentes de fluxo energético no grande mar que é o mundo invisível.

Ode (2007, p. 146) alerta que:

> Não devemos esquecer que os símbolos estão relacionados com as divindades e podem reativar com sua presença as formas arquetípicas; neste sentido há uma estreita relação entre o culto e a forma simbólica, sendo evidente que o símbolo estabelece a comunicação entre o material e o espiritual, daí o seu caráter sagrado.

Ele ainda complementa (2007, p. 161):

> Os símbolos transcendem as limitações da linguagem e das palavras. Constituem uma linguagem universal que transmite as ideias mais elevadas destinadas a despertar conceitos arquetípicos que se encontram nas profundidades psíquicas do ser humano.

O transe do xamã permite que esses padrões de energia possam ser vistos no mundo invisível e interpretados com sutileza e precisão. Este processo é muito parecido com a forma como todas as pessoas aprendem a identificar as formações das coisas no mundo físico. A realidade física também é composta por padrões de energia. A maioria das pessoas conseguem identificar a energia da raiva ou a energia amorosa de sua mãe. Da mesma forma, os xamãs são treinados para distinguir com precisão as diferenças sutis nos padrões de energia do mundo invisível para um espírito aliado e distingui-lo do espírito que induz doença ou um fantasma vagando por acaso.

Xamãs em voo extático podem distinguir fluxos de energia do mundo invisível com grande detalhe. O transe do xamã é a ferramenta usada para ver os espíritos ou padrões de energia, tanto no mundo ordinário como no não ordinário. O voo da alma é a característica essencial do Xamanismo. O trabalho do xamã com os espíritos durante o EXCA define e particulariza a cura xamânica e curandeiros xamânicos em relação a todos os outros tipos de curadores tradicionais. A experiência do xamã em transe é concebida como real, embora seja num reino não físico. No transe xamânico o mundo invisível do espírito torna-se visível. Os problemas da humanidade podem ser claramente definidos e as soluções para esses problemas podem fluir para nós através do xamã.

Como podemos ver, as experiências do xamã durante o transe extático são coerentes e perfeitamente organizadas de acordo com o propósito da jornada e as imagens que uma determinada sociedade utiliza. Na maioria das vezes em que o xamã se encontra em EXCA, ele voa entre os mundos onde se encontra com espíritos para conversar e, em alguns casos, lutar com eles. Alertamos que o controle do voo da alma pelo xamã é apenas parcial, uma vez que a relação com os espíritos chega a ser tempestuosa e tensa. Falaremos um pouco mais sobre essa relação no capítulo "Espíritos Aliados".

Enfim, o EXCA é a condição cognitiva para o xamã perceber os outros níveis da realidade. É a perspectiva que caracteriza o trabalho xamânico e não envolve apenas um transe ou Estado Alternativo de Consciência, mas também um sábio discernimento dos métodos e suposições, bem como da missão específica que motivou entrar neste estado.

Indutores do EXCA

> A privação sensorial do isolamento dentro de uma caverna, a meditação, o canto ou dança até a exaustão, assim como o uso de plantas mestras, fazem com que entremos no estado de transe extático e possamos viajar até outras esferas do Cosmos.
>
> Tayta Matzú

No Xamanismo existem métodos próprios para adentrar no EXCA. Pode-se utilizar o recurso do jejum, do tabaco, do álcool, utilização de plantas psicotrópicas e do isolamento sensorial, bem como instrumentos como o maracá e o tambor, além da meditação, dança e canto. Todos esses elementos são meios para a hipo ou hiperestimulação dos sistemas sensoriais. Apesar de algumas destas práticas serem consideradas prejudiciais ao corpo humano, os verdadeiros xamãs têm o poder pessoal de filtrar qualquer agente nocivo a sua saúde, além de terem a proteção de seus aliados de poder.

A experiência visionária do êxtase xamânico, como diz Lascariz (2011, p. 117), "não se explica só pela química opioide do corpo, mas também pelas características cognitivas das nossas ondas cerebrais", que são formadas por ondas eletromagnéticas produzidas pela atividade elétrica das células dos nossos cérebros. Essas ondas mudam de frequência, baseando-se na atividade elétrica dos neurônios e estão relacionadas com a mudança dos estados de consciência. O Estado Xamânico de Consciência Ampliada é alcançado quando as ondas Delta (frequência 0,1-4 Hz) emerge em nosso cérebro, no nível de consciência similar ao sono, porém as visualizações são mais frequentes quando é atingido o estado Teta (4-7 Hz). Já o Alfa (7-17 Hz) nos faz relaxar e realizar algumas visualizações, mas nada muito profundo como o EXCA, estando mais para um estado hipnótico.

Alguns movimentos neoxamânicos criaram um método básico apenas baseado no toque do tambor para entrar em EXCA, porém ele é muito superficial por não tratar dos aspectos ocultos e iniciáticos do Xamanismo, mas, sim, reduzindo-o, no nosso ponto de vista, a uma técnica psicológica de autoajuda em detrimento de sua essência iniciática. Para atingirmos o verdadeiro voo extático é necessário que além do toque de um instrumento musical tenhamos que cantar ou dançar até a exaustão física, provocando a hiperventilação no cérebro e a produção de endorfinas opiáceas, deixando as ondas cerebrais mais lentas (teta e delta), dando a sensação de união cósmica que também é atingida por grandes místicos, além dos xamãs. Vamos ver agora um pouco sobre os principais indutores do EXCA.

Dança

Dançar é uma forma poderosa de entrar em transe. Esse ato estimula a hiperventilação, eleva a produção de adrenalina e provoca uma diminuição dos níveis de glicose no sangue, fazendo com que o cérebro libere endorfinas, que criam uma sensação de euforia e bem-estar semelhante a alguns psicotrópicos. Ela também atua convidando o espírito aliado a incorporar no xamã. Algumas danças são coreografadas, porém outras são improvisadas e espontâneas. Muitas das danças realizadas são presentes dados aos xamãs pelos espíritos quando se encontram em EXCA, que as utilizam como medicina para curar.

Na savana africana os *Ju/hoansi*, em suas danças noturnas, formam dois círculos. No interno as mulheres sentam batendo palmas de maneira ritmada, enquanto no externo os homens dançam pisando forte na terra batida, com o corpo vergado para trás. Após horas de dança os xamãs entram em transe e passam a sangrar pelo nariz, apanham o seu sangue e misturam com o suor das axilas, criando uma medicina de poder sobrenatural que passam nos corpos dos enfermos da tribo, ou simplesmente deitam-se sobre eles para fazer a transferência deste poder de cura.

Já na Sibéria e entre os nativos das Américas, os xamãs ao dançarem imitam o movimento dos animais entrando, após algum tempo, num transe extático e transformando-se no seu espírito aliado. Para aqueles que os observam é muito difícil saber identificar se os movimentos são do xamã ou do animal. Nestas culturas as danças muitas vezes fazem parte da caçada espiritual de uma determinada presa, honrando os espíritos daqueles animais que serão abatidos no futuro para suprir a fome da tribo.

O início do transe extático pode não ser aparente durante a dança. No entanto, dançarinos relatam que nesta jornada suas almas viajam até o mundo espiritual, enquanto os espíritos aliados dançam em seus corpos no mundo físico. Mulheres da etnia *Pueblo* ajudam os dançarinos veados assim que a dança termina para assegurar que a alma do dançarino retorne ao seu corpo, para que suas almas não permaneçam na forma do animal e fuja para as montanhas, deixando-os sem alma e incapazes de retornar às suas formas humanas.

Vitebsky (1995, p. 80) enriquece este tópico dizendo que:

> A relação de um xamã com os espíritos é tanto corporal quanto espiritual. É por vezes difícil de saber onde os movimentos bruscos do transe de um xamã ou da representação das suas aventuras terminam e onde a dança se inicia. Ao dançar, os xamãs siberianos imitam o movimento dos animais e das aves e, em geral, a dança exprime todas as qualidades que se julgue concederem poder ao xamã. Enquanto a dança siberiana salienta o relacionamento com os animais, a dança do xamã coreano realça o poder adquirido dos espíritos reais, à medida que os dançarinos mudam de fatos para enfrentar o espírito ou o deus que aparece. Aqui, dança não somente o xamã, mas também o paciente, a sua família e os seus amigos. Cada um deles tem um "deus que governa o corpo", que entra em possessão dessa pessoa e dança por intermédio do seu corpo. Para o paciente, esta dança faz parte da cura, enquanto que para os outros participantes traz boa sorte. As mulheres acham muito mais fácil do que os homens se entregarem ao "deus que governa o corpo". (sic)

Até mesmo quando não dançam, a dança tem um papel fundamental no trabalho do xamã. Na cerimônia da Dança do Sol dos *Lakota*, nas planícies norte-americanas, os homens são perfurados sob a pele do tórax por espetos de madeira ou garras de águia. Prendem-se tiras de couro a estes objetos e amarram-nas a outras pontas na coluna central. Durante quatro dias eles dançam ao redor deste tronco, tocando apitos de ossos de águia. O som dos pés no chão e do instrumental musical induzem o xamã a entrar em EXCA, conjuntamente aos dançarinos e ao guia na jornada à outra realidade, onde a dor do sacrifício não é sentida. No amanhecer do último dia os dançarinos andam em direção à coluna, tocando-a, e se jogam para trás até que os espetos rasguem a pele ou se quebrem. Neste momento, as mulheres que circulam os dançarinos, arranham-se ou cortam pedaços de suas peles, assim como outros membros da tribo que assim desejarem. Esta é uma cerimônia ancestral onde os guerreiros oferecem seus corpos como sacrifício em benefício de toda sua comunidade.

A dança *ogichidanimidiwin*, dos *Anishinaabe*, é realizada pelo xamã para contar com a ajuda dos *Manitus*, espíritos protetores da tribo, na cura de uma pessoa doente ou na defesa contra uma doença iminente. Outra dança praticada pelos xamãs deste povo é *windigokan*, que se fantasiam de esqueletos para expulsar os "demônios" das doenças. Já na região sudeste norte-americana, xamãs da tribo

Paiute dançam sua jornada cósmica enquanto a vivenciam, sendo auxiliados pelos observadores, se assim for necessário, para que sua alma volte integralmente ao seu corpo. Na Malásia, os xamãs malaios (*bomoh*) também dançam o seu voo da alma de forma coreografada, como se encenassem uma peça de teatro.

Williams (2013, p. 112-114) complementa:

> Os *dervixes mevlevi* de Konya, na Turquia, giram em círculos para iniciar o transe e acessar a realidade de Deus; logo, eles deixam de pertencer a este mundo. Os xamãs chineses também usam a dança para entrar em transe. Na Indonésia, a música acompanha o transe dançante (*ana mata da*) que em geral afeta os presentes também, de modo que todos viajam a outro plano. Em Níger, a música dos transes dançantes fica cada vez mais rápida conforme os participantes giram batendo o solo com os pés. Quando os espíritos descem e possuem os dançarinos, a música desacelera. Danças deste tipo são a origem dos rituais de Santeria e Vodu no Novo Mundo. [...] A coreografia complexa da dança *inuit agula* altera a consciência até que a alma do dançarino deixe seu corpo e faça sua jornada, enquanto o corpo mantém o ritmo da dança. Entre os *Tarahumaras* do México, a dança vigorosa do xamã (*owirúame*) demonstra sua força e incorpora o poder dos espíritos. A dança em si contém poder. Os *mudangs* da Coreia encarnam espíritos por meio de danças longas e rebuscadas, trocando as vestes sempre que um espírito chega. Ali os homens tocam os instrumentos e as mulheres dançam.

Instrumentos

No Xamanismo, a experiência com o Mundo dos Espíritos está perfeitamente associada à percussão. Existe uma particular ligação entre o transe e a regularidade rítmica da percussão de certos instrumentos. O som constante e monótono destes atuam como uma onda que auxilia o xamã a entrar e a se sustentar em EXCA. Os instrumentos básicos para tal façanha são o chocalho (maracá) e o tambor. Outros sons, tais como os produzidos por flautas ou apitos de cerâmica encontrados no Peru e na América Central, também podem ter sido usados para auxiliar no voo da alma. Geralmente os xamãs costumam restringir o uso destes instrumentos para a evocação e a manutenção do voo extático e, assim, sua mente inconsciente automaticamente associa seu uso a um sério trabalho xamânico.

Na maioria das culturas xamânicas o tambor é o principal instrumento para se atingir o transe extático enquanto os xamãs cantam e dançam. Nas três Américas, os chocalhos encontram-se igualmente espalhados, enquanto no sul e sudeste da Ásia os xamãs entram em EXCA jogando ritmicamente numa peneira uma mão cheia de arroz. Xamãs *sora* batem algumas vezes com um pau nos cornos de um búfalo, enquanto as *itakos,* do Japão, tocam um arco para chamar um espírito e induzir ao transe. O povo *Chulym* da Sibéria, diferentemente de seus conterrâneos, utiliza chocalhos similares ao dos ameríndios, em vez de tambor para exercer seu ofício. Xamãs siberianos de Yelanka, na margem do rio Lena, usam arcos cantantes para entrar em EXCA. O mesmo ocorre em Tuva, onde tocam uma harpa de boca para chamar os espíritos.

Vitebsky (1995, p. 80-81) acrescenta que:

> O interesse nos estados alterados de consciência (EAC) conduziu a teoria sobre o efeito neurofisiológico da música, especialmente dos chocalhos e tambores. Os estudos experimentais realizados levaram a presumir que o som dos tambores harmoniza a atividade neural do encéfalo com a frequência vibratória do som. O som dos tambores está no centro de todos os movimentos neoxamânicos, em que um ritmo de cerca de duzentas batidas por minuto se considera capaz de fazer entrar rapidamente em estado xamânico de consciência (EXC) muitas pessoas ainda inexperientes. Todavia, os ritmos que produzem o transe entre os xamãs ouvem-se por todo lado, sem que produzam qualquer efeito. Na realidade, quando um xamã atua, as pessoas presentes ouvem o mesmo ritmo, mas não entram em transe a não ser que delas se espere.

Os significados simbólicos de um instrumento ultrapassam imensamente o som que produz. No extremo norte da Sibéria, o tambor representa a rena brava de cuja pele foi feito e o xamã o usa para cavalgar até outros mundos. Este instrumento é também utilizado como um recipiente para apanhar espíritos, podendo ser decorado com desenhos de seus animais aliados e do clã do xamã. Já para as culturas sul-americanas as sementes ou pedras no interior do chocalho representam os espíritos ancestrais que, ao serem agitados, auxiliam o xamã em seu ofício.

Tambor

O tambor é utilizado nas mais diversas culturas ao redor do mundo. No Xamanismo, desempenha um papel de primeira ordem nos ritos e cerimônias, sendo considerado pela maioria dos xamãs como um instrumento indispensável para entrar em EXCA. Seu toque ritmado nos leva ao coração pulsante do Cosmo. Na maioria das tradições xamânicas dizem que a madeira (da bétula) da qual é feita o tambor pertence à Árvore do Mundo, e quando o xamã toca, esse instrumento é projetado para perto dela. Sua forma arredondada simboliza o Universo e a pele do animal de que foi feito, segundo Faur (1997, p. 42), "a energia, o poder e o espírito da teia cósmica, enquanto o bastão denota o viajante. As diferentes batidas simbolizam os múltiplos caminhos de acesso para os outros mundos".

Eliade (1998, p. 199) sobre este assunto narra que:

> A imaginística dos tambores é dominada pelo simbolismo da viagem extática, isto é, das viagens que implicam uma ruptura de nível e, portanto, um "Centro do Mundo". A tamborilada inicial da sessão, destinada a invocar os espíritos e a "prendê-los" no tambor do xamã, constitui as preliminares da viagem extática. Por essa razão, o tambor é chamado de "cavalo do xamã".

Porém alguns povos do Círculo Polar Ártico, como os *Chukchee* e os *Yukagir*, referem-se a este instrumento xamânico como uma canoa que quebra as barreiras cognitivas entre os mundos e os leva em êxtase até o Mundo dos Espíritos. Ele também é considerado, de acordo com Lascariz (2011, p. 122), "como sendo o corpo vivo de um espírito poderoso: o alter ego daimônico do próprio xamã". Neste caso, se o tambor for quebrado é um sinal de que a morte do seu proprietário está próxima. Esta crença é tão forte entre os *Yakutes* e *Yukagir*, que eles utilizam um pedaço da própria pele na baqueta que usa para tocar seu tambor. Curiosamente os *Saami*, da Escandinávia, usam um martelo (*ballem*) feito da haste de rena para bater seu tambor (*meavrresgárri*) de forma oval, muito semelhante ao *Mjölnir* (o martelo de Thor).

Como Faur explica (1997, p. 42), a batida rítmica "do tambor no compasso certo alinha as ondas cerebrais com a pulsação da Terra (as ondas theta de quatro a oito ciclos por segundo favorecem as percepções sutis, os sonhos e a jornada xamânica)". Podemos ver então que os sons fortes, tais como os do tambor, principalmente no ritmo de 130 a 140 batidas/minuto, podem provocar o padrão theta no cérebro, levando-nos ao Estado Xamânico de Consciência Ampliada. Ainda sobre o tambor, Faur (2010, p. 127) diz que: "O tambor é considerado pelos xamãs a 'Voz da Mãe Terra' falando ao coração humano, despertando lembranças atávicas e a conexão com a energia materna (divina e carnal)", mas este não funciona de forma isolada. Ele não pode ser separado do canto, da dança e da hiperventilação que provoca.

Sobre essa técnica Sams (1994, p. 272) diz que:

> O Tambor pode ser usado como um mapa ou guia para aqueles que buscam os universos paralelos ou estados alterados de consciência. O Tambor conecta o coração da pessoa que empreende a Jornada com a batida do coração da Mãe

Terra e lhe garante uma maneira segura de voltar ao corpo físico. O uso do Tambor como guia evita que a pessoa se perca no caminho ou que perca seu equilíbrio interno ao sair em busca de outras realidades.

O tambor é considerado pelos xamãs como uma parafernália multifuncional que vai além da função do voo extático e de um instrumento musical. Ele pode ser utilizado também nos casos de recuperação da alma, quando o xamã, em sua missão, resgata essa alma e traz ela para dentro da concavidade do seu instrumento de poder. Em outras ocasiões, podem trazer para dentro do tambor as forças intrusas e depois lançá-las em algum local em que estas sejam absorvidas pela Mãe Natureza, que as come, transmutando-as. Golpear o tambor também chama o poder do trovão e o estrondo do terremoto.

Lascariz (2011, p. 326) enriquece este tópico dizendo que:

> Quando se toma o tambor ao nível do peito, ele pode ser sentido como um escudo protetor dos espíritos invasores, mas também como um instrumento de convocação dos espíritos, sob a percussão monótona do seu batente. Por isso ele é circular, lembrando os ciclos da vida e da morte. Contudo, a sua estrutura interior é, na maior parte das vezes, cruciforme, representando a imagem do mundo fenomenal dividido em quatro ou oito partes, símbolo das direções do espaço, com os seus eixos equinociais e solsticiais dividindo e ordenando os ciclos da Vida e da Morte, onde tutelam os Espíritos Guardiões. Dessa forma, ele é um receptáculo de poder, atraindo para dentro de si os Espíritos Tutelares. É esta sua natureza talismânica que o vocaciona em algumas sociedades antigas para ser usado, também, como ferramenta de adivinhação.

Chocalho

Se o tambor é o instrumento primordial do Xamanismo na Sibéria, na América do Sul ele é quase totalmente substituído pelas maracás (chocalhos), tendo como exceções, os *Tsáchila* que tem tambores com pele dos dois lados, os *Mapuche* que utilizam um tambor semiesférico chamado *kultrun* em suas cerimônias, como também os *Shuar*, que utilizam o *tuntui* feito num tronco oco e os *Ashaninka*, que usam uma espécie de alfaia pequena feita de couro de macaco ou queixada. Tal como o tambor siberiano, que se diz feito da Árvore da Vida ou do Mundo, também os cabos dos chocalhos sul-americanos simbolizam esta árvore, ao passo que o espaço oco do instrumento propriamente dito simboliza o Cosmo; ou seja; seu corpo é como a Terra girando em seu próprio eixo. Na maioria das culturas sul-americanas as sementes, pedras ou cristais contidos no seu interior representam os espíritos ancestrais. A agitação do maracá torna os espíritos ativos que, a partir daí, prestam assistência ao xamã. Outras culturas acreditam que as sementes e seixos que estão dentro da cabaça do chocalho representam a semente primordial da criação, que são despertas após serem chacoalhadas.

Enteógenos

Diversas mitologias, entre elas a dos nórdicos *Saami* e de várias tribos sul-africanas (*Zulu*, *Swazi*, *Xhosa* e *Ndebele*), narram descender das árvores. Outras veem o mito da árvore como o ente doador do Conhecimento Primordial, é assim que aparece na metáfora da macieira do Éden no cristianismo, na iluminação de Buda e na magia da *ayahuasca* pelos povos amazônicos. Talvez tenha sido essa busca pelo Conhecimento Sagrado que fez com que, desde os primórdios os xamãs, pela observação direta da natureza, passassem a conhecer muito bem a sua fauna e flora. Esse contato possibilitou a liberdade de experimentar as plantas que os cercavam, propiciando a descoberta de conhecimentos psicofarmacológicos e fitoterápicos que usufruímos nos dias de hoje, como também das "Plantas Mestras". Muitos chamam estas plantas e fungos de alucinógenos, mas no nosso entender, alucinação é algo que não coincide com a verdade, o correto seria chamá-las de enteógenos – termo proposto por R. Gordon Wasson, pois induzem à "manifestação interior do divino".

A questão dos enteógenos é muito controversa. Consideramos que a utilização de plantas mestras deve ser contextualizada ritualmente e não de forma recreativa, como ocorre atualmente. Só o seu consumo não é suficiente para induzir o EXCA. Sem um intento verdadeiro e um ritual que não tenha a orientação de um *expert* do assunto, elas são extremamente perigosas. Entre os xamãs que convivemos as opiniões se dividem de acordo com a cultura em que vivem. Alguns consideram que, em uma fase do aprendizado xamânico, o uso de enteógenos é necessário. Para outros, a sua utilização é o mesmo que a dos remédios, naturais ou não, sendo indicado apenas para os organismos com certas deficiências. Mas todos são unânimes em dizer que o que induz a entrada em EXCA não é a química da planta, mas o seu espírito.

De acordo com Williams (2013, p. 77):

> Experimentar enteógenos é uma decisão pessoal. Geralmente, aqueles que o fazem costumam negligenciar o fato de que os povos xamânicos utilizam tais plantas somente após longos e exaustivos treinamentos, pelos quais provam a si mesmo estarem aptos a encontrar tal Mestre.

Tradicionalmente, nas culturas xamânicas, antes do consumo de qualquer enteógeno é necessária uma preparação do corpo e do espírito. Este processo é constituído, na maioria das vezes, de jejuns e dietas específicas, abstenção de álcool e sexo, recolhimento sensorial e exposição ao calor ou frio extremo. Só neste contexto é que a Planta Mestra pode liberar todo seu potencial numinoso, exterminando as barreiras subconscientes do ego e trazendo até a consciência o que existe nas profundezas do inconsciente: o fundo atávico da nossa alma, proposto por Jung.

Lascariz (2011, p. 118-119) contribui com a questão dizendo:

> Na realidade, as técnicas mágico-religiosas funcionam porque são permeadas pelos condicionamentos das crenças subjacentes e não o contrário. Isso está bem explícito quando verificamos o efeito dos psicotrópicos indígenas em ocidentais. Embora muitos ocidentais se deleitem hedonisticamente numa panóplia fantástica de alucinações geradas pelos psicotrópicos, são raros os efeitos fidedignos de ordem religiosa ou iniciática se não existir uma predisposição mística e não tiver assimilado as suas próprias crenças de base. Não é pelo fato de nos embebedarmos de *ayahuasca* que começaremos a pensar como um feiticeiro das cordilheiras orientais dos Andes Peruanos.

Achterberg (1985, p. 43) diz que:

> Como há uma relação entre tradição xamânica e uso das plantas mestras, devemos levar em consideração seu uso e, certamente, qual papel elas podem ter no renascimento do xamanismo. Em primeiro lugar, como foi mencionado, elas são um meio rápido para alterar a consciência. Em segundo lugar, nas sociedades sem escrita, morte e sonhos prenunciam outros estados, e a resposta a eles, ao maior dos mistérios, era mais provavelmente procurada na experiência e não no discurso intelectual. Os notórios efeitos psicotrópicos das plantas mestras, tais como: perda dos limites do eu, intensificação da percepção do entrelaçamento de todas as coisas e um senso de reverência e temor, deram aos xamãs o insight e o reconhecimento pelo qual ansiavam do mundo além dos sentidos. Por causa dessas propriedades, as plantas são universalmente denominadas "remédios" e referidas como "sagradas". É impensável usá-la com propósitos recreativos.

O termo "Plantas Mestras" se refere especificamente a um grupo de vegetais que foram utilizadas por séculos pelas tradições xamânicas como medicina e que ensinam aqueles que vão até eles com humildade e sinceridade no coração. Apesar de muitas vezes serem considerados vegetais, alertamos que os cogumelos pertencem ao reino *fungi*, e por essa razão são chamados de fungos. Aqui mencionaremos os enteógenos mais conhecidos e utilizados dentro do Xamanismo. Lembramos mais uma vez que alguns são extremamente perigosos, podendo levar à morte.

Amanita muscaria

Cogumelo vermelho, com pontos brancos, que cresce em simbiose com os abetos, bétulas, cedros e pinheiros, possuindo propriedades psicoativas que levam o indivíduo a ter transes extáticos profundos. Este fungo é considerado um dos expansores de consciência mais antigos identificado pelo ser humano. O pesquisador Wasson (1968, p. 13) sugere que a *Amanita muscaria*, também conhecida pelo nome de "agário das moscas", está associada ao *soma*, bebida sagrada dos vedas da Índia, que nos relata que esta seria a beberagem sacramental mais antiga do mundo. Xamãs indo-europeus das tribos *Chukchi, Khanty, Koriak, Mansi, Nenet* e *Saami,* comem a *amanita* para ajudá-los a se comunicar com os espíritos, viajar a outras dimensões e conhecer as causas das doenças. Até hoje o seu sacramento é utilizado na Índia, Sibéria e Austrália, por tribos aborígenes. Xamãs *Anishinaabe* do Canadá e da Região dos Grandes Lagos dos Estados Unidos também fazem uso deste cogumelo que cresce em florestas de bétulas, cedros e pinheiros na América do Norte. Esta etnia chama este fungo, na língua *Ojibway,* de *Oshtimisk Wajashkwedo* (cogumelo de topo vermelho). Na Mesoamérica, a *amanita* é encontrada nas terras altas do sudeste do México e da Guatemala. Os *Quiché-Mayas,* da Guatemala, chamam este fungo de *Kakuljá-ikox* (cogumelo relâmpago), por ser associado ao deus *Rajaw Kakuljá*, o Senhor do Relâmpago.

Durante muito tempo se pensou que o princípio ativo da *amanita* era a muscarina, porém, recentemente, verificou-se que os verdadeiros alcaloides que tornam este cogumelo um enteógeno são os ácidos ibotênico e stizolóbico, o muscimol e a muscazona. A *amanita* pode causar efeito delirante, gastrointestinais e anticolinérgicos. O ácido ibotênico somente é encontrado nos fungos frescos. Xamãs *Itelmen* (da Península de Kamchatka na Rússia), em sua sapiência, tinham o costume de comê-los frescos, pois desta forma o corpo humano não absorve o muscimol, liberando-o na urina, que era bebida pela tribo para aproveitarem um pouco da dose de êxtase. Quando a planta é ingerida, o efeito no organismo ocorre entre 30 a 180 minutos e pode gerar náusea, vertigem, alucinações, euforia, ataxia, convulsão, perda da coordenação, alteração da conduta e visual, secura na pele e mucosa, taquicardia e midríase. Este cogumelo é considerado o mais perigoso entre os fungos, por essa razão os xamãs têm muita cautela ao usá-lo. Outro gênero, no formato de pera, o *Apioperdon pyriforme*, foi utilizado pelas bruxas bascas (inalando seus esporos cuidadosamente) para entrarem em transe e voarem nos *Sabbats*.

Ayahuasca

Vinho decocto produzido a partir de duas plantas amazônicas (*Banisteriopsis caapi* e *Psychotria viridis*) utilizado com fins ritualísticos na medicina tradicional de mais de setenta povos da Amazônia, sendo possível encontrar inúmeras variações na fórmula original. Porém, as plantas acima citadas são os ingredientes chaves para a preparação desta medicina ancestral. Inúmeras espécies geralmente juntam-se a elas durante o cozimento, cada uma delas trazendo suas diferentes propriedades ao resultado final.

Seu uso leva a visões e imagens, além de experiências telepáticas. Ela é também chamada de vegetal, *caapi, daime, hoasca, jagube, mariri, natém, nepe, pindé, runipan, shori, yagé*. Em *runasimi* seu nome significa "vinha da morte", porque supostamente leva as pessoas até os portais da morte e as traz de volta. O uso dela no ritual para fins visionários parecem estar enraizados na "pré-história" da América do Sul. Atualmente seu uso acha-se difundido entre os adeptos de diversos cultos praticados também fora da bacia amazônica, tais como: Santo Daime, Barquinha, União do Vegetal e alguns círculos neoxamânicos como o do Fogo Sagrado de Itzachilatlan.

A *chacrona* (*Psychotria viridis*) é uma herbácea que tem como substância ativa o DMT (*N, N-dimetiltriptamina*), um psicotrópico extremamente potente e de ação rápida, que também é secretado naturalmente pelo cérebro humano em quantidades "subpsicodélicas". Xamãs, em suas manipulações "farmacêuticas" perceberam que para ela ter o efeito psicotrópico é necessário fazer a fusão das suas folhas com o cipó conhecido como *mariri* (*Banisteriopsis caapi*). E foram corroborados por cientistas, segundo os quais existe uma enzima em nossos estômagos, a MAO (monoaminoxidase), que destrói o DMT ingerido via oral. O cipó tem substâncias químicas que inibem a monoaminoxidase e permitem que o DMT da *chacrona* possa entrar em ação.

A videira *chaliponga* (*Diploterys cabrerana*), nativa da Bacia Amazônica, na falta da *chacrona* é utilizada pelos xamãs, pois a mesma armazena uma grande quantidade de DMT nas suas folhas e caule.

Lascariz (2011, p. 429) narra que para os xamãs andinos a decocção destas duas plantas são:

> Pares gêmeos e opostos, macho e fêmea, como eles dizem, nada mais repetem no plano simbólico do preparo da poção enteogênica do estado de androginia anterior à criação do Cosmos. Ele está ilustrado nesse par basilar, dividido pela cultura e a religião, que é o corpo e seu duplo.

A *ayahuasca* tem a chave para abrir as portas da nossa consciência, levando-nos a penetrar em EAC, fazendo com que conservemos toda noção do que se passa ao nosso redor. Segundo Alex Polari de Alverga (1992), essa bebida sagrada ajusta e reorienta o nosso sistema nervoso, os meridianos e as energias internas que controlam a nossa conexão entre Alma, Corpo e Espírito. Além de nos mostrar o universo oculto atrás do véu do mundo, fazendo com que tenhamos acesso a um conhecimento há muito tempo esquecido.

Tal como a *amanita* e outros enteógenos, a *ayahuasca* tem um efeito purgativo e depurativo. Geralmente aqueles que a bebem sentem o corpo como se estivesse esvaziado e virado do avesso, além de vomitarem. Mas tudo isso se deve a um processo de purificação realizado pela própria Planta Mestra para que possam ter acesso à jornada que ela facilita.

Durante as visões provocadas pela *ayahuasca* na fase inicial, a maioria dos indivíduos veem figuras geométricas e abstratas, depois estas se desvanecem e começam a aparecer animais e/ou criaturas desconhecidas. Pajés mais experientes da Bacia Amazônica, após essas imagens iniciais entram no domínio dos espíritos, retratados mais frequentemente como um lugar debaixo das águas; lá, encontram um ente sobrenatural conhecido como o Mestre dos Animais. A maioria dos xamãs amazônicos reconhecem a Serpente (*Yacumama*) como esse Espírito e, também, como guardiã da *ayahuasca*.

Para alguns xamãs peruanos, o Jaguar é o espírito da *ayahuasca* e, segundo eles, é muito importante na experiência não se deixar seduzir pela Planta Mestra, mas, sim, procurar ser um espectador que assista ao ritual. Surge então um grande dilema: "Viver a experiência ou servir à experiência". No sentido mítico, essa Planta Mestra nos leva ao encontro da finitude, no Oeste na Roda da Medicina, onde nos deparamos frente a frente com a morte e somos levados por ela.

As pessoas menos experientes raramente chegam a se encontrar cara a cara com o Mestre dos Animais, mas geralmente visualizam jaguares e serpentes, sendo que, em certas ocasiões, terminam por encontrar criaturas e seres apavorantes que parecem ter saído de um pesadelo. Muitas vezes vomitam ou têm diarreia como forma de limpar o organismo, depurando-o. Ao final da jornada com a *ayahuasca*, a maioria sente uma serenidade que os acompanha durante alguns dias e até semanas.

Segundo a maioria dos xamãs amazônicos, são os espíritos presentes nas visões proporcionados pela ingestão de *ayahuasca* que ensinam a eles como diagnosticar as doenças; que ervas utilizar; o uso correto do tabaco; como sugar a doença e a energia intrusa num enfermo; como resgatar e devolver a alma de uma pessoa quando esta foi roubada e como os *payés* devem se proteger e o que devem comer. E ainda lhes dão as canções mágicas, os *ícaros*.

A *ayahuasca*, como qualquer remédio sagrado, é o ponto indicador onde o caminho se ramifica. Ela nos ajuda a percorrer nossa trilha, mas pode ser inútil e até perigosa se não estivermos prontos a aceitar a jornada. A *ayahuasca* é considerada um atalho, mas não é um caminho para curiosos e aventureiros, é uma trilha cuidadosamente desmatada pelo xamã.

Brugmansia

Dentre as Plantas Mestras, existe uma de grande importância pertencente ao gênero das *brugmansia*, que são originárias da América do Sul, particularmente dos Andes, onde são conhecidas como *Cacao sabanero* (devida à semelhança do fruto com o cacau), *chamico, campanilla, campanchu, huacacha, huanto, jallapa, maiconca, maykua, mishas* (*misha oso, misha toro* e *misha galga*), *tonga, saaro* e *toe*. Considerada entre os ameríndios a planta mais forte das Américas, seguidas de perto pelas *daturas*. Espalhada pelas Américas, no México é conhecida também como *floripondio*.

A *brugmansia* é um gênero de sete espécies de plantas com flores da família *Solanaceae*. Suas flores são grandes e perfumadas e são também chamadas pelo nome de "trombetas de anjo", nome que geralmente é também utilizado para a *datura*. A *brugmansia* é um arbusto lenhoso, de galhos pendentes, com flores e que não têm espinhos em seus frutos. As espécies são classificadas pelos cientistas como *Brugmansia arborea, B. aurea; B. insignis, B. sanguinea, B. suaveolens, B. versicolor, B. vulcanicola* e *B. candida,* sendo esta última um híbrido de *B. aurea* e *B. versicolor*. Estas espécies costumam ser incluídas por alguns cientistas no gênero aparentado *datura* ("trombeta", devido às suas belas flores serem em forma do instrumento de sopro), como *Datura brugmansia, Datura candida* ou *Datura arborea.ico*. Entretanto, hoje, apesar de suas similaridades a *brugmansia* e a *datura* são consideradas distintas. Falaremos mais sobre a última no tópico dedicado a ela neste capítulo.

Os xamãs as utilizam para obter visões para fins terapêuticos e divinatórios. Algumas delas se misturam utilizando diversas receitas para obter unguentos que são aplicados sobre a pele para ter visões. A visão que produz é muito forte e completamente diferente das produzidas pela *ayahuasca*, pelos cactos e cogumelos. Poucas pessoas que as utilizam recordam de suas visões, pois normalmente caem num sono profundo. Seu potencial terapêutico é incrível e vai desde a cura de mordida de serpente até o tratamento de problemas mentais, passando pela reabilitação dos nervos e ossos, sendo utilizadas também em magias com fins negativos.

Por ser uma planta cujo efeito e modificação da consciência está entre a vida e o que há depois da morte física, ela ganhou o nome de "último recurso" entre algumas culturas xamânicas e os maestros e maestras a utilizam quando nenhuma medicina resolveu no tratamento de um paciente e também como preparadora para a morte. *Huacacha*, seu nome em *runasimi*, significa "planta da tumba". Por essa razão, alguns xamãs as empregam como preparação para o além-morte, administrando-a a indivíduos que estão prestes a morrer. Estes ritos finais são acompanhados de cantos e práticas similares aos encontrados no Bardo Thodöl, o *Livro Tibetano do Mortos*.

Fora dos Andes, essas plantas também são usadas na Selva Amazônica, principalmente pelas etnias *Muisca, Sapara, Kichwa* e *Shuar*. Na ocasião dos seus ritos de passagem, os jovens, depois de passarem dias isolados na selva e após serem banhados ritualmente nas cascatas sagradas, passam mais alguns dias dentro de uma cabana a sós e em total jejum alimentar. Após este retiro, eles se preparam para o "Sonho da Juventude", tomando um preparado de folhas de tabaco maceradas em água. Quando o efeito do tabaco não é suficiente, eles tomam um suco de *maikua* (*Brugmansia suaveolens*) macerada em água. Muitos xamãs amazônicos adicionam-nas à *ayahuasca*, também para propósitos divinatórios.

Segundo as lendas *Incas*, as *brugmansia* também eram chamadas de *waca* (sagrada força), exatamente pelo seu poder e por ser a morada de um espírito. O nome *misha* compreende todas as espécies de *brugmansia*, sendo derivada da língua *runasimi*. Seu nome anterior era *wantuq* ou *wanduk*, que vem do verbo *wantu* e quer dizer "levantar" nesse idioma, assim *wanduk* significa "aquele que se levanta".

As *brugmansia* contêm uma alta porcentagem de alcaloides tropânicos e derivados, sendo a *Escopolamina* (*Hioscina*) a principal deles com cerca de 80% do total. Entre outros estão: *atropina, apohyocine, aposcopolomina, nioscamina, norescopolamina, norescopolamina, norhyocine, meteloidina* e *hiosciamina*. Essas substâncias são altamente perigosas, seu uso deve ser muito cauteloso, não sendo aconselhável a aventureiros desinformados e despreparados (como já falamos anteriormente), pois podem causar a loucura permanente, o coma e até a morte.

A *atropina*, que pode ser encontrada em todas as partes da planta, tem a função de ser antiespasmódica, antiasmática, midriática (dilatadora da pupila) e analgésica (utilizada externamente). Em sua maioria, as *brugmansia*, sedam o Sistema Nervoso Central (SNC), por isso seu uso é recomendado somente a xamãs que são conhecedores dessa medicina sagrada.

Existem uma série de preparos para cada tipo de emprego terapêutico e ritualístico da *misha*, no qual quem a manuseia tem que saber como dosá-la, ingeri-la, aplicá-la no corpo, respeitar o jejum ritualístico, fazer um antídoto e, principalmente, como coletá-la. É preciso muito cuidado ao utilizá-la e devemos sempre ter ao alcance das mãos um antídoto conhecido por "Arranque", preparado à base de mel, milho, cana de açúcar e laranja-lima.

Após o seu uso, a pessoa depois de 30 minutos começa a ter uma série de alucinações com sonhos profundos, podendo durar até 72 horas. Dentre os efeitos colaterais podemos citar aumento da temperatura corporal, convulsão, depressão do Sistema Nervoso Central (SNC) e Sistema Nervoso Periférico (SNP), dificuldade de engolir e falar, sede, diminuição da secreção glandular, cegueira momentânea, pupilas dilatas, reação lenta a luz, visão turva, enrijecimento da pele, fibrilação, secura na boca, hipertensão, insuficiência respiratória, taquicardia, colapso vascular e até a morte. Seu uso contínuo pode provocar também *deficit* de aprendizagem e perda de memória. Após a *misha* do tipo *Inga (B. versicolor)*, é necessário ficar sem ver qualquer tipo de luz durante o período de 24 horas, no mais absoluto silêncio e sozinho.

Enfatizamos, novamente, que é uma das plantas mestras mais perigosas, devendo apenas ser ministrada por xamãs muito experientes. A profundidade desta Planta Mestra e seus ensinamentos são difíceis de descrever. É necessário haver em todos os níveis do indivíduo uma pureza verdadeira para que se possa dizer que realmente conhece esta planta. Experiências recreativas podem ser fatais.

Coca

Planta que surge na história pré-colombiana como a folha sagrada relacionada ao culto ao Sol. Em termos xamânicos, podemos dizer que a coca é receptora da energia solar. *Kuka*, na língua *runasimi*, *ipadu* ou *katsupari* em outras regiões amazônicas é uma planta da família *Erythroxylaceae*, nativa da Bolívia, Brasil, Colômbia, Equador e do Peru, cujas folhas possuem catorze alcaloides que, ao serem mascadas, misturam-se à nossa saliva e podem ser assimiladas pelo nosso corpo. São reconhecidas duas espécies: *Erythroxylum coca* e *Erythroxylum novogranatense*, cada uma delas com duas variedades diferentes.

Os andinos têm o costume de trocar as folhas de coca com outra pessoa quando se encontram. Geralmente, neste momento, sentam-se e iniciam uma conversa e usam as folhas entre eles como uma forma de coletivizar e começar uma reunião. São também utilizadas para adivinhação, busca de visão e, inclusive, como moeda de troca.

O costume de mascar a folha de coca é ancestral e até hoje não foi comprovado nenhum malefício à saúde, pelo contrário, só traz benefícios. A folha da coca apresenta inúmeros componentes (princípios ativos) dentre eles proteínas, vitaminas, carboidratos, gorduras, fibras, cálcio, fosfato, fósforo, ferro, magnésio, potássio e alcaloides, onde é encontrado a cocaína (80% do total dos alcaloides), a nicotina, cafeína, morfina, tiamina, riboflavina e ácido ascórbico. Apesar de parecer que o percentual de cocaína é alto, é insignificante em relação à concentração geral da folha, que é só de 0,5%. Estudos comprovam que o consumo de até 100 gramas diárias da folha não causa malefício algum.

Nos Andes, existe uma ritualística ancestral chamada *coqueo*, que é realizada por um indivíduo ou vários que já conhecem essa prática. O rito em si é fácil, primeiro faz-se uma oferenda de folhas de coca ao Mundo dos Espíritos e começa a mascá-la, pausadamente, acompanhado de *llipta*, uma cinza vegetal que facilita a extração do alcaloide. Em determinadas regiões podem ser acompanhadas de cigarros de puro tabaco para dar mais força. É importante salientar que estes alcaloides não são alucinógenos, mas, sim, classificados como analgésicos, eufóricos e estimulantes, que auxiliam no combate ao sono, à fome e induzem a uma sensação de bem-estar físico e mental.

Os xamãs *Huitotos*, que vivem à beira do rio *Putumayu*, no Peru, maceram as folhas de coca até transformá-las em um pó fino e acrescentam as cinzas de uma árvore chamada *cético*. Ao final desde processo surge uma farinha verde escura. Em suas cerimônias acrescentam a este produto uma pasta negra, *ambil* ou *ampiri*, que é uma mistura de tabaco e sal especial retirado de uma palmeira conhecida pelo nome de *inayuga*, surgindo, assim, um xarope espesso. Dessa forma, temos três elementos que eles trabalham numa cerimônia de *coqueo*: a coca como um tônico-visionário, o tabaco, como purgante e protetor energético e a *inayuga*, para abrir a consciência e limpar a mente. Essa forma de coquear tem um efeito visionário e purgante.

A coca, pelos seus valores altamente nutritivos, converte-se num dos alimentos mais valiosos e completos. Cem gramas de sua folha satisfazem a necessidade básica diária alimentar que necessita um humano. É notório também o seu valor como tônico cardíaco, regenerador de ossos e para combater o estresse e ainda melhorar a digestão e a atividade circulatória e intestinal. Seu chá é um grande aliado para a saúde se tomado após as refeições, como também no combate ao mal de alturas (*soroche*) nas altitudes dos Andes.

Ritualisticamente, os xamãs a utilizam para interpretar sonhos e prever o futuro. Em toda cerimônia Andina de agradecimento à Terra e aos Comensais Sagrados é oferecido a eles um *K'intu*, três folhas de coca especialmente escolhidas, que se sopra sobre elas evocando os deuses andinos e os tutelares de cada pessoa presente no ritual. Fazem o mesmo também quando realizam a cerimônia do Fogo Sagrado.

Cogumelo Psilocybe cubensis

Anteriormente designado por *Stropharia cubensis*, é uma espécie de cogumelo psicotrópico mundialmente conhecida. Tudo indica que seu uso cerimonial foi iniciado há cerca de 2.000 anos e que era utilizado pelos *Mayas* para entrarem em EXCA, pois há registros de mais de 200 estatuetas de cogumelos de pedra de Izapa com imagens de rostos humanos em êxtase ou de animais, que datam entre os séculos 9, AEC ao século 6 da EC, que comprovam a importância dos fungos para o povo desta região, inclusive como elemento cerimonial. Existem outras evidências arqueológicas, como esculturas de cerâmica *nahuatl*, onde pessoas circundam um cogumelo gigante (deste gênero) e são circundadas por uma serpente, representando *Quetzalcoatl*, o que demostra a importância religiosa deste fungo para este povo.

Tamanha era a importância desses fungos para os povos da América, que eles foram transformados em um sacramento, o qual recebeu o nome de *Teonanacatl* (carne dos Deuses) na língua *asteca*. Já os *Mazatecas* o chamam de *nit-si-tho* (aquele que brota ou venerável). Na língua *maya*, os fungos também são chamados de *holom ocox* (cabeças de cogumelo). Até os dias atuais, os xamãs dos povos *Matlazincas, Mazateca, Mixteca, Nahuatl, Zapoteca*, da região de Oaxaca no México, comem cogumelos para libertar no ser humano o seu *tonalli* (alma), e se comunicar com divindades em rituais de cura. Aqueles que os consomem costumam relatar que elas não esquecem o que aconteceu e que sua vida é transformada para sempre.

Suas principais substâncias ativas são a *psilocibina* e a *psilocina*, que agem no cérebro de modo semelhante ao neurotransmissor *serotonina*, embora possua outros alcaloides em baixas quantidades, como *anorbaeocistina* ou a *baeocistina*. O efeito deste fungo no organismo humano vai muito além de seu poder enteógeno, ele age sobre o Sistema Nervoso Central (SNC), podendo levar desde ao relaxamento e à euforia como a ter náuseas, dores musculares e/ou abdominais, ansiedade, calafrios, alucinações com alteração da percepção visual, falta de coordenação motora, inquietação, midríases, perda de noção do tempo ou distância, pânico, psicose, taquicardia, taquipneia e hipertensão arterial. Em altas doses também pode causar secura na boca, retenção vesicular, convulsão, coma e até a morte.

Este cogumelo ganhou fama mundial após o micologista Robert Wasson ser iniciado pela curandeira *mazateca* Maria Sabina, em Oaxaca no México, e realizar uma série de pesquisas sobre o *Psilocybe*, escrevendo um artigo para a revista Life em 1957, narrando sua jornada junto à curandeira. Fato que fez com que a aldeia *Huautla*, onde vivia Sabina, fosse invadida por centenas de *hippies* e *popstars* (como Mick Jagger e John Lennon), querendo provar do cogumelo mágico, o que terminou deturpando o trabalho sagrado com esta Planta Mestra.

Seu poder psicotrópico depende de vários fatores, como: o tipo de cultivo, preparação e principalmente se o fungo está fresco ou seco. Quando ingerido, demora cerca de meia hora para fazer efeito e dura entre quatro a seis horas. Este gênero de cogumelo tem um efeito volátil, portanto suas propriedades podem ser dispersas no ar e só é recomendado o consumo até seis meses após sua colheita.

No México, a utilização deste fungo é somente realizada em cerimônias xamânicas e acompanhada por uma pessoa mais velha, como um(a) abuelo(a) ou xamã, pois eles sabem das consequências quando estes fungos são utilizados de forma errada. Atualmente a *psilocibina* está sendo estudada para ser aplicada em pessoas que tem distúrbios neurológicos e em esquizofrenia.

Datura

A *datura* é um gênero da família *Solanaceae* que é bem conhecida no mundo Xamânico por seus efeitos alucinógenos. As espécies de *datura* são arbustos herbáceas eretos (não pendentes), com flores e a maioria tem espinhos em seus frutos.

Daturas são empregadas há séculos nas Américas. Entre os Astecas, era usada pelos sacerdotes, conforme podemos verificar no Códice Baldiano, pelo nome de *Tolohuaxihuitl*, chamado também de *Toloatzin*. Por suas características químicas, são muito mais perigosas que o *peyote*, pois a concentração de alcaloides nelas varia de acordo com fatores climáticos e ecológicos não só na mesma espécie, mas em distintas partes da mesma planta.

Dentro do Xamanismo elas são consideradas portais entre os mundos e as experiências com os espíritos ancestrais estão ligadas a estas plantas. Estão intimamente relacionadas ao voo xamânico, representado pela águia, com o sonhar e com a experiência de aproximar-se da morte para poder compreendê-la. Seu espírito é, nesse caso, representado pelos guardiães dos mortos, que em algumas culturas podem ser simbolizados pela Coruja, o Corvo, o Jaguar e o Morcego.

A *datura* é uma das Plantas Mestras das mais perigosas, e uma vez mais enfatizamos que se deve ter muito cuidado ao usá-la, principalmente ao manusear a "trombeta" (*Datura stramonium*), conhecida como Erva-do-Diabo, tendo ao seu lado um xamã com larga experiência no feitio e com capacidade de resolver eventuais problemas que possam ocorrer.

Os *Shawnee* usavam a *datura* nos ritos de iniciação dos seus jovens. A planta era chamada de *wysoccan* e era ministrada aos jovens depois de um período de retiro que abrangia cinco dias nos bosques, seguindo uma dieta alimentar especial dada pelo xamã da tribo. A experiência psicotrópica propiciada pela intoxicação da *datura* produzia nos iniciados uma autêntica experiência de morte e renascimento, que incluía o esquecimento do seu idioma natal e a aprendizagem do mesmo, a ruptura dos vínculos familiares e a cessação de todas as atividades normalmente realizadas até o momento da iniciação.

Usava-se o *toloache (datura)* entre os povos nativos da região hoje conhecida como Califórnia. Nessas tradições, essa planta só poderia ser tomada uma vez na vida e se utilizava o sumo de suas raízes misturada com água. Os efeitos da intoxicação duravam até três dias e, às vezes, os iniciados faleciam no decorrer das provas iniciáticas. Nesse período o aprendiz obtinha a visão de um espírito animal que lhe ensinava um canto que ele não devia revelar a ninguém. Por sua vez, os xamãs dos *Cahuillas* da Califórnia, por meio da *datura*, "voavam" até o Mundo dos Espíritos e dos mortos, e podiam se transformar em Puma ou em uma Águia.

Na tribo dos *Shoshone* da grande bacia da Califórnia, no sudoeste dos Estados Unidos, os xamãs são chamados de *po'hage* (doutores). Na maioria das vezes, para entrar em EXCA essa tribo utiliza a *Datura stramonium*, muito comum em suas buscas de visões. Em jornadas iniciáticas, encontram com os seus aliados espirituais, aos quais chamam de "bebês da água", "bebês da rocha" ou "anões da montanha". Os povos *Pueblo* no estado do Novo México, chamam de *aneglakya* e também a utilizam para realizar seus voos xamânicos.

No México, seu uso é comum em cerimônias públicas chamadas de *calpulli*, mas também são utilizadas a nível doméstico, tanto pela população urbana quanto rural, com finalidades curativas, adivinhatórias e sacramentais. Na África, jovens das tribos *Shagana* e *Tsong* de Moçambique, utilizam a *Datura fastuosa* (manto de cristo) em seus ritos de passagem de celebração da maturidade.

A *datura* tem em seus princípios ativos alcaloides, saponinas, taninos, esteroides, flavonoides, fenóis, ácidos graxos insaturados (oleicos e linoleico) e glicosídeos e é reconhecida como antiepilética, antiasmática, analgésica, antioxidante, antimicrobiana, inseticida e repelente. Popularmente, esta planta é seca e fumada como expansora de consciência, para relaxar, tratar asma, problemas gastrointestinais, acne, abcessos, artrite, furúnculos, dor de cabeça, hemorroidas, picada de serpente, entorses, inchaços e tumores, para aliviar dores reumáticas e ciática como pomada e para atenuar espasmos da doença de Parkinson. O suco da folha é usado com leite quente para expelir vermes intestinais e a semente com óleo de palma é utilizada externamente para picadas de insetos.

Apesar de suas imensas qualidades medicinais aqui relatadas, esta é uma planta que deve ser utilizada com cuidado, pois seus alcaloides tropânicos (*atropina*, *hiosciamina* e *escopolamina*) podem afetar o Sistema Nervoso Central (SNC) e o Sistema Nervoso Periférico (SNP), causando problemas sérios como alucinação, desorientação, delírio, fala sem sentido, dilatação da pupila, agitação, convulsões, midríase, visão embaçada, fotofobia, boca, pele e membrana da mucosa secas, sede extrema, taquicardia, náuseas, vômitos, dificuldade de engolir e de falar, hipertermia, hipertensão, depressão do sistema nervoso central, perda da consciência, coma e até a morte.

Iboga

Esse pequeno arbusto de flores amarelas da família *Apocynaceae*, aparentado com o café e de origem africana é encontrado nas regiões de Angola, do Congo e do Gabão. Da raiz do *iboga* (*Tabernathe iboga*) é preparada uma bebida que é muito utilizada pelos *Bwitists, Apindji, Fang, Mitsoghos* e *Pigmeus* e alguns povos banto em sessões de cura. O *iboga*, conhecido como *eboka*, estimula o Sistema Nervoso Central e induz a experiências visionárias e a transes profundos. A ibogaína é o princípio ativo da raiz da *iboga*. Trata-se de um alcaloide indólico enteogênico, capaz de antagonizar e anular a ação de uma série de alcaloides ou compostos orgânicos nitrogenados de intensa bioatividade sobre o cérebro, como a cocaína, a heroína e a morfina, dentre outros, sendo, por esse motivo, utilizado nos dias de hoje no tratamento de recuperação de dependentes químicos. É conhecida também como um poderoso afrodisíaco.

Jurema-preta

Da raiz e casca de sua árvore é feita uma bebida considerada sagrada, conhecida pelo nome de "Vinho da Jurema", muito utilizada pelas etnias do Nordeste brasileiro: *Amanajó, Atikum, Arataguis, Fulni-ô, Kariri-xocó, Kiriri, Pankararé, Tarairiú, Tabajara, Xucuru*, entre outras. Espinheiro-preto é outro nome que se dá a Jurema-preta (*Mimosa tenuiflora*, anteriormente denominada *Mimosa hostilis*). Os xamãs também fazem outra bebida da jurema-branca (*Mimosa verrucosa*), para estimular sonhos afrodisíacos. Fazem uso abundante das raízes e raspas dos galhos os juremeiros, pajés, babalorixás, os mestres do catimbó, os pais-de-terreiro do Candomblé e os caboclos. Sua substância ativa é o DMT (*N, N-dimetiltriptamina*). Como vimos no tópico sobre a *ayahuasca*, a DMT só faz efeito via oral se tiver um inibidor da monoaminoxidase existente em nossos estômagos que o destrói quando tomado oralmente. Porém, em 2005, cientistas descobriram que na jurema-preta há um outro princípio ativo chamado *yuremamine*, que faz esta função, ou seja, a jurema não precisa de um componente de outra planta (como ocorre no caso da *ayahuasca*) para que a DMT seja ativada no corpo humano, pois ela faz as duas funções.

Sua casca é utilizada tradicionalmente para fins medicinais e a raiz nas cerimônias espirituais, pois possui grande quantidade dos alcaloides psicoativos como o DMT. Esse mesmo princípio ativo é encontrado também no Himalaia e no Nepal em bambu das altitudes (*Arundinara maling*). Alguns outros aditivos de espécies psicoativas como cola, dandá, manacá, noz-moscada e paricá são utilizados para potencializar a bebida, como também a arruda-síria (*Peganum harmala*) que é bem similar a *ayahuasca*, mas com característica muito mais forte, que agrada os juremeiros e seus encantados.

A Jurema-preta vai muito além do DMT, pois também contém flavonoides (antocianinas, antocianidinas, leucoantocianidinas, catequinas, flavonas, flavonóis, flavanonas, flavanonóis e xantonas) taninos, proteína bruta, saponinas (mimonosídeos A, B e C), esteroides e triterpenoides. Além do alcaloide DMT, também foi encontrado o *5-hydroxi-triptamina*. Na medicina popular é usada para diabetes, colesterol, próstata, inflamação de doenças da mulher, em banhos de desenvolvimento espiritual (folhas), como purgativos e cicatrizantes (casca), como potente antisséptico e cicatrizante (raiz) no combate a problemas de pele (úlceras, feridas queimaduras e acnes), assim como em bochechos ou gargarejos nas afecções da boca e da garganta. Cientificamente, já foi comprovado seu efeito anti-inflamatório, antimicrobiano, antifúngico e como antioxidante.

Para os *Atikum* da Serra Umã, no sertão pernambucano, o uso da Jurema no ritual faz parte da "ciência indígena", que obtém dos "encantados" (entidades) a indicação do local e a forma de corte da planta. Eles fazem o seu vinho usando a entrecasca e raízes da Jurema-preta acrescida de mel e aguardente, já os *Xucuru*, remanescentes dos Cariri da serra Ororubá, em Pernambuco, preparam-na com um tipo de "hidromel" chamado *veuêka,* fortificado com a casca da planta. Para o povo *Pankará*, da Serra do Arapuá, em Pernambuco, a jurema é uma "planta professora-mensageira, que ensina e traz mensagens que viabiliza experiências capazes de mudar suas vidas ou enraizá-los mais ainda nas tradições dos seus ancestrais. Tal qual os *Kariri-xocó* de Alagoas, que dizem que as raízes da jurema representam a origem da sua tribo e por isto ficam enterradas na terra e tem o poder se transformar em uma entidade ancestral que compartilha seus ensinamentos para eles.

Esta planta não é exclusividade do território brasileiro, sendo encontrada no México – onde recebe o nome de *Tepezcohuite* em *maya* –, e também em El Salvador, Honduras, Panamá, Colômbia e Venezuela.

Paricá ou Yopo

Árvore originária da América do Sul, do gênero *Anadenanthera,* cuja semente tem um alto poder alucinógeno, já que contém o alcaloide bufotenina (*N-dimetil-5-hidroxitriptamina*), muito semelhante ao do DMT (*N, N-dimetiltriptamina*). A diferença entre os dois é que há a presença de uma *hidroxila* na estrutura da bufotenina. Seu habitat são as selvas tropicais, estendendo-se desde a vertente oriental dos Andes até o Atlântico e do mar do Caribe ao noroeste da Argentina. Compreende duas espécies: a *Anadenanthera peregrina* e a *Anadenanthera colubrina*. A primeira é conhecida como *cohoba* ou *yopo*, encontrada nas regiões setentrionais das áreas mencionadas. As segundas são chamadas por diferentes grupos de tribos nativas em seus próprios idiomas, como angico, árvore de cálcio, *cebil, jatax, paricá* ou *willka*; essa espécie cresce principalmente na caatinga, cerrado, mata atlântica brasileira, estendendo-se até o noroeste argentino.

Dela retira-se um extrato moído (rapé) do caule ou das sementes da árvore, conhecida no Brasil como angico, para ser usado como enteógeno pelas tribos indígenas em rituais de cura e em experiências adivinhatórias, onde o xamã é levado a ter a visão da cura do enfermo. É um importante veículo de comunicação com o mundo espiritual para muitas tribos do noroeste da Amazônia. Durante o ritual, o xamã e o enfermo inalam, juntos, uma quantidade do rapé para entrarem no EXCA. Também é conhecida como fonte de cálcio na dieta.

Tribos da região do Orinoco, na Colômbia, como as *Chibehan, Otomac, Maypure, Guahibo*, utilizam o *yopo* para contactar os espíritos. Para os *tariana* do rio Uaupés, na amazônica brasileira, usam o *paricá* para provocar sonhos premonitórios e nestes *Kerpimanha* (a Mãe do Sonho) orienta suas vidas e também os ensina a ter relações sexuais.

Há registros arqueológicos ao Lago Titicaca, que xamãs da cultura *Tiwanaku* (*Tiahuanaco*) – desaparecida no século 11 – utilizavam a *willka* para acessar o plano divino. Existe relatos que os sacerdotes incas faziam o mesmo, misturando-a com a chicha (uma bebida fermentada à base do milho).

A espécie *Anadenanthera colubrina* é utilizada como cicatrizante e para problemas pulmonares. Seu chá é bebido como depurativo do sangue para curar feridas. Também é recomendada para afecções do fígado, gonorreia, leucorreia, angina, dor de cabeça, diarreia, disenteria, úlceras, infecção dos ovários, gripe, tosse e bronquite. Existem atualmente estudos científicos comprovando a sua eficiência para neoplasia e como antibacteriana e fungicida. As sementes desta planta também apresentam uma grande variedade de minerais que são fundamentais para os seres humanos, como cálcio, ferro, magnésio, manganês, potássio e zinco.

Peyote

O *peyote* (*Lophora williamsi*) é um pequeno cacto que possui cerca de 30 alcaloides, incluindo a mescalina que é psicoativa. Originário da América Central, México e sudoeste dos Estados Unidos, sendo encontrado principalmente no deserto de Chihuahua e nos estados de Coahuila, Tamaulipas e San Luis Potosí, como também no deserto de Sonora. Seu princípio ativo é a mescalina, entretanto, existem outros alcaloides que provocam uma série de efeitos como irritabilidade (*estricnina*) e ação sedativa e sonífera (*anhalina, anhalanina, anhalonidina, anhalonina, anhalamina, anhaladina, lofoforina* e *peyotina*). A parte superior da planta, também chamada de "botão", pode ser comida crua, seca, em pasta ou fervida na água para produzir um chá psicotrópico. A infusão na maioria das vezes tem um gosto amargo e pode produzir náusea antes do início dos efeitos psicoativos. Os sintomas provocados pela planta são inúmeros, como euforia, enrijecimento da pele e do rosto, dilatação da pupila, delírio, taquicardia, diminuição do pulso, aumento da pressão arterial, salivação, diurese, insônia, tremores, falta de coordenação motora, contrações musculares, adormecimento da língua, lábios e rosto, fotofobia, alucinações e visões, portanto é uma planta que precisa de cautela ao ser usada.

Os indígenas do México e dos Estados Unidos as utilizam em rituais de cura e nos remete a experiências visionárias, sendo também o sacramento da Igreja Nativa Americana em seus cultos sagrados. Seu nome deriva da palavra *peyotl* de origem *nahuatl* e significa "brilhar", porém, entre o povo *Huichol* é chamada por *hikuri*, o "Deus-peyote".

Durante a cerimônia conduzida pelo *mara'akame* (xamã), as pessoas comem botões frescos ou secos deste cacto. No princípio, sente-se um calafrio que sacode subitamente o corpo, depois vem uma sensação de sono profundo. Em seguida, surge no campo visual uma série de imagens de fosfeno, que são considerados portais (*nierika*) para outros mundos, onde é permitido aos participantes da sessão visitarem o útero da criação (*wirikuta*) para serem sanados e renascerem. Anualmente, um pequeno grupo de dez a quinze membros da tribo *Huichol* saem numa peregrinação sagrada chamada "Caça ao Peyote", para abastecer a tribo de botões deste cacto.

Ainda no México, os *Nahuas* ou *Naua* só ingerem o cacto acompanhado pelo *Tizitl* (xamã) para acessar o EXC, e se comunicar com os deuses com fins curativos e adivinhatórios. Outras etnias como os *Coras*, *Tarahumaras* e *Kikapúes* continuam utilizando esta planta sagrada em suas cerimônias. Seu uso deixou o território mexicano e se expandiu para os Estados Unidos e Canadá pelas mãos dos *Comanche* e dos *Kiowa*. Este cacto terminou se enraizando tão fortemente na cultura ameríndia norte-americana, que chegou a cerca de 40 tribos, entre elas se destacam os *Caddo*, *Cheyenne*, *Delaware*, *Iowa*, *Kikapu*, *Otto*, *Wichita* e *Winnebago*.

Xamãs usam o *peyote* isoladamente como medicamento para dores nos ossos, reumatismo e epilepsia. E muitas vezes o associam a outras plantas para diabetes, dores nos joelhos e nas pernas. Atualmente é utilizado como antibactericida e antifúngico.

Salvia divinorum

Existem diversas espécies de sálvia, porém, a única considerada como Planta Mestra é a *Divinorum*. Ela também é conhecida como *Ska Maria Pastora*, pelas tribos indígenas mexicanas e *Diviner's Sage* (Sábio Adivinho) pelos nativos-americanos. Sua principal substância ativa é um diterpenoide chamado *Salvinorin A*. Esta planta remete a experiências poderosamente visionárias. Seu habitat natural é a floresta na Sierra Mazateca de Oxaca, no México. Os Xamãs *mazatecas* a utilizam em seus ritos para facilitar, em suas palavras, Estados

Visionários de Consciência (EVC), como também nas curas e adivinhações. É também aplicada como tratamento de doenças, incluindo diarreia, anemia e reumatismo. Entre os *Hopi*, a *Salvia divinorum* é associada à "Mulher Aranha", a *Koyangwuti*, Deusa Criadora de sua cultura.

Por ser considerada uma "droga lícita", ou seja, que não tem restrições, esta tem sido (infelizmente) muito consumida no México e nos Estados Unidos pelos adolescentes por inalação e seu consumo desenfreado tem causado vários problemas de saúde como alteração da capacidade cognitiva, afetando a memória, a percepção visual, podendo gerar também ansiedade, depressão e confusão mental. Existem trabalhos realizados "in vivo" que comprovam que o consumo crônico desta planta via oral também pode levar ao *deficit* de aprendizagem e memória. Por essa razão, sempre alertamos que o uso de uma Planta Mestra deve sempre ser coordenada por um xamã.

Tabaco

O caráter espiritual da fumaça do tabaco remonta a tempos primevos. Xamânicamente, podemos dizer que o tabaco é o alimento do espírito e o que realiza a conexão com o Mundo dos Espíritos. A fumaça sobe e estabelece o elo entre os homens e seus deuses, que habitam um "Céu" inacessível aos humanos. O uso do tabaco em rituais é comum entre todas as tradições nativas das Américas e, além de ser fumado em cachimbos e cigarros, também pode ser aspirado em forma de rapé ou ter sua folha ainda verde mastigada e ingerida, a fim de que seu efeito emético limpe as almas em estado de impurezas. Muitas vezes é dado como oferenda às forças e seres da natureza. Ingerido ou fumado pelo xamã produz o êxtase, colocando-o em contato com as forças superiores e invisíveis, que lhe permitem curar doenças, prever o futuro, afastar os maus espíritos e ter visões.

A espécie conhecida por *Nicotiana rustica* é o tabaco original utilizado em cerimônias sagradas e é proveniente da América do Norte, que é muito diferente do tabaco consumindo hoje em dia, a *Nicotiana tabacum*, que é originária da América do Sul. O tabaco cerimonial é conhecido pelos nomes de *mapacho*, *sayri* e *seri*, entre as tribos amazônicas, já no Hemisfério Norte recebe diversos nomes, tais como: *betum, cogioba, cohobba, petum, picietl, quauhyetl, yietl* ou *ya*. É a planta preferida dos xamãs da Amazônia, assim como a *ayahuasca* e a *misha*, como guia para entender o mundo visível e o invisível. O Xamã da etnia *machiguenga*, da região de Madre de Dios na selva amazônica peruana, é conhecido pelo nome de *seripigari,* que significa "o que cura com tabaco". Seu campo de ação não se limita aos nativos da floresta amazônica. Sem dúvida alguma foi a planta mais usada em curas na América pré-colombiana.

Os mestres curandeiros que trabalham com *wachuma* muitas vezes mesclam o tabaco em suas beberagens. Os *Shuar* o utilizam em suas iniciações misturando-o com a *misha* (*brugmansia*). Os *Huitotos* da Amazônia Colombiana misturam o tabaco com um sal mineral e o resultado é uma pasta negra chamada *ambil*, que utilizam em suas sessões xamânicas. Outras etnias fazem suco desta planta como purgante, tônico e em uso ritualístico nas cerimônias com *ayahuasca*. A sua fumaça também é utilizada como forma de proteção; neste caso o xamã fuma um *mapacho* e sopra em direção a uma pessoa, purificando-a e criando uma barreira energética como se fosse uma armadura espiritual. Os xamãs da etnia *Huichol* do México, têm o costume de misturá-lo com *yahutli* (*Tagetes lucida*), a planta sagrada dos Astecas, para ser fumado. E não para por aí, existem várias outras misturas, que são feitas tanto para potencializar um dos elementos ou para usar o tabaco como elemento agregador.

Os *karaís* (xamãs dos *Guarani*) o utilizam cerimonialmente em seu cachimbo (*petynguá*), que só eles podem portar para se comunicarem com seus deuses. Já na tribos norte-americanas é usado ritualisticamente por toda a comunidade em cachimbo, conhecido por *chanupa*, que é considerado sagrado, mas só pode ser carregado pelo homem ou por uma mulher de medicina, que são os seus guardiões. Sua utilização mais comum é para rezar ao Grande Mistério para pedir ou agradecer às bênçãos recebidas. Numa Roda de Cachimbo, algumas pessoas se curam ao falar de seus problemas individuais e dividi-los com o grupo. A fumaça do tabaco usada ritualisticamente nunca deve ser tragada, pois deve subir pura para que o espírito do Grande Mistério entenda com clareza a intenção de quem está fumando.

Infelizmente, uma planta sagrada que para as culturas antigas curava diversos tipos de enfermidades e infecções, agora produz câncer e enfisema pulmonar. Porém, o que a maioria da população não sabe é que o cigarro que causa tais doenças não é só constituído de tabaco, mas também de mais de quatro mil e setecentas substâncias prejudiciais à saúde, entre elas destacamos o alcatrão e o monóxido de carbono, além de cinquenta substâncias pré-cancerígenas. É provado que o principal alcaloide do tabaco, a nicotina, não causa câncer e nenhuma enfermidade que é atribuída a esta planta.

Somente após o descobrimento das Américas foi que o tabaco chegou à Europa e em menos de cem anos após a sua introdução no Velho Mundo, ele já era utilizado como elemento ritualístico pelos xamãs *Saami* na Escandinávia. Este novo hábito provavelmente só ocorreu, porque os xamãs conseguiram entrar em contato com o espírito ancestral desta Planta Mestra e comprovaram o seu poder e a agregaram em suas cerimônias. Atualmente a *Nicotina rustica* é cultivada comercialmente no Leste Europeu e na Ásia Menor com o nome de *tombac* ou *trombeki*.

Além de seu uso cerimonial, o tabaco é usado medicinalmente para fadiga, abcessos ulcerados, fístulas, feridas e pólipos inveterados. Nativos das pradarias norte-americanas o utilizavam misturado à cal como pasta de dente. No México e no Peru é utilizado para dores de cabeça, resfriados, catarros, glândulas do pescoço, como antidiarreico, narcótico e emoliente e para curar feridas e queimaduras.

A diferença química entre a *N. rustica* e a *N. tabacum*, é que a primeira é muito mais potente, complexa e potencialmente alucinógena (indutora de transe). Como falado anteriormente, o princípio ativo mais conhecido do tabaco é a nicotina, que dá nome à planta, entretanto, não é o único. Recentemente foram isolados alcaloides do grupo da harmala, harmânicos e não harmânicos, dos tabacos comerciais "curados" e de sua fumaça. Eles constituem um grupo químico de betacarbolinas que incluem a *harmina*, a *harmalina*, a *tetraidroharmina* e a *6-methoxy harmina*, todas com propriedades psicoativas.

Wachuma

Wachuma ou *huachuma* é um cacto originário da região dos Andes, sendo encontrado no Chile, Argentina, Bolívia, Peru, Equador e Colômbia. O uso do cacto *Trichocereus pachanoi*, popularmente conhecido também por cacto *san pedro*, no panorama americano do uso de plantas psicotrópicas está ligado à área do mescalinismo. O uso desse cacto tem fins terapêuticos e adivinhatórios e deve ser estudado no contexto geral dos rituais xamânicos.

No que se refere aos nomes populares do *san pedro*, podemos estabelecer uma relação mítica cultural com a função do homônimo "santo" que têm as chaves do Céu dentro do credo cristão. Também nos mitos de origem do uso do *san pedro*, entre a planta e o "santo" existe uma relação simbólica e funcional muito estreita. No norte da região andina, seu nome se alterna por *jicara*, *wacolla* ou *wachuma/guachuma*, que parece haver sido o nome originário e outros nomes como erva-santa, cardo-santo, "huanto hermoso" e "medicina", porque o cacto é usado pelos *yachacs* (xamãs) para determinar em suas visões ou sonhos como devem proceder num processo de cura. No que se refere ao nome *huanto*, é evidente a derivação do *runasimi wantuq* que significa "elevado", em relação à altura alcançada pelo cacto, tendo uma ligação significativa com o simbolismo do voo do xamã.

Descobertas arqueológicas de cerâmicas e esculturas da cultura *Chavín*, nos dão a certeza de que este povo tinha conhecimento do *wachuma* e o utilizava em seus ritos xamânicos. Em seus vasos cerimoniais estavam gravadas as imagens de jaguares, serpentes e do cacto. Em Chavín de Huantar foram encontradas representações simbólicas, datadas de 1.300 AEC, com a imagem do *San Pedro*. Em escavações de outras culturas da costa, como a dos *Lambayeque*, *Mochica* e *Nazca*, encontraram-se tecidos e objetos de cerâmica com a imagem do *wachuma*.

O uso popular da planta fez com que descobrissem duas espécies distintas do cacto: *Trichocereus pachanoi* e o *Trichocereus peruvianus*, sendo esse último com mais espinhos, geralmente agrupado em número de três, uma maior e outras de tamanhos iguais. O *Trichocereus pachanoi* é distinguido pela quase ausência de espinhos. As espinhosas recebem o nome de *san pedro cimarron* e têm a cor verde-amarela e não verde como o *Trichocereus pachanoi*. Os xamãs jovens que não foram instruídos por mestres mais velhos usam indistintamente as duas espécies, enquanto os mais experientes preferem o *pachanoi*. O *cimarron* é usado geralmente pelos *maleros* (feiticeiros) e essa planta não tem o poder da visão.

No que concerne à função terapêutica do *wachuma* e de outras Plantas Mestras, é necessário realizar sessões com os pacientes tendo como conceito de cura a necessidade de que, para curar o corpo é necessário sanar a alma. As Plantas Mestras ajudam, em uma formulação simbólica e mítica dentro da "visão" que nos propiciam, mostrando as causas psíquicas que contribuíram para que a enfermidade se desencadeasse e permitem sobrepor a doença reafirmando a "visão" e a autoridade do terapeuta e do sistema mítico-médico tradicional de cura andina.

O poder de uma planta deriva da espécie a que ela pertence e, sem dúvida, o poder terapêutico é afetado também por fatores como a qualidade e propriedades específicas do lugar onde cresce, o momento da coleta – com observação das fases lunares, dias da semana, como terça ou sexta, e horários. É absolutamente necessário respeitar os rituais de coleta, preparação e administração de certas plantas e, de modo particular, das enteógenas. Deve-se ter muita atenção aos cantos e fórmulas, já que seus poderes servem para despertar a virtude da planta.

Todas as plantas, sem exceção, têm um espírito vital, porém só algumas possuem um "espírito" que outorga a visão e a cura, como é o caso do *wachuma*. Muitas plantas, como a *chonta* – uma palmeira, por ter um espírito muito forte, são trabalhadas em formas de espadas e varas, usadas para defender os xamãs amazônicos e seus pacientes de ataques dos *maleros*.

O espírito da planta sente. Portanto, o resultado depende da forma com que o xamã se aproxima dele: uma aproximação ritualmente correta e atenciosa determina uma reação positiva, enquanto uma descuidada no que diz respeito ao aspecto ritual, ou desrespeitosa, produz uma reação negativa: um castigo. Além disso, o tipo e o valor das oferendas podem determinar com que o poder de uma planta se volte contra o usuário, favorecendo o inimigo que foi capaz de obter o seu favor com melhores "pagamentos".

Dentro desta perspectiva, são muito significativas as atitudes ritualísticas de xamãs que apresentam oferendas aos instrumentos de seus inimigos (aos espíritos que os animam) para neutralizarem seu poder. Este procedimento tem a mesma estrutura do rito romano de *exauguratio cuyo*, que objetivava pedir favores aos deuses do inimigo.

Por meio dos rituais de beberagem, abrem-se as portas da visão, os espíritos dos enteógenos se manifestam assumindo as formas das plantas em sua plenitude, apresentando-se com aspecto zoomorfos ou antropomorfos, e instruem o xamã. Segundo os xamãs andinos, o *wachuma* tem uma entidade mítica (espírito, poder ou virtude) que permite a visão e instrui o *yachac* durante sua jornada. As formas de suas manifestações espirituais dependem da cultura de quem a experimenta. Frequentemente são manifestações antropomórficas e de animais; entre estas últimas, a presença de felinos é a mais comum.

A manifestação do espírito funciona como mola propulsora para o êxito das cerimônias terapêuticas e/ou adivinhatórias e permite ao xamã conhecer a origem sobrenatural das doenças, das desgraças e o responsável pela ação material ou mágica que fez o dano ao paciente, permitindo ainda ver as ervas que irão curar o enfermo. O poder do *wachuma* permite ao xamã liberar seu duplo anímico, sua contraparte espiritual. Com seu duplo, o *yachac* realiza sua viagem a outros níveis do Cosmos para buscar pessoas, coisas perdidas ou escondidas e para visualizar futuros acontecimentos, pois a saída "deste mundo" representa também a partida "deste tempo" para outras dimensões da realidade.

O espírito do *san pedro* age como um aliado do xamã, sendo o mais poderoso e importante dos espíritos auxiliares, pois sem o dom da visão o *yachac* não é reconhecido como tal e não pode atuar. Por meio do *wachuma* o xamã passa por um portão que geralmente é guardado pelo Jaguar, entre o mundo visível e invisível. Obtém o contato com as almas das coisas, dos seres e lugares para exercer controle sobre eles. O *san pedrito* permite a entrada no *Mundo dos Encantos*, ou seja, das entidades míticas do mundo andino. Ainda por meio da "virtude" desta planta, o xamã ultrapassa os limites das dimensões espaço-tempo e adquire capacidades adivinhatórias.

A ingestão do *wachuma*, como de outras Plantas Mestras, tem um valor "sacramental" no Xamanismo, pois permite a união com a entidade espiritual que se manifesta através da planta.

Uma das atribuições do *wachuma*, como também das *mishas*, é proteger a casa e as pessoas contra os ataques inimigos. Por esta razão se evoca ao espírito da planta proteção à família e aos amigos, mencionando seus nomes. Às vezes se enterra embaixo da planta um papel com o nome de todos os familiares. O *san pedro*, em sonho aos seus protegidos, avisa com um silvo muito agudo que alguém quer lhe fazer algum mal. Falamos em silvo das plantas, pois para os *Yagua* e outros povos amazônicos, cada planta e seu respectivo espírito tem um registro musical específico que é evocado nos cantos executados pelos xamãs, os mesmos que se entoam com o canto do espírito da planta.

O *Trichocereus pachanoi* é uma planta rica em mescalina, o TMPE (*trimetoxiphenilletilamina*). A mescalina é um alcaloide encontrado em outras dez espécies de *Trichocereus* e no cacto mexicano, conhecido pelo nome de *peyote*, como falamos anteriormente, usado atualmente pelos *Huichol* e outros nativos do México, como também em cerimônia da Igreja Nativa Americana. Além da mescalina, no *san pedro* se encontram os seguintes alcaloides: *analonidina, metiltiramina, metoxitiramina, ordenina, tiramina* e *tricocerene*. O *wachuma* ministrado em dose mínima não produz nada na percepção sensitiva, mas induz a um efeito sedante e, em doses mais elevadas, pode levar a um sono profundo e alguns distúrbios neurológicos.

A experiência com o cacto, como também com a mescalina, é dividida em fases: primeiro há uma fase caracterizada por efeitos físicos e mentais. Os sintomas físicos são náuseas, vômitos, vertigem, transpirações, taquicardia, sensação de frio ou de calor e tremores. Aumento da pressão arterial e uma taquicardia que pode ser atribuída ao temor e a ansiedade deste tipo de experiência.

A fase psíquica é dividida em duas: um período preliminar, caracterizado pela predominância de fenômenos eufóricos e empáticos. E por uma profunda experiência psíquica, no qual seu transcurso pode produzir visões, entendendo-as como uma síntese entre a distorção da percepção associada com uma atitude contemplativa. A culminação da vivência com o *san pedro* coincide então com a experiência das visões.

Existem dois tipos de efeitos visionários. No primeiro predominam as formas espirais, túneis, tubos e auréolas ao redor dos objetos. O segundo tipo caracteriza-se por imagens mais complexas e estruturadas em sequências cronológicas significativas, com uma predominância da imaginação sobre a percepção ordinária da realidade. A aparência do mundo exterior se altera, para nós o mundo é o mesmo, porém estamos em outra dimensão da realidade onde foram alteradas as coordenadas espaço-tempo e adquire uma característica típica de revelação mística. Para os xamãs e curandeiros o *wachuma* é um "Mestre" que tem o dom de transportar o "buscador" a outro mundo para outorga-lhe conhecimentos e os poderes da força da natureza.

Acreditamos que não é necessário fazer uso de Plantas Mestras constantemente, alguns indivíduos nem necessitam delas, já outros as utilizam de maneira desregrada como se substituísse uma droga por outra, coisa que os enteógenos não são. Já algumas tradições neoxamânicas usam constantemente com um discurso de que a escuridão se move rapidamente e as forças da luz enviaram os enteógenos para completar o aceleramento dos tempos na Terra, dizendo que devemos estar prontos para ele. Para nós, qualquer que seja a escolha de cada um, ela deve ser realizada dentro de um contexto ritualístico, tendo um xamã coordenando o processo, pois do contrário, o indivíduo pode ser desestruturado e levado à loucura.

Infelizmente, nos dias atuais os enteógenos são objetos de banalização, promovida inclusive por alguns nativos e explorado por um turismo pseudo-xamânico, oferecido aos ocidentais que podem pagar os preços cobrados, na sua maioria elevados. Esta prática, a nosso ver, é uma degradação das Plantas Mestras, que só é possível por causa de neoxamãs e pseudo-mestres que propagam que o Xamanismo é uma via acessível a todas as pessoas, e que nós, que percorremos este árduo caminho, sabemos que realmente não é.

Achterberg (1985, p. 46) contribui dizendo que:

É preciso avaliar com cautela o aspecto curativo das plantas sagradas. O moderno mundo da medicina ficaria chocado ao pensar em um curador que ingere substâncias químicas poderosas e perigosas, mesmo porque os mesmos estados mentais podem ser obtidos por meios não químicos. Mas não há paralelo entre isso e ministrar ao paciente poderosas e perigosas substâncias químicas, enquanto acumulam-se as evidências de que a própria imaginação pode criar qualquer mudança física concebível? As muletas da química, em ambas as instâncias, são apenas etapas evolutivas no aprendizado do uso das forças da consciência, objetivando a cura.

O uso de enteógenos no Xamanismo se explica conhecendo a fundo a estrutura do pensamento espiritual dessas culturas e seus ícones. Estas estruturas consideram o campo da "realidade" e do "real" mais amplo que os limites da consciência sensorial. Por conseguinte, estende o conceito "conhecer" aos EXCA distinto da percepção sensorial. As culturas xamânicas que utilizam as Plantas Mestras o fazem porque negam à realidade material o direito de ser a única forma de realidade e de conhecer o mundo real.

No pensamento xamânico, o microcosmo humano tem uma profunda relação em todos os níveis do ser (físico, emocional, mental e espiritual) com seus correspondentes níveis macrocósmicos. Na visão xamânica do mundo não existem objetos inanimados: o conceito de "anima", "espírito" não é exclusivo do ser humano, também abarca animais e plantas, lagoa, fontes e rios, pedras e montanhas. As plantas e fungos, de poder psicotrópico são considerados receptáculos, o "corpo" de um "espírito" que abre as portas da visão, auxilia e inspira os xamãs como um verdadeiro "mestre". Este é o conceito de enteógenos. Graças a está consideração mítico-espiritual de que gozam os psicotrópicos o seu uso é regulado por estruturas ritualísticas e a sua utilização é limitada ao campo espiritual.

Cantos xamânicos

Como bem diz Lascariz (2011, p. 41), "a dança e a voz exaltada pelo canto era um dos instrumentos arcaicos usados como indutores do êxtase xamânico". Usualmente, os cantos são fonemas que se encadeiam. Não existe para eles uma interpretação imediata ou uma tradução viável na linguagem da realidade ordinária, apenas nos EXCA. Entoados ritualisticamente ou não, eles podem servir para ultrapassar a parte lógica de nosso cérebro, responsável pela linguagem, e tocar a intuição. Os cantos gregorianos são um bom exemplo desta situação, como também os *oiyk* cantados pelos *noaïdes* (xamãs da etnia *Saami*) em suas sessões, além dos glossolálicos e onomatopaicos das tribos siberianas.

Achterberg (1985, p. 47) diz que:

> Os cantos podem ter vindo à consciência do xamã na solidão da busca da visão, podem ser uma dádiva de uma águia que passava ou podem ter sido ouvidos em sonhos. Podem também ser cantos tradicionais de cura ou de poder, cuja fonte original é desconhecida. Eles têm um ritmo pulsante que, a exemplo das batidas do tambor, sincronizam-se com as funções e movimentos do corpo.

Os *vegetalistas* da Amazônia utilizam uma série de cânticos mágicos chamados *ícaros*, que são doados pelos espíritos das plantas psicotrópicas e incorporam os próprios poderes do xamã. Os enteógenos propiciam visões, mas são os *ícaros* que contém a sabedoria vinda deles. Podemos dizer que os *ícaros* são cantos de invocação ao espírito da *ayahuasca*, ao mesmo tempo que é um agradecimento e um pedido de bem-estar. Certa vez, Dona Julia Calderon (uma curandeira de Trujillo) disse: "Um homem é como uma árvore. Sob as devidas condições, desenvolve ramos. Os ramos são *ícaros*". Esses cantos mágicos auxiliam os *vegetalistas* a entrarem em EXCA, sem uso algum de Planta Mestra, para se comunicarem com o Mundo dos Espíritos e exercerem seus poderes.

Para os pajés *Yaminahua*, das regiões amazônicas da Bolívia, Brasil e Peru, os cantos são a essência do poder, da sabedoria e da capacidade curativa dos xamãs. Já para os pajés *Shipibo-conibo* do Peru, afirmam que a doença é uma alma fragmentada que pode ser restaurada pelo canto xamânico.

Sobre esse assunto, Beery (2017, p. 96) diz que:

> Os cantos são a canção da alma do xamã. A chave que abre os portais para outros mundos e seu coração. Através da respiração, ele libera sua energia para se mover mais alto e se conectar com seus espíritos auxiliares. O canto o transporta para estados alterados de consciência e libera seu poder de intenção para curar o cliente. Tradicionalmente, o xamã canta ou assobia continuamente sem interrupção durante toda a duração da cerimônia de cura. O canto geralmente consiste em uma ou duas frases simples e curtas e uma melodia que pode ser facilmente repetida. Habitualmente, as palavras são pedidas a diferentes espíritos, antepassados ou outros para estarem presentes e ajudarem no trabalho do xamã, ou um pedido de proteção e uma expressão de gratidão. O canto também pode ser cantado em línguas – não conhecidas – e também pode ser assobiado.

A melodia também desempenha um papel importante. Nos cânticos sagrados dos *Guarani*, os *purahei*, onde todas as melodias são elaboradas a partir de uma mesma escala pentatônica e cada uma delas tem a sua melodia. Estes cantos realizados na Casa de Reza (*opy*) podem levar a exaltação ou introspecção; ou seja; ao Mundo Superior ou Profundo. Na verdade, o *purahei* não é somente um canto sagrado, mas segundo os *Guarani*, é o Canto Original que entoou no Princípio de tudo e por isso ecoa até hoje em tudo que existe. Não é algo que se cantarole por aí, a qualquer momento. Só se canta o *purahei* na *opy*, junto com toda a comunidade, ou no nascer do sol, depois de banhar-se no rio ou lago de noite, voltado sempre para o Leste, para saudar *Kuarahy* (o Sol). Em síntese esse canto é a busca do som primordial. É como se o indivíduo buscasse o eco daquele canto original dentro de si mesmo para repeti-lo. Ao cantá-lo a pessoa o vive e se torna o eco dele no presente. Esse canto também fortalece o *karaí* (pajé) durante as cerimônias.

Essa mesma característica de escala pentatônica ocorre entre os *Sora* na Índia, como narra Vitebsky (1995, p. 79):

> Depois de a xamã *Sora* ter entrado em transe, e de os espíritos terem começado a falar através de sua boca, replicam com a mesma melodia, o que representa uma forma de confirmar a identidade do espírito contatado. Todavia, a canção realizada num funeral a fim de socorrer o falecido, resistindo ou negando todas as categorias de espíritos que o possam ter capturado, é cantada numa melopeia onde está ausente qualquer espécie de melodia.

A etnia *Diné* ou *Navajo*, como são mais conhecidos, que vive no estado do Arizona, narra os seus mitos por meio de cantos, que são realmente contos visionários, como nos conta Sandner (1990, pag. 197-198) ao dizer que nos sistemas de cantos de sua mitologia "os heróis e heroínas visitam um Mundo Celeste ou a Terra dos Espíritos acima da terra, e um Mundo Inferior que é alcançado por uma passagem pelo Submundo ou através de um lago".

No caso dos *Navajo* o canto do mito entoado pelo xamã o leva a outras dimensões da realidade, como acontece em outras culturas xamânicas, conforme foi exposto acima, porém a maioria dos seus cantos visa à cura, como também os *sarode* (cantos curativos) da tribo *Ayoreo*, que vivem no *Gran Chaco*, na fronteira que divide a Bolívia do Paraguai.

Meditação xamânica

A meditação é uma prática constante em qualquer tipo de caminho espiritual ou processo para atingir o autoconhecimento. Existe uma série destas técnicas por todo mundo, mas poucas são as culturas xamânicas que as utilizam para entrar no EXCA. O maior objetivo desta prática dentro do Xamanismo é o de proporcionar a comunhão com o silêncio interior e auxiliar o acesso a outras dimensões. Dentre os povos de tradições xamânicas, os Aborígenes australianos é o que desenvolveu, a partir da vivência de seus mitos, as técnicas mais famosas para calar a mente e entrar no *Dreamtime*, Tempo do Sonho. Os *angakok*, das tribos *Aleutas* e *Inuítes* nas regiões árticas, só conseguem receber o seu guia espiritual (*anakua*) depois de meditar durante dias numa região inóspita e em total jejum.

Os *sangoma* (xamãs dos *Zulu*) fazem uso da meditação para aumentar o poder do seu transe extático, auxiliado pelo som do tambor, tal como ocorre com as tribos *Pomo* e *Wintun* da Califórnia, e dos *Salish* de Washington. Infelizmente, este tipo de técnica foi adotado em conjunto com o toque do tambor por alguns neoxamanistas, que em seu trabalho passaram a induzir mais a fantasia e um teatro ritualístico do que uma jornada profunda xamânica, sendo utilizada como um método de autoajuda por psicólogos e pelo movimento *new age*. Neste contexto, surgiram uma série de "xamãs de plástico" como se referiu Churchil (1992), aos homens brancos em roupas de couro com franjas e penas na cabeça com um tambor a tiracolo, após fazerem um workshop de final de semana sobre "xamanismo", dizendo serem iniciados sem passarem por uma iniciação xamânica legítima.

Diferentemente destes xamãs de plásticos, as técnicas meditativas desenvolvidas pelos povos xamânicos permitem a eles adquirir a consciência de algo que já existe, geralmente, mas nem sempre, por meio de imagens semelhantes a que temos quando sonhamos. Eles não tentam criar deliberadamente essas imagens, mas simplesmente as observam. Convém deixar claro que isso é algo bastante diferente das técnicas de visualização neoxamânicas, nas quais imagens são imaginadas ou criadas e ocorrem basicamente no nível mental, porque na verdade, a visualização é apenas uma função da mente e não um voo da alma.

Lascariz (2011, p. 119) conclui o nosso pensamento dizendo que:

...a possibilidade cognitiva do Xamanismo não é só determinada pelas nossas crenças subconscientes ou pela nossa imaginação. O cérebro, como vimos, tem um papel fundamental na eclosão do Xamanismo. São os rituais e as crenças de base que fornecem material vivo ao cérebro. É com eles que o cérebro destila a experiência epifânica da Imaginação Mítica, do Tempo dos Sonhos, quando os homens eram "pássaros". O cérebro humano é, por isso, para o homem moderno, o único equivalente neurológico da caverna dos xamãs da pré-história.

Culturas Xamânicas pelo mundo

> O estilo de vida do xamã é quase tão antigo como a própria consciência humana, precedendo por milhares de anos os registros de civilizações antigas. Ao longo das eras, a prática do xamanismo tem permanecido vital, adaptando-se ao modo de vida de todas as culturas do mundo.
>
> Joan Halifax

No Xamanismo, o clima e a paisagem têm uma grande influência na forja da tradição espiritual, dos conceitos, costumes e valores dos seus habitantes. Para os xamãs, o tempo e o espaço são considerados sagrados. Os acidentes geográficos, como os nevados, vulcões, montanhas, rios, lagos, selva, etc., foram divinizados pelos povos xamânicos. Todas as paisagens têm o seu próprio significado espiritual. A península de Kamchatka, na Sibéria, ou a Cordilheira Andina são moradas dos espíritos que se encontram nas forças climáticas, nos picos e nos lagos desta região montanhosa escassamente povoada. Nas selvas exuberantes do Amazonas, Tailândia, África e outras regiões, os espíritos residem em árvores gigantescas ou nos fundos dos rios. Entre os povos que vivem à beira-mar, principalmente os que vivem da pesca, os espíritos habitam o fundo do mar, morada da Senhora dos Animais.

Tribos caçadoras-coletoras e agropastoris

O Xamanismo é um fenômeno multiforme que surge com a pré-história da humanidade. Das savanas africanas até as estepes siberianas, passando pela selva Amazônica, planícies americanas, patagônia e círculo polar ártico, a filosofia xamânica abrange desde pequenos grupos de caçadores até a corte dos impérios, variando, como diz Vitebsky (1995, p. 30) "muito menos do que outros aspectos da cultura, como a linguagem, a estrutura social e o regime político, descobrindo similaridades muito próximas, onde difícil se torna imaginar qualquer ligação entre elas".

O Xamanismo surgiu nas tribos caçadoras-coletoras, num momento da história humana em que a caça era a necessidade básica dos grupos nômades e seminômades. Nesta época, a função primordial do xamã era de negociar, na realidade não ordinária, com o Mestre e/ou Senhora dos Animais, que exigiam determinados sacrifícios, podendo ocorrer inclusive um casamento espiritual entre eles para selar o pacto. O Espírito Tutelar dos Animais prescreve uma série de atitudes que devem ser realizadas pelo caçador antes da caça, como: jejuar, não fazer sexo, respeitar o espírito animal e realizar oferendas para ele. Este processo no Xamanismo é chamado de caçada mágica.

Na maioria das tradições xamânicas existem histórias de homens iniciados e casados com mulheres sobrenaturais. Estes casamentos com espíritos estão relacionados, em sua maioria, às tribos caçadoras, ligados à caça e aos renascimentos dos animais, criando, assim, uma aliança sexual e matrimonial entre o xamã e a Senhora dos Animais. Talvez seja esta a razão de muitos xamãs se mascararem de teriantropos em suas cerimônias, declarando simbolicamente a sua natureza não humana.

Vitebsky (1993, p. 32) nos narra que:

> Em certas partes da Sibéria, o xamã (representando a comunidade) pode em seus voos xamânicos ter relações com uma filha ou irmã do Espírito Tutelar dos Animais – uma rena ou alce – e representante da espécie. Durante os rituais que representam o seu casamento com ela, a dança do xamã abrange movimentos selvagens e sons que imitam um animal no cio. A corte é um aspecto da ideia mais ampla de que os animais se entregam voluntariamente e nos "emprestam" a carne e a pele, enquanto demonstramos o devido respeito para com ele e para com o seu guardião e a ordem cósmica e social.

Galeano (1996, p. 207) complementa contando que:

> No fundo da selva amazônica, um pescador da tribo Desana senta sobre uma rocha alta e contempla o rio. As águas deslizam, levam peixes, polem pedras, águas douradas pelas primeiras luzes do dia. O pescador olha e sente que o velho rio se faz fluxo de seu sangue pelas veias. Não pescará o pescador até que tenha cativado as mulheres dos peixes.
>
> Pertinho, na aldeia, se prepara o caçador. Já vomitou, banhou-se no rio, está limpo por dentro e por fora. Bebe agora infusões de plantas que tem a cor do veado, para que seus aromas impregnem seu corpo, e pinta a cara com a máscara que o veado prefere. Depois de soprar fumaça de tabaco sobre suas armas, caminha suavemente até o manancial onde o veado bebe. Ali derrama suco de abacaxi, que é leite da filha do sol.

O caçador dormiu sozinho estas últimas noites. Não esteve com mulheres nem sonhou com elas para não provocar ciúmes ao animal que perseguirá e penetrará com sua lança ou flechas.

Nas sociedades caçadoras, a cura realizada pelo xamã ficava em segundo plano. Foi realizando seu voo extático para localizar animais para a caça que eles descobriram que poderiam recuperar as almas capturadas pelos espíritos que as roubam dos enfermos, levando até a morte do indivíduo. Este fato ocorria principalmente com aqueles caçadores que não observaram as orientações dadas pelo Espírito Tutelar dos Animais, desrespeitando o acordo mágico entre as espécies.

Nas tribos caçadoras-coletoras, a caça é tradicionalmente uma atividade masculina, e a coleta de frutos, feminina. De acordo com as lendas siberianas, a primeira-xamã era do gênero feminino, o que é interessante, pois naquela região a imagem masculina do caçador ou do guerreiro é bem marcante, inclusive como a do xamã que se envolve com batalhas contra os espíritos. Acreditamos que o gênero dos xamãs varia de acordo com a natureza da sua sociedade. Por exemplo, na dos pastoreios e lavouras as xamãs mulheres são mais atuantes do que nas caçadoras.

À medida que diminuiu a importância da caça, começaram a surgir outras formas de espiritualidade, adivinhação e cura, e o elemento xamânico que nelas persiste, tornou-se cada vez mais ambíguo e difícil de identificar. Apesar de nos dias atuais não termos mais muitas tribos caçadoras, a maioria dos xamãs são do gênero masculino. Talvez isso ocorra, porque, em sua formação xamânica, as mulheres precisam passar pelas mesmas etapas iniciáticas que a dos homens. Na maioria das sociedades é a mulher ainda que faz a maior parte das tarefas domésticas e cuida da educação dos filhos, isso para maioria é um obstáculo para seguir sua vocação de xamã. Mas nas sociedades orientais isso não ocorre como narra Vitebsky (1995, p. 33).

> As xamãs *sora* da Índia empunham por vezes uma espada ou um machado quando entram em transe, a fim de combater tribos vizinhas e homens-leopardos nas suas viagens da alma, mas em muitas outras regiões, os objetos ou imagens utilizados pelas mulheres tendem a ser mais domésticos. Na Coreia, todos os xamãs são mulheres ou, ocasionalmente, homens vestidos de mulheres, e o xamã coreano tem sido designado de "uma mulher entre mulheres".

A prática xamânica é cheia de riscos para a vida e o bem-estar do praticante e, em certos casos, as mulheres podem estar mais capacitadas ou dispostas a percorrer o território do sobrenatural. As características geralmente atribuídas ao sexo feminino, tais como a sensibilidade, a intuição e até mesmo a "fragilidade", no nosso modo de ver não são incompatíveis com a força viril que a prática xamânica sugere originalmente. Pelo contrário, nas sociedades xamânicas que estudamos, as mulheres xamãs são vistas como mais poderosas do que os homens, pois sabem perceber mais o conjunto, sintetizando os opostos numa visão global intuitiva no espaço e no tempo.

Em relação a este assunto Achterberg (1996, p. 26) diz:

> Na China e na Coreia, o "despertar da alma", aspecto particularmente perigoso do Xamanismo, é quase sempre praticado por mulheres. Kendall, em trabalhos recentes sobre o xamanismo asiático, observa que as mulheres das periferias das famílias chinesas eram as únicas que ousavam mediar com os ancestrais, pois tinham muito pouco a perder ao se entregarem a uma tarefa tão temível. Quando as circunstâncias econômicas as levavam a ter de contar com seus próprios recursos, elas usavam capacidades intuitivas em uma aplicação sobrenatural, para, assim, esquivar-se das vicissitudes de uma sociedade dominada pelo homem.

Veja mais das atividades das mulheres como xamãs, como também dos homens, conhecendo as tradições xamânicas que mais nos chamaram a atenção em cada continente e suas regiões.

Xamanismo na Sibéria e Mongólia

Como foi falado anteriormente, a palavra *xamã* deriva da língua *evenca*, que é própria de um pequeno grupo de caçadores e pastores de renas, os *Tungus*, da Sibéria. Apesar de alguns autores e eruditos defenderem que *sâman* (em evenco) deriva da palavra *sram*, do sânscrito védico, que significa "queimar", o termo Xamanismo é usado para designar apenas as tradições espirituais da Sibéria e da Mongólia. Inicialmente, esta terminologia foi apenas utilizada para designar as práticas de um líder espiritual desta região, mas no início do século 20, a designação passou a ser aplicada a um leque de curandeiros e curandeiras pelo mundo.

Os povos xamânicos desta região são englobados por pequenos grupos isolados no extremo nordeste (*Chukchee, Koryak, Nivkh*), a maioria pertence a duas famílias linguísticas: a menor *uralic* no Oeste (*Khanty, Mansi, Úgricos e Samoyedcis*) e a maior *altaica* no Leste, dividido em três ramos: turcos (*Sakha* ou *Yakut, Tuva, Cacánia* e outros), mongóis (*Buryates*) e manchu-tungus (*Evenco, Tungus, Orotchis,* entre outros). Os povos mais conhecidos são os *Chukchee, Samodeic, Koryaks, Tungus, Buryates* e os *Sakha*, nome originário dos *Yakutes*, e que adotaremos ao falar sobre eles.

Todas estas tradições compartilham a mesma cosmologia de três níveis (Mundo Superior, Mediano e Inferior), ligados por uma árvore, um pilar ou uma montanha. Abarcam também a crença da separação do espírito do corpo e do voo extático até o céu e ao mundo sob a terra. De um modo típico, a iniciação do xamã realiza-se através da sua tortura, desmembramento e evisceramento pelos espíritos que voltam a reunir suas partes. Por ser conhecido como o Mestre do Fogo, o xamã siberiano é muitas vezes associado, como diz Lascariz (2011, p. 40), a "um ferreiro que pela arte da forja curvava a matéria do Universo e as limitações cognitivas do corpo, liberando o 'fogo' dos seus estados extáticos".

Vitebsky (1995, p. 84) sobre essa relação com o ferreiro diz que:

> Na Sibéria e na Mongólia, o ferreiro era geralmente mais poderoso do que o xamã. Tinha idêntico domínio das técnicas esotéricas, mas maior domínio do fogo, e construía os ornamentos metálicos essenciais ao xamã. Era também o mestre da iniciação xamânica. Ferreiros e xamãs eram criados no mesmo ninho, mas o ferreiro era considerado o irmão mais velho. Não receava os espíritos, e o xamã, sendo seu irmão mais novo, não podia provocar sua morte, porquanto a alma do ferreiro estava protegida pelo fogo.

Nesta região existe uma série de variações locais. Na costa do Pacífico os *Tchuktchins* e os esquimós siberianos tradicionalmente vivem da caça da baleia, da foca e da morsa. Os do povo da floresta sobrevivem da caça da rena e do alce, chegando a criá-los em grandes rebanhos, e também da pesca nos lagos e rios. Já para o sul, quando a floresta é substituída pela estepe, as sociedades deixam de ser caçadoras e tornam-se agropastoris, dispondo de grandes rebanhos de cabras, carneiros e até de camelos.

Na maioria das tribos siberianas há vários tipos de xamãs, inclusive dentro da mesma aldeia. Uns são curandeiros que curam com as ervas e afastam os espíritos maus, outros são caçadores, adivinhos, e tem aqueles que trabalham exclusivamente com as almas dos mortos. Nesta região existem duas grandes tendências do trabalho xamânico: um que entra em transe extático para contatar os espíritos, geralmente com a finalidade de alterar uma situação desfavorável, como uma doença, um resgate de alma, transformar-se em um animal ou fazer o trabalho de psicopompo e há também os "xamãs do clã", que se preocupam com o bem-estar espiritual e reprodutivo da família através de orações e sacrifícios. Esses xamãs não entram em Estado Xamânico de Consciência Ampliada.

Existe também uma divisão dos xamãs em "branco" e "negro", que acreditamos ser uma criação dos estudiosos do Xamanismo mongóis e russos, mas esta não é uma distinção claramente encontrada entre os povos nativos. A questão é polêmica, porque não há dados suficientes e nenhum consenso entre os estudiosos. Essa diferenciação foi, no entanto, aplicada aos *Buryates*, *Sakha*, *Khakas*, *Tuvans* e povos *altaicos*.

Os xamãs negros assemelham-se aos xamãs brancos e vice-versa. Branco e negro não significa bom e mal, mas a definição de duas tradições xamânicas diferentes. De um modo geral, os xamãs negros vestem azul e entram em transe extático tocando tambores e cantando para contatar os espíritos dos mundos subterrâneos e da doença, enquanto os brancos tocam sinos e oram antes de entrarem em transe, invocando bênçãos para os homens e para os animais domésticos, concedidas pelos deuses e pelos espíritos auspiciosos do Mundo Superior.

Em cada povo estes xamãs recebiam nomes distintos. Para as tribos *altaicas*, xamãs brancos eram conhecidos como *ak kam* e os negros *kara kam*, entre os *Buryates* são chamados respectivamente como *sagani bö* e *karain bö*. Segundo Eliade (1998, p. 211), "os primeiros têm relação com os deuses e os últimos com os espíritos", enquanto os brancos vestem roupas desta cor, os negros usam azuis. Entre os *Sakha* o *abasy ojuna* (xamã negro) era considerado um feiticeiro ligado aos espíritos demoníacos, enquanto o *ajy ojuna* (xamã branco) estava conectado aos seres celestiais e não precisava entrar em transe extático para contatá-los. Porém o "grande" xamã *Sakha* recebe seus dons diretamente de *Ulü Toyon*, o Senhor do Infinito, e trabalham em transe com os espíritos e divindades de todos os reinos.

Para os xamãs siberianos o mundo se divide em três níveis, como na maioria das culturas xamânicas. Os seres humanos vivem no nível mediano, mas o Mundo Superior (o Céu) somente é acessado pela Árvore da Vida ou a Montanha Cósmica, como também ocorre com o Mundo Inferior. Para subir, é preciso escalar os galhos da árvore ou a montanha, já para ir até o subterrâneo os xamãs descem pelas raízes da árvore ou por uma caverna dentro da montanha. Todos eles têm uma paisagem semelhante ao mundo em que vivemos. De acordo com as cosmologias, tanto o Mundo Superior quanto o Inferior são divididos em diversos níveis.

Na cosmologia das tribos siberianas o mundo era dividido em três, mas para os *Buryates*, *Samodeic*, *Manchus*, *Mongóis*, *Tungus* e povos *altaicos*, tanto o Mundo Superior quanto o Inferior eram habitados por deuses e espíritos e divididos em diversos planos. As camadas destes dois mundos espirituais, podem variar entre três, seis, sete, nove e doze, dependendo da sociedade tribal.

Por exemplo, os *Samodeic* em suas jornadas xamânicas concebem seis níveis inferiores sob o mar, tal como os esquimós. Já os xamãs *Buryates* dizem que existem nove mundos superiores e que *Bai Ulgen* (a divindade suprema) vive no nono. Por outro lado, os *Tungus* creem que existe três planos espirituais tanto no *Ugo Buga* (Mundo Superior), como no *Hergu Buga* (Mundo Inferior) e apenas um no *Dulin Burga* (Mundo Mediano), e todos eles são interligados por um pilar central.

Vitebsky (1995, p. 17) enriquece este tópico dizendo que:

> Os *Nganasan* estavam convictos de que o Mundo Inferior era muito frio, e vestiam os mortos com peles adequadas para o inverno. Os *Yakutes*, pelo contrário, pensavam que o Céu é que era frio, e, por vezes, os xamãs regressavam de uma viagem até o Céu totalmente cobertos por cristais de gelo.

Em todas as tribos da Sibéria o xamã é chamado a exercer seu ofício pelos espíritos ou por um ancestral xamã. Aqueles que não aceitam, sofrem da "doença do xamã", que pode levá-los a correr nus pelos campos procurando a solidão ou cair imóvel no chão, permanecendo assim até sobreviver as investidas dos espíritos que o levam para o mundo espiritual e o desmembram, destruindo totalmente a personalidade do futuro xamã. Os *Sakha* relatam que, neste processo, os membros de um candidato são removidos com um gancho de ferro, seus olhos são arrancados das orbitas e sua carne é raspada deixando os ossos completamente limpos. Após este desmembramento, todos os ossos são presos novamente com ferro. A interiorização destas experiências leva ao aparecimento de uma nova personalidade, que se estabelece no vazio deixado pela destruição da natureza anterior do xamã.

Existem outros processos pelos quais se pode tornar uma pessoa diferente, e o pânico da experiência surge entremeado de êxtase e prazer. Durante o processo iniciático do xamã *Buryate*, este tem que aceitar *A'yami* (Espírito Mestre) como sua consorte espiritual para receber o *utcha* (dom xamânico), e antes precisa manter relações sexuais com as noves esposas de *Tekha Shara Matzkala*, o deus da dança, fecundidade e riqueza. Só depois destes eventos é que o xamã terá relações com *A'yami*, que lhe dará como filhos os seus espíritos aliados (*sywe'n*).

Vitebsky (1995, p. 57) narra um chamado iniciático similar:

> Um xamã do sexo masculino da etnia *Nanai*, da fronteira siberiana-chinesa, é contatado durante uma doença por uma mulher muito bela que diz: "Eu sou o espírito que te escolheu. Ensinei os teus antepassados a serem xamãs e vim agora

ensinar a ti. Os xamãs velhos morreram e não há ninguém para curar as pessoas. Amo-o e tu serás meu marido. Conceder-te-ei espíritos aliados que te auxiliarão a curar".

Entre as pequenas tribos de caçadores de renas e de pastores, como os *Evencos* e os *Yukaghir* no norte e nordeste da Sibéria, o xamã era um chefe de clã e negociava com os espíritos sobre as almas dos animais que iriam ser caçados. Já no lado noroeste, entre a tribo nômade dos *Nganasan*, o xamã estava menos ligado ao clã, devido este se encontrar disperso. Na costa do Oceano Pacífico, entre os *Tchuktchins* e os *Koriak*, o clã é considerado fraco e são as famílias que geralmente executam os seus próprios ritos xamânicos. Onde existem xamãs profissionais, estes vivem um pouco afastados das comunidades e executam uma série de truques para conservar sua clientela.

O contexto do Xamanismo no sul da Sibéria e na Mongólia é muito diferente, lá as grandes manadas dão origem a comunidades maiores e clãs fortes. Além disso, com a influência do budismo da Idade Média para cá, surgiu uma cosmologia mais elaborada e o Xamanismo passou a ser fortemente institucionalizado. Nesta região específica, além de serem curandeiros, os xamãs passaram a executar serviços de sacerdotes, realizando sacrifícios de animais em prol da saúde e abundância da tribo. Durante estes rituais, o seu papel é de escoltar até o Outro Mundo a alma do cavalo ou de outro animal sacrificado.

Quer seja na tribo caçadora quer seja na pastoril há sempre uma relação de troca entre os seres humanos e os Senhores dos Animais. Da mesma forma que os humanos comem a força vital dos animais, os espíritos destes supostamente se alimentam dos seres humanos, devorando sua carne e sugando sua força vital em seu sangue. Esta relação reflete a alternância entre a vida e a morte, que manterá o fornecimento de alimentos para as gerações futuras. Assim, a vida é perpetuada entre seres humanos e animais sob a forma de um consumo mútuo eterno, que produz a morte de ambos. A lei de câmbio torna-as parceiras, bem como objetos de troca para o outro: ambos são caçadores e vítimas. Desta forma, os seres humanos são apenas uma espécie entre tantas que vivem no mesmo mundo, como animais, e fazem parte da cadeia alimentar como qualquer outra espécie.

Os siberianos acreditam que almas são reutilizadas em cada geração dentro da mesma linha humana, como também na dos animais. Como regra geral, uma alma normalmente retorna para uma nova vida só nos descendentes do indivíduo que morreu. Esta é uma boa razão para ter filhos nestas tribos. No entanto, cada criança recém-nascida está relacionada a um membro morto da sua família, sem que seja considerado que a pessoa renasceu dos mortos. Os xamãs siberianos e da Mongólia acreditam que as almas estão localizadas nos ossos da mesma maneira que a força vital está localizada na carne e no sangue.

Embora a força vital desapareça com a morte, a alma permanece ligada aos ossos durante um certo tempo; até que possa ser reutilizada em um novo indivíduo. Por esta razão, os ritos funerários consistem em preservar os ossos e tratá-los de tal maneira que a alma possa reaparecer em um novo corpo para uma nova vida. Os caçadores destas culturas têm o mesmo cuidado meticuloso para não danificar os ossos do animal caçado e para realizar os ritos necessários para que sua alma possa ser revivida em um novo animal.

Já os *Buryates* concebem a alma humana como uma alma múltipla. A primeira reside nos ossos e na hora da morte ela permanece no esqueleto. A segunda está alojada no sangue e no momento do falecimento é comida pelos espíritos. Esta alma pode deixar o corpo e se tornar livre. Já a terceira alma se assemelha ao indivíduo e após a morte ela aparece para os seres humanos como um fantasma. A principal causa da doença, em qualquer cultura xamânica, é o roubo ou a perda da alma.

Uma das principais atribuições dos xamãs, além de ser o mediador entre o mundo físico e os reinos espirituais é a de curador. Nesta função, ele ou ela necessita realizar adivinhações para prescrever a medicação necessária para o restabelecimento da saúde do enfermo. Quando a perda ou roubo da alma é diagnosticado, o xamã entra em transe extático para localizá-la e devolvê-la ao paciente. Porém este processo não é tão fácil, pois é necessário organizar um *örgiski* (ritual) no qual se requer um sacrifício inicial aos espíritos ancestrais que irão auxiliar na jornada pelo Mundo Profundo.

O *örgiski* começa com o xamã cantando, dançando e tocando seu tambor. Depois bebe um licor feito do cogumelo *Amanita muscaria*, pedindo o auxílio dos *wapaqs* (espíritos do fungo) para a jornada a ser realizada e sacrifica uma rena, bebe o sangue e come a carne do animal, levando, desta forma, para dentro de si o seu espírito. O xamã continua a tamborilar enquanto canta e dança, até entrar em transe extático. Neste momento, o tambor é entregue a um dos seus assistentes para que continue a tocá-lo. Enquanto realiza o voo da alma, o xamã tem a capacidade de se comunicar com o público e com os espíritos.

Durante toda a jornada, ele narra cada uma de suas etapas para a plateia. Essa interação entre o xamã e o público é essencial. Os presentes cantam apoiando o transe extático. A narração permite que eles se conectem com o mundo espiritual através da história. Tendo resgatado a alma perdida, o xamã regressa com ela e a coloca dentro do corpo do paciente. A última parte da cerimônia ocorre geralmente três dias depois, quando a recuperação plena do paciente é assegurada. Todos da tribo presente, inclusive o paciente, reúnem-se no mesmo local onde a *örgiski* foi iniciada e agradecem aos espíritos ancestrais pelo auxílio prestado e o sucesso do resgate da alma.

Já nos casos em que o doente foi atacado por espíritos que o deixaram doente, o xamã faz um processo similar para entrar em transe e localizar estes entes malignos, em vez de procurar pela alma do enfermo. Após enfrentá-los numa batalha sobrenatural e expulsá-los, escolta, em sua jornada a alma do animal sacrificado que foi ofertado para o sucesso do ritual até o Mundo dos Espíritos. No regresso dessa viagem em êxtase o xamã pede para seu auxiliar purificá-lo pelo fogo para queimar qualquer resquício energético da sua batalha com os espíritos hostis. Ao final é feito um banquete em sinal de agradecimento aos ancestrais míticos.

O Xamanismo nesta região está intimamente interligado com as tradições espirituais encontradas em outras partes do mundo. Estudiosos acreditam que a América do Norte foi colonizada por tribos de caçadores siberianos que atravessaram uma ponte de gelo no estreito de Bering. A xamaria dos esquimós norte-americanos é quase idêntica a praticada pelos *Tchuktchins*, que se encontram do outro lado do mar. As tradições xamânicas da Mongólia são próximas da Xamaria *Bön-po* do Tibete e das diversas tradições espirituais e religiões que se encontram no Nepal, Ásia meridional e oriental.

Xamanismo na Ásia Meridional e Oriental

A diversidade religiosa destas regiões é a mais complexa do mundo, foram delas que surgiram o budismo, o confucionismo, taoísmo, hinduísmo, islamismo e xintoísmo, além das que foram adaptadas do cristianismo. É marcante nesta parte do continente a presença diária de possessões por espíritos, exorcismos, monges, iogues, praticantes de magia maléfica, videntes, oraculistas, médiuns, adivinhos, sacerdotes, homens e mulheres sagradas. Sendo, geralmente, estas práticas caracterizadas pelo estado de transe.

É comum no meio desta miscelânea aspectos xamânicos passarem despercebidos. Nestas regiões, devido ao volume de atividade espiritual e riqueza de tradições, cada tipo de especialista tem uma identidade distinta e um domínio da ação. Completamente diferente da Sibéria, onde a maioria dos especialistas são apontados como xamãs pelos estrangeiros, pelo fato de que o misticismo foi denominado por Xamanismo, apesar de os termos serem distintos entre as tribos. Aqueles que são conhecidos como "xamãs brancos" entre os *Buryates* e *Sakha*, correspondem na Ásia Meridional, e na Oriental os que são designados por sacerdotes.

Vitebsky (1995, p. 38) diz que nestas regiões asiáticas:

> A definição de xamanismo foi testada até ao limite, mas mesmo assim varia de local para local com as tradições que se desenvolveram entre estranhos, no decurso do controle de cada uma das partes da região. Assim, no Nepal, o termo "xamã" está reservado às pessoas que fazem viagens com o espírito semelhante às da Sibéria e da Mongólia, enquanto na Coreia se usa médiuns do sexo feminino que controlam os seus transes, mas não realizam aquelas viagens.

Entre os povos dos Himalaias o voo extático é mais frequente do que entre os *hindus* das planícies meridionais. No hinduísmo o transe é frequentemente causado pela possessão de um espírito, de maneira "natural", sem qualquer tipo de luta. Geralmente os *experts* em transe não trilham o rigoroso sacerdócio dos brâmanes, que usualmente recebem sua vocação por hereditariedade e através de estudos constantes dos livros sagrados, mas no caso respondem a convocação dos espíritos e deuses que os ensinam a realizar o voo da alma. O transe extático na Índia é encontrado somente entre as tribos consideradas párias.

A complexa natureza do Xamanismo na Índia é ilustrada pelos *Sora*, uma tribo aborígene que habita o sul da região de Orissa, sendo encontrados também nas colinas de Jharkhand, Madhya Pradesh e Maharashtra. Xamãs desta etnia são, em sua maioria, mulheres que servem como intermediárias entre os dois mundos (dos vivos e dos mortos). Elas adquirem seus poderes xamânicos em torno da puberdade, através de um casamento com um espírito do Mundo Profundo. Com a ajuda deste espírito, a jovem começa a desenvolver a capacidade de entrar em transe à vontade e para viagem ao redor do Mundo Profundo, sem medo. A árvore genealógica dos casamentos espirituais dos *Sora* serve para passar energia xamânica através da linhagem familiar. O Espírito marido xamã é o fruto da união de sua antecessora (humana) e companheiro do seu antecessor (espírito). Os descendentes dessa união irão se casar com o sucessor xamã e assim por diante, acumulando, efetivamente, poderes xamânicos e mantendo-os na linhagem feminina.

É através do casamento do espírito que o poder é acessível para a xamã na realidade não ordinária. Durante o transe, a alma da xamã *sora* abandona o corpo e desce até o Mundo Profundo, deixando seu corpo para uma série de pessoas mortas que o usam como veículo de comunicação para falar e travar diálogos com os vivos. Elas também conduzem cerimônias funerárias, enquanto os poucos homens xamãs realizam adivinhações e fazem sessões de cura que culminam num sacrifício a ser realizado para apaziguar os espíritos malévolos.

Sobre esta tribo Vitebsky (1995, p. 38) fala que:

> Embora os *Sora* vivam à parte dos seus vizinhos *hindus*, o xamanismo que seguem reflete um envolvimento muito íntimo com os mesmos, que vem desde milhares de anos. Cada aldeia tem um sacerdote hereditário que não entra em transe. Isto assemelha-se a um padrão comum com toda a Índia, em que as pessoas escolhidas e possuídas pelos espíritos são confrontadas pelo austero sacerdócio hereditário dos brâmanes. Além disso, xamãs *sora* adquirem poderes xamânicos casando com espíritos *hindus* no mundo subterrâneo. Estes espíritos pertencem a castas elevadas de guerreiros e de reis, que durante séculos detiveram o poder político e econômico dos *Sora*.

Grande parte das culturas asiáticas foram absorvidas pelo budismo. O mesmo ocorreu com a antiga prática xamânica dos povos tibetanos, o *bön-po*, que foi assimilada pela forma tibetana do budismo *mahayana*, conhecida por *lamaísmo*. Xamãs *bön* foram perseguidos pelos lamas tibetanos e viram as suas tradições serem roubadas e integradas a este budismo. Devido a este fato e procurando se furtar a esse tipo de violência, travestiram-se da legalidade religiosa e cultural budista para sobreviverem. Fatos semelhantes ocorreram em outras regiões com tradições xamânicas que foram perseguidas pelo cristianismo.

Os candidatos a xamãs *bön* são escolhidos espontaneamente pelos espíritos, que levam a alma do neófito ao mundo espiritual para ser testado e iniciado. O *bön-po* envolve um complexo sistema de espíritos que abarca divindades poderosas e espíritos animais, que são convocados pelo xamã para ajudá-lo, e outros tipos de espíritos nocivos aos seres humanos que tiveram mortes violentas não naturais e que causam doença e morte entre os humanos. Os espíritos aliados podem possuir o corpo do xamã para executar tarefas na realidade ordinária e serem enviados para executar tarefas para o xamã na realidade não ordinária. Os espíritos são geralmente convocados por uma canção ou mantra que invoca o espírito ou divindade desejada.

A prática *bön-po* visa estabelecer e manter boas relações com os espíritos por meio de uma comunicação respeitosa e oferendas adequadas de gratidão, combatendo assim os desequilíbrios que trazem doenças e infortúnios, harmonizando essa relação com o sobrenatural. Xamãs tibetanos entram em transe extático induzidos pelos sons de batuques e mantras e viajando até o mundo espiritual. Realizam também rituais de adivinhação, cura, trabalho de psicopompo e criam uma variedade de amuletos e encantos para a proteção contra forças nocivas. Outra função muito importante do xamã é a de proteger as plantações do granizo e da seca. As ferramentas mais importantes para controlar o tempo são o tambor, o sino e o *phur bu* e a trombeta de fêmur humano, cujo som assusta os demônios que impedem a chuva.

No *bön-po* os rituais de recuperação de alma são realizados de várias maneiras diferentes, embora as razões originais para as diferentes técnicas não sejam conhecidas. Em uma delas o espírito veado é solicitado para recuperar a alma perdida. Em outro método, o xamã realiza um ritual em que o espírito que roubou a alma do paciente é convocado e faz a oferenda de um bolo (*torma*), em troca de alma do paciente. O *torma* representa a união dos cinco sentidos do prazer e seu consumo traz satisfação completa. O espírito ofensivo, com fome de satisfação, negocia a alma roubada pelo bolo e o xamã retorna com a alma do paciente. Em uma terceira recuperação da alma os xamãs *bön* restauram a força vital do paciente para o corpo através da recitação do Mantra da Divindade Vida. Através do poder deste mantra o xamã é capaz de capturar a alma extraviada e colocá-la no corpo do paciente, restaurando sua saúde.

O tambor tem um papel importante na indução do transe. A percussão rítmica é sempre acompanhada de chocalho ou cânticos, para invocar os espíritos e auxiliar os xamãs *bön* quando eles agem como psicopompo em ritos funerários. Nesses rituais, o xamã utiliza o voo da alma para entrar no Mundo do Espírito e localizar a alma do falecido. Se ela foi capturada por espíritos maus, é resgatada e liberada por ele, já no caso daquelas que permanecem nos reinos terrestres, são levadas para os reinos espirituais. Onde quer que a alma se encontre, o xamã a acompanha até seu destino final de modo que não retorne como um fantasma e cause danos aos vivos.

Baseado em seus ritos iniciáticos, os xamãs *bön* criaram um ritual que foi integrado às práticas budistas e nomeado de *chöd*, que consiste num sacrifício do iniciado em doar a própria carne e sangue para ser comido e bebido por demônios, ao som de tambores de crânios e trombetas de fêmur (*phur bu*). Desta forma, o iniciado morre para seu antigo "eu" e renasce com as bênçãos dos comensais sagrados que fizeram parte do banquete. Esta prática influenciou os xamãs *ladakhi*, vizinhos dos Himalaias, que extraem a doença do seu paciente, mordendo sua pele e arrancando-a com seus dentes, retirando desta forma o espírito invasor do corpo do enfermo e curando-o.

Nas montanhas ao leste e ao oeste do vale de Katmandu, no Nepal, vivem os *Tamang* de origem tibetana, que praticam uma forma de Xamanismo que se encontra mais ao norte da Sibéria e na parte centro-norte da Ásia. Eles nunca permitiram que seu sistema de crenças fosse suplantado pelas tradições budistas e hinduístas, mas desenvolveram uma mistura única de budismo e hinduísmo combinado com o *Bön-po*. A base da vontade do xamã *tamang* para ajudar o paciente é a compaixão e a crença relacionada que, assumindo o sofrimento dos outros, o xamã cura a ele mesmo.

A xamaria *Tamang* foi desenvolvida a partir do *Bön-po* ao lado do lamaísmo como caminhos espirituais compatíveis e autônomos. Muitos dos elementos importantes do sistema *Bön-po* permaneceram intactos, enquanto outros são velados à visão de mundo budista. Há alguma sobreposição de funções dos xamãs e lamas. Houve uma adaptação cultural ao longo do tempo, onde a função básica do xamã é curar e do lama é a de realizar a cerimônia fúnebre e agir como psicopompo.

O chamado xamânico é nomeado como a "incorporação louca", pois é um estado involuntário específico para o indivíduo escolhido para se tornar xamã. O espírito que possui o candidato pode ser a alma de um xamã falecido ou de *Banjhakri*, o Xamã da Floresta. Os espíritos xamãs buscam um candidato com o coração puro a quem eles possam transmitir a sua força, mantras e conhecimentos de cura. Estes Espíritos entram no corpo do candidato espontaneamente. Este estado de transe descontrolado, a "incorporação louca", é muitas vezes violenta e a possessão pode durar por vários dias. Se houver resistência por parte do candidato ou ela for mal diagnosticada e tratada como doença mental, o processo pode durar meses. As características dessa possessão descontrolada são ansiedade, alucinações, convulsões e desejo de solidão, que são todos considerados anormais para a sociedade *Tamang*. O candidato deve vencer esta crise e sintomas para se tornar um *bompo* (xamã).

Sobreviver a este processo iniciático exige uma expansão da consciência do candidato. Nem todos que experimentam essa possessão descontrolada inicial podem dominar as emoções intensas e experiências bizarras que são características da vocação do espírito. Alguns são rejeitados por *Banjhakri*, porque seus corações não provam ser puro. Outros não possuem o equilíbrio, nem o poder interior para enfrentar o medo, mistério e sacralidade da experiência de abrir novas formas de compreensão e perceber a realidade.

Durante seu processo de treinamento, que pode durar anos, o aprendiz aprende rituais, técnicas de cura, a arte do êxtase e a dominar diferentes estados de transe e seus usos. Após ter domínio sobre o transe de possessão, o candidato pode usar esse estado para realizar adivinhação, diagnóstico e *puja* (rituais de cura), tornando-se assim um *bompo*. Muitos não passam desta fase, mas ainda existe uma última que é alcançada em duas etapas: o *pho wang* e *gufa*. Para completar o ritual de iniciação *pho wang*, o xamã amplia sua consciência e libera a sua alma (*wa chi*) para voar livre do corpo.

O *gufa* dura sete dias, no decorrer deste tempo os tambores são tocados continuamente em um abrigo sagrado feito de palha de arroz erguido num cemitério. O *bompo* deve ter êxito na luta contra os espíritos maléficos e invocar os deuses usando mantras e tocando tambores dia e noite. Se for bem-sucedido o xamã é recompensado com uma viagem à Terra dos Mortos (*Yama lok*), onde ele ou ela se entrega à morte e, em seguida sobe ao Céu, onde conhece *Ghesar Gyalpo*, a Divindade Suprema, e renasce.

O xamã *tamang* entra em transe extático para influenciar os espíritos, combater entes malévolos, exorcizá-los e ajudar aqueles que estão sendo afetados por eles. O *bompo* usa o voo da alma para se comunicar com a Divindade Suprema do Céu e personifica estados de transe para a adivinhação e extração. Ele utiliza seu poder (*sakti*), principalmente para a cura e raramente na obtenção de alimentos. Há dois tipos de *bompo*: os *dunsor boms*, que realizam rituais de clãs executados durante o dia; e os *munsor boms,* que realizam rituais de cura feitos sempre à noite. Alguns xamãs são chamados, treinados e ensinados diretamente pelo espírito, já outros, apesar de serem também convocados espiritualmente, são treinados e ensinados por um *bompo* humano.

A cura *tamang* ocorre em um contexto filosófico complexo. Os vários agentes da aflição envolvem uma complexa hierarquia de espíritos, cujas ações afetam a vida. Ao intervir neste contexto espiritual em nome do paciente, o xamã é protegido por sua pureza de coração e a compaixão expressa através do ato de cura. O *bompo* executa a extração em um estado de transe. Eles são amalgamados com seus espíritos aliados, muitas vezes ursos, lobos, tigres, leopardos, chacais ou divindades ferozes. Encarnar o espírito auxiliar é um meio de obter esse poder durante o estado de transe. É essencial para o xamã conhecer os espíritos do meio ambiente e todos os seus aliados de poder para que saiba quem é o espírito incorporado que o está possuindo.

Geralmente o xamã chupa a energia intrusa nas extrações. Ferramentas de extração, como um chifre de bode ou um tubo, são usadas para sugar venenos. Existem muitas fontes possíveis de energia intrusas prejudiciais, que podem ser enviadas por divindades que foram desonradas ou por espíritos dos falecidos que sofreram mortes não naturais ou que não receberam os ritos funerários apropriados, ou ainda espíritos de um local, como cemitérios ou encruzilhadas, espíritos da natureza ou elementais, ou ainda espíritos malévolos, semimalignos, de doenças ou vários objetos morbo intrusos que não possuem vontade ou consciência.

Tanto os xamãs *tamang* como os lamas budistas realizam rituais fúnebres para levar as almas dos mortos. Eles acompanham estas almas de duas maneiras distintas. O *bompo* só é chamado para levar a alma de um falecido se um lama não está disponível ou o morto é outro xamã. Quando o faz, executa todo o trabalho de psicopompo em lugares remotos, longe dos mosteiros lamaístas. Tradicionalmente, os mortos são enterrados três dias após a morte. O *bompo*, então, orienta a passagem da alma até *Ghesar Gyalpo* (a Divindade Suprema), utilizando-se de um estado de transe extático. Quando a alma está pronta para seguir em frente, uma escada de nove degraus cai do Mundo Superior. O *bompo* e a alma sobem pela escada até *Ghesar Gyalpo,* que está sentado, esperando o retorno da alma, em um trono coberto de flores de alma.

Quando almas de mortos permanecem presas no reino humano a que não pertencem, o xamã *tamang* realiza um ritual com o objetivo de permitir que a alma resolva seus problemas para que possa seguir em frente ao lugar a que realmente pertence. No ritual, o *bompo* permite que a alma do falecido fale através de seu corpo e se comunique com os vivos, porque está com raiva ou não resolveu todos seus problemas terrenos. O xamã então pergunta como ela pode ser ajudada para resolver essa questão e faz a transição para *Ghesar Gyalpo*.

O voo da alma encontra-se por toda região ao sul da China, entre as culturas xamânicas da Indonésia, Laos, Tailândia, Malásia e o restante do sudoeste asiático, onde vive sobre o pano de fundo do islamismo e, por vezes, do cristianismo. Um fato interessante ocorre na xamaria *Hmong*, no Laos e na Tailândia, quando o *txiv neeb* (o xamã) realiza seu voo extático montado num banco em frente ao altar espírito encontrado em todos os lares deste povo. Seu banco recebe o nome de cavalo e, durante sua jornada, o xamã grita e luta montado nele até cair, sinalizando que venceu a batalha em prol do seu paciente que se encontrava enfermo.

Na Malásia, o *putao* (xamã) da etnia *Batek* projeta sua consciência para dentro de um tigre para defender a sua tribo. Já em Java, um xamã com a máscara deste felino incorpora o espírito do animal. Estes xamãs depois de resgatarem a alma de um cliente, incentivam-no a fazer uma jornada para encontrar o seu animal de poder. Na região central da Malásia, os *putaos* assumem formas de outros *ruwai* (animais aliados). Nesta região, ao possuir o seu espírito auxiliar, o xamã tem que ser cuidadoso para não ser ferido na selva, pois caso o animal morra, ele também morrerá.

Na Ásia Oriental o Xamanismo é mais marcante na Coreia e no Japão, países que tiveram sacerdotes xamãs entre seus primeiros governantes, segundo manuscritos destas culturas. Porém, com a chegada do budismo e do confucionismo, a tradição xamânica diminuiu gradualmente e terminou sobrevivendo entre as pessoas comuns. Os desempenhos de xamãs coreanos e japoneses são muito diferentes. Performances rituais dos xamãs coreanos são eventos muitas vezes dramáticos e artísticos, combinando danças, canções, música e roupas coloridas. Em contraste, as performances dos xamãs japoneses são extremamente simples, embora possam causar fortes reações emocionais. Em ambas as áreas xamãs foram capazes de sobreviver porque responderam às necessidades da população não cuidada pelas religiões oficiais. Ao passo que a sociedade oficial foi governada e controlada principalmente pelos homens, o Xamanismo ofereceu um meio para as mulheres expressarem seu mundo. Talvez seja por esta razão que a maioria dos xamãs nos dois países sejam do sexo feminino. Tanto na Coreia quanto no Japão, um xamã pode tornar-se um espírito divino ou um espírito pode falar por sua boca, mas raramente ocorre a experiência do voo da alma para o Outro Mundo.

Uma das formas mais vibrantes do Xamanismo vive isolada na península coreana. O confucionismo domina costumes familiares coreanos, templos budistas abundam e o cristianismo floresce; mas apesar de longa oposição destas instituições religiosas, o Xamanismo ainda prospera na Coreia. Há vários termos para xamã em coreano, sendo *mudang* o mais comum. Em seu sentido estrito designa uma xamã do sexo feminino, o masculino é chamado *paksu*. *Mudang*, na verdade, é o termo para uma xamã que tenha vocação divina. Um tipo semelhante de xamã hereditário é conhecido como *tangol* e geralmente atende a uma determinada vila e seu santuário, enquanto que *mudang* reúne um grupo de seguidores pessoais.

Como em outras tradições xamanistas, é essencial para a vida da *mudang* o fato de ela não optar por ser xamã, mas ter sido escolhida pelos deuses. A atividade ritualística da *mudang* não se encaixa na definição clássica do Xamanismo como uma arte do êxtase, ou de xamã como uma pessoa especialista no voo da alma. Em vez de viajarem ao Mundo dos Espíritos, são os deuses e espíritos que descem e falam através das xamãs coreanas. Como ocorre em outros lugares, o que dá autoridade aos seus ritos não é o transe, mas as suas habilidades performáticas enquanto dançam e a fé da comunidade.

Os rituais xamânicos coreanos são ricos em apetrechos, danças e performances dramáticas. Ao invés de serem atos solenes, são muitas vezes bem-humorados. Durante suas performances animadas, uma *mudang* pode se tornar a divindade que a possuir, enquanto um *tangol* pronuncia principalmente a mensagem de uma deidade. As *mudangs*, durante uma cerimônia ritualística, encarnam espíritos enquanto dançam, trocando a roupa sempre que um espírito chega. Estas xamãs trazem a cura contando histórias e oferecendo novas perspectivas aos presentes, objetivando resolver seus problemas, liberando a tensão em lágrimas e risos e reforçando a crença de cuidar da relação com seus antepassados.

Entre os xamãs japoneses, na sua maioria mulheres, as performances verdadeiramente dramáticas são bastante raras. Em alguns casos, especialmente quando encarnando uma divindade, o xamã pode colocar um vestido especial, mas frequentemente ritos são realizados com trajes do cotidiano.

O termo para xamãs japoneses é *miko*. Porém, nos dias atuais, este termo é utilizado para designar uma virgem consagrada a uma deidade e que serve em um santuário xintoísta e não para uma xamã. Os especialistas que têm uma relação direta com os espíritos são mais conhecidos entre a população por termos locais. Alguns deles, como *yuta*, *itako*, *tusukur* e *kamisana*, têm sido usados como termos técnicos para certos tipos de xamãs.

No Japão, basicamente existem duas maneiras de alguém se tornar xamã: como resultado de um treinamento ascético ou por vocação divina. No primeiro caso, o futuro xamã passa pelo treinamento ascético, quer por sua própria vontade ou dos seus parentes. A doença iniciática é, caracteristicamente, o primeiro sinal da segunda maneira de se tornar um xamã, uma vez que indica um chamado divino. Depois que uma pessoa tenha reconhecido uma doença como induzida pelos espíritos, o próximo passo é se engajar em exercícios ascéticos até que seu espírito tutelar revele sua identidade. Nesta última forma, ocorre casos em que outros podem de repente ser possuído por seu futuro espírito aliado e só mais tarde aprender a controlar seu relacionamento.

Xamãs japoneses são, na sua maioria, mulheres. Estudiosos em geral concordam que elas são especialistas em entrar num estado de transe e serem possuídas por seres espirituais que, enquanto nesse estado, podem fazer uso de sua voz, prever o futuro, adivinhar a causa dos acontecimentos e curar determinadas doenças. Cada uma dessas atividades recebe seu caráter especial a partir da natureza do espírito possuidor, mas o médium geralmente executa essas funções sob a tutela geral e a orientação de um espírito patrono pessoal. O guia espiritual se revela em um momento de clímax durante o processo de iniciação e é frequentemente chamado de *kami* (espírito divino) ou *kamuy* pelo povo *Ainu*.

A xamaria *Ainu* é mais tradicional entre os nipônicos. Esta tribo tem a convicção de que o seu verdadeiro lar está em algum lugar nos céus entre as estrelas, e por ser um povo navegador, acreditam que o Sol e a Lua são embarcações viajando pelo firmamento. Em sua cosmologia, consideram-se os filhos da Deusa do Fogo, *Chikisani-kamuy*. Esta deusa foi o primeiro espírito que desceu do Céu para a Terra quando essa foi criada. É a Deusa da Luz, a fonte da vida responsável não somente pelo fogo ardente, mas também pelos raios quentes do sol.

É possível que o Xamanismo praticado pelos *Ainu* possa ter se desenvolvido a partir de um sistema anterior, em que os xamãs que se especializaram no voo da alma coexistiam com aqueles que se especializaram em incorporação pelos espíritos, e os dois tipos de xamãs se complementavam, mas em tempos mais recentes, as *tusukur* (mulheres médiuns em transe), tornaram-se a norma. *Tusu* significa "prática xamânica da possessão", e *kur* "pessoa"; desta forma, *tusukur* simboliza "pessoa honrada que realiza práticas xamânicas de possessão". Seu trabalho é realizar diagnósticos, curar doenças através do transe "possessivo", durante o qual *kamuy* e almas ancestrais podem entrar nela e ainda ter o conhecimento do mundo espiritual e de ervas medicinais. Algumas também são clarividentes, especialistas em encontrar coisas perdidas, em fazer interpretação de sonhos e são parteiras.

Em seus processos iniciáticos, a *tusukur*, por ser filha da Deusa do Fogo, utiliza-se da sua habilidade com o fogo interno para permanecer por longo tempo sob quedas d'água geladas, por dias seguidos, fazendo com que este ato de tolerância física mude seu Estado Comum de Consciência. Ocorrendo o mesmo quando sobe ao alto de uma montanha e permanece lá, em completo jejum por alguns dias, até o seu *kamuy* ir até ela e revelar o seu nome, começando a partir daí uma parceria. Em alguns casos, nesta aparição, o espírito copula com a *tusukur* consumando o casamento espiritual entre eles.

Itakos também são médiuns xamãs que se comunicam com os espíritos das pessoas que partiram para o Outro Mundo, seja através da incorporação ou de outras formas de mediunidade. Seu ofício tem origem nas práticas xamânicas do povo *Ainu*. A função de *itako* é exercida unicamente por mulheres, que iniciam a sua preparação ainda meninas. Historicamente, são jovens cegas que recebem o treinamento para a comunicação com os espíritos. Uma das explicações para esse fato é que, uma vez privadas da visão física, elas estariam mais aptas a contatar o mundo espiritual. Outra razão era a que meninas cegas não podem representar seu papel na sociedade como mães de família e donas de casa, devido à ausência da visão material, restando a elas apenas o ofício espiritual.

Seja qual for o motivo, ao longo dos anos várias meninas, cegas ou não, recebem o árduo treinamento de *itako*, que consiste em decorar várias escrituras sagradas, rituais de exorcismo e incorporação. Após o intenso preparo, cem dias antes de sua iniciação, elas se vestem apenas de branco; três semanas antes passam por uma dieta livre de grãos, carne e sal, banham-se em água gelada em pleno inverno e participam de vários rituais de purificação.

No momento da iniciação, as meninas são vestidas como noivas, representando seu casamento com um *kami*, o espírito guardião que a acompanhará em seu ofício. A iniciação poderá durar vários dias, pois a aprendiz de *itako* precisa entrar em transe e incorporar o seu *kami*. Uma vez iniciadas, as *itakos* estão aptas a começar suas atividades: entrar em contato com os espíritos dos mortos, acalmar os familiares daqueles que partiram dando notícias deles, encaminhar espíritos errantes para a luz e todas as outras funções próprias daqueles que assumiram a missão espiritual de servir como ponte entre este Mundo e o Outro.

Muitas vezes os termos xamã e médium espírita são usados indistintamente por haver algumas similaridades entre suas habilidades. Tal como acontece com o Xamanismo em outras regiões e culturas, a xamaria chinesa é tão variada que pode ser tratada como um conglomerado de "xamanismos", com cada crença e prática, por vezes assemelhando-se e às vezes diferenciando-se dos "tradicionais" xamãs na Sibéria. O que legitima as habilidades xamãs é o contato com o Mundo dos Espíritos, com fantasmas, antepassados e deuses.

Entre os *Nong* do sul da China, somente as mulheres exercem as atividades xamânicas. Suas características são semelhantes a dos siberianos. Esta tribo utiliza um sistema de oito caracteres (os quatro binómios cíclicos que situam o nascimento de um indivíduo: ano, mês, dia, hora) para determinar o destino de cada pessoa. E somente aquelas que têm o que é chamado um "destino luminoso" pode se tornar xamã e viajar até o mundo sobrenatural. Mas para exercer essa profissão, um *paq* (espírito guardião) tem que escolhê-la. O *paq* é aliado a *maolang*, o chefe da tropa de espíritos aliados, e revela-se sob a forma de um cavalo que o xamã usa durante o ritual para alcançar o "Jardim Florido" onde ele vive com outros seres espirituais. *Paq* é imortal, é liberado no momento da morte da xamã e segue sua jornada escolhendo outra pessoa para começar uma nova vida.

Já entre as montanhas do oeste da China, encontra-se a etnia *Qiang* que, ao contrário dos *Nong*, tem a maioria dos xamãs do sexo masculino, apesar de nada impedir que as mulheres exerçam esta função. O xamã, *duangong* (em mandarim), ou *bi* na língua *Qiang* é considerado o guardião da sua cultura. Entre suas muitas responsabilidades, o xamã coordena as relações entre os seres humanos, espíritos e divindades para o bem-estar de toda sua tribo. Ele também calcula, através da adivinhação e da cartomancia, as melhores datas para eventos importantes na vida da comunidade e realiza rituais, cerimônias, sacrifícios e bênçãos.

Duangong geralmente são escolhidos pelos espíritos para se tornarem xamãs (muitas vezes depois de um teste ou pela conhecida doença do xamã). Toda sua parafernália é considerada sagrada, sendo transmitida a eles quando o seu instrutor morre. Entre estes objetos de poder eles têm: uma pedra de quartzo-branco usada para proteção; chapéu de couro de pele de macaco dourado, costurado com búzios e placas de bronze, cobre ou prata; tambor de pele de ovelha; gongo para afastar os maus espíritos; uma adaga utilizada em sacrifícios de animais; chifre de antílope para exorcismos e um crânio de macaco que poderia ser considerado o item mais sagrado para o *duangong*, pois é o único objeto sagrado idolatrado.

Xamanismo na América do Norte

Neste subcontinente, o voo da alma ocorre essencialmente entre os povos do Círculo Ártico. Entre os *Inuit* e os *Kalaallit* da Groenlândia, xamãs desempenham funções semelhantes às de seus congêneres siberianos. Para estes, o desmembramento, os laços com os animais e as almas dos mortos, a inclusão de profissionais do sexo feminino e a viagem da alma são comuns. Já para o Sul, margeando a costa do Noroeste, o transe extático e o voo da alma não se encontram difundidos. Em diversas tribos o xamã socorre a alma de um enfermo trilhando pelo caminho dos ancestrais até a terra dos mortos, mergulhando nas profundezas do mar ou numa abertura na terra, regressando com a alma do paciente num pequeno embrulho de penas de águia.

Mais para o centro do continente, o transe e os voos da alma são raríssimos e a natureza da iniciação varia de acordo com cada tribo. Em vez de se submeter à experiência da tortura involuntária siberiana e ao desmembramento pelos espíritos, o xamã norte-americano procura, frequentemente e intencionalmente, a iniciação através do isolamento e do jejum. Nas planícies, jovens de ambos os sexos realizam uma Busca da Visão como forma de um Rito de Passagem para idade adulta, afastando-se para um local isolado e jejuando durante alguns dias com o intuito de terem visões com os espíritos.

Xamanismo do Círculo Ártico

Os povos ditos esquimós abarcam os groenlandeses, tribos do Alasca, do Canadá e alguns aldeãos da Sibéria, porém a maioria habita o Ártico americano. Cada uma destas tribos designa-se por um nome particular. Os principais grupos são: *Kalaallit, Inuit, Inupiate* e *Iupique*. Esses povos são quase totalmente costeiros e vivem da caça e da pesca. Os *Inuit* do Canadá consideram a palavra *esquimó* ofensiva, por essa razão, não a citaremos mais ao falar sobre este grupo em particular. Neste tópico falaremos sobre o Xamanismo praticado mais especificamente pelos *Kalaallit* da Groenlândia e dos *Inuit* canadenses.

Os xamãs destes povos árticos são chamados de *angakok* ou *angakkug* que tem o significado de "visionário sonhador". O processo para se tornar um xamã é semelhante entre as tribos do Leste e a do Oeste. Em todas elas ocorrem um chamamento do espírito através do sonho, que diz ao noviço o que deve fazer para receber o seu poder. Entre os *Kalaallit* da Groenlândia o candidato a xamã busca por uma visão recolhendo-se solitariamente a uma caverna onde passa alguns dias atritando duas pedras até que surge uma visão aterradora na qual ele é devorado por um espírito, que depois o revive com um feixe luminoso que permitirá ao *angakkug* ver no escuro. Ao final deste rito iniciático este espírito passa a ser o aliado espiritual (*tuurngait*) do novo xamã.

Entre os *Inuit* no Canadá e no Alasca, os candidatos buscam o poder xamânico pelo jejum numa região isolada por longos períodos de tempo, dançando com e para os espíritos, até que numa determinada manhã ele vê o Sol se expandindo ao nascer. Neste momento, uma luz cobre o seu corpo, iluminando-o e dando-lhe a capacidade de ver as almas e os espíritos e de ser ajudado pelos seus espíritos aliados (*tuurngaq*). Normalmente um *angakok inuit* tem entre seis a dez *tuurngaq*, que são os seus instrutores diretos, sendo que eles podem também receber mais conhecimentos com xamãs mais velhos.

Na cosmologia *Inuit* o mundo é composto por três partes intrínsecas: o humano, o natural e o espiritual. Porém, no Mundo Espiritual existe uma divisão de Mundo Superior, Mediano e um Subaquático. Todas as coisas nestes reinos são imbuídas de seu *inua*, espírito. Até as canções têm uma substância que pode ser trabalhada. Estes níveis são interligados através de nomes, que também são todas as coisas. Eles acreditam que proferindo um nome, criam uma nova realidade, mesmo que apenas de caráter mental. Os objetos e seus nomes são igualmente reais. O nome de uma pessoa faz parte de sua alma e simboliza a sua existência social e a relação com o meio ambiente. Representa ainda a essência da pessoa, passada a outra após sua morte.

Vitebsky (1995, p. 14) diz que os *Inuit*:

> [...] acreditam que os mamíferos e pássaros têm uma alma coletiva. Usam uma única palavra para identificar todos os membros de uma espécie. Por vezes, há duas pessoas com o mesmo nome, e este fato lhe confere uma determinada relação entre suas almas e simpatia mútua. O nome pode ligar as pessoas e até toda uma espécie. Além disso, uma pessoa associa-se deste modo a pessoas mortas que tinham o mesmo nome, formando uma rede de almas parcialmente partilhadas que funciona como uma ponte entre os vivos, os mortos e o reino animal.

Nestas regiões inóspitas, a principal função do xamã é auxiliar no fornecimento da alimentação da tribo e só depois na cura. Ambas as funções muitas vezes envolvem o sistema tabu e a necessidade de fazer reparações por transgressões realizadas pelos membros da comunidade. Uma quebra deste sistema de proibição faz com que seja alterada a harmonia entre os seres humanos e os outros seres vivos, fazendo com que a caça fique escassa e surja a doença entre membros da tribo. O papel do xamã quando isso ocorre é diagnosticar, com precisão e com a ajuda dos espíritos, quais transgressões precisam ser confessadas e como reparar o dano causado.

Quando a caça fica escassa entre estas tribos árticas, o *angakok* organiza uma sessão xamânica com toda a comunidade reunida, entra em transe extático e realiza uma jornada até o fundo do mar em busca de *Sedna*, a Mãe dos Animais. Durante o percurso, ele luta com diversos espíritos, até encontrá-la, furiosa e imunda em sua caverna. O xamã se aproxima e começa a limpá-la de toda a transgressão humana, identificando cada erro cometido, e penteia seu o cabelo que estava todo emaranhado, deixando-a bonita novamente. Ela sorri para ele e resolve liberar os animais de caça para o seu povo. O *angakkug* volta para a tribo e repreende todos os membros da comunidade que quebraram os tabus.

Eliade (1998 p. 320-321) complementa dizendo que:

As principais prerrogativas do xamã esquimó são a cura, a viagem submarina até a Mãe dos Animais para garantir abundância de caça e bom tempo, através de seus contatos com *Sila* e também o auxílio que presta às mulheres estéreis. A doença é provocada pela violação dos tabus, ou seja, por uma desordem no sagrado, ou decorre do rapto da alma por um morto.

No primeiro caso, o xamã tenta apagar a mácula através de confissões coletivas; no segundo, empreende a viagem extática ao Céu ou as profundezas do mar para encontrar a alma do doente e trazê-la de volta ao corpo. É sempre por meio de viagens extáticas que o *angakok* chega até *Takánakapsâluk*, no fundo do oceano, ou até *Sila*, no Céu. Ele é um especialista do voo mágico. Alguns visitaram a Lua, outros deram a volta ao mundo voando. Segundo as tradições, os xamãs voam como pássaros, abrindo os braços como se fossem asas. Os *angakok* também conhecem o futuro, fazem profecias, anunciam mudanças atmosféricas e fazem proezas mágicas.

Contrastando com os *angakok* dos povos árticos, os xamãs *Salich*, na fronteira entre o estado de Washington e o Canadá, não realizam o voo da alma, porém fazem a pantomima da viagem com a intenção de recuperar a alma e/ou o espírito aliado. Eles se organizam na forma de um espírito-canoa que lhes permitem viajar ao Mundo Subterrâneo para ajudar um paciente. À noite, os xamãs formam duas canoas imaginárias, onde cada participante segura um remo. Acompanhados pelo som dos tambores, chocalhos e cantos, os espíritos dos xamãs mergulham sob a terra entoando a sua canção de poder. Ao regressarem da jornada recuperando o aliado ou a alma do paciente, entregam-no a este, que se levanta e participa das danças circulares juntamente aos xamãs.

Xamanismo nas Pradarias e Florestas

Mais para o sul há muitas práticas espirituais que não se assemelham ao Xamanismo Clássico onde quase não existe o voo da alma e o transe profundo e a natureza iniciática varia. Algumas destas culturas, como a das tribos das planícies, realizam a busca da visão subindo uma colina em completo isolamento e jejum, noutras, o Xamanismo é praticado dentro de "Sociedades Secretas", complexas como a dos *Anishinaabe* ou a dos dançarinos *Kachinas* dos *Hopi* e *Zuni*, onde o poder espiritual está mais relacionado ao ritual do que a entrada no Estado de Transe Extático. Inclusive a maioria dos xamãs destas tribos não são reconhecidos por este nome, mas, sim, por Homem de Medicina ou Mulher de Medicina.

Como veremos a seguir, a função principal dos xamãs entre os povos norte-americanos é a cura, mas eles também desempenham um papel importante em outros ritos xamânicos como, por exemplo, na caça comunitária e nas sociedades secretas. Como todos os seus congêneres, eles afirmam ter poder sobre fazer ou parar de chover, conhecem o futuro, descobrem autores de roubos, etc. Hoje em dia, os xamãs perderam o estigma místico e têm mais características de curandeiro, embora seus cantos ritualísticos e declarações se refiram a poderes quase divinos.

Uma das tribos das planícies mais conhecidas da América do Norte são os *Lakota*, um dos povos *Siouian* (*Sioux*). Eles têm uma vida rica em ritos e cerimônias, tais como: a Dança do Sol, a Sauna Sagrada, a Tenda Tremulante, a Busca da Visão, entre outras que serão abordadas no capítulo "Ritos e Cerimônias". Para eles *Wakan* é a força vital essencial de todas as coisas, também é usado para nominar uma pessoa sagrada como um *wicasa wakan* (Homem Sagrado), *winyan wakan* (Mulher Sagrada), *pejuta wicasa* (curandeiro) e um *winkte* (xamã transformado).

Todos os jovens da etnia *Lakota*, homens e mulheres, passam por um rito de passagem para a vida adulta, seguindo para um local afastado e jejuando durante alguns dias com a finalidade de terem visões dos espíritos. Todos eles conseguem obter auxílio de um espírito protetor, mas só irão ser chamados a se tornarem xamãs aqueles que têm o dom xamânico e uma relação com estes espíritos aliados, conseguindo ter acesso aos conhecimentos do mundo sobrenatural. Às pessoas sagradas são dadas instruções únicas para a vida e rituais pelos espíritos. Elas não estão sujeitas a regras normais de conduta, porque são instruídas diretamente pelo espírito. A sua originalidade é vista como indicação de sua sacralidade.

Os *Lakota* chamam de *wicasa wakan* (Homem Sagrado) ou *winyan wakan* (Mulher Sagrada), os adivinhos ou videntes que conduzem a cerimônia do *yuwipi* (Tenda Tremulante), da *inipi* (Sauna Sagrada) e na criação de rituais de cura. Já os *pejuta wicasa* (curandeiros) são especialistas na aquisição de medicamentos para diferentes fins. Xamãs transformados (*winktes*) são diferenciados entre os *Lakota* por terem um relacionamento direto com o espírito hermafrodita (*Anukite Ihanblapi*) de feições femininas, que surgem em suas visões, convocando-os a trilhar este caminho. *Winktes* recebem cânticos especiais de *Anukite* para curar as doenças, a insanidade e para ajudar no parto e na medicina do amor. Falaremos sobre outras funções dos *winktes* no capítulo "Xamãs Variantes".

Todos os líderes espirituais *Lakota* recebem dos espíritos canções de poder e orações que utilizam para curar. Eles vivem como homens e mulheres comuns, exceto quando são chamados para cuidar de um doente ou realizar cerimônias. Seus deveres xamânicos não os isenta de outras obrigações, mas fornece um papel adicional para cumprir. Quando interveem em caso de doença física ou espiritual, o tratamento consiste em diversas combinações de medicamentos, cerimônias e prestidigitações. Geralmente os curandeiros especializam-se em certos tipos de enfermidades. Sua gama de habilidades e conhecimentos de ervas e medicamentos é limitado pelas visões que receberam dos espíritos e seu aprendizado com xamãs mais experientes.

Com o advento do movimento *New Age*, alguns nativos *Lakota* e esotéricos passaram a realizar as cerimônias deste povo para não índios, visando ao lucro, como também passaram a vender a parafernália xamânica sem nenhum critério, esquecendo que essas práticas espirituais são voltadas para o bem da tribo. Ritos e cerimônias estão atualmente sendo adaptadas para os não índios, tornando-as mais "apetitosas" para buscadores incautos. Infelizmente, em todos os caminhos espirituais iremos encontrar uma parcela de indivíduos que buscam manter um contato com a essência profunda e transcendente dos ensinamentos, e de outras pessoas que repetem a receita sem entender o conteúdo; ou seja; que imitam fórmulas sem operar com a verdadeira essência do que é realmente acessível.

Ao redor da região dos Grandes Lagos da América do Norte vivem os *Ojibway* ou *Chippewa*, que preferem ser chamados pelo seu nome ancestral *Anishinaabe* – que significa povo original –, que adotaremos ao nos referir a eles. Na sua cultura, cada indivíduo adquire um guardião (*manitu*), ou espírito auxiliar, por meio de busca de visões pessoais. Os poderes do *manitu* auxiliam a pessoa dando-lhe proteção, sucesso na caça, no casamento, no parto, etc. Assim, cada membro da tribo mantém uma relação com o espírito e o sagrado, sem necessitar da orientação de um xamã, conhecido por esse povo por *midewinini*, que significa o "misticamente poderoso". A mulher que exerce essa função é chamada *midekwe*. Além dos xamãs, existe outra categoria de líder espiritual entre eles, o *djessakid*, que é um especialista na realização de adivinhação e na Cerimônia da Tenda Tremulante.

O xamã *anishinaabe* é um especialista que se distingue pela quantidade de energia obtida a partir de uma série de *manitus* e sua capacidade de direcionar essa energia para a cura, conjuração ou adivinhação. Ele pode ser considerado um guardião da cerimônia e sua posição é garantida através do conhecimento do sobrenatural. O *mide*, para abreviar e englobar os dois gêneros, pode ser considerado um criador de ritual. A posição do xamã é garantida através da capacidade de entrar em EXCA e trazer os poderes do sobrenatural para o auxílio de seres humanos. Entre os *mides* o tambor representa o cedro mítico, que é o eixo cósmico que liga os misteriosos reinos, fornecendo um caminho para o poder de cura do *manitu*.

A xamaria *Anishinaabe* é praticada dentro de uma "Sociedade de Medicina Secreta" chamada *Midewinini*. São os *mides* que chamam os espíritos aliados para realizar curas durante o ritual *Midewinini*. São eles também que administram os remédios à base de plantas, que são sempre ativados por meio de uma canção medicinal. Essas músicas são dadas para o xamã pelo *manitu* em visões e jornadas. Os *Anishinaabe* dizem que existem cinco causas possíveis para a doença: feitiçaria, espírito intruso, intrusões de energia, quebra de tabu ou perda da alma.

O ensino dentro da Sociedade *Midewinini* é um caminho de mistérios onde o caminhante tem que ter muita força de vontade para ganhar os poderes dos *manitus*, ter a capacidade de jejuar, de sonhar, de confiar no sobrenatural e de ter uma autodisciplina inabalável, que muitas vezes significa uma vida de abstinência de certos alimentos e atividades apreciadas por outros. O *a-go-kwa*, o xamã transgênero de sexo do *Anishinaabe* é chamado para o papel em sonhos, como os outros xamãs da tribo. Depois que um menino sonha em ser *a-go-kwa* ele abandona todos os costumes masculinos e adota o vestido e trejeitos das mulheres. Esta transformação do gênero continua ao longo de sua formação e de sua vida.

Anishinaabe acreditam que a ajuda do xamã é necessária como psicopompo, para ajudar a alma recém-falecida a ser orientada a enfrentar os desafios de conciliar a sua vida atual e para superar os perigos ao longo da sua jornada para o "Acampamento do outro lado do Rio da Vida". O *mide* é a figura central nos rituais realizados para atrair as almas para fora das rotinas das suas vidas antigas e apaziguá-las, de modo que ao aceitar a morte, elas não continuem a exigir a atenção de seus familiares, a vingarem-se ou a atormentarem seus inimigos em seu sono. É papel do xamã entrar nos reinos do espírito, para acompanhar a alma em sua travessia e garantir a conclusão bem-sucedida da jornada.

As "Sociedades de Medicina" também exercem um papel significativo nas práticas de cura espirituais entre A Confederação Iroquesa que inclui as tribos *Mohawk, Oneida, Onondaga, Cayuga* e *Seneca* que faziam parte das cinco nações originais dos *Iroqueses* e o povo *Huron*. Eles acreditam que tudo pertence ao espírito e que o conhecimento da vida para além do plano físico é disponível para qualquer indivíduo que realmente sabe como sonhar. É através do sonho que o sonhador tem acesso à sabedoria ancestral que transcende espaço e tempo. Os *Iroqueses,* também conhecidos pelo nome original de *Haudenosaunee* (povo da casa comprida) se preocupam exclusivamente em trabalhar, xamânicamente, com os reinos do sonho premonitório, telepático e encontros com o sobrenatural.

Para eles é importante lembrar e interpretar o sonho com precisão. Não era incomum para as tribos iroquesas tomarem suas decisões de vida ou morte com base nos sonhos proféticos de pessoas que foram reconhecidas como sonhadores dotados. Os xamãs dos *Haudenosaunee* são sonhadores poderosos e têm o dom de desvendar o significado dos sonhos dos outros. Os termos utilizados para eles está relacionado com a sua conexão com os sonhos, como *ratetshents*, que significa "aquele que sonha", *arendiwanen* "aquele que possui *Orenda* (poder espiritual)" e *agotsinanken*, "aquele que vê a verdade".

Os *Haudenosaunee* acreditam que a alma humana faz com que seus desejos naturais sejam conhecidos por meio de sonhos. Quando os desejos são expressos e promulgados, a alma está satisfeita. Por outro lado, quando os desejos são ignorados, a alma se torna irritada e se retira, prejudicando o corpo. Quando os sonhos são repetidamente ignorados, a alma pode se revoltar contra o corpo, causar doenças ou morte. Xamãs desta nação dizem que enquanto o sonhador dorme, suas jornadas da alma fora do corpo trazem de volta informações de outros lugares e épocas. Portanto, o que foi sonhado iria ocorrer. Recebendo este aviso durante o sonho, o sonhador pode controlar sua inevitável ocorrência mudando o resultado do sonho por meio da interpretação adequada e evitar o perigo, ou tornando a experiência mais tolerável.

Xamãs são convocados pelos espíritos para a sua profissão durante seu sonhar e, em seguida, recebem sua formação xamânica através de uma série de sonhos com os seus *oyarons* (espíritos aliados) que os ensinam. Caso um xamã sonhe com uma ave de rapina é um sinal de que ele deve participar da "Sociedade da Medicina da Águia", ou se sonhar com uma máscara (*kakonsa*) deverá observar as práticas e servir a "Sociedade da Face Falsa". Existem diversos tipos de sociedades secretas de medicina, como a do Urso e a do Lobo, mas estas duas citadas são as mais conhecidas.

É através dos seus sonhos que os xamãs determinam a causa oculta de uma doença e a ação apropriada para eliminá-la. Nas suas sessões de cura, eles geralmente trabalham com exorcismo, a extração de energia intrusa e a perda e resgate de vários aspectos da alma. O bem-estar do indivíduo, e muitas vezes de toda a comunidade, depende da interpretação e da aplicação do sonho na vida. A interpretação correta é particularmente importante no que diz respeito aos grandes sonhos que envolvem o contato com seres sobrenaturais ou avisos de desastre iminente. É considerado como um dever social do xamã ajudar alguém a desvendar o significado de um sonho e projetar o curso de uma ação apropriada, como localizar a caça em época de escassez.

Tradicionalmente, os xamãs e as anciãs são especialistas respeitados na interpretação dos sonhos. Os intérpretes de sonho mais frequentemente consultados são as avós e as mulheres mais velhas que entraram na menopausa e são respeitadas como as detentoras da clarividência. Elas usam a sua vidência olhando a água ou fogo para ajudar a esclarecer o significado de um sonho. A interpretação de um sonho ou o diagnóstico de uma doença sempre levou em conta as duas forças que criaram o "Universo Iroquês": a ordem e o caos. Estas duas forças são incorporadas nos gêmeos cósmicos que partilham o poder deste mundo. O gêmeo que encarna a força vital criativa é estável e útil para a humanidade, já o que encarna o caos é mutável e imprevisível.

Os *Haudenosaunee* acreditam que existem três aspectos da alma humana: um vital que sustenta o corpo físico, que é o que permanece na matéria; uma alma livre que é inteligente e destina-se a viajar para fora do corpo, além do espaço-tempo; e um terceiro que se transforma. Os três aspectos da alma humana têm diferentes naturezas e destinos depois da morte. A alma vital do corpo e da existência física torna-se uma com a terra após a morte. A alma livre é considerada um espírito luminoso, que retorna ao Mundo Superior, onde existia mesmo antes da criação do Universo. Ela pode demorar até *ohkiwes*, a Festa dos Mortos, durante a qual todos os aspectos da alma são liberados e os ossos enterrados. O último aspecto, muitas vezes chamado de duplo, fica perto da aldeia, a menos que seja devidamente honrado na Festa dos Mortos.

O *ohkiwes* é realizado para evitar problemas com fantasmas que podem causar danos ou doenças na vida. Todos os espíritos das pessoas, desde os primeiros ancestrais até os recém-falecidos, são honrados e alimentados durante esta festa mortuária. Quando a cerimônia é conduzida adequadamente, a alma deixa o plano terrestre e viaja ao longo do Caminho das Almas, pela Via Láctea, na direção das terras dos mortos. Entre os *Haudenosaunee* a natureza da morte, por exemplo, tal como suicídios, guerreiros mortos lutando, acidentes, falecimento natural, etc., determina o destino final para a alma.

Xamanismo no Oeste Selvagem

Na parte sudoeste dos Estados Unidos, as tribos, em sua maioria, dedicam-se à agricultura, mesmo em climas desérticos como os da região dos estados do Arizona, Colorado, Novo México e Utah, conhecida como "Quatro Cantos" ou "Oeste Selvagem". A função principal do xamã dentre estes povos agrícolas, além da cura, é o de fazer ou parar de chover. Falaremos um pouco sobre essa diversificação do papel do xamã praticado nas tribos *Hopi*, *Navajo* e *Zuni*, onde xamãs realizam formas cerimoniais muito complexas.

Entre os povos conhecidos por *Pueblo* (*Acoma, Hopi, Keres, Tiwa, Tewa, Towa* e *Zuni*) não existem um indivíduo exercendo a função xamânica de curador ou de intermediário entre o Mundo Material e o Mundo Espiritual, isso somente ocorre de forma coletiva dentro e pelas Sociedades de Medicina. A admissão em uma observa condições e protocolos específicos que variam entre elas. Cada sociedade treina e inicia cada um dos seus candidatos por meio de elaboradas cerimônias iniciáticas. Estes ritos são mantidos em segredo, ocultos aos não iniciados, por serem partes essenciais dos rituais de cura e dos assuntos internos da sociedade. Dentro delas existem diversos níveis de formação e iniciação e o avanço entre os graus é baseado no desempenho de cada membro (similar à Maçonaria).

Para compreendermos como funcionam as Sociedades de Medicina destes povos, é necessário entender um pouco sobre sua cosmologia. Os *Pueblo* consideram que o Cosmos é dividido em três níveis distintos: o superior do Céu e das nuvens, o nível médio de vida humana na superfície da Terra e o nível do reino espiritual subterrâneo. Tanto o Mundo Mediano como o Profundo são organizados em áreas concêntricas, como uma aldeia, tendo uma *kiva* (câmara ritualística) no centro. Entretanto, em muitos aspectos, os dois domínios são descritos como sendo a antítese um do outro. Quando é noite acima do solo é dia debaixo da terra, durante o verão num, é inverno noutro, e uma deidade que é repulsiva em um pode ser agradável em outra. As oposições de atributos entre esses reinos não são vistas como contraditórias, mas, sim, como complementares. Na relação entre o Mundo Espiritual e o humano, nenhum deles é subordinado ao outro; pelo contrário, eles operam com diferentes intenções, mas fazem acordos para o benefício mútuo.

O centro ritualístico típico destes povos é a *kiva*, uma câmara cerimonial redonda, parcialmente afundada na terra. Sua entrada só pode ser acessada por uma escada que sai de uma abertura no teto, que é fechado por uma escotilha. Há também um pequeno buraco no chão dela, chamado *sipapu*, que representa o ponto de ligação entre o "Mundo" dos humanos e o dos espíritos. O *sipapu* representa a abertura original pela qual as primeiras pessoas surgiram na Terra. Os *Pueblo* acreditam que são descendentes dos *Anasazi* (antigos na língua dos *Navajos*), que foi o povo originário desta região.

Narra a lenda dos povos *Pueblo* que, antes deste mundo que vivemos, houve três que foram destruídos consecutivamente pelo fogo, gelo e um grande dilúvio, gerados em resposta às más ações dos humanos que viviam lutando entre si e desta forma quebravam a harmonia que existia neste mundo, inclusive a amizade e o companheirismo que tinham anteriormente com os animais. E a cada novo mundo a Mulher Aranha (*Koyangwuti*), levava as pessoas mais obedientes para o Mundo Superior, seguinte pelo *sipapu*, que é representado dentro das *kivas*; e foi desta forma que seus ancestrais chegaram ao Quarto Mundo.

Na cosmogonia destes povos existe uma série de deuses e personalidades espirituais. Entre as divindades não existe uma hierarquia de poder, porém as mais importantes delas são: *Tewa* (o Pai Sol), a Mulher Aranha (*Koyangwuti*, a Mãe Cósmica), seus filhos (o casal de gêmeos) e *Masauwu* (o Espírito da Morte). Para eles, todos as coisas orgânicas ou inorgânicas, bem como as forças elementais são imbuídas de vida e podem assumir a forma humana. Outro grupo de espíritos importantes são o Povo Nuvem, que está ligado não somente a essa formação, mas também à fumaça do fumo e a névoa dos lagos. Eles creem que, ao morrerem, irão se juntar às nuvens, por essa razão, em seus ritos fúnebres seus corpos são preparados com penas e nuvens de algodão e também esfregam farinha de milho em seus rostos para ficarem com a aparência de nuvem.

Os *kachinas* são considerados os mais importantes seres espirituais. O panteão particular deles difere de uma tribo para a outra. Pode haver formas *kachina* do sol, trovão, vento, estrelas, insetos e afins, sendo os mais frequentes associados a aspectos importantes da agricultura. São espíritos da natureza, alguns considerados ogros ou canibais. Após a morte, uma pessoa pode juntar-se a eles, mas *kachinas* não são espíritos ancestrais, são seres poderosos que requerem veneração e respeito dos seres humanos. Eles podem trazer chuvas, fertilidade, cura, proteção e crescimento. Podem casar, ter filhos e são chamados a participar da nossa realidade através de máscaras nas danças cerimoniais dos *Pueblo*. *Kachinas* também são representados por pequenos bonecos esculpidos em madeira.

Nestas tribos, quase todos homens e mulheres se juntam para formar sociedades que têm a função principal de realizar cerimônias mascaradas públicas, onde bailarinos imitam *kachinas* particulares. Considera-se que estes dançarinos estejam incorporados e tenham se tornado unos com o *kachina* com que dançam. Entre os *Zuni* (*Ashiwi*), as sociedades são normalmente compostas inteiramente de homens. As mulheres raramente se tornam membros delas e em determinadas cerimônias são excluídas. Já entre os *Acoma* e *Hopi*, elas são membros importantes de tais grupos. As danças *kachina* ocorrem de acordo com o calendário cerimonial da tribo, obedecendo as necessidades agrícolas deles.

Todos membros da Sociedade *Kachina* têm máscaras feitas por eles mesmos. Algumas máscaras são propriedade comunal e outras pertencem apenas aos dançarinos. Todos eles têm suas próprias máscaras pessoais. Geralmente são decoradas com tinta e penas para a cerimônia, como um convite para que o espírito *kachina* a habite. Quando encerradas, as penas são removidas e a tinta é completamente raspada para que o espírito possa ir embora da máscara e não fique preso entre cerimônias. Quando os membros morrem, as máscaras são enterradas com seus proprietários, para segui-los na vida futura.

A cerimônia com os *kachinas* começa quando os membros da sociedade se recolhem dentro da *kiva* apropriada, de acordo com o calendário de atividades, por um período que pode durar vários dias. Os participantes são muitas vezes obrigados a jejuar ou abster-se de determinado alimento. Eles passam por rituais de purificação, que podem incluir banhos, lavagem dos cabelos e limpeza emética interna. Altares complexos e objetos ritualísticos são construídos, tais como *Paho* – varas de oração feitas de madeira, pintadas e adornadas com penas. As máscaras são pintadas e objetos sagrados são reparados. Os participantes fumam tabaco ritualisticamente e os mascarados se apresentam em performances que só podem ser vistas dentro da *kiva* e nunca por alguém de fora da sociedade. A cerimônia culmina em uma apresentação pública executada por todos os membros da sociedade.

Na Xamaria *Hopi*, o chamado geralmente chega ao xamã em sonho, por herança, pela sobrevivência a uma doença ou após ser atingido por um raio. A função é conhecida pela comunidade como *poosi'ytaqa* ou *povosqa*, que significa "ver com olhos especiais". E para exercê-la, ele tem que fazer parte da Sociedade Olho (*Poswimi*). Para que isso ocorra é necessário ser apadrinhado por um membro desta sociedade. Em seus trabalhos xamânicos, o xamã conta com a ajuda de espíritos tutelares animais, conhecidos pelo nome de *na'at*, "pai", não no sentido biológico, mas como padrinho.

Os *povosqa* (xamãs) são considerados grandes herboristas, tendo em sua farmacopeia uma série de plantas enteógenas, como a *datura*, os cogumelos *Psilocybe* e *Amanita muscaria*. Acredita-se que boa parte dos xamãs faziam uso da *datura*, como outros povos *Pueblo* vizinhos, para entrar em Estado Xamânico de Consciência Ampliada e fazer jornadas entre diversas regiões cósmicas. Exploravam também a raiz do *soksi* (*Mirabilis multiflora*) para induzir a visão quando iam fazer um diagnóstico. Hoje a Xamaria *Hopi* é considerada quase inexistente ou se mantém oculta aos olhos de indivíduos externos à tribo.

Uma pessoa pode fazer parte de várias Sociedades de Medicina simultaneamente. Ao invés de ter um único xamã para os doentes e feridos, cada tribo tem diversas sociedades de cura que compartilham a capacidade de realizar cerimônias curativas. Cada uma delas tem um conjunto diferente de funções e de enfermidades que podem curar. E, em sua maioria, organizam-se em torno de um chefe de medicina, geralmente um homem, que executa a maioria das cerimônias, enquanto os outros membros trabalham como assistentes.

Quando um membro *Pueblo* tem uma doença com risco de vida e não consegue se curar, a vida dessa pessoa é "dada" a uma Sociedade de Medicina. O indivíduo lesionado ou enfermo pede a proteção dos deuses, prometendo que, se a cura for bem-sucedida, então ele se tornará um membro daquele grupo e participará na cura de outros quando houver necessidade. Esta é a principal maneira com que cada sociedade é perpetuada. Tanto as mulheres como homens podem fazer parte destas sociedades de cura.

Diversas são as Sociedades de Medicina e diferem de uma tribo para outra. Há doze delas entre os *Zuni* que cuidam de todo tipo de doença que, além de curar enfermidades físicas e espirituais, muitas vezes realizam outras funções, como a de chamar chuva, por exemplo. Porque o Urso é considerado um grande curador, os membros geralmente pintam seu corpo retratando este animal. Nesta ocasião a influência xamânica se manifesta por completo. A cura possivelmente é realizada num estado de êxtase, alcançado pela dança ou uso da *Aneglakya* (*datura*). Objetos estranhos dentro do corpo do paciente, enviados por feiticeiros, são considerados a maior causa das doenças e são removidos por sangria, sucção, massagem, sudorese, entre outros procedimentos ritualísticos.

Ao oeste dos povos *Pueblo* vivem os *Navajo*, nome usado pelos invasores espanhóis ao se referirem ao povo *Diné* ou *Dineh* que, tal como os seus vizinhos, também descendem dos *Anasazi*. A Xamaria *Diné* é bem distinta das outras praticadas na América do Norte, apesar de adotar elementos de cura presentes nas culturas vizinhas, integrando-as criativamente para compor um sistema de cura radicalmente singular. Apesar de nos primórdios os *hatáális* (xamãs) realizarem ritos de passagem ligados às vivências visionárias e sonhos, com a proximidade dos *Pueblo* desenvolveram uma estrutura ritualística (*hatáál*) mais tradicionalista, focada em um ou, no máximo, dois curandeiros, e não numa Sociedade.

A cosmologia do povo *Diné* é essencialmente espiritual e procuram vivenciá-la pelo *Hozro*, o Caminho da Beleza. O termo beleza neste caso é bem abrangente, carregando conotações como: harmonia, ordem, saúde e bondade, enfim, a perfeição dos tecidos cósmicos no momento da criação do Universo. Para os *Diné*, *Hozro* é tanto um estado mental interno (existencial do ser), como um conceito filosófico sobre a qualidade metafísica das coisas "além". Este é um caminho espiritual, uma filosofia de vida, um processo ideal de dinâmica da vida que se quer realizar em seu ser para se harmonizar com a energia da natureza. É para celebrar, restaurar e manter este estado de ser que a Xamaria *Diné* é dirigida.

Para ser um *hatáálli* não é necessário ser chamado pelos espíritos, a decisão é natural e sem nenhum elemento sobrenatural. Raramente uma mulher *diné* alcança o status de xamã, a maioria deles são homens que foram colocados por muitos anos sob a supervisão de outro *hatáálli* mais velho e mais experiente. Durante o seu aprendizado, o curador neófito memoriza as histórias, os cantos e as técnicas ritualísticas com que terá de lidar numa cerimônia. Ele participa de ritos de cura de seu benfeitor como ajudante ou dançarino. Quando finalmente galga ao status de "Homem de Medicina", constrói uma sacola de medicina que contém muitas das parafernálias mágicas que usará em seus rituais de cura.

O *hatáálli* é o guardião da cerimônia e o criador do ritual, posição que é reconhecida através da capacidade dele de entrar em estados de transe e trazer poderes sobrenaturais para auxiliar as pessoas. As visões são consideradas especialmente sagradas quando revelam o que está ocorrendo com uma pessoa e o ensinamento que o espírito traz para o indivíduo nessa situação. Para induzir à visão, à profecia, ao diagnóstico e à entrada no estado de transe, alguns xamãs fazem uso da *datura*, que permite a comunicação com o espírito para o diagnóstico e uma prescrição do canto necessário para a cura durante o *hatáál* (rito de cura).

O *hatáál* dos *Diné* tem a duração de até nove dias, um a mais do que seus vizinhos *Pueblo*, dentro de um *hogan* (cabana). Antes do paciente entrar no espaço ritualístico o xamã escoa areias coloridas pelas suas mãos por horas, fazendo uma *iikhááh* (pintura na areia) das Pessoas Sagradas (*yeibicheii*) que são chamadas pelo *hatáálli* para ajudarem na cura. Ao terminar, dançarinos bailam ao redor do desenho para invocar os espíritos. Logo depois o paciente entra na cabana pelo Leste e se senta no centro. O ritual envolve performances dramáticas do xamã, que canta canções que narram eventos do tempo mitológico das histórias sagradas.

Estes cantos, acompanhados por tambores e chocalhos, são contos visionários que descrevem visitas à Terra dos Espíritos no Céu e ao Mundo Profundo, que é alcançado por uma passagem no lago ou uma caverna. Nestas viagens cantadas, heróis *diné*, tal como xamãs clássicos, encontram-se com mulheres e envolvem-se com elas. Alguns chegam a se casar e ter filhos com esses espíritos sagrados, obtendo assim o conhecimento dos cantos de cura. Ao final de uma série de cantos a doença do paciente é purificada na pintura de areia e destruída pelo xamã, que deposita os grãos ao Norte do *hogan*.

O povo *Diné* tem como objetivo de vida trilhar o "Caminho da Beleza" até o fim de seus dias. Eles não acreditam na vida após a morte, como outros povos nativos. Para eles, existe uma vaga ideia de um pós-vida num Mundo Profundo ao Norte (terra dos ancestrais), que é atingido por uma jornada que desce uma encosta arenosa. O maior bem desta etnia é viver uma vida longa e em harmonia com todos os seres, para quando chegar a hora serem devolvidos à natureza como parte de sua indivisível unidade.

Xamanismo Havaiano

O povo havaiano é descendente dos polinésios. Seus xamãs, acreditam que há três níveis do Ser se manifestando na nossa mente consciente: *Aumakua* (Eu Superior), que é a nossa mente superconsciente ou espiritual; *Uhane* (Eu Médio), a nossa mente consciente; e *Unihipili* (Eu Básico), o nosso subconsciente. Serge King (1985, p. 18) diz que os problemas sempre começam no nosso aspecto mental. Todas as doenças, problemas físicos e mentais têm sua fonte em formas "pensamentos negativos", que surgem na mente consciente e são mantidas no subconsciente, podendo ser transferidas para o corpo físico. Por causa disto, a verdadeira cura tem de começar pelo nível espiritual. É preciso pedir ajuda à divindade. Então, ela envia seu *Há* (hálito da vida), através do nosso nível *Aumakua*, do *Self* da pessoa. Ou seja, do aspecto espiritual do indivíduo, ela viaja para o nível subconsciente do físico. Este nível profundo apaga as formas-pensamento e emoções negativas que ela contém, como a raiva e o medo, substituindo-as por luz. Desta forma, a causa da doença é tratada e toda cura realizada. Os Mestres do *Ho'Omana*, "dar poder", são conhecidos como *kahuna* que quer dizer "Mestre", já *kahuna kupua* significa "Mestre da Cura", ou xamã.

O mundo ocidental é essencialmente objetivo em sua abordagem na definição da realidade, acreditando somente no que pode ver. O pensamento *Huna* (aquilo que é difícil ver), que faz parte da filosofia xamânica havaiana, é oriundo da Polinésia e compreende a realidade como os níveis de experiência objetiva por um lado e os de consciência subjetiva por outro. Para os *kahunas kupua*, o nível físico objetivo da realidade cotidiana comum, que a ciência considera como a única realidade "possível" ou "real", é apenas o primeiro de diversos níveis de experiência e consciência. Nesse nível físico, tudo é percebido como separado de todo o resto.

O nosso nível subjetivo de pensamentos e emoções é o segundo nível de realidade, conforme o pensamento *Huna*. Este é considerado também o nível no qual fenômenos psíquicos, como telepatia, clarividência e psicocinese, são vivenciados. Como a realidade física comum, também é um nível de ação, porém no segundo nível tudo está em contato com tudo por meio de fios de uma "substância energética ou etérea" chamada *Aka* na língua havaiana. Para os *kahunas*, tudo no Universo está conectado a tudo, formando uma vasta rede ou teia formada por esses fios de *Aka* no segundo nível. Estas conexões podem acontecer por intermédio de pensamentos e intenções e são "ativadas" pela atenção. Concentração sustentada, como a praticada durante a meditação, teoricamente aumenta a força ou o volume do contato.

No segundo nível de realidade, o tempo é sincrônico, ou seja, tudo o que já aconteceu no passado, assim como tudo que irá acontecer no futuro, pode estar acontecendo ao mesmo tempo, interconectado por meio do campo *Aka*. Por isso, como ressaltam os *kahunas kupua*, não existem inícios ou fins neste nível de realidade, apenas ciclos e transições. Aplicada ao conceito de reencarnação, essa perspectiva sugere que o passado e o futuro de uma pessoa poderiam teoricamente estar acontecendo todos ao mesmo tempo, interconectados por meio dos filamentos *Aka* no segundo nível de percepção.

Como o tempo é sincrônico nesse nível, as conexões *Aka* podem se estender através do tempo e do espaço. Talvez este seja o caminho pelo qual certos indivíduos possam se lembrar de fragmentos de suas vidas passadas.

O terceiro nível de percepção é "o Mundo Espiritual". Chamado *Pó* em havaiano, que é a realidade incomum pelo qual os xamãs viajam em Estados Xamânicos de Consciência Ampliada para se encontrarem com os espíritos e outras forças sobrenaturais. Este é o nível da viagem mental-astral em que tudo é percebido simbolicamente e chamado pelos *kahunas kupua* de *Ike Papakolou*, "percepção de terceiro nível".

Na tradição *kahuna kupua*, o reino dos espíritos é dividido em três mundos (Inferior, Médio e Superior), como também ocorre nas maiorias das tradições xamânicas por todas as partes do mundo. *Milu* é o Mundo Profundo, o "reino sob a terra", para onde o xamã viaja em EXCA para adquirir espíritos aliados para si e conhecer o poder, normalmente na forma simbólica de animais, plantas, objetos ou espíritos. O Mundo Médio é *Kahiki*, o aspecto incomum do plano físico da realidade comum cotidiana. Este é o lugar dos sonhos, o local para onde vamos quando sonhamos quando dormimos, ou de forma estruturada, orientada a um objetivo, como o xamã faz quando desperto. Tudo o que existe na realidade cotidiana, aqui, deve ter um equivalente de sonho, lá. O Mundo Superior é conhecido como *Lanikeha*. Este é o nível arquetípico dos deuses, deusas, heróis e heroínas mitológicos, os espíritos *Aumakuas* ancestrais e os nossos guias espirituais.

No pensamento *Huna*, existe ainda mais um nível de realidade, o quarto nível, *Ike Paakauna*, que é descrito como um estado puramente subjetivo de consciência mística da unidade essencial do Universo e de tudo o que há nele. É a dimensão holístico-espiritual na qual tudo é vivenciado. Este é o nível de transmorfose e identificação, o ambiente de percepção em que os xamãs experientes podem fazer contato e se fundir com cardumes de peixes na água ou cervos nas montanhas para conduzi-los às redes dos pescadores ou aos arcos dos caçadores. Uma forma diferente de caça e pesca. Também é o *locus* em que se pode fazer contato com o campo divino, o vasto vazio carregado de potencial. No quarto nível, tudo é percebido como parte da unidade, e a unidade como parte de todas as coisas.

Segundo os *kahunas*, tudo o que está na natureza existe em três estados diferentes do Ser: físico, mental e espiritual, com cada um expressando um aspecto exterior. Para os seres humanos, por exemplo, o aspecto físico exterior era o *Kino*, o corpo material e sua contraparte interior, o centro energético, o *Kino'ka*, uma espécie de corpo duplicado invisível que contém a força que dá ao indivíduo.

No âmbito mental do Ser, a mente interior é fortemente integrada com o corpo físico num nível de consciência chamado *Unihipili*, ou mais comumente, *Ku*, "corpo-mente". O *Unihipili* vivencia o mundo exterior, armazena memórias e é a fonte de emoções e sentimentos. É através dele que é possível receber informações sobre os níveis incomuns de realidade. É o nível da mente por meio do qual as experiências visionárias ocorrem. O aspecto exterior da mente se concentra basicamente no mundo exterior. Esse é o nível mental, intelectual do

Self humano e é chamado de *Uhane*, ou *Lono*. Este aspecto da consciência é o pensador, o analisador e o tomador de decisões, recebendo informações sobre os mundos exterior e interior por meio do *Unihipili*. É quem controla as ações e o comportamento de uma pessoa, cujas decisões são traduzidas em ação pelo *Unihipili* interior, que funciona diretamente com o corpo físico.

O nível espiritual do *Self* é chamado *Kane Wahine'*, termo que designa um espírito pessoal que é ao mesmo tempo masculino e feminino. O termo mais genérico, *Aumakua*, é utilizado para indicar este aspecto e acha-se em cada pessoa, cada coisa manifesta na natureza, tanto animada quanto inanimada. O *Aumakua* de cada coisa manifesta existe no mundo espiritual e, ao contrário dos aspectos físicos e mentais do *Self*, esta presença espiritual não morre.

Na Xamaria Havaiana, seres vivos no plano físico da existência são os aspectos exteriores do seu *Aumakua* interior. Cada pessoa, animal, planta, rio ou pedra se originam como uma forma-pensamento, cuja fonte é seu *Aumakua*. Tudo na natureza se manifesta intencionalmente no mundo cotidiano da realidade física por seu *Aumakua* no mundo espiritual. Assim, tudo é criado por sonhos desse aspecto espiritual incomum.

Os *Kahunas* também acreditam que cada um dos três aspectos do *Self* (corpo, mente e espírito) pode aumentar e crescer, mudar e evoluir, em resposta à experiência que ocorre em cada um dos níveis do Ser. Desta forma, cada aspecto é responsável pela cocriação dos outros. Assim, como uma pessoa vive sua vida no plano físico, suas experiências são projetadas pelo seu *Unihipili* (corpo-mente) interior no nível *Aumakua* do *Self*. Este aspecto, então, aumenta e muda em resposta, existindo como uma espécie de repositório das experiências de vida de um indivíduo, incluindo as derivadas não só da vida atual, mas também, até certo ponto, das passadas. Assim, o *Aumakua* de uma pessoa contém uma memória espiritual de todo o conhecimento e experiência acumulada.

Além disso, o *Aumakua* de cada indivíduo está ligado a todos os outros *Aumakuas* por meio de uma vasta matriz de força ou energia interconectada, chamada *Koko'aka*. Todos os *Aumakuas* pessoais de todos os seres humanos em toda parte formam, portanto, um coletivo conhecimento, como *Kapoeaumakua*, o espírito humano. Este grande ser multifacetado contém o conhecimento coletivo de toda a humanidade. Esta sabedoria está teoricamente disponível a todos os seres humanos. O truque está em saber como fazer contato direto com seu *Aumakua*, pois estas informações só podem ser acessadas e recebidas por este aspecto do *Self*.

Os *kahunas kupua* revelaram que o contato com o aspecto espiritual pessoal de uma pessoa ocorre por meio do *Unihipili* e essas informações do *Aumakua* normalmente assumem a forma de sonhos, ideias, impulsos, pensamentos e inspirações. O *Aumakua* é, portanto, a fonte de inspiração e intuição. Desta forma, o espírito pode funcionar de tempos em tempos como professor ou guia pessoal.

Os *Kahunas* são adeptos de técnicas mentais para criar eventos objetivos na realidade cotidiana. No caso, três fatores estão envolvidos: um aspecto da imaginação, chamado *Laulele*, o poder místico que os Havaianos chamam de *Mana*, e as conexões psíquicas por meio do campo *Aka*.

Laulele é a imaginação usada de forma consciente para estabelecer um padrão ou estratégia mental, combinada com fortes desejos de realizar esse fim. *Mana* é energia, cuja abundância ou escassez determina a eficácia de todas as práticas psíquicas. *Aka* é o material básico do qual tudo no Universo é formado, até mesmo pensamentos e imagens interiores. Os *kahunas kupua* acreditam que o *Aka* pode ser formado e moldado por pensamentos, que pode servir como receptáculo ou condutor de *Mana*, e que os efeitos se manifestam por meio das conexões de *Aka* estabelecidas entre o *kahuna* e seu objetivo.

A essência vital, *Keola'ika'ika* é um aspecto do poder sobrenatural dispersado pelo Universo. Quando este poder é altamente concentrado nas coisas vivas, ele as satura com força vital. A essência vital de cada Ser é como uma fagulha de um fogo que pode abrir caminho entre as linhagens com o passar do tempo, assumindo diferentes formas, expressando-se infinitamente até ter experimentado todas as manifestações possíveis, dos vermes mais inferiores até os próprios deuses.

A força vital é um processo e não algo material, mesmo assim, tudo no Universo material e não material é, em última análise, um aspecto dela. Existe um padrão na teia da vida e a força vital pode se procriar interna ou exteriormente para atingir esse desenho. Neste sentido, a força vital tem sua própria direção, sua própria vontade. Cada coisa viva é parte do grande padrão, *Ano'holo'oko'a*, e cada Ser é, portanto, preenchido com *Kumu* (intento), mesmo que este propósito seja desconhecido para a pessoa ou o verme.

A natureza da força vital é diversificada. Cada coisa possui um aspecto corporal comum aqui no mundo dos fenômenos e um aspecto *Aumakua* no mundo espiritual. À medida que estes aspectos espirituais mudam e crescem em resposta ao que ocorre durante os infinitos ciclos de nascimentos, vidas, mortes e renascimentos no plano físico, o padrão também muda e cresce. Desta forma, os níveis incomuns de realidade são formados em resposta ao que transpira aqui na realidade comum. Por isso as intenções são tão importantes. Os objetivos fornecem o destino, assim como o referencial para as experiências. Aqueles que manipulam constantemente os outros e os eventos para adquirir riqueza material ou poder estão mais concentrados no lado negativo de sua natureza. Quando essas pessoas morrem e existem unicamente como *Aumakua*, seus espíritos não são benévolos, pacíficos, nem repousam em paz. São espíritos famintos, ansiosos e quando tornam a se manifestar no mundo comum, retomam o mesmo tipo de caráter.

Por isso, segundo os *kahunas*, o mal existe no mundo. Ele é simplesmente parte do padrão. Tudo tem dupla natureza, e "não bom" é simplesmente a outra metade de "bom". Cada um contém dentro de si a capacidade para ambos. Quando chegamos ao mundo, a forma de nossa personalidade revela o que é proeminente em nosso aspecto espiritual. Em nossa passagem pela vida, as escolhas que fazemos afetam tanto a nós próprios quanto ao que existe ao nosso redor. Esses efeitos se refletem de volta ao mundo espiritual, que muda em resposta. Parte de nossa tarefa enquanto crescemos é vencer o lado negativo de nossa natureza em favor da luz. Ao fazermos isto, o grande padrão se desloca nessa direção também.

Dessa forma, cada um de nós viaja pelo tempo em muitas vidas, até atingirmos nosso destino dentro do grande padrão (*Ano'holo'oko'a*). Quando nós, humanos, estivermos inteiramente formados e despertos, tornar-nos-emos outra coisa. Este, segundo os *kahunas*, é o nosso destino, e cada um de nós deve alcançar isto à sua própria maneira. Esta é a nossa missão, a verdadeira razão de existirmos.

Xamanismo na América Central e no México

O xamã é uma figura dominante nas tribos da América Central e no México. Nestas regiões há uma grande utilização de Plantas Mestras: os *Mazatecas* utilizam o cogumelo *psilocybe* para entrarem em Estado Xamânico de Consciência, enquanto os *Huichol* recorrem ao cacto *peyote*, conhecido também pelo nome de *hikuri*, que é "caçado" como se fosse um veado. Nas sessões de cura, tanto os pacientes como os seus parentes usufruem da Planta Mestra e pode-se dizer que o doente e o xamã bebem do mesmo remédio, ambos partilham um campo de visões dentro do qual podem agir em conjunto. A cura baseia-se amiúde na interpretação do xamã de uma visão vivida pelo paciente, que poderá tornar-se introspectivo sob a influência do enteógeno e rever criticamente o curso de sua própria vida e suas relações.

Os xamãs desta região se assemelham aos siberianos, passando por um período árduo de aprendizagem que requer jejum, abstinência sexual, dança, bem como o consumo de tabaco em grandes quantidades. Submetendo-se a essas privações, o aprendiz liberta a alma do corpo físico e é capaz de voar para reinos distantes por meio de um cipó retorcido, fazendo contato com os espíritos na forma animal, humana ou outras. Os xamãs mesoamericanos podem receber um chamado iniciático através de sonhos, doença grave ou entrar na profissão por opção. Em outros casos, os candidatos podem ser identificados por meio de herança, sobrevivência a um relâmpago ou devido a presságios auspiciosos ou indicadores de calendário no momento do nascimento. Na maioria das vezes, a aprendizagem é supervisionada por um mestre xamã mais velho e experiente.

As Plantas Mestras são utilizadas ritualisticamente no Xamanismo praticado nesta região e tornaram-se foco de atenção científica e popular no início dos anos 1950, quando muitas delas foram apropriadas para uso recreativo. Conhecido pelos *Astecas* como *teonanacatl*, "carne dos deuses", cogumelos dos gêneros *Panaeolus* e *Psilocybe* têm sido usados amplamente entre os grupos indígenas do México desde a antiguidade. *Mazatecas* de Oaxaca consideram estes fungos entidades divinas que viajam para a terra em raios. A famosa curandeira *mazateca* Maria Sabina, conta para Estrada (1981, p. 55) que, ao ingerir o *psilocybe* "se os enfermos não vomitam, eu vomito por eles e assim a enfermidade é expelida. Os cogumelos têm o poder porque eles são a carne de Deus".

Segundo as tradições xamânicas mesoamericanas, cada pessoa, ao nascer, está ligada a um espírito animal que irá protegê-la e guiá-la. Estes espíritos são chamados de *tonalli*, também conhecidos como "animal de poder". Um xamã geralmente procura se conectar com o "seu" animal guardião buscando contar com sua força, orientação pessoal e para atender sua tribo. O *tonalli*, para a maioria dos povos não é um totem; nem representa um indivíduo ou sua linhagem e nem é um animal real. Ele é como o *rogi* para o povo Ñahñus (*Otomi*) que habita o Vale de Mezquital, no México.

Williams (2013, p. 55) diz que para os Ñahñus:

> Onde quer que uma criança nasça, um animal nasce simultaneamente e ambos são ligados espiritualmente por toda a vida. Esse animal, ou *rogi*, é um ser por si mesmo. Se algo acontece ao *rogi* de alguém, o mesmo acontece à pessoa (até mesmo a morte). Feiticeiros enviam seus *rogis* para atacar xamãs rivais, e xamãs tribais

revidam com seus *rogis*. O *rogi* de um xamã em geral é uma águia ou um puma, os caçadores diurnos mais poderosos da região, enquanto o *rogi* de um feiticeiro costuma ser uma coruja ou uma raposa, seus equivalentes da noite.

O xamã mesoamericano, pelo seu dom de se transformar em animal, é chamado por *nahual* (nagual). Essa característica dá nome ao Xamanismo praticado no centro do México, o Nagualismo. Ao final da década de 1960, por meio das obras de Carlos Castaneda, surgiu o que se convencionou chamar de "Novo Nagualismo", em que o autor atesta ser esta uma tradição herdada de xamãs do México Antigo e que, na ausência de um nome melhor para a palavra conhecimento, seu professor, Don Juan Matus, descreveu este arcabouço de sabedoria nativa pelo nome de Nagualismo, tendo os seus discípulos se autodenominado Guerreiros Toltecas.

Segundo a obra de Castaneda, *naguais* são mestre xamãs que foram forçados a esconderem a sabedoria ancestral e a manter sua existência na obscuridade, pois a invasão europeia, combinada com o mau uso do poder pessoal por alguns poucos aprendizes, tornou necessário ocultar o conhecimento dos que pretendiam usá-lo apenas para ganhos pessoais, como também daqueles que não estavam preparados para manuseá-lo com sabedoria. Entretanto, a filosofia *Tolteca* foi transmitida através de gerações diferentes das linhagens de "Nagual".

O povo *Huichol* (*Wixárika* ou *Wixáritari*) considera-se o descendente e herdeiro dos verdadeiros *Toltecas*. Sua população não passa de 5.000 membros ao todo, estabelecida nas montanhas da Sierra Madre Ocidental, no centro-norte do México, e mantém seu modo de vida tradicional notavelmente inalterado desde a chegada dos espanhóis na região. Entre os *Wixáritari* há grupos especiais de praticantes chamados de *maraàkames* (xamãs), que são os guardiães das antigas práticas mágicas e experimentam níveis de experiência de percepção do mundo que outros membros da comunidade não podem sequer imaginar.

O papel do *maraàkame* é o de curador, sacerdote, líder da caça *peyote* e cantor em cerimônias comunitárias anuais. Com a ajuda de seu espírito aliado *Kauyumari* (o Sagrado Cervo), o xamã realiza adivinhações para diagnosticar a causa da doença e rituais de cura. São capazes de se metamorfosear em formas animais e enviar suas almas para o mundo espiritual, enquanto em transe. O *maraàkame* é escolhido pelo espírito, geralmente ainda criança, e aprende diretamente com os espíritos. O indivíduo escolhido tende a buscar a solidão durante algum tempo. O candidato deve estar disposto a sacrificar-se física e materialmente e a dedicar a sua vida a serviço dos outros.

O treinamento para se tornar um *maraákame* dura em média cinco anos. Durante os anos de sua formação, o xamã deve permanecer casto ou fiel a um cônjuge e pais incentivam suas crianças a completarem a aprendizagem numa idade jovem, porque, à medida que envelhecem, é muito mais difícil de se concentrar no treinamento. Os indivíduos que seguem o caminho do xamã procuram outro mais experiente, geralmente um familiar ou um *maraákame*, com os quais a família tem longa amizade, para interpretar sonhos e sinais enviados pelos deuses e orientá-los através da formação. A aprendizagem real, no entanto, ocorre através da relação pessoal que o noviço desenvolve com os deuses *Wixárika*.

O candidato deve mostrar grande inteligência, força e resistência. Ele deve ser capaz de jejuar, ficar sem dormir e viajar mais de 250 km durante a caça *peyote*. Muitos rituais são longos e exigem 36 a 48 horas de canto contínuo, de modo que a resistência e o compromisso são essenciais para o *maraákame*. O candidato deve aprender a tocar violino e ter uma memória extraordinária para aprender os cânticos, mitos e canções da cultura. Deve também cultivar a compaixão, sensibilidade social e o conhecimento de psicologia e relações interpessoais.

Durante este período de cinco anos é imprescindível que ele aprenda a extrair objetos causadores de doenças no corpo de um paciente, como também desenvolver a capacidade de se comunicar com *Kauyumari*, o "irmão mais velho", que é representado como um veado azul, podendo aparecer de diferentes formas nos sonhos iniciáticos do xamã. Geralmente é o *Kauyumari* que ensina ao jovem tudo aquilo que será útil no seu processo de formação. *Kauyumari* é chamado também de "deus mensageiro" por ser ele o intermediário no processo de comunicação entre o *maraákame* e os deuses.

Xamãs *Huichol* também desenvolvem uma relação com animais específicos como o *teka*, lagarto de chifres ou sapo espinhoso (*Phyrnosoma cornutun*), que tem a capacidade de fazer jorrar sangue de seus olhos como um mecanismo de defesa; a *wiexu*, uma espécie de jiboia, e o venenoso lagarto de contas (*Heloderma horridum*), admirado por sua língua bifurcada e os desenhos na sua parte traseira. Para fazer uma aliança com qualquer um destes animais, o xamã deve capturar uma dessas espécies viva e cortar a ponta do seu rabo, libertando-o em seguida. Depois esfrega o sangue do animal no rosto, garganta, punhos e pés. Desta forma, ele se liga ao réptil e guarda o pedaço da cauda como um objeto de poder. Este ritual é repetido pelo *maraákame* muitas vezes em vida, desenvolvendo assim uma conexão com a criatura.

As alianças com as Plantas Mestras também são cruciais para o xamã. Duas se destacam durante o treinamento, são o *peyote* (*Hikuri*) e o *tabaco* (*Makutse*). Comer o *peyote* desde criança em rituais comunitários ajuda a estabelecer contato com o *Hikuri*, "Deus-*Peyote*", que envia mensagens do mundo espiritual através de poderosas visões. Já durante o aprendizado xamânico é essencial para aprender com os espíritos aliados como curar e conhecer também o funcionamento do Cosmos. Já com o *makutse*, o *maraákame* aprende a fazer purificação com um cigarro de palha de milho, fumado com o consumo de *peyote*, na maioria das vezes; fazendo com que a nicotina do tabaco e a mescalina do *hikuri* potencializem os efeitos visionários.

Outra planta utilizada por alguns xamãs é a *Kieri* (*datura*), que é ao mesmo tempo reverenciada e temida por muitos *Wixáritari*. *Maraákame* e seus aprendizes que desejam os poderes excepcionais desta planta, deixam oferendas a ela e procuram ingeri-la em pequenas quantidades. *Kieri* é vista como uma aliada altamente perigosa, pois uma dose muito grande da planta pode deixar o indivíduo suscetível a uma experiência aterrorizante. Em casos extremos, pode causar loucura e morte. Os *Wixáritari* atribuem essas ocorrências aos poderes sobrenaturais da *Kieri* e ao Deus, de mesmo nome, associado a ela. É muito utilizada pelos feiticeiros em suas maldições.

Uma função importantíssima do *maraákame* é conduzir um grupo em peregrinação pelo deserto sagrado de *Wirikuta* para caçar *peyote*. Ele explica aos participantes os mitos e as história desse local sagrado, canta e conduz os peregrinos na caminhada de 250 quilômetros pelo deserto. *Wirikuta* é considerado pela etnia *Huichol* como lugar dos seus ancestrais, e os botões de *peyote* são as pegadas do "Irmão mais velho", *Kauyumari*, quando este caminhou pela Terra cantando suas músicas sagradas. Durante a Caça ao Peyote, todos participantes enchem a boca com tabaco e levam o arco e a flecha. Ao avistar o cacto sagrado, eles arremessam a flecha e cortam o *peyote* na raiz, sem tocá-lo. Falaremos mais sobre esta caçada no capítulo "Ritos e Cerimônias".

O povo *Huichol* constrói dois tipos de espaços sagrados, o pequeno templo familiar chamado *xiriki* e o templo comunal chamado *tuki*. O *xiriki* contém cristais, chifres de veado e caudas, cabaças de água sagrada e instrumentos musicais usados em rituais. Os cornos de veado de *Kauyumari* são colocados no topo das duas estruturas. Objetos de poder pessoais do *maraákame* incluem o 'uweni (cadeira), que é o lugar sagrado do xamã enquanto canta durante uma cerimônia. O 'uweni é construído com um assento e um encosto redondo, exibindo desenhos do símbolo da flor de cinco pétalas do *peyote* e montado em pele de veado. Outro instrumento de poder é o *takwatsi*, uma cesta longa com uma tampa construída especificamente para transportar as flechas cerimoniais do *mara'akame* ou *muvieri*, penas das aves sagradas. Os objetos de poder são utilizados na limpeza e na cura ritualísticas. A parafernália xamânica também inclui armadilhas de cervo em miniatura, cadeiras minúsculas para os espíritos, chocalhos, guizos de cascavéis, violino e outros instrumentos.

Entre os *Ñahñus*, povo descendente dos *Astecas*, os xamãs se dedicam exclusivamente à tarefa primária de diagnosticar e curar, porém também são contratados pela comunidade para exercer a função de sacerdote oficiando ritos tradicionais. São altamente respeitados e reconhecidos publicamente como pessoas de conhecimento, que sabem interpretar presságios e prever o futuro, com a capacidade de se transformarem em animais e levarem o espírito de um falecido para a Terra dos Mortos. Todas sessões xamânicas são realizadas num altar onde se depositam incensário, velas, varinhas e um cristal.

Em seu trabalho de cura, os xamãs *Ñahñus* acendem as velas e incensos de *copal* para chamar seus espíritos aliados e, dependendo da intensidade ou da direção da chama e da fumaça, podem ser aconselhados pelos espíritos sem entrar em transe. A chama da vela fornece a luz necessária para protegê-los e iluminar a jornada ao além, enquanto a fumaça do incenso ajuda a purificar o doente para o trabalho que será realizado. Os xamãs também fumam um extrato de *cannabis* (santa rosa) para entrar em transe e ver dentro do paciente, localizando o objeto ou espírito intruso e extraindo-o com um cristal límpido. Depois fortalecem seu *zaki* (poder pessoal), restaurando a sua saúde.

Durante a cerimônia, figuras de papel são cortadas pelos ajudantes do xamã na forma do animal que representa o *rogi* do paciente, trazendo desta forma, a energia do aliado da pessoa em perigo. Muitas vezes o xamã tem que recorrer ao seu próprio *rogi* para defender o do seu cliente, que foi atacado pelo de um feiticeiro. Os xamãs *Ñahñus* só cobram do seu paciente se a cerimônia for bem-sucedida.

A tradições espirituais dos *Mayas* se estendem pela Península de Yucatán, Guatemala, Belize, parte dos territórios mexicanos de Chiapas e Tabasco, até Honduras e El Salvador. A cosmovisão *Maya* é semelhante à dos povos xamânicos ao redor do mundo. O mundo físico e o espiritual são vistos como dois planos de existência, onde o primeiro é a manifestação material das forças do espírito e o segundo é a essência de todas as coisas materiais. O Eixo Cósmico (*Axis Mundi*) é simbolizado por uma grande Ceiba Verde (*Yaax-ché* ou *Wacah Chan*, dependendo como é chamada em cada região), em cujo tronco sagrado transcorria a vida na Terra. Na sua concepção cíclica da criação, o Universo existe por eras de 5.200 anos aproximadamente (treze *baktunes*), e em cada ciclo o mundo volta a renascer.

Sua cosmologia também fala sob três níveis de realidade:

O Mundo Superior, o Céu (*Ka'an*), que se divide em treze estratos, cada um deles regido por deidades da luz chamadas *Oxlahuntikú* (treze deuses). *Ka'an* é sustentado por quatro irmãos chamados *Bacabes*, correspondentes a cada um dos quatro pontos cardeais, e suas consortes. O Mundo de Cima também é representado por um pássaro-serpente, identificado como o Dragão Celeste.

O Mundo Mediano é a Terra (*Cab*), o nosso mundo humano, e é considerada como uma superfície plana quadrangular deitada sobre as costas de um enorme jacaré numa lagoa de lírios aquáticos. *Cab* é sustentada pelos *Pahuatunes* (deuses dos ventos) que se posicionam em cada ponto cardeal, tal qual os *Bacabes* no céu, com cores determinadas para as direções (Leste – Vermelho, Norte – Branco, Oeste – Negro e Sul – Amarelo). A vida transcorre sobre o tronco de *Yaax-ché*, a Ceiba Sagrada que atravessa a Terra para afundar suas raízes no Inframundo e dirigir seus galhos ao Céu.

O Mundo Inferior ou Inframundo (*Xibalba*) é um universo escuro e submerso, com seres semelhantes ao da Terra, porém, quando é noite num mundo, é dia no outro e vice-versa. *Xibalba* tem nove camadas com seus correspondentes "Senhores da Noite" (*Bolantikú*). O nono e mais profundo deste mundo é *Mitnal*, governado por *Ah Puch*, o Senhor da Morte, e habitado por outros seres da noite. *Xibalba*, embora chamado de Submundo, para os *Mayas* é considerado como o Reino do Espírito que é visitado pelo xamã quando em transe extático.

A espiritualidade *Maya* reflete a eterna luta entre o bem e o mal sobre a humanidade. Os deuses são ambivalentes: por um lado enviam trovões, raios e chuvas para semear a terra e garantir a abundância, por outro, provocam morte, fome, enfermidades, destruição, secas, furacões e guerras. Os *Mayas* evocam e apaziguam os deuses de diversas maneiras. Durante o ano celebram ritos agrícolas e realizam outras cerimônias. Caso a petição seja modesta, como curar uma doença ou solução de um problema doméstico, fazem oferendas de alimentos, ornamentos e objetos valiosos; e, se existe uma grande necessidade pública, como obter chuva, por exemplo, realizam sacrifícios com animais em substituição à prática de até meio século atrás, quando sacrificavam humanos por decapitação, esfolamento e extração do coração.

O *h'men*, "aquele que sabe", pode ser um homem ou uma mulher. Este xamã é um "médico-sacerdote" que cura doenças físicas e espirituais. Comumente é chamado num sonho por "Nove Espíritos" *Mayas*, que podem ser ouvidos no trovão e vistos no raio. Esses espíritos continuam a ensinar as técnicas aos novatos, do uso de plantas medicinais às orações sagradas em seus sonhos. E estas são a ferramenta mais importante e poderosa dos xamãs. O aprendiz pode também aprender com um mestre *h'men*. Desse modo, o enorme corpo de conhecimento sobre plantas medicinais e sagradas recolhido durante a vida do "médico-sacerdote" pode ser passado para a próxima geração.

O xamã *maya* é chamado a realizar rituais para influenciar o clima e proteger as plantações, trazer ou parar a chuva, como também o vento. Alguns desses rituais podem durar dois ou três dias. O *h'men* é constantemente chamado para ajudar o crescimento das culturas, protegendo-as de espíritos malévolos ou fortalecer seus espíritos benevolentes. Os "médicos-sacerdotes" podem pedir aos animais para sacrificar suas vidas para as pessoas comerem. O xamã é chamado em todas as formas de cura, exorcismo, retorno das almas e para neutralizar os efeitos nocivos da feitiçaria, como: *susto* (medo), *aire mal* (mal-estar), *envidia* (inveja causada por um inimigo) e *ojo mal* (mau-olhado). Doenças também são muitas vezes atribuídas à feitiçaria.

Um dos objetos de poder mais importantes do xamã *Maya* é o *sastun* (pedra luminosa) que é usado principalmente na adivinhação e no diagnóstico. Este objeto é um cristal translúcido encontrado nos mais diversos tamanhos e formas. Tradicionalmente, ele é entregue por um espírito em sonho e mostra aos *h'men* onde pode encontrá-lo. Esta pedra age como um canal através do qual os xamãs contatam os espíritos para realizar adivinhações e curas; e também pode ser usada para responder SIM ou NÃO às perguntas do paciente.

Existem outros tipos de objetos que são usados pelo xamã *Maya*. A resina de copal queimada pelo *h'men* elimina uma fumaça que é utilizado para a limpeza e desobstrução no processo de cura. Folhas da planta *che tzib* são usadas da mesma forma. O xamã também usa velas de sebo e uma variedade de outros objetos pessoais de poder.

O *h'men* configura seu altar em lugares tradicionais de poder: bocas de cavernas, ao pé dos montes ou em campos abertos. O altar criado para o ritual envolve quatro árvores nos quatro cantos. Seis postes sustentam o altar e derramam sangue de galinhas, perus, veados ou porcos, neste local. Ao abrirem o espaço sagrado durante seus rituais, os xamãs *Mayas* criam *Wacah Chan* ou

Yaax-ché (a Árvore do Mundo), que é usada como um canal que permite a comunicação com o mundo espiritual. Dependendo do tipo de ritual, algumas vezes é necessário um sacrifício de sangue humano.

Para os *Mayas*, o sacrifício ritualístico é o maior ato de devoção espiritual. Eles veem a sua relação com o Cosmos no ciclo de vida do milho, o alimento básico da vida *maya*. O milho não pode renovar o seu ciclo de vida sem mãos humanas para plantar suas sementes. Seus xamãs acreditavam que o Universo não poderia se renovar sem o sacrifício de sangue. Em ocasiões como o plantio, nascimento de uma criança ou a consagração de um ambiente eles faziam pequenos cortes no corpo e doavam seu sangue.

Gillette (2001, p. 18) explica sobre a importância do sangue dizendo que:

> À força subjacente que proporciona energia tanto aos deuses como ao mundo criado, os *mayas* chamam *ch'ulel* ou "força da vida". [...] Tanto os deuses como o mundo criado dependiam de uma constante circulação dessa força sobrenatural. O sangue denominado *itz* – era o principal portador de *ch'ulel*.

Sangrias maiores são realizadas durante os "grandes festivais cósmicos" (equinócios e solstícios), com doações feitas da própria carne pelos xamãs e outros membros da comunidade que desejam fazê-lo. Nestes rituais, visam a atingir um estado de êxtase, isolando-se, abstendo-se de sexo, jejuando de alimentos e ingerindo um hidromel de *balché* (*Lonchocarpus violaceus*). Perfuram o próprio pênis com cravos de sílex ou com espinha de arraia e deixam o sangue jorrar numa vasilha repleta de tiras de papel. Quando o prato de oferenda está cheio de *itz*, o papel é queimado e uma fumaça sagrada se desprende dele formando as nuvens de *ch'ulel* que carregam a chuva ao Mundo Superior.

Este sacrifício representa o momento da criação cósmica *Maya*, quando os deuses perfuraram seus pênis e salpicaram o vácuo como seu sangue sacro. Neste momento, uma centelha surge na total escuridão do infinito oceano do Outro Mundo e os deuses saltam para a luz.

Gillette (2001, p. 85) diz que de acordo com os *Mayas*:

> Esse temível autossacrifício do Ser Divino fornecera a força vital que criou, sustentou e eternamente recriou o Universo e os seres humanos. De sua parte, os seres humanos eram obrigados a participar desse sacrifício divino original, repetindo-os em seus rituais de autossacrifício, mantendo assim a energia criadora do Ser Divino circulando por todos os níveis da realidade. No processo, a alma era autorizada a se envolver em atos sagrados de cocriação, a "dar à luz" deuses no plano da Terra e a alcançar uma unidade com o Ser Divino que lhe garantiria a sobrevivência após a morte.

Xamanismo Sul-Americano

O Xamanismo praticado na América do Sul apresenta características extremamente arcaicas tais como: rito de passagem de morte e ressureição, ascensão celeste, mergulho no Mundo Profundo, sessões de cura por sucção e resgate de alma, cantos secretos, jornadas extáticas do xamã na qualidade de psicopompo, transformação em animal, entre tantas outras facetas que se encontram no complexo xamânico. Iremos explorar aqui as principais práticas do subcontinente Sul-americano que são o amazônico e o andino, falando um pouco dos da Planícies sul-americanas e da Patagônia.

Xamanismo Amazônico

O Xamanismo na Amazônia se assemelha muito ao clássico praticado na Sibéria. As cosmologias são geralmente em camadas, com uma árvore central, e os xamãs voam para o Mundo Inferior ou Superior. A iniciação xamânica envolve frequentemente uma doença iniciática, desmembramento do seu corpo ou ter a carne comida por formigas, a utilização de inúmeros espíritos aliados e o casamento com um espírito específico. Todo este processo fará com que o xamã possa exercer suas funções de curandeiro, psicopompo, adivinho, sacerdote, transmorfo e intermediário entre os homens e o mundo sobrenatural.

Entretanto, a prática amazônica se reveste de alguns aspectos que a singularizam. O mais importante é o uso de plantas enteógenas destinadas a induzir transes e visões. Os xamãs amazônicos distinguem-se dos indivíduos comuns pelo domínio do transe extático e costumam ser chamados pelo seu povo de *payé*, que significa "imbuído de espírito sobrenatural". Em seu treinamento, eles adquirem cantos e aprendem invocações que são utilizados para entrar em contato com espíritos aliados, recuperar almas perdidas e entrar em Estados Alternativos de Consciência. Os cânticos são poderosos e exprimem o poder dos xamãs nesta região Sul-americana. Maracás e *chacapas* (molhos de folhas amarradas) são utilizadas como acompanhamento de percussão para o canto e como um sinal auditivo para a alma alada do xamã em seus voos extáticos.

O povo *Yaminahua*, que vive na fronteira da Amazônia peruana e brasileira, consideram as canções os bens mais valiosos dos xamãs e a essência de seus poderes, conhecimentos e capacidades de cura. Os cantos xamânicos da etnia *Machiguenga*, do sudeste do Peru, segundo os *seripigaris* (xamãs) vêm diretamente dos espíritos e são difíceis de traduzir ou interpretar, pois contêm uma linguagem não ordinária. A maioria das músicas são inteligíveis em Estados Comum de Consciência e seu poder deriva em grande parte de suas propriedades vocais quando o xamã se encontra em transe extático.

Qualquer que seja a maneira como o xamã foi inicialmente escolhido, ele ou ela acabará por se adaptar a uma ordem totalmente diferente da vida diária, tendo que, em algumas tribos, evitar de comer a carne de um animal específico que seja seu aliado de poder ou faça parte do seu totem. Nos povos amazônicos tanto os xamãs como determinadas árvores são *payés*, isto é, "imbuídos de espírito sobrenatural". Um xamã perde seu poder se ficar contaminado, se violar um tabu ou se for atacado por um feiticeiro mais poderoso. Seu poder tem que ser constantemente cultivado e a sua perda pode conduzir à doença e até à morte.

O *payé*, em sua maioria, adquire o "poder sobrenatural" através da vivência direta. Esse poder geralmente é utilizado de forma que auxilie a comunidade tribal como um todo. Muitas vezes, ao ajudar, é necessário que o xamã faça o mal. Por exemplo, ao ver uma menina que tenha tido a alma roubada por espíritos a mando de um xamã de outra tribo para recuperar a saúde de um menino daquela etnia, os pais da jovem que teve a alma roubada contratam um xamã para recuperá-la, prejudicando assim o menino. Desta forma, podemos designar como Xamanismo na Amazônia qualquer atividade por meio da qual o "poder sobrenatural" possa ser adquirido pelos xamãs e a utilização deste para a prática do bem ou para o mal, bem como todos os conceitos e crenças associadas a tais poderes.

Na Amazônia, as enfermidades são classificadas em dois tipos: as resultantes da introdução de um objeto patogênico, ou energia intrusa, e as decorrentes da "perda da alma". Na primeira é necessário localizar e expulsar o causador do mal; na segunda, precisa-se encontrar, recuperar e reintegrar a alma perdida do enfermo. No último caso, a necessidade da intervenção do xamã é incontestável, pois só ele é capaz de ver e capturar almas. As causas do roubo da alma podem ser inúmeras: sonhos que provocam a fuga dela, mortos que não se decidem a partir para o além e ficam rodando as tribos buscando levar consigo outra alma, ou então a própria do doente que se desgarra do corpo devido a traumas que teve.

Nos casos de doenças provocadas pela introdução de um objeto ou energia, é graças ao seu dom sobrenatural que o xamã consegue diagnosticar a causa; para isso, ele dispõe de vários espíritos aliados que o auxiliam a encontrar a causa da doença e a sessão implica necessariamente na invocação ou evocação desses espíritos. Os objetos ou energias nocivas geralmente são enviados por feiticeiros pelo poder do seu pensamento. Também podem ser enviados por espíritos que às vezes se instalam por iniciativa própria no corpo do doente. Uma vez descoberta a causa da doença, os xamãs extraem os intrusos por sucção.

Vitebsky (1995, p. 48-49) a respeito dessa relação com a feitiçaria diz que:

> O xamanismo está intimamente ligado à feitiçaria e, muitas vezes, as línguas locais não possuem termos específicos para o xamã que cura e para o que faz o mal. Esta ambiguidade no xamã é especialmente notória nas aldeias onde as estruturas de autoridade são fracas ou fluidas. Quando a chefia é fraca, o conhecimento trazido de outros mundos pelo xamã é particularmente importante e reconhecido como fonte de moralidade e de controle social.

Os *payés* contam com auxiliares em quase tudo que fazem. Além dos assistentes vivos, que preparam os equipamentos e tocam instrumentos musicais, os espíritos aliados vão desde um simples ancestral sábio até espíritos guerreiros armados para a batalha e as plantas mestras. Muito dos espíritos aliados são animais, uma vez que estes são animados e dotados de propriedade úteis que os seres humanos não dispõem. O espírito jaguar torna o xamã forte e feroz e o espírito do rato possibilita ao xamã a travessia por passagens reduzidas. Os espíritos das aves e peixes proporcionam ao *payé* a possibilidade de se mover livremente no ar e na água.

Os espíritos aliados dos xamãs amazônicos os conduzem numa jornada, como se fossem batedores. Quando são animais os transportam em suas costas, levando para o fundo de um rio ou para o céu. Eles previnem os xamãs sobre os obstáculos e inimigos que surgem no caminho e ajudam-no a rechaçá-los. Proporcionam também ao *payé* as habilidades mágicas e a força correspondentes às suas capacidades. Dependendo da situação, os xamãs enviam espíritos auxiliares como emissários, em vez de eles mesmos viajarem. Os espíritos aliados ainda agem como professores ensinando aos *payés* técnicas xamânicas de cura e a desenvolver seu poder de percepção.

A identidade do xamã parece muitas vezes misturar-se de um modo estranho com a do espírito aliado. Quando se encontra em Estado Xamânico de Consciência Ampliada o *payé* geralmente se transforma ou se deixa possuir por um animal selvagem e se comporta como tal. Desta forma, o xamã incorpora em si os poderes da natureza. Ou seja, ele não se converte num aliado, mas o é em sua essência, realizando assim uma tarefa em outro plano do Cosmo que como humano não poderia realizar. Com o tempo, eles terminam formando um binômio anímico, uma simbiose perfeita.

Tal como as forças da natureza, os espíritos auxiliam ou destroem. Cabe ao *payé* conseguir sua cooperação, persuadi-los e, caso insistam em atuar contra ele, impedi-los de o fazer. A luta entre os espíritos benignos e hostis reflete a natureza ambígua não só do mundo, mas também do xamã e da própria humanidade. Na selva amazônica, os espíritos residem em determinadas espécies de enormes árvores que se acumulam nas regiões alagadiças. O rio Amazonas e seus afluentes dominam uma grande parte da América do Sul, e a enorme diversidade biológica nas águas e na floresta que a envolve permite elaborados usos das plantas medicinais, que emprestam ao Xamanismo na Amazônia um sentido especial.

Outros espíritos professores são as plantas, e muito em especial as medicinais e as enteógenas. Para os *payés*, as plantas são realmente espíritos mestres. Ao consumi-las, eles conseguem ver outra realidade, a qual se mantém escondida durante o Estado de Consciência Comum.

Os *payés* da tribo *Tukano*, que vivem às margens do rio Uaupés no estado do Amazonas, antes de entrar em contato com qualquer espírito primeiro inalam o rapé de *epená* ou *viho* (*Virola theidora*), que dá acesso ao Mundo dos Espíritos. A realidade revelada pela Planta Mestra não se enquadra numa rejeição da sociedade, mas, sim, numa completa interação do indivíduo com os outros. Enquanto alguns grupos indígenas dessa etnia na Colômbia e na Venezuela reservam o *epená* exclusivamente para os xamãs, entre os *Yanomami* – na fronteira do Brasil com a Venezuela – todos os homens e rapazes que já ultrapassaram a idade da puberdade ingerem regularmente o rapé desta planta; seu uso faz parte de um rito iniciático.

A cura com as Plantas Mestras baseia-se frequentemente na interpretação feita pelo *payé* de uma visão vivida pelo paciente, que poderá se tornar introspectivo sob a influência do enteógeno, revendo criticamente o curso da sua própria vida e relações sociais. As visões enviadas pelo espírito da planta podem ser boas ou apavorantes e sempre trazem um ensinamento para aqueles que a estão vivenciando. Porém, alguns indivíduos acreditam que a origem da visão se situa na mente da pessoa, e esta olha dentro de si ao ingerir a beberagem ou o rapé.

Próximo aos *Tukano*, vivem os *Baniwa*, que chamam os seus *payés* de "Mestres do Povo Jaguar" ou "Jaguares do Paricá". Estes xamãs fazem uso também do rapé feito da semente da árvore *Anadenanthera*, nomeada por eles pelo nome de *paricá*, e têm a arte de misturá-las com a *ayahuasca*. Testemunhas de suas cerimônias dizem que eles se transformam em jaguar quando inalam uma grande dose de *paricá*. Segundo seus mitos, quando estes *payés* veem que a sua morte está próxima, eles vão para o meio da floresta amazônica e transformam-se para sempre num jaguar.

Fato semelhante ocorre entre a tribo vizinha dos *Dessana*, quando xamãs que inalam uma grande quantidade do rapé de *viho* (*Virola theidora*), transformam-se num jaguar e são capazes de viajar pela Via Láctea, correr pela selva ou mergulhar nos reinos aquáticos do Amazonas. Para esta tribo, como para os *Tukano*, acredita-se que os *payés* mortos se transformam para sempre num jaguar.

A tribo *Kogi* que habita Sierra Nevada de Santa Marta, na Colômbia, se autodenomina "filhos do jaguar" e seus xamãs ingerem regularmente uma substância azulada chamada de *nebbi kuái* (*Ipomoea violacea*), esperma do jaguar, para assumirem a forma desse animal. O mito da criação *Kogi* narra que uma série de jaguares nasceram de *Aluna*, a Mãe Universal. Antes do nascimento do primeiro homem, *Kashindúkua* (pai dos jaguares), transmutou-se em jaguar quando introduziu na boca uma bolota azul, que lhe foi dada pela Mãe Universal.

Para esta etnia, os quatro pontos cardeais estão associados a uma série de conceitos, personagens míticos, animais, plantas, cores e atitudes. Em primeiro lugar, estão os pais dos quatro principais clãs com suas esposas. Em segundo, há conexões com os animais e suas companheiras: no Norte está o marsupial e o tatu, no Sul está o puma e o cervo, no Leste o jaguar e sua esposa, a porca selvagem, e no Oeste a coruja e a serpente. Além disso, o Norte está relacionado à cor azul, o Sul ao vermelho, o Leste ao branco e o Oeste à cor preta. O Universo *Kogi* se divide em nove estratos: quatro no Céu, um na Terra e quatro Submundos.

Os *Kogi*, ou *Kogui*, vivem da mesma forma que seus ancestrais. Eles são um dos quatro grupos étnicos descendentes (assim como os *Wiwa*, *Arahuaco* e *Kankuamo*) da civilização *Tayrona* que, segundo evidências genéticas e arqueológicas, datam de pelo menos 200 EC.

Desde o nascimento, os *Kogi* sintonizam seus sacerdotes, chamados *mamas* (que significa sol), para orientação, cura e liderança. Os *mamas* passam por um treinamento rigoroso para assumir esse papel. Crianças do sexo masculino, selecionadas pelos anciões *mamas*, são colocadas em uma cabana cerimonial escura durante os primeiros nove anos de vida para iniciar seu treinamento. Na cabana, um ancião *mama* e a mãe da criança cuidam, alimentam, treinam e ensinam a criança a sintonizar *Aluna* antes que o menino conheça o mundo exterior. Dentro da cabana em total escuridão, a criança domina as técnicas de respiração e meditação que permitem que ela entre em transe e veja o que está acontecendo. A verdadeira natureza da realidade além das distrações da visão comum.

Os *Kogi* acreditam que *Aluna* é a grande força por trás da natureza. Eles usam apenas roupas brancas tradicionais, pois acreditam que o branco representa a Grande Mãe Universal e a pureza da natureza. Baseiam seus estilos de vida no entendimento de que a Terra é um ser vivo e veem a humanidade como seus "filhos". Os *Kogi* acreditam que devem ajudar a prolongar e proteger a vida na Terra. Por meio de meditação profunda, oferendas rituais, canções e orações realizadas ao longo de uma rede de locais sagrados interconectados, os *mamas* mantêm o equilíbrio da vida, tanto para suas montanhas sagradas como para o mundo inteiro. Os *Kogi* estão preocupados com o fato de os não indígenas, os "irmãos mais novos", saquearem e desmembrarem a Terra. Eles veem isso evidenciado nas secas prolongadas e nas geleiras que desaparecem em suas próprias montanhas.

Nas tribos dos *Baniwa*, além da figura dos *payés* existem outros tipos de xamãs conhecidos por donos-de-cantos, que têm papéis e atributos diferentes, mas complementares e que são distintos nas suas práticas, mas não de modo exclusivo. Os dois tipos podem exercer as mesmas atividades e vice-versa. As diferenças são na maneira de formação, curas e qualidades do conhecimento que cada um domina. Os pajés extraem, por sucção, objetos intrusos dos seus pacientes, enquanto os donos-de-cantos "rezam", cantando ou recitando fórmulas e soprando a fumaça do cigarro de tabaco sobre plantas medicinais a serem consumidas pelos pacientes.

Somente os *payés* usam maracás e *paricá* em suas curas; para os donos-de-cantos, o tabaco e uma cuia d'água são os instrumentos principais. Essas diferenças de prática, porém, são sistematicamente vinculadas a princípios cosmológicos contrários. De tal maneira que a palavra "Payé" é utilizada somente para se referir aos "sugadores" e não aos donos-de-cantos ou "rezadores". Entre os dois tipos de curandeiros, os pajés são mais importantes dentro da tribo, tem um *status* superior, pois além de curar, eles aconselham e orientam o seu povo, desempenhando, assim, um dos serviços mais vitais para a saúde e bem-estar contínuo da comunidade.

A maior parte do exercício da prática xamânica na Amazônia é exercida pela população masculina. Porém, na etnia *Wayüu* ou *Guajiro*, da fronteira entre a Colômbia e a Venezuela, o Xamanismo é praticado por mulheres (*outsü* ou *piache*), que adquirem sua sabedoria em sonhos pelos espíritos aliados (*aseyüü*), neste caso, o espírito ou espíritos se manifestam na candidata a xamã por meio de doenças, dores corporais e convulsões. Mas também existe um outro tipo de mulheres curadoras (*alújuili*) que recebem seus ensinamentos do manuseio das ervas e plantas medicinais de geração em geração, de forma oral, de avó para a mãe, filhas e netas.

Apesar de as *alújuilis* (herbanárias) gozarem de profundo respeito e grande prestígio na comunidade, são as mulheres *outsüs* (xamãs) que constituem a imagem central da tribo, posto que têm as virtudes e atributos especiais para se comunicarem com o mundo sobrenatural. Sua figura constitui uma autoridade espiritual em cujo entorno giram os assuntos humanos e divinos de toda a etnia, em que seu ofício como intermediária entre o mundo dos *Guajiro* e o sobrenatural permite sanar as calamidades ocasionadas pelos espíritos das doenças. Em essência, a mulher xamã *Wayüu* possui o poder das palavras curadoras e a voz que dialoga com as forças sobrenaturais da natureza.

O ofício de *outsü* se revela geralmente por meio de sonhos (*lapü*) à pessoa que irá desenvolver essa tarefa entre o povo *Wayüu*. Outras vezes o espírito (*Wanülüü*) ou outros espíritos se manifestam na candidata mediante doenças, convulsões, amnésia e dores pelo corpo, simbolizando a morte de sua condição humana ordinária. Ao voltar conscientemente para sua comunidade, ela está transformada numa mulher diferente e poderosa à vista dos membros de sua tribo. A partir deste momento ela irá procurar uma anciã xamã que goze de prestígio na comunidade para orientá-la e, quando a encontra, as duas se isolam dentro de uma cabana sem poder sair e comer qualquer alimento sólido durante o período de reclusão.

Ao entrarem na choupana a mestra senta-se num banco de madeira (*tulu*), segurando um maracá (*isira*) na mão e um *uwomü* (chapéu de penas vermelhas) na cabeça. A *outsü* mais velha divide um rolo de tabaco concentrado com a noviça e as duas mastigam até sorver o suco desse tabaco, que as farão enjoar e vomitar. Em seguida, a anciã começa a cantar para seus espíritos aliados, que lhes revelará se a candidata possui condições para ser xamã. Ao receber a autorização deles, ela ensinará a nova *outsü* técnicas de cura e irá lhe advertir que não tenha mais relação sexual a partir daquele dia, pois poderá perder seus aliados se vier a fazer.

Os sonhos (*lapü*) e seus significados constituem um elemento de transcendental importância na esfera do dia a dia dos *Guajiro*. Para eles, a constante discussão entre o mundo físico (*anasü*) visível e dos mortos (*pülasü* ou *yolüjas*) dá uma explicação do porquê das mensagens dos sonhos premonitórios. O *lapü* às vezes pode se tornar um pesadelo ou numa ameaça de morte quando não tem sonho, porque não sonhar é um sinal de enfermidade grave. Quem não sonha é como se estivesse morto, porque prova que a alma da pessoa desapareceu. As *outsüs* são sempre procuradas para interpretar os sonhos dos membros da comunidade.

O significado da palavra *outsü* é "olho visionário". Talvez seja por essa razão que as mulheres xamãs têm a capacidade de sair do corpo durante o sonho e se comunicar com os espíritos aliados que lhes transmitirão fatos que irão ocorrer, mostrando-lhes os meios para prevenirem os males que possam acontecer. Neste caso, a *outsüs* irá receber dos *Wanülüü* (espíritos) as indicações de rituais e cerimônias que devem ser feitos imediatamente para os doentes, que envolverá a preparação de bebidas à base de ervas, massagens, oferendas, jejuns ou outro tratamento indicado pelos espíritos.

Para os *Wayüu*, os animais são seus irmãos ancestrais, por essa razão, o nome de cada animal simboliza o totem de uma família ou clã e é adquirido pela linha materna. Este grau espiritual de parentesco faz com que os membros clânicos evitem desrespeitar o tabu de comer ou sacrificar os corpos de "seus antepassados". Desta forma, por exemplo, se uma determinada família tem o javali como parente espiritual, qualquer membro dela não deve se alimentar em hipótese alguma da carne deste animal ou sacrificá-lo, evitando assim um castigo automático por parte do mundo sobrenatural.

Na cosmogonia *Wayüu*, todas as coisas do mundo foram criadas por *Maleiwa*, que habita o firmamento com os seus irmãos *Kaí* (o Sol) e *Kashi* (a Lua). *Maleiwa* tem como esposa *Palaa*, o mar, irmã de *Mma*, a Terra. O casal divino eram os pais de *Juyá* (a chuva) e seus irmãos (todos ligados as forças da natureza). Narra o mito que, ao caminhar certo dia, *Juyá* encontrou com *Mma* e se enamorou por ela. Desta união foram geradas as plantas e isto ocorre até hoje, quando a chuva fertiliza a terra dando os seus frutos. Porém, *Mma* ficou triste por seus filhos não caminharem sobre ela. Vendo sua tristeza, *Maleiwa* criou os animais, mas como estes brigavam muito entre si, ele resolveu criar os homens e lhes deu o dom da palavra.

À medida que os seres humanos se dispersaram pela Terra, *Maleiwa* se deu conta de que não havia deixado nenhum local para sua filha com *Mma*, *Pulowi* (esposa de *Juyá*) governar, e resolveu criar a península de Guajira, onde se assentaram a etnia *Wayüu*. Para eles, *Juyá* e *Pulowi* são os seres míticos que originam os princípios dualistas de vida e morte. *Juyá* representa as águas do céu, a vida e a fertilidade; enquanto *Pulowi* é associada à morte, à escuridão e à seca e é a soberana das profundezas, onde rege as plantas silvestres e os animais selvagens. Os lugares onde *Pulowi* habita são cavernas e buracos na terra.

Os *Wayüu* acreditam que todo e qualquer tipo de doenças são resultados do rapto da alma e a introdução de elementos patógenos no corpo por seres de outro mundo (*pülasü*) que fazem a humanidade pagar as dívidas que contraíram com a natureza. Esses males só podem ser reconhecidos e curados pelas *outsüs*. No caso de roubo da alma, eles creem que esta foi seduzida e arrastada por *Pulowi* até a escuridão do Submundo. Neste caso, xamãs, em seus sonhos (*lapü*), tem que ir até o Mundo Profundo para resgatá-la. Já a introdução de objetos no corpo ocorre pelas mãos dos *pülasü* (mortos), os emissários de *Pulowi*, que lançam flechas invisíveis nos humanos que quebraram os tabus de comerem carne. Em ambos os casos, as *outsüs* tem que negociar com a Senhora das Profundezas.

Podemos dizer que *Pulowi* é a imagem arquetípica da Grande Mãe, que nos gera, pare, nutre e devora. Como terra é estéril, como mãe é fecunda e sábia. Ela carrega em si o conhecimento secreto da fertilidade, o crescimento da vida em toda sua forma e expressão, como também o da morte. Sua aparência é de uma linda mulher, ou de um arco-íris (a língua do dragão), mas também pode aparecer na forma de uma serpente que devora os caçadores e arrasta almas para as profundezas da terra. Os seus olhos podem matar. Pescadores dizem que ela é a dama que caminha na noite em forma de meia-lua, sob as águas das lagoas e rios.

Na tribo *Shipibo-Conibo*, no Peru, a presença da mulher é fundamental no exercício da prática xamânica. Nesta comunidade existe um equilíbrio de participação dos dois gêneros. Uma característica marcante deste grupo é a utilização da bebida enteógena preparada a partir do cozimento de duas plantas, *Banisteriopsis caapi* e *Psychotria viridis*, conhecida como *ayahuasca*. Seus *onányas* (xamãs) usam este enteógeno em suas sessões de cura noturna para enxergar a aura das pessoas, onde entoam *onányati bewá* (cantos xamânicos), defumam os pacientes com a fumaça do seu cachimbo e marcam o ritmo com o maracá ou um maço do *moe* (erva fragrante). Durante suas visões eles e elas tem visão com *kenés* (desenhos geométricos) onde creem que estão contidas as virtudes terapêuticas que irão curar o paciente ao serem desenhados no corpo deste.

Os *kenés* também são pintados nas vestimentas (túnicas e saias), nas cerâmicas e tatuados nos rostos das mulheres *shipibo*. A Serpente Cósmica, *Ronín*, que criou o Universo é a origem de todos os desenhos deste povo. Foi ela que permitiu à primeira mulher *shipibo* ver a infinita riqueza de sua pele escamosa, por essa razão, dá o ritmo básico das formas do desenho, que apresenta diversas variações sobre o mesmo tema, como se fossem serpentes enroscadas de uma única Serpente, sem princípio e fim. Desenhar um *kené* é considerado a materialização do *koshi*, a energia positiva das Plantas de Poder (*Rao*), entre elas a *ayahuasca* e o *piripiri* (*Cyperus articulatus*), que ocupam lugar central dentro da cosmovisão dos *Shipibo-Conibo*, por sua relação com a Serpente Cósmica.

A cosmologia *Shipibo* está representada, simbolicamente, por três níveis superpostos, sendo o nosso ao centro, enquanto o de cima e o de baixo da terra encontram-se perfeitamente simétricos, enquanto o plano cósmico se divide em quatro partes iguais por uma cruz central que reúne as quatro direções sagradas. O *Axis Mundi* (Eixo do Universo) é o ponto de interseção da cruz cósmica, representada pela constelação do Cruzeiro do Sul, que domina o céu andino-amazônico durante a época de seca. Para essa tribo, o Cruzeiro do Sul é um reflexo do verdadeiro Centro do Mundo.

Como na maioria das tribos amazônicas, o chamado xamânico se dá em sonhos ou quando a pessoa sofre uma doença que provoca febres altas, até mesmo assemelhando-se a um estado de coma, quando, na verdade, está realizando uma jornada iniciática em que espíritos, em formas de animais, a devora e depois cospem um indivíduo transformado. Ao retornar à vida, a candidata ou o neófito passa a receber treinamento de um xamã da tribo que lhe ensinará as técnicas de sucção, a trabalhar com os espíritos aliados, o uso das ervas e a fazer o feitio da *ayahuasca*.

A transmissão de poder se dá quando o mestre xamã (*onánya*) encurva-se colocando as mãos em volta da barriga, materializando todo o seu poder situado em seu estômago, na fleuma espessa e grudenta chamada *keyón*, e vomita nas mãos do aprendiz. O muco que saiu da garganta do mestre reúne uma série de objetos mágicos e espíritos aliados. O aprendiz leva suas mãos à boca e engole, absorvendo assim o poder do *onánya*. Acredita-se que a fleuma de um *payé* contém todo poder reunido, de todos os xamãs que a guardaram e que foi passado de mestre a aprendiz, de geração em geração, aumentando-o cada vez mais. Desta forma, o jovem xamã poderá sempre recorrer a essa força em seus trabalhos xamânicos. Esse poder regurgitado pelo xamã recebe outros nomes em outras tribos amazônicas: *dau* entre os *Siona* da Colômbia, e *yachay* pelos *Shuar* e *Kichwa,* que vivem na fronteira entre o Equador e o Peru.

O povo *Shuar, Untsuri Suara*, vive na floresta amazônica do Equador oriental, em uma área entre o rio Pastaza, ao Norte, o rio Zamora, ao Sul, o rio Pangui, à Leste e os Andes à Oeste. Há outras quatro tribos *Shuar* principais: a *Achuara* ao Nordeste, o *Mayna* ao Leste do *Achuara*, o *Huambisa* a Sudeste e o *Aguaruna* ao Sudeste. O nome *shuar* significa "pessoa" e é como eles se referem a si mesmos. Eles também são conhecidos por outros termos que consideram injuriosos, como: *Jivaro, Jíbaro* e *Xivaro*.

O xamã deste povo é conhecido pelo nome genérico de *uwishin*, que significa "aquele que conhece os segredos", mas devemos sempre especificar se ele é um *tsunwákratin* (curandeiro) ou um *wawékratin* (feiticeiro que causa danos a seu semelhante). Seu conhecimento vem da instrução dada por outros xamãs mais experientes, pelos sonhos e dos espíritos que ele acessa quando bebe *natém* (*ayahuasca*) ou *maykua* (*brugmansia*). O *uwishin* também aprende quando realiza certas atividades, como passar a noite nas praias dos rios com animais perigosos e fazer sacrifícios, como jejum de água e comida por um período prolongado, além de sofrer com calor e frio extremos e se abster sexualmente. Durante todo seu aprendizado ele vive sozinho na selva, período em que decide se será um curandeiro (*tsunwákratin*) ou feiticeiro (*wawékratin*) que trabalha com as plantas medicinais, os espíritos e o *tsentsak* (dardo mágico).

Narra a lenda que a primeira xamã do povo *Shuar* foi *Tsunki* (*Tsunqui*), a Deusa das Águas. Uma mulher de pele branca e cabelos longos, que era capaz de se transformar em uma sucuri. Ela morava debaixo d'água, protegida por jacarés e anacondas, e usava uma tartaruga como um banco para se sentar. De tempos em tempos *Tsunki* fornece a certos *payés* um *tsentsak* (*virote*) particularmente mortal, de cristal de quartzo, que será a fonte do seu poder e conhecimento. É por essa razão que durante sua formação xamânica, o *uwishin* vive um determinado tempo sob as águas de um rio com *Tsunqui*. O xamã faz um pacto com ela que se torna sua esposa e mentora durante este período de treinamento.

O povo *Shuar* acredita que a vida dita normal é uma ilusão e que os verdadeiros poderes se encontram no mundo espiritual. Entretanto, a verdadeira realidade (a não ordinária) é revelada com potentes preparações de Plantas Mestras feitas pelo *uwishin*. Até mesmo as crianças, com poucos dias de nascidas, tomam uma pequena dose para ajudar a entrar no mundo "real" e se conectar com um espírito ancestral que vai ajudá-la a sobreviver aos perigos da infância. Aos seis anos de idade, os meninos *Shuar* devem adquirir uma *Arutam wakani*, a alma que pode jornadear para os reinos espirituais e se comunicar com os ancestrais. A iniciação correspondente para as meninas não é revelada.

A formação como xamã é baseada na conclusão bem-sucedida desta iniciação na vida adulta. Para chegar a ter sua visão com *Arutam* o menino e seu pai devem viajar para a cachoeira sagrada, considerado o local de origem do povo *Shuar* e de encontro com os espíritos. Eles viajam juntos numa caminhada sagrada, tomam banho, realizam jejum para se limparem e bebem apenas água de tabaco. Quando chegam à cachoeira, banham-se de forma ritualística nas quedas por um dia inteiro e chamam os espíritos para vê-los durante a noite.

Natém (*ayahuasca*), ou *maykua* (*brugmansia*, conhecida também como *misha*), podem ser adicionadas à água de tabaco para induzir um Estado Alternativo de Consciência, que levará o menino ao mundo espiritual. Uma vez no reino do espírito, se o garoto tem a coragem de chegar e tocar o espírito, *Arutam* vai entrar no seu corpo como um casal de jaguar ou sucuri. Logo depois, a visão se esvanece e o jovem volta para casa. Se ele não fala de suas experiências, *Arutam* retornará em seus sonhos na forma de um ancestral humano e se comunicará com ele.

O *natém* induz uma intoxicação muito menos violenta e é usado com mais frequência. No entanto, se a experiência com o *natém* não for bem-sucedida em revelar o *Arutam* do menino, *maykua* será usado. A *misha* é considerada pelos *Shuar* como a Planta Mestra mais poderosa e perigosa de todas. Eles distinguem seis tipos de *brugmansia*, todas consideradas mais fortes do que o *natém*. *Uwishins* preferem usar *ayahuasca* em suas sessões de cura, porque a potência de *maykua* é muito grande para o xamã que deve ser capaz de cantar, sugar e interagir durante todo o ritual. As realizações do *uwishin* estão diretamente ligadas não só à sua capacidade de entrar no mundo "real", mas à sua habilidade de usar essas energias e espíritos com intenção.

O primeiro ato de treinamento formal com um mestre *uwishin*, que pode ser um homem ou uma mulher, é receber a respiração do mestre na coroa da cabeça. Esta transferência de energia permite que o aprendiz seja mais equilibrado e saudável. Durante os anos de aprendizagem que se seguem, o mestre e o aprendiz vão jejuar e beber *natém* muitas vezes. O aprendiz também vai beber *maykua*, com propriedades de limpeza poderosas que ajudam o corpo a se curar e para integrar as alterações provocadas pelo treinamento, como também para desenvolver a visão espiritual.

Periodicamente, durante o aprendizado, o neófito vai viver uma vida simples, sozinho na floresta à beira de um rio. Durante esse tempo ele bebe *natém* para entrar em contato com o mundo espiritual e adquirir espíritos aliados para a sua proteção. Um *uwishin* devidamente treinado pode tornar-se um com o espírito jaguar que lhe permite interagir com sua alma e transformar seu corpo. Estes potentes xamãs são conhecidos por correr pela mata como esses felinos.

O mestre *uwishin* experimenta a realidade interna de seu aprendiz na primeira noite que eles bebem *natém*. Durante o tempo de treinamento, o aprendiz deve ter uma visão de sonho espontâneo do futuro que marca a sua aceitação no mundo do espírito como um novo *uwishin*. Frequentemente são as mulheres xamãs que treinam uma nova *uwishin*. Os homens não aceitam prontamente a realizar o treinamento de mulheres que lhes pedem para fazê-lo, porque, apesar de acreditarem na igualdade dos sexos, as consideram mais poderosas do que os xamãs de gênero masculino. Elas têm acesso a segredos que os homens não têm.

O *uwishin* (xamã) para exercer seu ofício tem que adquirir *tsentsak*, setas mágicas também conhecidas pelo nome de "virotes", que são essenciais para a prática da xamaria *Shuar*. É através do poder dos *tsentsak* que é possível curar as doenças. Eles têm natureza dupla e uma variedade quase infinita de formas, tanto em sua fisionomia de objeto material como de espírito aliado. *Tsentsaks* moram no corpo do *payé* e só são visíveis quando ele ou ela tenha ingerido *natém*. Feiticeiros enviam *virotes* no corpo da vítima para criar a doença, dor ou morte. Já os xamãs lançam *tsentsak* no corpo do seu cliente para localizar e recuperar o dardo enviado pelo feiticeiro.

O poder de um *tsentsak* varia de acordo com o tipo e a potência do mestre *uwishin* originalmente o transmitiu. Os mais poderosos e, portanto, os mais valorizados *virotes* vêm dos xamãs da tribo *Kichwa*, da região de Pastaza, no Equador. A energia é transferida para o *tsentsak* do *uwishin* aprendiz através de uma espécie de catarro mágico (*yachay*), que aparece como uma substância brilhante e translúcida sob a influência de *natém*. O mestre *uwishin* regurgita o muco contendo os *tsentsaks*, corta parte dele com um facão e dá para o xamã mais novo engolir. Muitas vezes o jovem *uwishin* começa a ter dor de estômago e fica na cama por dias, bebendo *natém* repetidamente. O mestre periodicamente esfrega o corpo do receptor para ajudar na integração do novo poder.

Determinados tabus devem ser seguidos para que os poderes do *tsentsak* sejam integrados corretamente. O *uwishin* receptor deve permanecer ocioso e se abster de sexo durante vários meses. O final do primeiro mês é uma fase crítica, pois é quando o primeiro *tsentsak* emerge e com ele um tremendo desejo de abusar deste poder e praticar feitiçaria. Caso o *uwishin* se deixa dominar por esse impulso ele ou ela vai se tornar um feiticeiro (*wawékratin*). Mas se consegue se controlar e engole este *tsentsak*, irá se tornar um curandeiro (*tsunwákratin*). Qualquer que seja a profissão que trilhará, o *uwishin* deve seguir os tabus e se privar de sexo durante seis meses, mas caso queira se tornar verdadeiramente eficaz no seu trabalho deverá abster-se durante um ano inteiro.

No decorrer deste período de tabu e abstinência, o novo *uwishin* recolhe e consome pares de todos os tipos de insetos, plantas e pequenos objetos. Quanto maior é a variedade dessas "coisas" poderosas que um xamã tem em seu corpo, maior é sua capacidade como curandeiro. Esses objetos são transformados em formas materiais dos *tsentsaks*. Devido à sua natureza dupla, cada *tsentsak* também tem uma forma de espírito, como uma mariposa gigante, jaguar ou macaco, que ajudam o *uwishin* em suas tarefas. A capacidade do xamã para realizar curas de sucção de sucesso depende em grande parte da quantidade e da força dos seus próprios *tsentsaks*.

Os dardos mágicos ajudam diretamente o *uwishin* nas curas através da sucção, como também protegem seu corpo como uma armadura, além de ficarem alertas aos *tsentsaks* inimigos dirigido ao xamã. Caso um *virote* inimigo apareça, eles o repelem. O *uwishin* bebe constantemente água de tabaco para manter os *tsentsaks* alimentados e prontos para repelir os dardos de feiticeiros. Um xamã não sai para uma caminhada sem levar consigo as folhas verdes de fumo, com as quais prepara o suco que mantém seus espíritos aliados em alerta. Geralmente o espírito guardião repousa no peito do xamã, embora seu poder emane por todo corpo.

Qualquer *uwishin* que tenha dado *tsentsak* para outro xamã pode atraí-lo de volta a qualquer momento, sem aviso prévio, independentemente da distância que os separa. Esta perda repentina de poder xamânico pode resultar em doença grave ou levar à morte, por essa razão não é feito levianamente. Quando esse fato ocorre, foi devido a uma ofensa pessoal ou suborno de um terceiro. Como salvaguarda contra este tipo de perda, é comum um xamã obter *tsentsaks* de vários mestres *uwishins*. Embora o *uwishin* possa ter centenas, os *virotes* são gradualmente consumidos através de cura, magia ou na transmissão para outros xamãs. No caso de morte de um *uwishin* o *tsentsak* voa de volta para o mestre xamã que o forneceu originalmente.

Para os xamãs *Shuar* são duas as causas de doença: por um agente infeccioso do meio ambiente ou por feitiçaria. Ambos os tipos irão responder ao tratamento do *uwishin*. Uma gripe e doenças de natureza epidêmica, como coqueluche, sarampo e algumas diarreias leves normalmente não são atribuídas aos feiticeiros. Acredita-se que a feitiçaria é a causa da maioria das doenças entre este povo. *Tsentsaks* são, portanto, a principal via sobrenatural da doença e também da cura. *Virotes* são invisíveis, eles só podem ser vistos por um xamã enquanto este está sob a influência do *natém* ou *maykua* (*brugmansia*), na maioria das vezes eles são percebidos como dardos ou setas (ponta de flechas).

Sessões xamânicas de cura *shuar* ocorrem normalmente à noite, numa cabana escura, para que o curandeiro (*tsunwákratin*), após ter bebido *natém*, possa ver a realidade não ordinária e diagnosticar a causa da doença. Um só xamã pode realizar dezenas de curas numa só sessão. Os pacientes também tomam a *ayahuasca* no início do trabalho. Enquanto o *uwishin* assobia sua canção de cura pessoal, chamando seus espíritos aliados para ajudá-lo no processo, ele ou ela agita ritmicamente um maracá de *shishink* (folhas de mandioca) e joga fumaça de tabaco no rosto dos pacientes através de um cigarro. Após alguns minutos, começa a cantar seus *ícaros*. Seus cantos vêm dos seus espíritos particulares e forças da natureza. Eventualmente, esses espíritos se apresentam e começam a cantar através do xamã.

Em Estado Xamânico de Consciência Ampliada o *uwishin* vê o interior do corpo do paciente como se ele fosse transparente e diagnostica a verdadeira natureza e causa da doença, por vezes, soprando um *tsentsak* para ver com mais clareza. Se a doença foi causada por feitiçaria, o *tsunwákratin* verá o objeto intruso dentro do corpo do paciente com clareza suficiente para determinar se ele pode ou não curar a doença. Durante toda a sessão, o ajudante do xamã ou ele próprio narra a chegada dos espíritos, relata sobre o progresso e o sucesso da cura.

Quando o *tsunwákratin* está pronto para sugar o objeto intruso, ele ou ela regurgita dois de seus próprios *tsentsak*, que corresponde ao agente ofensivo observado no paciente. Se vê um fragmento de osso ou formiga, deve regurgitar dois fragmentos de ossos ou dois de formigas da mesma espécie. O xamã possui um destes *tsentsak* na parte da frente e outro na de trás da boca, pois caso o intruso passe por um ou outro, bloqueia a garganta, não deixando que o *tsunwákratin* seja prejudicado por ele. Ao sugar o dardo mágico, este cai na arapuca do *uwishin* e é capturado pelos dois *virotes*. O xamã vomita em seguida este objeto incorporado e o exibe para o paciente. O curandeiro não pode engoli-lo pois pode ficar doente ou morrer.

Harner (1980, p. 48) disserta sobre essa cura xamânica assim:

Quando está pronto para sugar, o xamã mantém dois *tsentsak*, de tipo idêntico ao que viu no corpo do paciente, na parte da frente e no fundo da boca. Eles estão presentes tanto em seu aspecto material como não material, e ali estão para apanhar o aspecto incomum do dardo mágico, quando o xamã o sugar do interior do corpo do paciente. O *tsentsak* próximo dos lábios do xamã tem a tarefa de incorporar a essência sugada em si próprio. Se, entretanto, essa essência incomum passar por ele, o segundo espírito auxiliar, na boca, bloqueia a garganta, para que o intruso não possa entrar no corpo do xamã e fazer-lhe mal. Ao cair assim na armadilha dentro da boca, a essência bem depressa é apanhada e absorvida pela substância material de um dos *tsentsak* do xamã curandeiro. Então, ele "vomita" o objeto e mostra-o ao paciente e à sua família. [...] Aquele que não é xamã pode pensar que o próprio objeto material é que foi sugado, e o xamã não o desilude disso. Ao mesmo tempo, não está mentindo, porque sabe que o único aspecto importante de um *tsentsak* é o imaterial ou o aspecto incomum, ou essência, o qual o xamã acredita sinceramente ter removido do corpo do paciente. Explicar ao leigo que já tinha aquele objeto na boca de nada valeria e ainda o impediria de mostrar tal objeto como prova de que havia efetuado a cura.

O objeto intruso, uma vez removido, deve ser eliminado com cuidado, pois pode entrar num transeunte inocente e prejudicá-lo. Ele pode ser enviado de volta para o feiticeiro que o lançou ou jogado na floresta onde as energias da Natureza vão consumi-lo e torná-lo inofensivo. Se o *tsentsak* intruso não for localizado e sugado, o paciente provavelmente morre. Quando a doença é diagnosticada como algo diferente de feitiçaria, o *tsunwákratin* pode sugar as energias presas e realizar uma limpeza ou enviar o paciente para os médicos brancos para tomar antibióticos. Se for diagnosticada a perda da alma, o xamã vai entrar no mundo espiritual com seus espíritos aliados e recuperar a alma perdida. Os *Shuar* acreditam também que a perda da alma é causada por *espantu*, um medo súbito ou trauma.

Outro povo com práticas xamânicas similar a dos *Shuar*, e vizinho destes, são os *Kichwa*, que vivem no leste do Equador. Eles se referem a si mesmos como *Sacha Runa*, "povo da floresta". Os xamãs (*yachaks*) *Kichwa* são conhecidos por produzirem os mais poderosos, e, portanto, os mais valorizados *tsentsaks*. Xamãs de outras regiões da Amazônia viajam por dias para treinar com eles e receber esses dardos mágicos. A força que o *yachak* dominou ao longo do seu treinamento, deu a ele um nível de controle pessoal que lhe permite equilibrar seus conhecimentos com suas visões. Muitas destas visões são apresentadas a ele pelo espírito da *ayahuasca* e pelo *huantuc* (*brugmansia*).

Na cosmologia *Kichwa*, os humanos e os espíritos interagem quando um ou o outro se move para um novo plano de existência. Para eles os espíritos têm alma, tal como os seres humanos. Os *yachaks* dizem que o mundo é povoado por espíritos e a selva amazônica é representada por três deles: *Amazanga*, o Senhor da Floresta; *Sungui*, o Espírito da Água; e *Nungwi*, a Senhora da Terra. Estes entes são chamados de *Supay* por eles, e constituem o nexo entre homem e natureza.

O *yachak* está envolvido em um processo contínuo que visa equilibrar o conhecimento experimental das coisas (*ricsina*) fora de si, com o cultivo da autoconsciência (*yachana*) para conhecer e aprender a dinâmica da experiência visionária (*muscuna*), com o processo de reflexão e esforço criativo (*yuyana*) para pensar e refletir. Homens e mulheres que controlam este processo dentro de si são capazes de usar a base do seu conhecimento cultural, as suas leis e relacionar a experiência e a visão para outros sistemas de conhecimento. Movem-se para um *status* no qual são criadores da mudança. Eles se tornam mestres de sua profissão e criam as mais poderosas e valiosas ferramentas xamânicas, os *tsentsaks*. Estes *yachaks* são capazes de manter simultaneamente os paradigmas nativos e ampliá-los para criar uma mudança no mundo de hoje. Eles são considerados também como os melhores diagnosticadores da Amazônia.

Xamanismo Andino

A cordilheira dos Andes se estende desde a Venezuela até a Patagônia, atravessando toda a América do Sul, caracterizando a paisagem do Chile, Argentina, Peru, Bolívia, Equador e Colômbia, conhecidos como países andinos. Por ser um povo agropastoril, eles têm uma estreita ligação com a terra e buscam sempre viver em equilíbrio e harmonia com outros seres e a natureza. Sua prática xamânica não envolve exclusivamente a região serrana, mais parte da selva e da costa Pacífico.

A Cosmovisão Andina considera que a natureza, o homem e a *Pachamama* (Mãe Terra), fazem parte do todo e que vivem relacionados perpetuamente. Essa totalidade vista na natureza é, para o Xamanismo praticado nos Andes, como um ser vivo. O homem tem uma alma, uma força de vida, assim como também todas as plantas, animais, rios, montanhas, etc., sendo que o ser humano não domina, nem pretende dominar, a natureza. Para os andinos, todos nós fazemos parte dela.

Os xamãs andinos vivem em completa harmonia (*ayni*) com a natureza, entre eles e com o Universo. *Ayni* em *runasimi* quer dizer também reciprocidade, ou equilíbrio. Significa ter uma relação síncrona com a natureza, com os três mundos da cosmologia andina e com o ego. A vida para os *yachacs* (xamãs) é um espelho da nossa relação com a natureza, e *ayni* é caminhar com beleza e amor por toda vida. Também significa pisar com graça e ternura na superfície de nossa verdadeira mãe, *Pachamama*, a *Madre Tierra*.

Os andinos são povos agrícolas, ligados a terra. Seus rituais e crenças eram, e ainda são, derivados do ciclo agrícola. Para eles, o Sol é Fonte de Vida, e em homenagem ao deus solar *Inti* dedicaram a maioria das suas construções. Algumas outras divindades importantes são *Pachamama*, *Mama Killa* (a Lua) e *Wiracocha* (Deus criador). Para os xamãs andinos as energias masculinas e femininas são essenciais no equilíbrio do Cosmo, trazendo a fertilidade e a criação. Por essa razão, não gostam de usar o termo Universo. Para substituí-lo os andinos usam a palavra *Pariverso*, sinalizando assim o caráter dual e complementar da vida, evidenciando a visão que têm sobre o mundo.

Os andinos compreendem o mundo de uma forma tripartida, ou seja, existem três dimensões: *Hanan Pacha* (Mundo Superior), *Kay Pacha* (Mundo Ordinário) e *Ukhu Pacha* (o Mundo Interior). Cada um desses níveis acha-se habitado por inúmeras divindades, deuses maiores e menores de acordo com suas funções mitológicas. Na Tradição Iniciática Nativa Andina, da qual fazemos parte, existe ainda outro mundo que é o *Taripay Pacha*, o mundo além do tempo e espaço, a dimensão do Grande Mistério, o útero do Cosmo que abarca todo o *Pariverso*.

Os *yachacs* (xamãs andinos) convivem com a terra e com toda a natureza numa relação harmônica e ecológica. Tudo está relacionado: a família humana, os animais e todo outros seres da natureza. A terra é mãe; as montanhas, os avós e os animais e as plantas são como irmãos desta imensa família cósmica. A Mãe Terra é uma anciã que ampara a seus filhos e também uma jovem virgem que se renova constantemente. Existe uma reciprocidade entre os povos andinos e a terra, que se manifesta nas cerimônias de agradecimento por tudo que ela nos dá. Os ritos agrários são como uma celebração da criação, como sacramentos do ciclo vital da Mãe Natureza.

A natureza e a terra não são somente objetos de produção, mas, sim, de contemplação, são os mistérios que temos que respeitar e preservar as integridades em harmonia com toda a criação, buscando a paz com a terra, com a comunidade e com o *Pariverso*. Segundo os xamãs andinos, há um equilíbrio permanente e íntimo entre o ser humano e a natureza, que só é possível em termos de reciprocidade (*ayni*), pois tudo aquilo que fazemos à Mãe Natureza, dela recebemos em proporção e semelhança.

Numa carta para Frota (2008, p. 161), Villoldo diz:

O caminho do xamã, no qual a pessoa caminha com beleza e se agracia com o mundo, está à disposição de todos nós. Precisamos desmistificar e aprender como honrar e respeitar nossa Mãe, a Terra, aprendendo a tirar proveito destes exemplos de poder, de forma que possamos fazer um salto quântico até o nosso Pai, o Sol, e as estrelas em que todos nós estamos nos tornando, todos juntos. Os xamãs andinos acreditam que as portas entre os mundos estão se abrindo, com tempo suficiente para podermos cruzá-las e seguirmos mais distante, onde poderemos explorar nossa capacidade humana. Recuperar nossa natureza luminosa é hoje uma possibilidade para todo aquele que encara o desafio de dar o grande salto.

Escreve (2008, p. 162) ainda que:

Os xamãs não têm um Buda, um Cristo, um Alá ou Jeová para acreditar. Eles seguem suas próprias impressões. Eles aprendem com os rios, as árvores e as pedras. Honram a Mãe Terra e o Grande Espírito. Honram toda criação. Eles olham com os olhos de sua alma. Acreditam que abrindo seus corações e ensinando suas tradições alçarão um voo luminoso, tal qual o Beija-Flor que desce em flores individuais e, polinizando os seus espíritos, podem unir-se na evolução do mundo.

Os *yachacs* não tem ninguém para seguir. Cada um deve trilhar seus próprios passos. Caminhar na natureza, aprendendo com os rios, as árvores e as pedras, honrando tudo que existe, toda criação. Para os xamãs andinos pisar fora do tempo não é uma coisa institucionalizada. Permanece um ato de poder pessoal que pode ser feito por qualquer um com ousadia e coragem.

O xamã andino, dependendo da região, é chamado por: *p'aqo, yatiri, yachac, wayt'iri, ch'amakani*, etc., porém o significado é igual; ou seja; "aquele que sabe das coisas". Nos Andes, ele tem a capacidade de manter contato com as entidades do mundo mítico ancestral (os encantados). Em síntese, o xamã é uma pessoa com habilidades paranormais, capaz de explorar a realidade "não comum" e perceber os processos energéticos sutis.

No sistema de crença xamanista, acredita-se que o mundo aparente é dominado por poderes sobrenaturais. Essas forças, agindo por impulsos próprios ou muitas vezes guiados, poderão ser boas, isto é, benéficas ou não. Sendo ocultas, essas forças sobrenaturais só podem ser manipuladas através de Estados Xamânicos de Consciência Ampliada. Esta realidade implica a necessidade de especialistas, capazes de penetrar e agir com sucesso nesse mundo oculto: os *yachacs*. O sucesso não é garantido; a peleja entre xamãs de diversas afinidades gera algum grau de hierarquização em função de seu poder pessoal e habilidade em manter a saúde da comunidade e relativo sucesso social.

Em geral, qualquer pessoa, homem ou mulher, pode se tornar xamã, mediante instrução e aquisição de forças mágicas e talismãs obtidos por troca de benefícios ou presentes. Os *yachacs*, assim prevenidos e fortalecidos, lançam os seus fluidos, influências e magias – na forma de espíritos de animais, plantas, encantações, sopro e humores – ao encontro dos seus alvos e de acordo com as suas intenções, para remediar, cativar, proteger ou encantar.

O *despacho* (*dispachu*) é a cerimônia básica em todo o Xamanismo Andino, conhecido também pelos nomes de *haywarisqa*, *wajt'a*, *wilancha* ou *pago*, que são oferendas aos comensais sagrados: *Apus* (Espíritos das Montanhas Sagradas), *Achanchilas* (Ancestrais), *Pachamama* (*Madre Tierra*), *Wamani/Auki* (espíritos), *Kuntumamani* (guardião do lugar), *Saxras/Supay* (entes terríveis de caráter ambíguo), *Chullpas* (seres espirituais que habitaram os Andes eras atrás). Segundo Williams (2013, p. 102) "o *despacho* tece fios de sacralidade à existência cotidiana".

A cerimônia do *wajt'a* é realizada abrindo-se uma *mastana* (uma manta de alpaca), onde colocam-se uma série de elementos para a oferenda, tais como balas, conchas, flores, lã, grãos e outras coisas mais e que são envolvidas em papéis de presente. Essa cerimônia é realizada para si próprio ou para um cliente, visando principalmente conseguir sorte e sucesso nas coisas que intentamos. Ao final da cerimônia, o xamã embrulha todas as oferendas na manta, fazendo um pequeno maço, ele esfrega nos participantes (para colocar um pouco da energia deste no pacote) e despacha-o para os espíritos, queimando o fardo no fogo ou enterrando-o na terra.

De acordo com as tradições xamânicas andinas, todo ser vivente no *Pariverso* tem uma relação de serviço. Esta vocação não significa que a pessoa adote uma atitude de servidão ou que dê sua energia para outros, não é nada disso. Mas para aprender, primeiro o indivíduo tem que servir trabalhando e ajudando em sua comunidade e em vilarejos vizinhos.

Cada iniciação (*karpay*) dura semanas e até meses e geralmente os aprendizes de xamã caminham pelas altas montanhas e vão a locais sagrados. Em cada nível participam de rituais para se conectarem com *Pachamama* e os *Apus*, os espíritos das montanhas, que são a energia dos ancestrais andinos que habitam os cumes nevados e são os receptores das forças cósmicas. As salas de aula dos *yachacs* são as montanhas, as lagoas e toda a natureza. Esse é o templo onde as pessoas conhecem as suas vocações. Há muitos testes duríssimos e cheios de sofrimento, provas de fogo, que servem para determinar as aptidões físicas, a preparação dos seus corações, suas habilidades para serem compassivos, amar e venerar o conhecimento.

Durante a sua iniciação, os *yachacs* recebem objetos que são doados pelos espíritos ou por um fenômeno sobrenatural, que elegeu o candidato a xamã. Consequentemente, se o ofício foi herdado, os instrumentos também o são. Caso os poderes sejam transferidos por um raio, esse outorga uma pedra imã. "Seus" espíritos auxiliares também fazem parte da parafernália xamânica, pois, através destes, manifesta seu poder. Os instrumentos utilizados pelos *yachacs* se apresentam como Entes que possuem *anima* (alma) e que os auxilia em suas jornadas. São espíritos aliados, que foram encontrados ou doados por uma entidade divina. Geralmente os ídolos, pedras e demais objetos de cura são herdados de seus mentores.

Para levar a cabo seu trabalho de cura e ativação energética o *yachac* usa a *mesa*, que consiste em uma série de objetos de poder enrolados numa manta, que funcionam como um altar portátil e é usado em rituais pessoais de pequenos e grandes grupos. Para o seu uso, a *mesa* pode ser ou não desembrulhada e o seu conteúdo colocado ritualmente numa *mastana* (manta). Nela estão incluídas as pedras de poder (as *kuyas*). que encarnam a energia de *Pachamama* e dos *Apus*. *Mesas* podem ser grandes o suficiente para servir como altares em um local sagrado ou pequenas para serem dobradas. A *mesa* engloba todo o *Pariverso Andino*, para o *yachac*, ela é uma representação do Cosmo. As *kuyas* provêm de lugares sagrados e os xamãs, ao pegá-las entre as mãos, podem chamar o espírito destes locais, ir ao seu encontro pedindo orientação ou pedir que imbua o artefato com sua energia.

Poq'po ou *puq'pu*, em *runasimi* quer dizer "bolha", usado pelos *yachacs* ao se referirem ao campo de energia que cerca o corpo humano. A bolha de energia tem um centro chamado *q'osqo*, uma espécie de "estômago espiritual" localizado ao redor da área do umbigo, por onde os seres humanos controlam o seu fluxo de energia.

As energias, de acordo com os xamãs andinos, não são positivas ou negativas, nem boas ou más. Para eles água é água. Pode estar limpa ou suja, mas ainda é só água. Os *yachacs* consideram a energia como *hucha* (densa) ou *sami* (refinada), e os xamãs têm como tarefa primária aprender a transmutar as energias pesadas e refiná-las para ter total controle do *q'osqo*. Quando os *yachacs* executam o *miqhuy*, que significa "comer a energia intrusa", eles limpam o corpo de energia do paciente e doam a energia pesada para *Pachamama*, que a digere. Reciprocamente, os *yachacs* usam o *q'osqo* para tirar a energia refinada da natureza ou do *Hanan Pacha* (Mundo Superior); já que parte de seu treinamento e de sua função é de manter a ecologia do ambiente, dirigindo a energia *sami* para onde é necessária.

Yachac não é um xamã no termo específico da palavra. Significa pessoas que são mestres na arte de "ver" e que sabem utilizar essa energia. Estas pessoas são respeitadas pelas comunidades andinas em reconhecimento ao seu desenvolvimento espiritual e aos benefícios que trazem aos outros. Antes que os humanos fossem convertidos em massas de concreto, eles eram espíritos xamãs e estavam servindo ao Grande Mistério da Vida, que é *Pachacamac*. No mundo do *yachac* o Cosmo e todas as coisas no mundo são um campo de energia. Uma árvore é um campo de energia, uma montanha também o é. A pedra. A estrela. Tudo irradia energia e é composto de filamentos luminosos. Esses fios estabelecem comunicação com o Infinito.

Nos Andes, o Xamanismo é uma responsabilidade espiritual e estética de todos nós. Nosso planeta foi desenvolvido com abuso e exagero. O mundo tecnológico alcançou um nível incrível, bonito, mas produziu exageradamente um desequilíbrio na Mãe Terra, devido à ganância do homem. O grande corpo da natureza constantemente demonstra a reciprocidade dos idiomas do Cosmo e dos espíritos. Esta reciprocidade, especialmente no campo de energia, cria uma harmonia que pode equilibrar a energia coletiva do Planeta dentro de uma matriz antiga da ordem cósmica. A essência principal da vida é a natureza e o idioma é o Amor. Para eles, é necessário abrir as portas da percepção e escutar com o corpo inteiro.

Na xamaria exercida na região andina, ao norte do Peru e ao sul do Equador, existe um forte sincretismo religioso. Xamãs destas localidades são conhecidos como "Mestres Curandeiros" e em suas sessões utilizam uma bebida enteógena a base do cacto *wachuma*, conhecido também por *san pedro*. Suas cerimônias são chamadas de *mesada* e incorporam uma diversidade de elementos *sui generis* como consumo do cacto, que é tomado pelos presentes e também pelo xamã para que possa ver além. Diversos artefatos (chocalhos, conchas, crucifixos, espadas, pedras, punhais, varas de madeira, etc.) sobre uma manta, configuram um altar de poder conhecido pelo nome de *mesa nortenha* ou *curanderil*.

Os objetos da mesa recebem o nome de "artes" e detêm em si um poder delegado pelo espírito do *Wachuma*. Estes poderes tem um caráter de proteção do curandeiro, defendendo-o das "sombras" (duplos anímicos) dos "maleros", feiticeiros que pretendem agredi-los, como também do expurgo de todo mal que afete o enfermo. Os objetos adquirem uma relevância individual única, personificada em cada caso para intervir no problema que afeta os pacientes. Os "encantos" da *mesa*, encarnação física dos poderes utilizados pelo curandeiro, têm uma natureza semelhante aos espíritos dos locais sagrados, lagoas e montanhas.

A "mesada" é aberta com o florescimento (carga) dos objetos da *mesa*, para tal fim, o curandeiro cospe uma mistura de água florida, suco de lima, açúcar, tabaco e talco sobre eles. Esses tipos de oferenda são muito bem recebidos pelos lugares sagrados, os espíritos das lagoas e montanhas, e os "encantos" da *mesa*. As "artes" geralmente são distribuídas em três campos cerimoniais específicos. A parte esquerda da *mesa* se conhece pelo nome de "Mesa Ganadera" e relaciona-se com as forças escuras e malignas. O lado direito da *mesa* é conhecido como "Mesa Justiceira", é o domínio de Cristo e Santos. No meio da manta se encontra a "Mesa do Meio", que atua como o fiel da balança entre a "Ganadera" e a "Justiceira".

A *mesa* é um paradigma simbólico no qual o ritual de cura é jogado. Representa a luta entre as forças que tomam a vida e as forças que a dão, entre a esquerda e a direita. Porém esta luta chega a ser uma resolução pela reafirmação do "Maestro" em relação ao seu domínio sobre a esquerda e a direita. Provando, mais uma vez, que o xamã é um balanceador de forças opostas. Para ele, o jogo ritualístico que a *mesa* representa em símbolos concretos é um ato de harmonização realizado por um indivíduo que se mantêm separado da competência por meio de seus domínios em ambos os lados. É assim que a luta, a oposição, chega a ser transmutada e as curas se realizam.

O ritual com *wachuma* geralmente dura toda a noite até quase o amanhecer do dia seguinte. Trata-se o paciente em várias atividades rituais que estão associadas com fases distintas do processo ritualístico. Essas tarefas incluem a fricção ou purificação do paciente com objetos da *mesa*, os dois servem para revelar e absorver a feitiçaria. Eles incluem diagnosticar o paciente enquanto este está diante da *mesa*, bem como "levantar" o cliente e os objetos da *mesa* com tabaco. Este processo envolve a maceração de tabaco negro (*mapacho*) em perfumes e aguardente de cana, colocando-o em conchas marinhas ou chifres de touro, e seu conteúdo é derramado e absorvido por via nasal, para permitir que o xamã veja o mal e possa combatê-lo. As tarefas também envolvem chupar o mal de várias partes do corpo do paciente e capturá-lo com os objetos da *mesa*, além de soprar vários líquidos sobre o enfermo para purificá-lo.

Próximo a Quito, a capital do Equador, vive o povo *Kichwa Otavalo*. Seus xamãs (*yachacs*) invocam *Pachamama* e os *Apus*, como a avó *Cotacachi* e o avô *Imbabura,* para auxiliá-los em suas sessões de cura. Para eles, estar desarmonizado com o Todo é a causa fundamental de toda a doença. O xamã utiliza diferentes substâncias para limpar e fortalecer os membros de sua comunidade. Substâncias tradicionais incluem o *trago* (aguardente de cana), óleo perfumado, água florida, pétalas de flores (cravos) e a chama criada pelo *yachac* quando assopra o *trago* numa vela. Em uma sessão típica de cura (*limpia*), o altar do xamã é feito com uma série de *huacas* (objetos de poder), uma vela, ovos frescos, frutas, pétalas de flores, ramos de urtiga, especiarias e *trago*.

O *yachac* inicia toda e qualquer sessão xamânica pulverizando com água florida ou *trago* (cachaça) tudo e todos, e depois assobiando suas canções de poder para entrar em Estado Xamânico de Consciência Ampliada e se conectar aos seus espíritos auxiliares. Eles entram e saem de estados de transe extático leves e mais profundos quantas vezes forem necessárias para executar o seu trabalho. O processo de diagnóstico é único para cada *yachac*. Alguns usam uma vela esfregando todo o corpo do paciente e queimando-a depois, outros usam um objeto de poder (*huaca*) ou simplesmente entram em transe. Pacientes ficam nus e o xamã prossegue usando uma variedade de técnicas de diagnóstico. Os *yachacs* muitas vezes cospem *trago* através da chama de uma vela, envolvendo o paciente numa bola de fogo. Ramos de urtigas são agitados vigorosamente contra o corpo nu do paciente, como também *chacapas* (um chocalho feito de folhas de palmeiras) e penas de condor ou harpia, para localizar as energias intrusas.

O xamã continua selecionando objetos de poder específicos para massagear o cliente e retirar as energias nocivas. Ovos são esfregados por todo o corpo para recolher energias intrusas ou colocando-os diretamente contra a parte do corpo afetada, que suga essa energia automaticamente. Estes ovos são quebrados rapidamente sobre a terra ou em um pote de barro e os "oferecem" à Pachamama (Mãe Terra) fora do espaço de cura que irá reciclar essa energia. Após a sessão curativa, ervas são prescritas para banhos de florescimento e para propiciar a cura total do enfermo. Quando o xamã diagnostica o *espantu*, que é um medo súbito ou trauma, é esperada a perda da alma. Neste caso, o *yachac* entra no Mundo do Espírito para recuperar a alma perdida e trazê-la de volta para o paciente.

Na costa noroeste do Equador, na floresta tropical, vive o povo *Tsáchila*, chamados também pelo nome de *Colorados*. Seus xamãs (*ponés*) são respeitados e temidos pelos membros da tribo, uma vez que, mediante artes xamânicas e o uso de conhecimentos ancestrais sobre as plantas e beberagens, eles podem fazer o bem ou o mal. Em seus rituais fazem uso de diferentes símbolos de poder, como pedras, amuletos, imagens de santos católicos, cruzes e pedras especiais retiradas das montanhas e rios.

O *poné* é escolhido de forma hereditária, geralmente um candidato a xamã é filho, neto ou parente de um Mestre. Caso o aprendiz seja do gênero masculino irá passar por um período de aprendizagem ao lado do seu Mentor de 10 a 15 anos, nos quais irá conhecer o segredo das ervas e plantas medicinais e a convocar os espíritos da natureza que irão auxiliá-lo nos trabalhos de cura. Neste tempo de aprendizado, deverá obedecer a uma série de tabu, tais como não comer certos alimentos e não se relacionar sexualmente. Passará também por determinadas provas iniciáticas, como beber uma quantidade abundante de *nepe* (*ayahuasca*), com tabaco cozinhado e o sumo amargo da folha de *kantsa* (*Vernonia*), para se purificar e fortalecer. As mulheres também podem ser *ponés*, porém o seu período de formação é mais curto, de 8 a 10 anos.

O centro da ritualística xamânica entre os *Tsáchila* é o *nepe*, como a maioria dos povos vizinhos da Amazônia. Suas cerimônias com esta Planta Mestra são noturnas e todos os membros presentes bebem a *ayahuasca* fazendo com que todos juntos, incluindo o *poné*, conectem-se com o Mundo Sobrenatural. Durante a sessão de cura o xamã viaja, com o auxílio de seus espíritos aliados, pelos três mundos (Superior, Mediano e Profundo) para encontrar *Tsabo Ayan*, a Mãe das Estrelas, conhecida também pelo nome de *Jelelen Wa Tsabo*, e oferecer-lhe presentes em nome de sua comunidade, para depois resgatar a alma do enfermo que foi roubada pelas forças do mal.

Os *ponés* realizam suas sessões de cura num local no meio da natureza, onde haja muitas pedras negras – obsidianas. Antes de beber *nepe* o xamã toca sua marimba ou um sino, entoando uma canção de poder. Depois acende uma série de velas e bebe a Planta Mestra com o paciente. Em seguida, o curandeiro dança ao redor do enfermo e fuma um cigarro de tabaco, soltando a fumaça sobre a cabeça do cliente para diagnosticar a causa da doença e depois apanha um punhado de ervas de cheiro forte entre as mãos e massageia o corpo do doente. Por fim, pega uma garrafa com um licor à base de álcool e ervas e sopra no corpo do paciente, limpando-o.

Os xamãs *Tsáchila* são conhecidos como grandes herbalistas e outra prática *sui generis* deste povo é a *shupoka* (cabana de vapor), uma sauna andina. Neste *temaskal*, o *poné* ferve durante trinta minutos certas ervas colhidas por ele. Logo em seguida, ele e o paciente, nus, entram na pequena tenda e ficam um de frente para o outro, sentados no chão ou num tronco. Entre eles há um buraco no piso com pedras vulcânicas, em que será depositada a água fervida com ervas e outras pedras quentes para aumentar a temperatura da sauna. Após este banho de vapor quente[2], eles banham-se nas águas frias do rio. Depois o xamã prepara uma garrafada de ervas para o seu cliente tomar durante doze dias.

Como na maioria de todas as tradições xamânicas, entre os *Tsáchila*, o *poné* tem a missão de atuar como psicopompo, conduzindo as almas recém-falecidas até *Pipowa* (o Mundo dos Mortos). Nessa ocasião é realizado um *Tenka Ereka* (rito funerário), em que o xamã conduz a alma do morto numa canoa que percorre um caminho de vento, produzido pelo *poné*, mostrando ao defunto toda a beleza do Mundo Oculto – por brumas – tecido pela Mãe das Estrelas, *Tsabo Ayan*.

Na floresta tropical, na base da cordilheira oriental na Bolívia, vivem o povo *Ayoreo*, conhecidos também como *Moros* e *Kurzo*. Os xamãs (*daijnanes*) desta tribo são excelentes videntes e em sua prática xamânica utilizam uma série de cantos, *sarode*, para curar em conjunto com outras técnicas como a massagem, a sucção e o sopro. Os *sarode* são considerados extremamente perigosos, não podendo ser cantado sem um bom motivo, sob pena de chamar a doença ao invés de afastá-la. Existem cantos de cura para uma série de coisas, como dor de cabeça, de dentes, na coluna, cansaço, convulsões, feridas, mordidas ou picadas de animais.

Os *sarode* podem ser utilizados por qualquer nativo que os conheça, porém, devido ao seu caráter perigoso, o ideal é que só xamãs o façam, mesmo porque possuem um repertório maior de cantos. Os *daijnanes* recebem os *sarode* dos seus espíritos aliados, que lhes ensinam a função de cada um deles. Os xamãs têm canto para curas mais simples, que são usados em conjunto com o sopro para enfermidades menores, como também as utilizadas conjuntamente à sucção para os casos mais sérios, que envolvem a remoção de um objeto do corpo do enfermo.

Como pudemos ver, apesar da perseguição pela Igreja e pelo Estado, o Xamanismo sobreviveu nos Andes. Algumas práticas permaneceram intocadas, porém outras precisaram ser adaptadas para que a Medicina Tradicional Nativa Andina pudesse sobreviver e, mesmo com todo o sincretismo religioso

---

2 Esta sauna, nos dias atuais, não é feita obrigatoriamente dentro de uma tenda, neste caso, o paciente se senta num tronco em frente ao buraco no chão e é coberto com duas mantas para evitar que o vapor das pedras saia.

que está presente nos Andes, os xamãs continuam o seu trabalho árduo em prol da comunidade, com o auxílio de seus aliados de poder e as técnicas que desenvolveram ao longo dos séculos. Caso o leitor deseje se aprofundar mais na Xamaria Andina, indicamos a leitura do livro de minha autoria *Xamanismo Andino – Cosmologia, Mitos & Ritos*.

Xamanismo Pampeano e na Terra do Fogo

A prática xamânica nestas regiões da América do Sul é uma mescla de Xamanismo. Entretanto, diferentemente do restante das outras comunidades nativas latinas citadas, não fazem uso de bebidas enteógenas e apenas uma parte das etnias do cone sul usam o rapé ou outra Planta Mestra em seus ritos. A região pampeana abriga as tribos das planícies e dos chacos na Bolívia, Paraguai, Argentina e Brasil, enquanto pouquíssimas habitam a região patagônica na Terra do Fogo. Em todas elas o Xamanismo tem como característica comum o contato com os espíritos e deuses através dos sonhos que convocam os candidatos a xamãs por meio destes. Outro fato interessante é que todos os povos realizam suas cerimônias no sentido anti-horário, seguindo o caminhar do sol durante todo dia e a noite.

A região do Gran Chaco é habitada pelos *Avá-Katu-Eté* (os homens verdadeiros), *Chiripá* ou *Nhandeva* que fazem parte do grupo étnico *Guarani*, nome que utilizaremos daqui por diante ao falar sobre eles. Apesar deste povo ter ficado sob o domínio dos Jesuítas por quase 150 anos, eles conseguiram preservar grande parte das suas práticas espirituais. Inclusive, até nossos dias eles cultuam o casal divino criador do Cosmos *Ñanderu* (Pai Céu) e *Ñandecy* (Mãe Terra), assim como mais quatro casais divinos que ajudaram na criação do Mundo, *Jakaira Ru Eté* e sua esposa *Ysapy*, *Kuarahy Ru Eté* e sua esposa *Jachuká*, *Karaí Ru Eté* e sua esposa *Kerechu*, *Tupã Ru Eté* e sua esposa *Pará*.

Para os *Guarani*, os nomes que recebemos ao nascer é dado pelos espíritos e é a própria alma da pessoa. Por isso, *ñe'e* tanto significa Palavra quanto Alma. *Ñe'e* é a palavra-alma, o Nome, que direciona o crescimento rumo ao nosso destino, aquilo que nascemos para ser. Mas também é a nossa Palavra individualizada, a nossa verdade, experiência e visão do mundo; aquilo que viemos falar, o que vamos acrescentar na canção da criação. *Ñe'e*, por ser Palavra, também tem som e luz. Assim, a consciência *guarani* é a Palavra de *Ñanderu* que brilha e ressoa em nós e à qual devemos nos conformar (assumir a forma). Nossa canção, como indivíduo é a única no mundo, pois somente nós (individualmente) temos essa *ñe'e*.

Alguns xamãs (*karaís*) tem o dom de receber a palavra-alma e fazer a cerimônia do *Mitã Mongarai* para nomear a criança dentro da *opy* (cabana de reza). Durante o ritual, as mulheres entoam orações, enquanto o xamã canta e balança o maracá para entrar em estado de transe que lhe permitirá esclarecer o nome correto e a origem do nome no mundo espiritual. Se torna claro durante o *Mitã Mongarai* que a alma da criança é a reencarnação de um antepassado. Hoje, o *Avá-Katu-Eté* tem dois nomes, seu *ñe'ẽ*, que é revelado dentro da comunidade sagrada, e um segundo nome que é compartilhado com estranhos e desconhecidos.

Seus cantos apresentam categorias bem diferenciadas, como os *Guaú Eté*, "Verdadeiros Cantos Sagrados", também chamados de *purahei*. Os *Guaú Ai* (pequenos cantos sagrados) podem ser escutados por todos os indivíduos, inclusive por pessoas estranhas à tribo. Os *Guaú Eté* são enviados pelos espíritos por meio de sonhos e são uma fonte de energia individual de cada membro da comunidade, não só dos xamãs. Porém, os cantos realizados pelos *karaís* são mais potentes do que as pessoas comuns, pois têm o dom de se comunicarem com seus espíritos aliados e mensageiros divinos. Estas canções de poder são cantadas numa linguagem ininteligível, acompanhadas com o maracá e o *takuapú*, um bastão musical feito de taquara.

Segundo os *Guarani*, o *Guaú Eté* é o Canto Original que foi entoado no Princípio de tudo e ecoa até hoje em tudo que existe. Não é algo que se cantarole por aí, a qualquer momento. Ele só deve ser cantado na *opy*, com toda a tribo, ou no nascer ou pôr do sol, depois de banhar-se no rio ou lago, voltado sempre para o Leste, para saudar *Kuarahy* (o Sol). Os *karaís* acreditam que esse canto é a busca do som primordial dentro de si mesmo para repeti-lo. Ao cantá-lo, a pessoa o vive e se torna o eco dele no presente. O *Guaú Eté* também tem o poder de fortalecer o *karaí* durante as cerimônias e sessões de cura.

O chamado do candidato a xamã se dá por sonhos, quando um espírito aliado se revela e transmite a canção de poder ao futuro *karaí*. Sua formação xamânica se dá ao longo de vários anos, onde ele aprende pelos espíritos diversas técnicas de cura e meditações que induzem às viagens da alma durante o sonhar e o levam para *Ñe'eng-güeri*, o país dos mortos. Num determinado momento de seu aprendizado, o jovem xamã começa a receber visitas do mensageiro do Sol, *Maino* (Beija-flor sagrado), que o ensinará a se comunicar com os espíritos de todas as coisas da natureza que irão auxiliá-lo nas cerimônias de cura.

O *Avá-Katu-Eté* percebe que os poderes do xamã são derivados diretamente das forças que regem o Cosmos e mantem a ordem terrena e humana. A principal função do *karaí* é de manter e dar continuidade a essa ordem. Através de seu sonho é guiado para ver a verdadeira natureza das coisas e tomar as medidas necessárias para restaurar a ordem divina. Durante seu sonhar, o xamã procura por locais férteis para o cultivo de determinada cultura, guia o caçador em busca de uma caçada bem-sucedida, auxilia na busca de membros desaparecidos da comunidade, etc. O uso indevido do poder por um *karaí* para provocar o mal, pode causar uma reação imediata contra ele. A tribo se sente desprotegida contra os poderes malévolos que ele colocou em movimento, que vão afetar o equilíbrio de sua relação com o meio ambiente.

Para os *Guarani*, a vida é um todo que envolve o indivíduo e o seu ambiente social e natural. A pessoa está saudável enquanto consegue viver o *teko porã* (boa maneira de ser), o *teko joja* (modo justo de ser) e o *teko marangatu* (modo sagrado de ser). Por isso, a enfermidade nunca se identifica apenas com seus sintomas, mas com a condição da pessoa inteira. Para eles, não existe a doença, mas, sim, o indivíduo enfermo. Isso significa que a pessoa toda está doente: os sintomas físicos apenas refletem a sua alma, sua situação social e sua espiritualidade. Reflete, também, a sua relação com o meio ambiente, com o que o cerca: a qualidade da água, do ar, da alimentação. Por essa razão, para os *Guarani* a cura não é apenas o alívio de uma dor ou o conforto para um estado emocional, mas, sim, a de devolver ao indivíduo a capacidade de viver integralmente.

O papel do xamã (*karaí*) como curador é exatamente devolver à pessoa essa faculdade e a possibilidade de viver integralmente, de realizar o *ñande reko* (jeito certo). E consegue isso restituindo-lhe o "pedaço da alma", que foi roubado pelos Espíritos que fugiu ou que ficou preso em algum lugar, para torná-lo novamente uma pessoa íntegra. Quando recupera sua integridade e, portanto, sua identidade (a consciência de quem é), readquire a capacidade de autocura, ou seja, de reconstruir sua vida na harmonia original do *teko porã*, *teko joja* e *teko marangatu*. A cura é uma vida feliz e um espírito alegre.

O *karaí* só consegue curar porque ele próprio percorreu esse caminho do sofrimento, do desequilíbrio, da solidão e da desarmonia. A dor de não ser, a agonia de estar dessintonizado e que gera sintomas desagradáveis em seu corpo, em seu convívio social, em sua espiritualidade. O *karaí* é um curador porque ele próprio é um curado. Conhece o caminho para resgatar a saúde perdida, porque ele próprio teve que ir atrás da sua e retornou equilibrado. É um curador porque já foi um doente e sabe que todo enfermo tem o curandeiro dentro de si, como ele próprio se descobriu assim.

Entre suas técnicas de cura, o *karaí* utiliza reza, sucção de objeto estranho, sopro e ervas. Porém, antes de empregá-las, ele entra no sonhar para descobrir a causa da doença, que tratamento é mais adequado, quantas sessões serão necessárias e se deverá ou não trabalhar com as ervas. Como último recurso em casos de doença grave e morte iminente, o xamã pode alterar o nome do paciente. Após este ritual de cura o nome antigo não deve nunca mais ser falado novamente, pois pode renovar a ameaça de morte. Para o *Guarani*, o sucesso de uma cura repousa em parte no *karaí* e outra na tribo. O comportamento coletivo da comunidade afeta o campo comunitário sagrado e o sucesso do trabalho do xamã requer a coesão social no bom relacionamento com o mundo espiritual.

Todos os xamãs *Avá-Katu-Eté* têm objetos sagrados que utilizam em suas atividades como sacerdote e curandeiro, entre eles estão: *mbaraka* (maracá), *petynguá* (cachimbo), guizos de dança, o *kuruzu* (cruz de penas) e o *takuapú*, varas de ritmo usados por mulheres nos rituais e danças. Cada homem adulto da tribo tem uma maracá para usar durante as cerimônias comunitárias, no entanto estes não têm a potência da utilizada pelo *karaí*. O *kuruzu* representa a constelação do Cruzeiro do Sul e simboliza os quatro pontos cardeais sagrados e cada um corresponde a um vento e uma divindade específica.

Os quatro pontos cardeais, em verdade, são cinco, pois o meio do céu (*ara mbyte*) também é importante. Para o povo *Guarani*, o mundo é redondo e Ñanderu o acomodou sobre cinco sustentáculos (*rapyta*): um em cada direção e um no centro, formando uma cruz (*kuruzu*). Estes pontos foram marcados pela *oguata*, a caminhada sagrada de *Kuarahy* (o Sol): no começo do dia está à nossa frente à Leste, ao meio-dia posiciona-se no meio do céu e ao entardecer alcança nossas costas, à Oeste; o Norte e o Sul são a direita e a esquerda desse caminho.

Cada um desses pontos é um *yvy apy* (um local de origem), ou seja, um lugar por onde podemos "entrar" no mundo. Em cada um dos pontos cardeais está um casal divino: os *Ñe'e ru ete* (pai e mãe das palavras-almas). Um dos motivos do ritual do *Mitã Mongarai* é exatamente descobrir a origem de sua palavra-alma (*ñe'e*). E isso é fundamental, porque trazem as "habilidades" e as "fraquezas" de nosso local de origem (*yvy apy*). É a marca de nosso destino. Numa aldeia "em harmonia", teremos palavras-almas vindas dos diversos *yvy apy*; o que garante que aquele grupo terá tudo o que precisa para viver de acordo com os costumes ancestrais.

Cada região tem também seus nomes típicos, ou seja, pelo nome que o *karaí* dá à criança já se sabe sua origem, seu *yvy apy*, seus *Ñe'ẽ ru ete*, suas qualidades e suas fraquezas, seu destino e as contribuições que dará ao grupo. Por exemplo, pessoas de *nhandekupere* (Oeste) são fisicamente mais fortes e agitadas e, portanto, ótimas no *xondaro* (dança marcial *guarani*); sua reza é forte, mas são péssimos agricultores e não conseguem trabalhar com o barro. Já os nascidos de *ara mbyte* (meio do céu) são bons artesãos e fazem excelentes *petyguás* (cachimbos).

Há várias versões sobre estas divindades, mas a mais comum fala que os ancestrais celestes mais importantes são os que assinalam os quatro cantos do mundo e o centro. Estas forças primordiais que sustentam o mundo, como símbolo do surgimento espontâneo dos seres, comandam os ciclos das estações e os elementos sagrados: Ar, Fogo, Água e Terra que interagem com o desenvolvimento do ser humano, bem como todo o conjunto de vidas.

O primeiro ciclo é regido por *Jakaira Ru Eté* e sua esposa *Ysapy Ru Eté*, divindades responsáveis pelo espírito, a fumaça dos *petyguás* sagrados, a neblina vivificante, fonte de vida para todos os seres, cujo reino se estende ao Sul do mundo. O segundo por *Karai Ru Eté* e sua esposa *Kerechu Ru Eté*, portadores do Fogo e das chamas sagradas que vivificam todos os seres em seu caminhar, seu reino se alastra pelo Leste. *Tupã Ru Eté* e sua esposa *Pará Ru Eté*, são as divindades responsáveis pelos relâmpagos, trovões, as tempestades e águas refrescantes, seu reino se espalha pelos espaços do Norte. *Kuarahy Ru Eté* e sua esposa *Jachuká Ru Eté*, regem o quarto ciclo e responsabilizam-se pela Terra, são os portadores da luz irradiante, seu reino abrange o Oeste. Já o meio-do-céu, zênite, é a morada de *Ñanderu* e sua esposa *Ñandecy*, o casal divino criador do Cosmos, ele no firmamento acima e ela no centro da Terra.

Acreditamos que foi baseado neste tipo de cosmologia das quatro direções sagradas, que os povos dos pampas do Brasil e Uruguai como os *Charrua*, *Guenoa* e *Minuano*, criaram a Roda Medicinal similar a dos nativos norte-americanos como veremos no capítulo "Roda da Medicina". Infelizmente, as informações sobre a espiritualidade destes povos pampeanos são poucas, mas sabemos que, em suas cerimônias, seus xamãs evocavam um ser superior que algumas vezes poderia se tornar visível. Nas sessões de cura usavam a técnica de sugar um objeto patogênico como a maioria dos seus congêneres da América do Sul.

No nordeste da Argentina, numa planície subtropical próxima da fronteira com o Paraguai, na região do Chaco Central, vive a etnia *Toba*, conhecida também como *Qom*. Tradicionalmente, praticavam uma forma de Xamanismo caracterizada pelo culto aos seres da natureza e a crença numa divindade suprema. Os chefes deste povo eram xamãs que herdavam o posto e tinham um forte carisma pessoal e habilidade política. Na verdade, o Xamanismo era uma força vital na liderança política, controle social e de cura até meados dos anos 1950, quando missionários protestantes apareceram na região e doutrinaram os *Toba*, influenciando-os a organizarem igrejas próprias, que incorporavam uma leitura nativa do cristianismo, influenciado pela visão de mundo indígena e ideologia xamânica, fazendo com que a maioria dos xamãs se convertessem em pastores.

Os *pio'oxonak* (xamãs *toba*), tradicionalmente, concebem o Universo como uma série de camadas sobrepostas atravessado no centro por uma vara (eixo), habitados por diferentes tipos de seres não humanos (*jaqa'a*), considerados como "donos" do mundo natural. Os níveis de realidades que reconhecem são a terra (*'alwa*), o Inframundo (*ka'ageñi*) e vários mundos celestes mais acima (*pigempi*). Para realizar qualquer atividade, os seres humanos têm de ter contato com os *jaqa'a*, principalmente através de sonhos, mas também em contextos à luz do dia, tendo devaneios e encontros pessoais. Eles acreditam que, nos tempos antigos, os seres humanos tinham forma animal e o mundo era radicalmente diferente do atual. Catástrofes causadas pelo fogo e a água sinalizaram o fim do tempo mítico. Depois disso, os humanos como os conhecemos hoje apareceram e o mundo adquiriu suas características geográficas atuais.

Basicamente, os xamãs, que podem ser tanto homens como mulheres, embora os do gênero masculino sejam mais numerosos, são iniciados principalmente por meio de uma série de sonhos ou por encontros, onde terminam sendo abordados pelos *jaqa'a*, que os ensinam a arte xamânica e lhes concedem o poder (*haloik*) para curar e/ou prejudicar as pessoas, porque para os *Toba* a natureza do *haloik* é ambígua. Isto faz com que, além de serem admirados pela tribo, sejam também temidos.

O poder xamânico implica em relações estreitas com as entidades não humanas (*jaqa'a*) que podem ser divididas em duas categorias. Uma hierarquicamente superior, chamada *ltagaiagawa* que é um aliado espiritual; e o outra nominada *lowanek*, um vigilante colaborador. *Lowanek* reside dentro do corpo do xamã e desempenha o papel de "guardião", que o protege de qualquer ataque enviado por outros xamãs e preserva a sua saúde. *Ltagaiagawa*, por sua vez, vive fora do corpo do indivíduo e desempenha um papel importante no conhecimento que o xamã terá sobre a doença, terapias, fontes de alimento na caça e na coleta ou no destino das culturas e das atividades conexas.

Para os *Toba*, a enfermidade não é um fato natural, ela é sempre produzida por um xamã maligno ou por seres não humanos (*jaqa'a*). A doença está relacionada à violação de alimentos e tabus de comportamento durante as fases críticas da vida. Neste caso, os *Toba* acreditam que os animais podem punir os infratores e suas famílias, produzindo doenças que os xamãs têm de tratar através de longas negociações com os espíritos proprietários destes animais, tendo que fazer uma série de oferendas para agradá-los.

O reconhecimento social da condição do xamã é um processo gradual que envolve uma série de curas bem-sucedidas por ele. Xamãs geralmente utilizam no seu trabalho rezas, sopros, sucção, cantos e a imposição de mãos como suas principais técnicas terapêuticas. Também recebem informações relevantes sobre a doença de um paciente de seu *ltagaiagawa*, que se comunica com ele em sonho ou durante a sessão de cura, de preferência após o pôr do sol. Atualmente, poucos curandeiros usam artefatos ritualísticos específicos. Existe a ideia de que os xamãs em si são o seu próprio "instrumento" terapêutico através de suas técnicas e fluidos corporais (saliva, suor ou muco).

Quando um doente aparece na casa de um xamã, ele faz uma série de perguntas ao paciente sobre seu estado e, com essa informação, chama seu *ltagaiagawa* por meio de músicas ou de oração. Uma vez que a comunicação é estabelecida, usa as mãos para localizar a doença, soprando-a e sugando-a enquanto canta para se comunicar com o elemento prejudicial dentro do corpo do cliente. Uma vez que o agente é identificado, o xamã o persuade a deixar o corpo. Depois de descobrir a identidade do mensageiro do mal, que é geralmente um *lowanek* enviado por outro xamã, ele o suga. A sessão termina quando a entidade intrusa é mostrada para o público ocasional sob o disfarce de uma substância gelatinosa cinzenta, uma pedra, ou uma pequena farpa de madeira. Cada cura bem-sucedida reforça o poder xamânico e prestígio social do curador.

Xamãs *Toba* têm a habilidade de ter o controle consciente dos sonhos. Por essa razão, quer durante as suas batalhas pelo poder com outros xamãs, quer quando realizam sua "jornada" noturna para encontrar informações sobre pessoas doentes, eles podem projetar sua consciência para o seu *ltagaiagawa*, o espírito aliado, que viaja através do espaço da noite, enfrentando os perigos, incertezas e criaturas assustadoras.

Entre os *Toba*, a posse de *haloik* (poder) nem sempre envolve a condição xamânica. Na verdade, todos os seres humanos, a fim de realizar as suas atividades, deve ter uma relação com os seres não humanos (*jaqa'a*), uma relação que lhes proporcionam certa quantidade de poder e conhecimento. Assim eles ganham as habilidades para ser bons caçadores, coletores, amantes e assim por diante. Esta associação tem lugar em sonhos, em que os *jaqa'a* geralmente ensinam as pessoas a realizar tarefas específicas. Pessoas comuns, no entanto, não conseguem curar, nem fazer o mal, e tampouco podem controlar seus sonhos como os xamãs fazem.

Devido a influência dos protestantes na região foi criada uma Igreja Nativa *Toba* – a *Iglesia Evangélica Unida*, na Argentina, que incorporou símbolos ritualísticos do cristianismo protestante, fazendo com que o Xamanismo seja praticado dentro dela com uma linguagem cristã. Por exemplo, os cultos seguem as mesmas etapas formais de qualquer serviço evangélico, no entanto, quando é necessário um trabalho de cura, eles usam as técnicas xamânicas. Embora em muitos casos os crentes vejam a doença como um castigo divino por causa de uma vida pecaminosa, uma boa igreja é aquela cujo pastor é um curador bem-sucedido.

No sudoeste argentino e na região centro-sul do Chile vive a etnia *Mapuche*, nome que significa "povo da terra". Eles repudiam a denominação de *Araucanos*, que se supõe proceder da palavra *awqi*, da língua *runasimi*, que os *Incas* utilizavam quando se referiam a eles como "inimigos selvagens". A sociedade é matriarcal, talvez seja por essa razão que *machis* (xamãs *Mapuche*) são em sua maioria mulheres, e os poucos homens que exercem essa profissão sejam variantes de gênero. *Machis* praticam antigos ritos lunares de cura, demonstrando que o poder primordial que todas xamãs *Mapuche* invocam é biologicamente enraizado no útero, na menstruação e nos mistérios do sangue. Por ser um Xamanismo praticado em sua maioria por mulheres, usaremos o artigo "a" ao falar sobre estas xamãs.

O poder da *machi* vem direta e espontaneamente do mundo espiritual. Esta convocação dos espíritos entra na vida da noviça de uma forma inevitável. Na verdade, resistir ao chamado é considerado uma loucura que pode levar à morte prematura. O chamamento é reconhecido em sonhos, visões, presságios ou na recuperação de uma doença grave, em cujo decorrer a alma (*am*), entra em contato com as forças sobrenaturais. A doença pode ser seguida por uma visão extática, durante a qual a *am* da convocada viaja para o Mundo Superior onde conhece seres espirituais que mostram como empregar remédios e realizar curas.

Os principais grupos de deidades e espíritos da mitologia *Mapuche* são os *pillan* e *wangulen* (espíritos ancestrais), os *ngen* (espíritos da natureza) e os *wekufe* (espíritos malignos). *Ngenechen* e *Antu* são as deidades principais. Os deuses *Mapuches* estão ligados ao culto familiar dos antepassados. Os sonhos (*peuma*) são de importância capital para esta etnia, primeiro porque representam o trânsito e a comunicação entre os espíritos (*pillan*) e os homens, e segundo porque preveem o futuro. Os vulcões são reverenciados, pois ali vivem os espíritos ancestrais. O vulcão Villarica é chamado *Ruca Pillan*, que literalmente quer dizer "Casa dos Espíritos".

Uma aprendiz deve estudar com uma *machi* iniciada durante anos para aprender todo o conhecimento esotérico da sua tradição, as músicas, técnicas xamânicas e *machitun* (ritos de cura). Ela deve aprender as técnicas de induzir o estado de transe, realizar o diagnóstico e adivinhações de vários tipos. Acima de tudo, deve adquirir poder através de seu relacionamento com seu *pillan* (a *machi* ancestral) para ser capaz de vencer as forças do *wekufe* (espírito maligno) e atos de feitiçaria. Este é um processo difícil, dispendioso, perigoso e longo.

Adquirir objetos de poder faz parte de seu treinamento. O *kultrun* (tambor raso) é tocado quase continuamente em algumas cerimônias e é usado para induzir ao transe. A *machi* faz seu *kultrun* de uma árvore, curte o couro para a pele de tambor e o preenche com cristais e pedras. Uma pedra especial, a *piedra de la cruz*, deve ser encontrada para o tambor. Sua forma natural deve ser de uma cruz de braços iguais circulada, o símbolo *Mapuche* para o Cosmos. A cabeça do cilindro é pintada em vermelho-sangue com a cruz de braços iguais a luas crescentes nas extremidades dos braços, que apontam em cada uma das quatro direções.

Rewe é um mastro esculpido com degraus, que tem a função de altar e é o símbolo sagrado da profissão de *machi*. Ela sobe o *rewe* durante as cerimônias, toca o *kultrun* no topo para entrar num transe profundo e comunica-se com os seres do mundo espiritual. O *rewe* é plantado no chão do lado de fora de sua casa por tempo indeterminado. A *machi* faz uma baqueta especial para bater seu tambor. Sinos também fazem parte de sua parafernália. Suas ferramentas adicionais são o fogo e suas canções. Há sempre uma queima de fogo no espaço de cura. Em seu estado de transe, a *machi* pode trabalhar o fogo com as próprias mãos, pegando brasas ou o utilizando para acender o tabaco.

Machi são mestras na utilização de ervas curativas, utilizam também em seus rituais uma planta enteógena, a *hookeri* (*Desfontainia spinosa*) para curas, sonhar, ter visões, mas que em altas dosagem podem levar à loucura. Ao prepararem as ervas com ou sem propriedades psicoativas, as *machis* cantarolam músicas ensinadas pelos espíritos que ajudam a extrair o poder da planta e solicitam a elas que auxiliem no processo de expulsar entidades malignas (*wekufes*).

Canções são ferramentas inestimáveis para a *machi* dominar suas técnicas ritualísticas. As músicas são utilizadas no diagnóstico da doença, adivinhação, autópsia e na preparação de remédios fitoterápicos. Suas canções são dadas pelos espíritos para serem utilizadas em encantamento e aumentar a eficácia do trabalho da *machi*. Tradicionalmente, as músicas são monotonamente cantadas com um nível agudo elevado. Muitos cânticos são utilizados para limpar o espaço ritualístico ou dissipar o acúmulo de *wekufe* na área imediata. Algumas músicas são usadas para amarrar os espíritos malignos, afastá-los ou enfraquecer o poder do *kalku* (feiticeiro) que tem prejudicado o doente.

Algumas músicas são uma preparação para o canto de outras e para a entrada da *machi* em transe. Há canções para induzir ao transe que levam à posse do corpo da *machi* por seu *pillan* (xamã ancestral). Essas músicas começam com canções especiais dirigidas pela primeira vez ao andrógino "Deus Pai" no Mundo Superior, em seguida, outra canção para a "namorada" do Sol e, finalmente, para os espíritos *pillan* de uma poderosa *machi* falecida, algumas das quais são ancestrais literais da xamã.

A dança também ocupa um lugar de importância na cultura *Mapuche*. As *machil* (aprendiz de xamã) dançam noites inteiras e, às vezes, por dias, com suas *maestras machis* antes das batalhas contra os espíritos malignos (*wekufes*) ou feiticeiros, para induzir ao transe, com a música repetitiva e cadenciada. A *machi* voa até *wenu mapu* (Mundo dos Espíritos) onde se comunica com os *pillan*; desta maneira, pode curar, aconselhar, prevenir e detectar enfermidades; e nestes momentos fala a língua dos espíritos.

Quando o treinamento está completo, a jovem aprendiz (*machil*) deve demonstrar sua capacidade numa reunião *machi* iniciática anual, que tem o duplo objetivo de iniciar uma nova xamã e ratificar o posto de quem já exerce essa função. Esse festival inclui exibições de poder, como caminhar descalças sobre brasas e outros atos que exibem domínio do fogo.

A iniciação de uma nova *machi* se dá quando ela entra em transe em cima do seu *rewe* e começa a falar com os deuses e deusas da cosmologia *Mapuche*. Depois tira toda sua roupa e deita-se numa cama de peles de ovelha. As mulheres que participam do ritual começam a cantar em coro acompanhadas por sinos.

Depois a *maestra machi* esfrega o corpo da candidata com algumas folhas. Em seguida, as *machis* extraem energias do corpo da candidata, chupando seus seios, barriga e cabeça com tanta força que chega a sangrar. Quando este processo se encerra, a aprendiz se veste, senta-se num canto enquanto as canções e a dança continuam durante o dia.

Na manhã seguinte, convidados chegam para a celebração. As *maestras machis* formam um círculo, tocando tambor e dançando. Em seguida, todas vão com a candidata até seu *rewe* e o escalam uma de cada vez. Esta cerimônia é encerrada com o sacrifício ritualístico de uma ovelha. Durante a madrugada, a *machil* e as mestras xamãs, dançam e cantam até que comecem a entrar em transe. Uma das *maestras machi* faz vários cortes nos dedos da postulante a xamã e nos lábios com uma faca de quartzo-branco. Depois realiza cortes semelhantes em seu próprio corpo e mistura seu sangue com a da nova *machi*.

Depois a noviça recebe um colar de plantas envolto em lã manchada de sangue da ovelha sacrificada. Em seguida, ao som dos tambores, escala o *rewe* em transe com o auxílio da sua *maestra machi*. Quando seu transe alcança o estado necessário para a iniciação, o colar e a lã são tirados e depois pendurados nos galhos de um arbusto, aonde vão se desintegrar ao longo do tempo. Quando a mulher, agora oficialmente uma *machi*, toca seus pés no chão ao descer do *rewe*, todos a saúdam com um imenso tumulto. Todo mundo quer ver e tocar a nova xamã para estar perto da energia dos espíritos que a iniciaram. A festa segue enquanto a novata reza para *Vlieo*, a "*Machi* do Céu", para conceder-lhe poderes curativos, clarividência e os objetos mágicos necessários para a cura.

As formas de cura da *machi* são conhecidas como *machitun*. Danças, cânticos, tambores e outros sons de percussão utilizados são chamados coletivamente de *purran*, que inclui especificamente os ritmos de percussão usados para induzir e manter estados de transe e as músicas cantadas para honrar a Fonte de toda a vida. Cada *machi* tem músicas exclusivas para entrar em transe. Ela também tem meios únicos para o diagnóstico. A xamã geralmente canta e dança ao som de chocalhos e do *kultrun* para entrar em estado de transe, mas ele só é obtido em cima do *rewe*, onde abre-se um portal para ela falar com os seres do mundo espiritual.

A xamaria *Mapuche*, como na da maioria dos povos nativos, é eminentemente energética. O ser humano participa de um Cosmos constituído por uma rede de forças que dão vida e forma a todas as coisas e seres existentes, ao mesmo tempo que os conecta entre si. Em virtude de tais laços, que incluem a todos os fenômenos energéticos, a humanidade será afetada por essas forças cósmicas e pode, por sua vez, afetá-las e influir sobre outros seres, assim como eles podem influir sobre nós.

As energias cósmicas que se caracterizam por sua tendência a perturbar ou destruir o equilíbrio dos sistemas energéticos biológicos, são chamados pelas *machis* de energia *wekufe*. Este tipo de energia tem a propriedade de poder ser concentrada e projetada a distância, como também condensar-se em forma sutil ou grosseira dentro de um ser vivo, provocando, obviamente, uma ruptura da harmonia, o que provoca a enfermidade. Essa energia dissolvente, destrutiva, perturbadora, pode ser irradiada pelo pensamento ou emoção de uma pessoa (ódio, inveja, ira, etc.), por um espírito maligno, pela alma de um defunto irritado, ou por qualquer *kalku* (feiticeiro).

A cura geralmente ocorre dentro de casa, próxima a uma fogueira. Se o paciente está muito doente ou num estado constante de medo, a *machi* realiza rituais para proteger o cliente de um *kalku* ou contaminação por *wekufe*. Quando é diagnosticada a feitiçaria, a *machi* realiza massagens corporais no paciente e suga determinadas áreas até sair sangue. Em algumas curas, a xamã abre o corpo do enfermo e extrai a causa da doença: uma pedra, farpa ou inseto. A abertura se fecha quando o objeto agressor é removido. Muitas curas não envolvem transe ou luta direta com *wekufe*. O diagnóstico pode ser somente o de aplicação de remédios de ervas, uma programação de dieta específica ou infusões de ervas. A *machi* pode realizar limpezas energéticas, soprando fumaça de tabaco ou derramando água medicinal sobre o corpo do paciente.

Poucas tribos se aventuraram a viver na região patagônica ao sul da Argentina e do Chile, e entre elas encontramos os povos *Selk'nan* e *Tehuelche*, que hoje vivem em pequenas reservas, e é na região do Ushuaia que a etnia *Yágan* ou *Yámana*, como são mais conhecidas, sobrevive da caça e pesca na aridez extrema da Terra do Fogo. Dirigem suas preces a um ser único e poderoso, *Watauinewa* (o eterno), para iniciar qualquer atividade e para protegê-los dos espíritos malignos (*Curspi*). Acreditam em criaturas míticas chamadas *hanuch* (espíritos selvagens com apenas um olho) e *kgachpik* (um ser maligno que habita os bosques).

Diferentemente dos *Mapuche*, seus xamãs (*yekamushes*) são na maioria homens e têm como funções primordiais a cura de enfermos, de desequilíbrios emocionais e a intermediação com o sobrenatural. Ser um *yekamush* dá certo prestígio e influência na tribo. O chamado para essa profissão ocorre durante o sono, quando o jovem sonha que sua alma está diante de uma árvore e à sua volta surgem dezenas de espíritos xamãs, que lhe dão presentes e alimentos. Ao acordar, depois de dias sonhando, seus parentes e vizinhos estão ao seu redor e começam a cantar para que ele volte a sonhar com seus amigos espirituais.

É desta forma que os jovens recebem as mensagens espirituais para se tornarem xamãs e serem capazes de se comunicarem com os espíritos e forças da natureza. Sua iniciação geralmente ocorre dentro de uma cabana sagrada, onde o aspirante realiza a prática diária de sonhar por meses a fio, quase sempre na época do inverno. Lá, em meio a uma rígida disciplina, os jovens ficam em completa imobilidade e, ao anoitecer, começam um canto que se prolonga até de madrugada. Além disso, praticam um jejum que só permite a ingestão de certos mariscos. Em seus trabalhos de cura estes xamãs cantam e massageiam a ferida do corpo do enfermo. Em seguida, sugam o local afetado e depois vomitam o objeto intruso que estava causando a enfermidade, reequilibrando novamente a saúde do seu paciente.

Xamanismo na África

Por não terem práticas espirituais similares a dos nativos siberianos, a rigor, não poderíamos falar de Xamanismo Africano, mas iremos discorrer sobre ele por acreditarmos ser uma tradição de âmbito mundial, que surgiu de forma espontânea em diversas culturas do nosso Planeta e não numa só região. Na maioria das etnias africanas as pessoas não viajam até o Mundo dos Espíritos. São os espíritos que se locomovem a este mundo e o transe ocorre quando os indivíduos são possuídos e não quando estes convocam os espíritos e os controlam, como sucede no Xamanismo clássico. Porém, na África Austral, alguns povos realizam o voo da alma por meio da dança. Enquanto na África Central, pigmeus das florestas do Congo fazem uso de extrato da raiz do enteógeno *Eboga* para viajarem até ao Céu.

Os *Dagara* ou *Dagaaba* são um povo agrícola que vive na região do oeste africano, em Gana, Burkina Faso e Costa do Marfim e que acreditam que a harmonia com o mundo natural é obtida por meio da vigilância constante. O objetivo principal da sua cultura é o equilíbrio, especificamente entre as energias masculinas e femininas, como as elementais: Terra, Fogo, Água, Natureza e Mineral. Eles não fazem distinção entre o mundo físico e o mundo espiritual. Não existe em seu vocabulário nenhuma palavra para o sobrenatural, pois este permeia sua vida diária. Os espíritos ancestrais vivem para sempre e estão por toda parte na Mãe Natureza.

Há um santuário sagrado para cada um destes elementos que os *Dagara* trabalham. Cada sacrário é mantido por sacerdotes, um homem e uma mulher. Estes líderes espirituais trabalham com os espíritos que se manifestam nos respectivos santuários. O papel destes sacerdotes é diferente do *boburo* (xamã). Cada um deles são especialistas de um elemento em particular. O papel do xamã é a cura. Para exercer essa função, o *boburo* trabalha com mais de um elemento. Tanto o homem quanto a mulher podem exercer esse cargo de curandeiro nativo.

Entre os *Dagara* existe uma roda da medicina que trabalha com um sistema de cinco direções: a Oeste, Sul, Leste, Norte e Centro. As quatro direções estão vivas dentro de uma pessoa apenas quando existe um centro. O eixo central é encontrado por todos os *Dagara* no Rito de Passagem para idade adulta. Eles acreditam que todos os indivíduos têm um centro, mas durante o crescimento vão se afastando dele, perdendo, assim, sua capacidade de dizer quem são, de onde vêm ou para onde estão indo. O objetivo da iniciação é para encontrar o centro, lembrar que ele existe e estar com ele.

Em seus rituais, trabalham com a consciência dos cinco elementos: *Tigan*, o espírito da Terra, está associado ao Centro; *Dawera*, o espírito da Natureza, situa-se na direção Leste; *San*, o espírito Mineral, está ligado ao Oeste; *Mān*, o espírito da Água, fica ao Norte e *Kyere*, o espírito do Fogo, fica ao Sul. Durante os grandes ritos, como iniciações, cinco anciãos conduzem o ritual, sendo cada um responsável pela energia de uma das direções e seus elementos. Cada um destes elementos trazem a força energética associadas a eles:

- *Tigan* traz sensação de se sentir em casa e do encontro com sua identidade.
- *Dawera* traz grandes mudanças e magia presente em toda Natureza. Está associado com o desconhecido e o grande mistério.
- *San* tem o poder da comunicação, contação de histórias e a conexão com e entre os povos. O elemento mineral dentro das pessoas está associado com a capacidade de comunicar e agir.
- *Mān* traz o poder de cura, paz interna, foco e reconciliação.
- *Kyere* tem o poder dos sonhos, visões e a ligação com os espíritos. Os *Dagara* acreditam que os ancestrais podem ver este fogo dos reinos do espírito queimando em cada um de nós. É através da ligação com este elemento que os xamãs podem se comunicar com o mundo dos espíritos.

O xamã *Dagara* tem ao seu lado espíritos aliados, que são seus ancestrais e também animais que incorporam qualidades específicas, tais como uma ave que traz mensagens dos espíritos ou um réptil que simboliza a transformação. Os *Dagara* acreditam que os espíritos ancestrais "ficam atrás" do indivíduo, aconselhando-os como devem agir, diariamente. Após a morte de um antepassado, inicialmente ele aparece em sonhos em sua forma terrena, porque a figura familiar é mais confortável para os vivos. Conforme o tempo passa, a energia do ancestral retorna à natureza, tomando a forma de um animal, árvore ou alguma forma terrena como montanhas, rochas ou rios.

O primeiro ritual iniciático entre os *Dagara* ocorre quando a mãe ainda está grávida. O objetivo do ritual é permitir que a alma da criança informe por que escolheu encarnar, qual o seu gênero e se possível o nome. O papel do *boburo* é fazer perguntas durante esta audiência e a alma da criança responde através do corpo e da voz da mãe, possuindo-a. Durante o questionamento do xamã, algumas almas pedem para que as mães façam uma alimentação específica ou usem um talismã até a sua chegada. O *boburo* pode sugerir à alma que outro gênero seja mais adequado para a sua tarefa de vida. O nome adquirido neste ritual é reservado e será dado à criança quando da sua iniciação na vida adulta. Ele serve como um lembrete do propósito da vida dessa criança.

A iniciação à idade adulta é uma oportunidade para a pessoa adolescente lembrar o propósito de sua alma e de se transformar em um indivíduo capaz de cumprir essa missão. Nem todos os aspectos da iniciação são os mesmos para homens e mulheres jovens. Por exemplo, os rituais do sangue menstrual e seu ciclo são parte da iniciação apenas do gênero feminino. Adolescentes são iniciados com outros jovens do seu sexo, geralmente uma vez por ano. O ritual pode durar de quatro a seis semanas ou mais. As meninas ficam juntas numa cabana para serem iniciadas após o início do primeiro ciclo menstrual. Já os meninos participam do seu rito de passagem com base na sua idade e maturidade.

Os perigos do processo de iniciação são reais e, para alguns, o resultado será a morte. Os cinco *boburos* que realizam rituais de iniciação não necessariamente sabem como retornar a partir do número infinito de lugares entre os mundos que as crianças serão atraídas para que os espíritos possam iniciá-las. Os novatos devem estar vigilantes e encontrar seu próprio caminho de volta para o seu corpo e seu propósito nesta vida. A cada ano um ou mais jovens ficam perdidos entre a realidade ordinária e não ordinária, e não retornam. Estas mortes entristecem profundamente a comunidade. Durante a iniciação cada indivíduo, menino ou menina, é desafiado para recordar o segredo de sua própria natureza. O ritual oferece muitas oportunidades para lembrar e também para reparar os danos já feitos por viverem longe do seu propósito de vida.

Após a iniciação, os antepassados começam a revelar as coisas que as pessoas não podem saber até que tenham alinhado a sua vontade com a de sua alma. Os *Dagara* acreditam que uma pessoa se submete à vontade de sua própria alma no ritual de iniciação. Só assim os espíritos ancestrais interveem na vida desse indivíduo. Eles também acreditam que uma pessoa não pode ter o conhecimento real do mundo se não conseguir ver o espírito em todas as coisas. Desenvolver esta habilidade não é considerado sobrenatural, mas parte de um processo natural de compreensão mais ampla da realidade. Essa consciência pós-iniciação é um retorno ao seu verdadeiro eu, a essência divina dentro de cada ser humano.

A comunicação com o mundo espiritual é necessária nas tarefas diárias da vida. Adultos iniciados aprendem habilidades básicas (normalmente associadas aos xamãs), como adivinhação, montagem de santuários da família e realização de ritual familiar, enquanto o *boburo* serve a comunidade como um especialista nestas áreas e na cura. A vida física e o mundo espiritual são intimamente interligados. Para o *Dagara*, a saúde do indivíduo e da comunidade é um estado de equilíbrio mantido entre polaridades, masculino e feminino, água e fogo, oeste e leste, etc. Este equilíbrio é continuamente restabelecido através de rituais.

Cada família tem em casa um santuário para seus ancestrais, sendo o chefe do grupo familiar, geralmente do sexo masculino, o guardião deste local. O santuário fica situado num cômodo da casa e só pode ser acessado pelo chefe da família. Além de consultar seus antepassados, ele visita adivinhos, *boburos* ou sacerdotes do santuário de um elemento apropriado às necessidades rituais para a manutenção diária da sua família. Estes especialistas consultados, fazem parte do conselho da aldeia para resolver problemas entre famílias ou envolvendo outras questões da comunidade.

O *boburo* funciona como um especialista neste contexto cultural de responsabilidade compartilhada por manter o equilíbrio em todos os níveis entre os mundos físico e o espiritual. Se um desequilíbrio existe com as forças energéticas de um morto, sua energia não resolvida vai assombrar as almas e a mente dos vivos trazendo sofrimento e morte. Os *Dagara* acreditam que é responsabilidade dos vivos curar os mortos. Os seus rituais são realizados para restaurar o equilíbrio e evitar problemas no futuro.

Os rituais entre os *Dagara* são realizados em três níveis distintos e profundamente interdependentes: comunitário, familiar e individual. Juntos, esses rituais são uma medicina preventiva eficaz que sustenta a prosperidade e o bem-estar físico e mental. No nível comunitário, o *boburo* ou o sacerdote do santuário sagrado apropriado executa a ritualística. Cada membro adulto da aldeia iniciado é obrigado a comparecer. Esses rituais são oportunidades para restaurar o equilíbrio com as energias elementares consagradas no santuário e para restabelecer a unidade sob um só espírito, *Namwin*, o Espírito Supremo.

Rituais comunitários bem-sucedidos liberam uma qualidade de energia que torna possível os rituais da família serem trabalhados de forma eficaz. Liderados pelo chefe da família, todos os membros iniciados deste núcleo honram certos espíritos com nome dos familiares, solicitando prosperidade, proteção e saúde. A energia liberada no ritual familiar auxilia que os rituais individuais sejam bem-sucedidos; ou seja; um rito maior cria uma egrégora de poder para o outro menor. Já os rituais individuais são responsabilidades de uma pessoa. No entanto, a negligência de qualquer um destes rituais, entre os *Dagara*, afeta negativamente a família e toda a comunidade.

O ritual é o método pelo qual os *Dagara* mensuram sua conexão com o mundo dos ancestrais. Toda a comunidade é geneticamente ligada aos Antepassados. Eles pensam em si mesmos como uma projeção física do reino ancestral. O ritual é a maneira como curam sua relação com este reino quando necessário. Danças, músicas, cantos e tambor são componentes essenciais da maioria dos rituais, no entanto, cada ritual é único. A estrutura fundamental permanece a mesma, mas qualquer rito repetido duas vezes da mesma maneira perde o seu poder. Até mesmo rituais sazonais repetidos a cada ano são ajustados para tirar o máximo partido das condições presentes.

Todos rituais têm a função de convidar os espíritos para vir ajudar a transformar algo que os humanos não são capazes de mudar por si mesmos. A forma de um ritual é determinada pelo *boburo* ou sacerdotes para atingir a mudança particular necessária na circunstância específica. Ao contrário das cerimônias, os resultados dos rituais são totalmente imprevisíveis. As cerimônias convidam os espíritos para vir e energizar o que já é. E se são sempre realizadas da mesma forma, seu resultado é previsível. Embora possam parecer rituais, elas servem a um propósito de cura diferente. Geralmente são usadas para fortalecer as relações e laços entre o indivíduo, a família e a comunidade.

O sacrifício geralmente faz parte dos rituais e é solicitado somente através da adivinhação. No caso de um delito ou de uma transgressão, os xamãs orientam uma oferenda de sangue animal (frango, cabra, ovelha ou vaca). Para um ritual ser bem-sucedido, o sacrifício deve ser correto, pois os espíritos reconhecem se forem inadequados. Por exemplo, para uma pessoa realizar uma viagem segura, deve fazer uma libação (geralmente suco ou uma bebida fermentada à base de frutas) antes de viajar. E, caso tenha sacrificado um bode em vez disso, cometeu um erro e será necessário restaurar o equilíbrio. Neste caso, outro bode terá que ser sacrificado para corrigir o erro de terem matado o primeiro. Em seguida, o sacrifício correto, a libação, deverá ser oferecida para a viagem ser segura.

Os animais sacrificados não são descartados como resíduos. Alguns são preparados com medicamentos e comidos como parte do tratamento de cura. Quando o propósito do ritual impede os animais de serem comidos, como naqueles realizados para evitar uma morte, os animais sacrificados são enterrados ou entregues à natureza. Em outras situações, a forma com que o animal sacrificado morreu é uma informação significativa para a adivinhação e o diagnóstico feitos pelos sacerdotes ou xamã.

Todos os métodos de cura do *boburo* são considerados rituais. O ritual pode ser utilizado para responder a uma necessidade corrente ou como uma medicação preventiva. Ao restabelecer a harmonia entre o mundo humano e o mundo dos seres espirituais, os antepassados, ou a Natureza, o xamã cura as doenças físicas, mentais, emocionais e espirituais do indivíduo e da comunidade. Rituais de celebração são realizados para oferecer gratidão pela ajuda dos espíritos ao trazerem saúde e abundância da vida. Neste rito, oferendas são feitas ao mundo espiritual juntamente a sacrifícios de cabras e galinhas. A oblação ritual é seguida por uma festa para expressar a unidade dos seres humanos com *Namwin*, o Ser Supremo, e celebrar parte do espírito da boa colheita.

Existem dois tipos específicos de rituais de cura para os indivíduos: a extração e o resgate da alma. A remoção de energia prejudicial ao organismo pode ser geral ou específica. Energias generalizadas são extraídas esfregando um animal vivo em todo o corpo do paciente. As nocivas são removidas para dentro do corpo do animal, que podem ser sacrificados indiretamente no decurso deste processo de cura, porque as energias removidas são muitas vezes suficientes para matar o animal.

Xamãs *Dagara* também extraem energias específicas como um projétil (*lobir*) invisível enviado ao paciente através de magia maléfica. Após o *boburo* remover o *lobir*, ele ou ela criam uma armadura energética protetora para desviar futuros projéteis e os envia de volta para seus criadores, que não podem ser protegidos contra um *lobir* de sua própria criação. A energia protetora criada pelo xamã é mesclada com o campo de energia do paciente para toda vida.

Em qualquer que seja a comunidade, a perda da alma é um problema sério que acarreta uma série de consequências ao doente. A *sìe* é a parte da alma de um nativo *Dagara* que se perde como resultado de trauma ou magia maléfica. *Sìe* está ligado ao mundo ancestral e se move entre os mundos. *Vuur* também é a alma de uma pessoa que permanece no corpo, sendo mais comparável à energia vital. Quando *sìe* está perdida em outros reinos ou foi roubada, a pessoa sofre de graves problemas psicológicos ou vive em um estado de caos, terror ou insegurança. Com o progresso do problema, o indivíduo acaba perdendo a capacidade de distinguir a realidade física do Mundo dos Espíritos.

Só um *boburo* do clã da terra pode recuperar partes da alma. O xamã *Dagara*, para fazer esse resgate, geralmente tem que estar em estado de transe, para localizar a *sìe* e, antes, ele ou ela realizam sacrifícios de animais para recuperar e recolocar a alma no corpo do paciente. Caso a *sìe* permaneça perdida durante longo tempo, ela se esquece de que está conectada a um corpo e o abandona por completo. Infelizmente, esta é uma situação extrema que o *boburo* não pode consertar.

Em Botswana, na África Austral, vivem os bosquímanos da etnia *Ju/hoansi* (conhecidos como *San*), considerados um dos povos mais antigos do Planeta. Na África, pinturas e entalhes encontrados nas cavernas dos *San* foram feitas pelos seus xamãs *!gi:ten* (*!gi:xa* no singular). Segundo Hancock (2011, p. 212) "o ponto de exclamação e outros sons usados pelos linguistas para transcrever o *san* falado representando 'cliques' e outros sons não encontrados nas línguas ocidentais". Na palavra *!gi:xa*, a primeira sílaba significa "poder sobrenatural" e a segunda "pleno de", neste sentido, o xamã entre os *San* é o "possuidor de poder sobrenatural".

Etnografias deixam claro que os *!gi:ten* são os responsáveis por expressar, simbolizar e fazer a interação entre o nosso mundo e o espiritual. Eles também controlam o clima, ajudam a descobrir o paradeiro de coisas e pessoas, têm conhecimento sobre as ervas que curam e são capazes de curar física e espiritualmente os membros da tribo. Porém, o seu maior dom é o de deixar o plano terreno e fazer a viagem da alma até o Mundo do Espírito, como ocorre na maioria das culturas xamânicas pelo mundo. Para isso os !gi:ten desenvolveram uma técnica diferente para entrar no mundo não ordinário: através de um estilo de dança circular árduo e prolongado. Em algumas destas danças, os xamãs chegam a tal estado de exaustão, que sangram pelo nariz, para, em seguida, entrar num estado de transe profundo (kxwia).

Entre os Ju/hoansi, metade dos homens, em qualquer faixa etária, e quase um terço das mulheres, são xamãs. Como para a maioria dos povos africanos, a dança é o portal para o Mundo do Espírito. Suas danças são formadas por dois círculos, sendo o interno de mulheres e o externo composto por homens. As mulheres sentam umas ao lado das outras tocando os ombros e batendo palmas, enquanto os homens, em pé, dançam segurando um mata-moscas cerimonial que utilizam nestas ocasiões para se chicotearem de um lado para o outro. Chocalhos amarrados nas panturrilhas deles são ativados com o bater dos pés que acompanham as palmas das mulheres.

Depois de horas de dança, os xamãs mais experientes são os primeiros a entrarem em !kia (transe) e começam a sangrar pelo nariz, neste momento, eles apanham o sangue e o misturam com o suor das axilas, para criar uma medicina cheia de n/om (poder) e besuntar os corpos dos enfermos da tribo ou deitar-se sobre eles para fazer a transferência deste poder curativo. Neste momento, a doença é expelida do doente, sendo sugada pelo corpo do xamã, que a queima com a ebulição frenética que habita o seu corpo no momento do transe. No Estado Alternativo de Consciência (EAC), estes xamãs, além das curas, veem além do horizonte, caminham sobre o fogo e manipulam esse elemento.

Entre as tribos Banto, do sul da África, como os Xhosa, Pondomise e Thembo (conhecidos coletivamente como Nguni), os xamãs são reconhecidos pelo nome de igqirha. Em suas jornadas em EAC, viajam até o povo do rio, abantubomlambo, no Outro Mundo (o Mundo Subaquático) onde, na maioria das vezes, veem ichati (uma serpente aquática) que tem o dom da transformação. Outras tradições xamânicas clássicas, quando fazem sua viagem da alma ao Mundo do Espírito, mergulham num túnel subterrâneo cheio de água, tais como os Inuit e Samodeic. Segundo os Nguni, os animais já foram humanos e merecem respeito. Quando vão sair para a caça, realizam suas longas danças e, em seus transes, visitam os espíritos animais pedindo permissão para matar alguns deles no dia seguinte. Ao darem a permissão, os espíritos animais mostram o local onde os caçadores da tribo irão encontrar a caça.

Entre os *Zulu* da África do Sul existem três classes de praticantes xamânicos que envolvem o domínio dos estados de transe e outras artes esotéricas. Estes profissionais que trabalham em estados alternativos com a ajuda de espíritos para servir sua comunidade, são os *inyanga, sangoma e sanusi*. Eles têm diferentes papéis sociais e políticos na comunidade, que incluem cura, adivinhação, condução de rituais, encontrar gado perdido, proteger os guerreiros, combater feiticeiros e narrar os mitos cosmológicos de sua tradição. São reverenciados e respeitados em sua sociedade, onde acredita-se que as doenças sejam causadas pela feitiçaria, pelo contato com objetos impuros ou pelos próprios ancestrais.

O curandeiro *inyanga*, que significa "homem das árvores", exerce um trabalho semelhante a um fitoterapeuta ou farmacêutico. O seu papel é hereditário, geralmente passado de pai para filho e neto. O conhecimento repassado é considerado parte da riqueza da família. O *inyanga* também tem a habilidade para encontrar objetos perdidos ou roubados. Seu papel é considerado o menos poderoso das três classes de profissionais curandeiros, porque eles não experimentam *Ukutwasa*, o chamado a partir dos espíritos ancestrais (*Amadlozi*). Os *inyanga* são muitas vezes referidos como "curandeiros", porque são qualificados nas técnicas de *tagati*, que é utilizada para identificar os feitiços enviados a membros da tribo por um feiticeiro (*umtagatin*) que usa suas habilidades para fazer o mal.

Entre os *sangoma* e *sanusi* o papel de curandeiro não pode ser herdado ou escolhido pelo indivíduo. *Ukutwasa* é o chamado dos *Amadlozi* (espíritos ancestrais), e muitas vezes começa em um sonho e progride para uma estranha doença da mente e do corpo. Esta enfermidade progride gradualmente e permanece incurável durante dias, até o indivíduo acordar. Durante o *Ukutwasa*, a pessoa tem visões tanto acordada como dormindo, tem aumento da capacidade de ver eventos do passado e do futuro, experiências de desmembramento por espíritos animais e um senso do Eu (ego) mudando para algo diferente. Quando o indivíduo se recupera, passa a ser reconhecido como um aprendiz de um mestre curandeiro.

Tradicionalmente, *sangoma* são mulheres. Entretanto, existem homens entre elas, muitos dos quais são variantes de gênero ou xamãs transformados. Sua formação é um processo altamente ordenado. Os candidatos devem trilhar um caminho de até doze etapas. Em cada fase aprendem a trabalhar com um dos doze "vasos" ou tipos de espíritos. Poucos aprendizes conseguem dominar a décima segunda e última etapa. Esta fase só pode ser alcançada com a ajuda e a bênção do mundo espiritual. A neófita deve aprender a história da comunidade, mitologia e cerimônias. E também a desenvolver as habilidades necessárias para executar adivinhação e o diagnóstico da doença, feitiçaria, conduzir rituais de cura, recuperar partes perdidas de almas, preparar os medicamentos, controlar o tempo, prever o futuro e interpretar sonhos.

Sanusi (mestre xamã) é o mais alto grau das três classes de praticantes tradicionais das artes esotéricas. Ele ou ela tem um pé no mundo espiritual e um no mundo físico para que possa atuar como um canal para as realidades espirituais. *Sanusi* é o líder espiritual do povo, porém, *sangoma* são mais atuantes no papel de adivinho e de curas dentro da tribo. Por essa razão, durante o treinamento desta classe o candidato aprende a fazer suas próprias *Dingaka*, com ossos dos animais sacrificados para adivinhação. Os ossos são tratados cerimonialmente, limpos e esculpidos com símbolos sagrados. Quando o aprendiz coletou e decorou quatro *Dingaka*, ele ou ela, começa a aprender a arte da adivinhação e dos diagnósticos.

Durante seu aprendizado, tanto *sanusi* quanto *sangoma*, devem começar um intenso processo pessoal focado em eliminar sentimentos de base, como o ciúme e a raiva, a partir de dentro de seu *Self*. O mestre ensina ao noviço as técnicas para a utilização de toda a extensão de seus poderes mentais para entrar em transe e alcançar a união com o mundo invisível. O aprendiz aprende também a usar tambores, meditar e jejuar, para entrar em transe extático. Quando o noviço consegue entrar em EAC, seu mestre lhe ensina a usar seus estados de transe para diagnosticar a doença, exorcizar ou remover *tokoloshe* (fantasmas), combater *tagati* (feitiços), controlar o tempo e prever o futuro.

Umbilini é a fonte primária da energia dos curandeiros. Tal como a *kundalini* das tradições indianas ou o *kamaq* das andinas, essa matriz energética é experimentada como uma serpente que se encontra enrolada no osso sacro do praticante. Através de sua excitação o curandeiro entra em estado de transe. Xamãs trabalham com o som do tambor, meditação e respiração adequada para despertar a *umbilini*. Com o batuque, ele ou ela experimenta o aquecimento da serpente, levantando-se da coluna vertebral e se expandindo para a parte superior da cabeça. Neste estado energético, xamãs são capazes de invocar os poderes ocultos da sua alma para se juntar às grandes forças e aos espíritos aliados do mundo invisível.

O objetivo do xamã *Zulu* ao entrar num estado de transe é beber do conhecimento no "Lago Escondido", um enorme manancial de água invisível no Mundo dos Espíritos, onde todo o conhecimento do Universo é encontrado.

Desta forma, eles têm acesso ao passado, presente e futuro, podendo, assim, realizar uma série de adivinhações. Em algumas situações, os curandeiros se martirizam ou fazem jejum prolongado para despertar a *umbilini*. Em outros momentos, eles acham mais apropriado entrar em transe através da felicidade e do êxtase. Nestas situações, batucam o tambor, meditam, bebem água e se alimentam com moderação. Algumas vezes eles fumam a *Helichrysum*, um enteógeno de cheiro forte, para induzir transes.

As práticas de cura *Zulu* são baseadas na consciência da alma. Eles acreditam que a alma humana é parte integrante do *Unkulunkulu* (Eu Universal) e que as almas humanas surgiram quando Deus criou a Si mesmo. Desta feita, só existem seres humanos porque *Unkulunkulu* existe. A alma humana é a forma da pessoa encarnada. Ela é feita de uma substância espírito (a alma *ena*), que contém uma esfera transparente (a alma *moya*). A esfera contém duas criaturas semelhantes a larvas, uma vermelha, maléfica, e uma boa, azulada. Essas criaturas se movem, dançam e lutam uma contra a outra sem parar. Cada indivíduo é perpetuamente envolvido na grande luta, no equilíbrio entre o bem e o mal dentro do *moya*. Este equilíbrio é essencial para uma alma existir.

Moya é a alma humana imortal de homens e mulheres, que podem renascer em qualquer forma. *Ena* é a alma humana mortal, ou *Self*, criada de novo cada vez que *moya* toma uma nova forma. Após a morte do indivíduo, *moya* reencarna enquanto *ena* vagueia na Terra por um pequeno tempo e depois se desintegra. A cada nova encarnação surge uma nova *ena* que irá ajudar os humanos a sobreviver. *Ena* é capaz de deixar o corpo e voar pelo ar. Através deste voo da alma a essência de uma pessoa pode viajar ao futuro e experimentar coisas antes do seu corpo físico. Se o futuro não for benéfico, a alma pode falar com a pessoa geralmente através de um sonho, de modo que o indivíduo possa fazer as escolhas necessárias para evitar a criação desse evento futuro.

Os *Zulu* dão alto valor ao seu sonhar. Os sonhos são um dos poucos sentidos que o ser humano não perdeu e que lhe permite receber mensagens de *ena*. A tendência após a morte é da *ena* se dissipar, ao menos que seja nutrida com orações, pensamentos e as oferendas dos vivos. Por isso as almas ancestrais são nutridas por seus descendentes. Estas *enas* são consultadas em momentos de dificuldade e servem como intermediários entre os vivos e o mundo espiritual. Espíritos ancestrais são espíritos primários que ajudam o xamã *Zulu*. Se não for nutrido, estes *enas* passam para a não existência e um valioso meio de comunicação com o mundo espiritual fica perdido.

Do ponto de vista *Zulu*, doenças físicas e mentais são causadas quando ocorre uma interrupção de algum poder, ou poderes do Universo. Esta perturbação pode ocorrer por não haver equilíbrio na grande luta dentro da *moya* do enfermo. A responsabilidade do xamã é determinar qual a energia está interrompida e como restaurar o equilíbrio e a harmonia novamente. Uma vez que a causa e os meios de cura foram diagnosticados, o curandeiro vai tomar medidas para ajudar a cicatrização.

Doenças não físicas são tratadas como o resultado da intervenção externa de espíritos desencarnados. Normalmente estas entidades começam a devorar as almas quando ela está desequilibrada. Neste caso, esses entes devem ser extraídos pela ação do xamã. No entanto, a intervenção não é limitada somente ao trabalho de extração. Tanto o tratamento de doenças físicas e não físicas podem envolver sacrifícios, preparações físicas de ervas ou alimentos, bem como amuletos ou outros objetos de poder que trabalham em ambos os níveis, físicos ou espiritual, para auxiliar a cicatrização.

Para diagnosticar a doença e determinar a origem da interrupção de energia, *sangomas* usam adivinhação com ossos, porém *sanusis* entram em transe e recebem orientação dos espíritos ancestrais (*amadlozis*). Desta forma, estes curandeiros descobrem os meios necessários para restaurar a harmonia e o equilíbrio do paciente e de todas as forças envolvidas. Geralmente, ao removerem espíritos malévolos do doente, eles os devolvem ao seu lugar de origem. Em algumas ocasiões é necessário realizar um sacrifício animal, porque o sangue aplaca os espíritos perturbadores.

A perda da alma também é causa de doença entre os *Zulu*. Eles acreditam que a alma *moya* habita partes do corpo, e é nestes locais (órgãos ou articulações) que os xamãs realizam o trabalho para recuperá-la. A alma é sensível a muitas experiências, que podem resultar em sua perda. Pessoas podem perder partes dela acidentalmente ou pelas ações de outros indivíduos que, de forma consciente ou inconscientemente, capturaram a alma através de insensibilidade ou atitudes depreciativas. Também pode ser danificada ou roubada através de projeções maléficas feitas por ato de feitiçaria, inveja ou ódio.

Para determinar a causa da perda e a localização da alma perdida, o xamã *Zulu*, ao som de tambores, deve entrar em estado de transe e deixar sua *ena* realizar a jornada de recuperação da alma. Após localizá-la, terá que convencê-la a voltar ou barganhar com os espíritos que a roubaram. Ao recuperá-la, realiza a viagem de volta e a introduz no corpo do paciente. Em casos que envolvem a feitiçaria, o *sangoma* ou *sanusi* pode ter que usar a magia para combater o feiticeiro que a roubou para resgatá-la e devolvê-la ao cliente. Muitas vezes é necessário realizar o sacrifício de um animal e também do sangue do enfermo, para que o sucesso seja alcançado.

Os *Zulu* acreditam que o futuro pode ser mudado. Uma ação hoje pode iniciar uma série de atos vindouros, como também parar uma sucessão de ações futuras. Isto permite um tipo de medicina preventiva. A alma *ena* pode ir voluntariamente para o futuro através da realização de certos rituais para aprender algo que ainda está para acontecer. Quando *ena* retorna ao presente com este conhecimento, podem ser tomadas medidas para evitar o mal e as doenças. Geralmente, quando um membro da comunidade tem um sonho que os xamãs acham relevante, este é encenado para que sua mensagem seja compartilhada para toda tribo.

Williams (2013, p. 148) sobre esta questão do sonhar diz que:

> Quando os *Zulus* do sul da África têm um sonho sobre o futuro que consideram importantes, em geral o encenam para reforçar a mensagem e compartilhá-la com outros membros da comunidade. Isso torna os eventos do sonho mais prováveis de se realizar. Se o sonho não é bom (e sabemos que os *Zulus* não consideram o futuro imutável), eles representam situações alternativas para gerar um destino diferente. Dramatizar os sonhos é uma maneira poderosa de identificar e reforçar as mensagens trazidas e de incorporar qualquer mudança que ocorra na alma. Se o sonho se mostra como mau presságio, deve-se aproveitá-lo para pensar em abordagens e caminhos alternativos. Se um futuro desfavorável parece inevitável, pode-se encená-lo como no sonho, fazendo com que se realize num meio controlado. (sic)

Xamanismo na Oceania

Na Oceania, vários profissionais como curandeiros, feiticeiros, sacerdotes, médiuns e profetas têm funções xamânicas. Alguns usam o voo da alma para se comunicar com espíritos em sonhos, como é feito na Papua-Nova Guiné. Outros, como os *aborígenes* australianos, podem se comunicar com os mortos, ver espíritos, voar através do ar, curar ou causar dano, como os xamãs de outras partes do mundo. Já o *tohunga* (sacerdote) entre os *Maori* da Nova Zelândia são especialistas em magia e na arte da cura. Médiuns espíritas em Tikopia, na Polinésia, entram em transe e servem como porta-vozes de deuses ou espíritos dos mortos.

Papua-Nova Guiné, um país da Melanésia, ao norte da Austrália, no Pacífico Ocidental, é o lar de centenas de povos distintos, muitos dos quais veem os sonhos como uma fonte de informação espiritual e um local para a ação xamânica. Nesta terra tropical de vastas florestas, montanhas escarpadas, pântanos impenetráveis e ilhas espalhadas, as pessoas experimentam sonhos noturnos como fontes de informação espiritual, realizando, assim, o voo da alma e contatando os espíritos ancestrais em sua jornada. Porém só os xamãs exploram o sonhar para descobrir as causas da infelicidade, neutralizar enfermidades, produzir efeitos mágicos e se comunicar com seres sobrenaturais.

Para o povo da Papua-Nova Guiné, o sucesso na caça, guerra e jardinagem depende das boas relações com os seres sobrenaturais, portanto, a figura do xamã é muito importante, pois detém a capacidade de facilitar essas interações. Infelizmente, antropólogos usam vários rótulos para descrever praticantes das artes xamânicas como adivinho, bruxa, feiticeiro e médium. Cada povo nomeará os praticantes segundo os tipos de atividades profissionais realizadas nas várias comunidades. Xamãs, além de curar, também podem atacar pessoas num certo povo, tal como fazem os feiticeiros em outro, que manipulam propositadamente os poderes sobrenaturais para ferir ou matar e ocupam um papel socialmente aceito. Já os conhecidos por bruxos ou bruxas são considerados incapazes de controlar seus poderes e podem destruir seu próprio povo, o que culmina em desaprovação social. É importante deixar claro, porém, que uma ação é benéfica ou maléfica segundo a perspectiva de quem avalia.

Na maioria das comunidades da Papua-Nova Guiné, doença e morte são entendidas como consequência de bruxaria, feitiçaria ou ação de espíritos, ao invés de causas físicas naturais. Para curar um indivíduo, o sonho de um xamã pode revelar qual espírito tem causado uma doença e que cerimônia será mais apropriada. Durante seu sonhar, o xamã assume a forma de um pássaro, voa até uma árvore no limite da sua aldeia e fica de sentinela para que nenhum espírito roube a alma de um aldeão desprevenido durante seu sono ao passar por uma encruzilhada ou um local proibido.

Os *aborígenes* australianos são, incontestavelmente, a mais antiga cultura contínua na Terra. Estudos arqueológicos e etnográficos chegaram à datação cronológica estimada de 100.000 anos. No entanto, os anciãos *aborígines* dizem que eles estão na Terra desde a época em que o tempo começou, o *Dreamtime* (Tempo do Sonho). Segundo eles, sua ascendência vem dos seres originais que surgiram diretamente do *Dreamtime*, que deu origem a tudo o que chamamos realidade física. Cada tribo australiana chama o Tempo do Sonho por diferentes nomes, embora o conceito permaneça o mesmo. O *Dreamtime* é *Altjiringa* para os *Arunta* (*Aranda*) de Alice Springs (Austrália Central), *Djugur* para os *Aluridja* de Musgrave Range, *Bugari* pelos *Karadjeri* do sudoeste da Kimberly (costa noroeste), *Unggud* ao *Ngarinyin* ao norte Kimberly, e *Maratal* pelos *Wiradjuri* (no sudeste da Austrália), para citar apenas alguns deles.

Suas cosmogonias narram que, no tempo antes do tempo, a Unidade Divina (*Baiame*) colocou muitos discos girando no vazio do Cosmo. O Planeta Terra era um desses discos, planos, sem traços característicos. *Baiame* criou a luz e deu sabedoria a cada disco. A Grande Serpente Celestial do Arco-íris é uma representação dessa consciência energética que começou com a serenidade da Unidade Divina e tornou-se tudo o que é. *Unggud*, a Serpente do Arco-íris, é a personificação da fertilidade e da Deusa da Chuva. Segundo os mitos, ela hibernava (sonhava) no interior da Terra quando *Baiame* a despertou com a luz cósmica. Em seguida, deslizou pela profundeza terrestre até chegar à superfície deserta, começou a percorrer a Terra e, à medida que avançava, usava seu poder para provocar uma grande chuva, formando os lagos e os rios.

A cada local que visitava, o nutria com o leite de seus seios, fertilizando a região. Árvores com frutos coloridos brotaram. Ao introduzir seu nariz no solo, *Unggud* levantava cadeias de montanhas e abria profundos vales, deixando outras partes planas e desertas. Regressando às profundezas terrena, ela despertou os animais que começaram a povoar o Planeta. Por último, ela extraiu das entranhas da Terra o ser humano e os ensinou a viver em paz e harmonia com todas as criaturas da Criação, que eram seus irmãos espirituais. A Deusa Serpente *Unggud* ensinou ao homem a vida tribal, a compartilhar e tirar da Terra apenas o que necessitavam, respeitando e honrando a Natureza. Os seres humanos aprenderam, assim, que eles seriam os guardiões e protetores da Terra, e deviam passar esse conhecimento do *Dreamtime* às gerações vindouras.

Os *aborígenes* vivem uma vida nômade e não tem posses materiais, sendo considerados uma das culturas mais primitivas do mundo. No entanto, estudiosos afirmam que eles também são um dos mais sofisticados. Têm conservado um modo de vida que permite que todas pessoas tenham o acesso à sabedoria cultural coletiva. Através da ligação com o *Dreamtime* mantêm uma consciência de que tudo está vivo e conectado. Através do "Tempo do Sonho" cada indivíduo se conecta à Fonte, à Unidade Divina que é todas as coisas. Tradicionalmente há uma tranquilidade e silêncio em grande parte da vida *aborígene*. O tempo é gasto por si só em meditações profundas, refletindo sobre sonhos e para estar pronto a qualquer momento para entrar em um estado de relacionamento com o *Dreamtime*. Para eles, sonhar é parte de sua disciplina espiritual e um aspecto da meditação.

Unggud, a Serpente do Arco-íris, é a fonte das almas humanas. Estas almas têm a aparência de pequenas serpentes e são encontradas nos sonhos. Após a morte, elas retornam para um Lugar Sagrado onde viviam antes da sua manifestação humana. *Aborígenes* australianos acreditam que as almas preexistem, vivendo fora do mundo físico onde aguardam para entrar no corpo de uma mãe grávida na Terra. Desta forma, eles creem que todos os seres humanos são animados por um espírito que é um ser eterno que está visitando o mundo na forma humana. Cada ser humano tem pelo menos três espíritos: o *Yowee*, equivalente da alma; o *Doowee*, um sonho ou o espírito viajante; e uma *Mulloway*, o espírito da sombra.

A morte entre os *aborígenes* é vista como a transformação em sua forma mais profunda, sendo considerada o grande rito de iniciação e é o modelo para todos os outros ritos iniciáticos. Homens *aborígenes* têm elaboradas cerimônias formais, que incluem representações de morte e de experiências de transe profundo. O parto tradicional (natural) leva uma mulher literalmente ao limiar da morte física. Não há necessidade de cerimônias formais para as mulheres, pois elas são submetidas a iniciação através de processos naturais como o parto, menarca e menopausa, bem como experiências de transe profundo.

Iniciações e outras transições de vida são considerados morte e renascimento, marcada cerimonialmente para receber um novo nome e, muitas vezes, um corpo específico de conhecimento secreto. A plena função e finalidade de rituais de iniciação *aborígenes* são complexos e, em parte, mantidas em segredo. O perfeito conhecimento dos rituais e vida secreta dos homens adultos é reservado somente para os iniciados, e o mesmo ocorre para as mulheres iniciadas. Os segredos mais profundos não são compartilhados entre os sexos. A busca do conhecimento é ainda mais oclusa quando investigamos os rituais e treinamento através do qual os seres humanos adquirem poder.

O processo de iniciação de cada jovem adulto faz com que tenham uma conexão com os seus espíritos aliados, e por meio deles, uma plena realização do *Dreamtime*. Isso gera um nível de consciência do Todo, das leis que o mantêm, e a descoberta de qual é o seu lugar no mundo. A manutenção deste nível de consciência faz com que um adulto possa participar plenamente da vida na comunidade como uma pessoa de poder, ilimitada pelo tempo e espaço comum.

Todo um complexo de rituais, cantos, locais sagrados, danças, mitos e leis para o comportamento na vida é transmitido por etapas no processo de iniciação. Cada fase deve ser aprendida perfeitamente em palavra e ação com a finalidade de construir o caráter dos adultos, para preservar a herança sagrada e garantir o futuro da tribo.

Meninas e meninos *aborígenes*, quando estão próximos de ou tenham atingido a puberdade, participam de uma série de rituais que se estendem ao longo de vários anos com intervalos. Para os meninos adolescentes de algumas regiões o primeiro ritual envolve a circuncisão. A forma do ritual varia de uma localidade para outra, no entanto, o padrão geral e a finalidade destes rituais são os mesmos. O *Self* da criança iniciada morre, e com ele a ignorância infantil do conhecimento esotérico. Assim, um novo "Eu" renasce para uma nova vida de conhecimento, poder e responsabilidade adulta.

Cada tribo tem uma palavra para xamã. Muitas aldeias têm muitas palavras, com distinções entre sexo, diferentes aspectos da profissão, como fazer chover, curar por sucção ou adivinhação, assim como denominações para discernir entre feitiçaria, bruxaria e cura. Tanto os homens como as mulheres são iniciadas por espíritos iniciáticos ou entes divinos, de quem obtêm as pedras mágicas que são a fonte de seus poderes. Ambos, os xamãs homens (*baramambin*) e mulheres (*baramambil*), podem curar doenças, afetar o clima e visitar os espíritos ancestrais para obter poderes mágicos, curativos e prejudiciais.

Não há preconceito de gênero nas histórias do *Dreamtime*. Homens e mulheres são igualmente capazes de usar e abusar dos poderes humanos concedidos através da sua ligação com os espíritos. Ambos são igualmente qualificados para executar a função de xamãs. Geralmente as mulheres são as guardiãs das leis naturais e as protetoras da vida corporal, enquanto os homens são os guardiões dos reinos espirituais e protetores da feitiçaria. As *baramambil* são responsáveis pelos ritos de passagem de todas as mulheres, além de trabalhar com as plantas medicinais. Já descobrir um assassino e lidar com feiticeiros é considerado um trabalho exclusivo para os *baramambin*.

O chamado xamânico só acontece para os indivíduos que tenham completado sua iniciação na vida adulta. O convite vem espontaneamente dos espíritos, através da hereditariedade ou pela seleção, aprovação e aceitação por xamãs iniciados, devido a talentos naturais que a pessoa tenha. Em todo o processo o candidato é "morto" pelos *oruncha* (espíritos da iniciação) ou pelos xamãs que agem por aqueles espíritos iniciáticos. Como esse rito de passagem ocorre e a "morte" é percebida varia a cada região e tribo. Geralmente, o xamã é iniciado pelos espíritos, que o mata, em seguida abrem-lhe o corpo e colocam-lhe dentro cristais de quartzo, rocha e outras substâncias poderosas.

Através do ritual de iniciação, o candidato recebe energia dos seres espirituais do *Dreamtime*, um poder que se funde aos objetos mágicos colocados no corpo do candidato. Em cada tribo *aborígene* australiana o poder do xamã vem de um espírito ou espíritos específicos. Uns recebem energia diretamente da Serpente do Arco-íris, que vive na água e está conectada com o céu, outros são preparados por *Baiami* no Céu, e alguns são levados pelos seres celestes. Este poder é tão forte dentro deles que, após terem a vida restaurada pelos *oruncha*, o neófito pode parecer um pouco enlouquecido durante vários dias antes de retornar à consciência comum.

Durante este tempo "enlouquecido", absorve os objetos que foram introduzidos dentro de si, principalmente os espíritos-serpentes que encarnam o poder da Serpente do Arco-íris. Desta forma, começa a estabelecer o seu próprio contato com os espíritos ancestrais e os seres espirituais do *Dreamtime*. Na tribo *Euahlayi*, cada pessoa iniciada recebe um totem animal. E não devem, em hipótese alguma, comer a carne deste animal, pois se o fizerem morrerão. Este espírito aliado (*yunbeai*) o auxiliará em estado de vigília ou de transe, principalmente durante os trabalhos de cura e magia. O xamã também poderá transmutar-se no *yunbeai* em situações extremamente perigosas.

Xamãs *Yualai* têm *minggah*, um espírito que vive dentro de uma árvore. E aqueles que são considerados mais poderosos também têm *goomah* (pedras espirituais). O *yunbeai* de um xamã pode morar na *minggah* ou *goomah*, bem como qualquer outro espírito amigo dele. Quando o xamã precisa da ajuda dos seus aliados que residem dentro desses objetos, ele ou ela, vai até a árvore ou pedra, onde eles existem na natureza ou viaja ao encontro deles em espírito no tempo onírico. Ambos, árvore e pedra, fornecem um lugar de refúgio para o xamã em tempos de perigo, no entanto, o *goomah* é um santuário mais poderoso.

Entre os *Arunta*, na Austrália, o chamado ocorre pelos *iruntarinia*, seres sobrenaturais. A iniciação se dá dentro de uma caverna onde o neófito entra em transe. Neste momento o *iruntarinia* arremessa uma lança perfurando-lhe o pescoço, passando pela língua e saindo pela boca. Depois, outra lança corta a cabeça. Neste momento o *iruntarinia* o carrega para o fundo da caverna profunda. Lá, perto de uma nascente, pedaços de cristais de rocha (*atnongara*) são colocados no corpo do iniciado, que se reconstitui.

A formação profissional com um xamã experiente é necessária após a iniciação para aprender a usar os poderes espirituais recebidos sob a forma das substâncias mágicas, tais como quartzo, conchas, pedras, ossos, espíritos-serpentes e cabos. Qualquer um desses objetos pode ser projetado em outra pessoa para curar e para criar a doença e a morte. O aprendiz deve aprender a usá-los com a intenção clara. O xamã também deve aprender a usar o *bukur*, um rolo de corda mágica, que é absorvido pelo corpo. O *bukur* se estende a partir do corpo humano para fornecer um meio pelo qual o xamã possa viajar até o Mundo Superior. Durante seu treinamento, ele também deve aprender a exercer o controle completo sobre seu próprio *Doowee* (espírito viajante).

Os xamãs *aborígenes* são chamados sempre que ocorre uma doença ou morte e para neutralizar os efeitos nocivos dos espíritos perniciosos ou malévolos. Também são convocados em casos de infelicidade crônica ou má sorte. Entre suas atribuições, está o dom de afetar o tempo, particularmente em trazer a chuva e executar divinações. Doenças, dores e mortes não são considerados causas naturais óbvias, são diagnosticadas como o resultado de feitiçaria ou magia maligna. Feiticeiros realizam a magia com a intenção clara de prejudicar à vítima. Já espíritos tendem a executar magia em resposta a um ato anterior praticado pela vítima, geralmente a quebra de um tabu ou uma lei do *Dreamtime*.

Para neutralizar os efeitos nocivos de feitiçaria, o xamã deve extrair o sangue ruim, osso, quartzo ou pedra que foi direcionado à vítima pelo feiticeiro. Para executar a extração, o curandeiro esfrega a parte afetada, geralmente no abdômen, as vezes com vigor suficiente para induzir ao vômito. Em alguns casos, introduz no paciente uma substância mágica de seu próprio corpo, para ajudar na cura. Após a fricção, o xamã é capaz de extrair o objeto intruso com a mão ou por sucção. Este pode ser um material qualquer ou um objeto mágico. Feiticeiros e espíritos malévolos também podem causar a morte ao roubar a alma da vítima. Quando o roubo da alma é diagnosticado, o xamã viaja ao reino do espírito onde ela está perdida ou sendo mantida presa e a recupera.

Se o xamã determina que uma cura não será bem-sucedida, ele ou ela começa a preparar a vítima e sua família para a morte. Após o falecimento, leva três dias para a alma completar o seu desligamento do corpo. É importante que o nome do falecido não seja mais pronunciado ou a alma pode ser tentada a permanecer na Terra como um fantasma em desespero, criando confusão entre os vivos. Após o enterro, o espírito do falecido emerge da sepultura e é recolhido pelos seus antepassados, que o ajudarão na difícil jornada até a Terra dos Mortos no Céu. Os espíritos dos mortos viajam ao longo de um caminho de energia reta que passa através das *Plêiades* e pelas constelações de *Canis Major* e *Canis Minor*. Dentro destas constelações, o espírito encontra a grande estrela *Sirius*, que é a porta de entrada para o reino dos mortos.

O *Maori* é um povo de ascendência polinésia que habita a Nova Zelândia e mantém uma visão do Cosmos e uma perspectiva espiritual que remonta ao início do desenvolvimento de sua cultura. Sua xamaria envolve uma estreita associação com a paisagem natural, como montanhas, rios e mar e a manutenção de locais e áreas sagradas dentro do manejo de cada tribo. Sua tradição é baseada na ancestralidade comum e essa base é refletida na visão de mundo *Maori*, que conecta tudo através dos antepassados.

A cosmogonia *Maori* começa na terra do *Hawaiki*, um local real, imaginário e mitológico. *Hawaiki* é o lugar cósmico espiritual, onde os deuses, *Rangi* – Pai Céu, e *Papa-tua-nuku* – Mãe Terra, estavam unidos desde o início num abraço estático no vazio primordial. Entre eles, na escuridão infinita, encontravam-se seus filhos, os deuses *Tane, Tangaroa, Tu, Rongo, Haumia* e *Tāwhiri*, que estavam fartos de viver nas trevas e ansiavam ver a luz. As crianças, que viviam na escuridão com seus pais, decidiram separar-se deles e criar um mundo de luz.

Reunindo-se, eles decidiram que para alcançar seus desejos, tinham que separar os seus pais. Pensaram inclusive em matá-los, mas *Tane* (Deus da floresta) propôs que os separassem cada um deles individualmente. Um a um tentaram e não conseguiram, até que restou apenas *Tane*, que apoiou sua cabeça sobre a Mãe Terra e os pés no Pai Céu, separando-os pouco a pouco, até que adotaram a postura atual e eles puderem ver a luz pela primeira vez.

O êxito de *Tane* provocou inveja e raiva de seus irmãos. *Tāwhiri* fez os ventos soprarem provocando tempestades e furacões que destruíram as árvores na floresta de *Tane*. *Tangaroa*, o Deus do Mar, inundou os bosques destruindo tudo à sua frente. *Tane* buscou guarida com sua mãe, *Papa*, que o ensinou a modelar com a terra. Desta forma ele modelou o primeiro ser humano, com a areia da Ilha de *Hawaiki*, e soprou vida nesta mulher que se tornou *Hine-hau-one* (Dama criada da Terra) que deu à luz a *Hine-titama* (Donzela do amanhecer), e esta se casou com *Tane* sem saber que ele era seu pai. Ao descobrir a verdade, ela fugiu para o reino escuro do Submundo e desde então permanece por lá. Segundo os *Maori*, desde está época os humanos deixaram de ser imortais.

Os filhos do Céu e da Terra eram *Atuas* (deuses) que estavam intimamente ligados a vários aspectos da natureza. *Tane*, o deus da floresta, criou toda a vegetação e as árvores de suas matas chegam até o céu, fazendo a conexão espiritual entre os níveis terreno e celeste. *Rongo* o Deus da Paz e da agricultura; *Tangaroa* o Deus do Oceano; *Tāwhiri*, o Deus da Chuva, que também conecta a Terra com Céu. Os elementos da natureza, portanto, como os seres humanos, são genealogicamente interligados segundo o pensamento *Maori*. Por essa razão, o respeito e amor à terra ainda são parte da visão espiritual do *Maori*. A terra é concebida como um dom sagrado ecoado dos antepassados para a geração presente, um dom que precisa ser cuidado.

Outros *Atuas* importantes são os deuses que habitam as casas (*Atua noho--whare*), os espíritos das sementes das crianças por nascer; sua importância está claramente relacionada com o respeito à linha de ascendência e descendência, ao passado e o futuro. Nas evocações (*karakia*) maori dirigidas aos poderes ou divindades da natureza, estes são retratados como seus ancestrais originais. Eles têm também *karakia* dirigida aos espíritos de seus antepassados mortos. Estas orações para as divindades da natureza, bem como para os espíritos ancestrais, mostram grande semelhança com formas xamânicas de culto na Eurásia, especificamente na Sibéria e na Mongólia.

Para os *Maori*, *tapu, mana, mauri, wairua* e *hau* são as cinco forças sobrenaturais necessárias à jornada diária e à própria existência. *Tapu* é definida como a energia cósmica com que todas as coisas, pessoas, lugares, objetos, estão imbuídas desde o momento da criação. O poder ou força dentro de uma coisa ou indivíduo é definida como *mana*. O conceito de *mana* transpassa a ideia de poder combinado com um sentimento de sacralidade, que leva ao temor, ao respeito e a separação do sagrado da vida cotidiana. Daí a ideia de *tapu* como um sistema de proibições, mas o seu verdadeiro significado está relacionado com o conceito de sacralidade, que pode ser aplicada a tudo no mundo. O equilíbrio e a harmonia são provocados pelo respeito, ao passo que o abuso leva a desarmonia e ao desequilíbrio.

Mauri é definida como a centelha vital, ou força vital de cada coisa viva preenchida pela essência cósmica. *Wairua* é a alma dentro do corpo que é implantada no embrião e necessita permanecer no corpo durante a sua existência. O *wairua* pode afastar-se do corpo, mas deve voltar a ele para que a vida continue. O *hau*, por outro lado, é uma força cósmica que está incorporada no embrião, muitas vezes chamado de "o fôlego da vida", e é conectada ao ser humano pelo líder sacerdotal no nascimento. Em conjunto com o *tapu* e *mana* dos antepassados da criança, que estão presentes no momento da concepção, estas forças vitais são essenciais para o ser humano empreender sua jornada na Mãe Terra.

Tohunga na língua *Maori* significa "especialista". Existem nove tipos de especialistas nesta comunidade. O especialista em feitiços e encantamentos, o *tohunga-karaki,* é o mais importante e conhecido entre todos, pois exerce a função de um sacerdote, similar ao xamã em outras regiões do mundo e é capaz de fazer o corpo de um guerreiro morto se movimentar como se estivesse vivo. Também são famosos como videntes, poetas, historiadores e navegadores com conhecimento de astronomia. Como historiador, o *tohunga-karakia* realiza uma função muito importante, que é a de guardar e transmitir a história tribal, por via oral, às futuras gerações.

A função de *tohunga-karakia* é transmitida de forma hereditária. Ocasionalmente, o jovem acólito vai a um xamã em outra família ou tribo. No entanto, certas *karakias* (evocações mágicas) são propriedade de uma família ou tribo particular. Há vários testes e provações a que o jovem iniciado tem que se submeter. Não existe distinção de sexo para o exercício da profissão, tanto homens como mulheres estão aptos a aprender a curar, a desenvolver a vidência e a mediunidade, a viajar para outras esferas do Cosmo para comunicar-se com os deuses e retransmitir suas mensagens assoviando, e a ser o responsável pela execução dos *karakias* e ritos *Maori*.

Entre este povo qualquer tipo de doença é causado por um espírito que tomou posse do corpo do doente. Isso geralmente ocorre, porque a "vítima" violou algum tabu tribal, o que provocou a ira de um deus (*Atua*), que envia um espírito infantil para se alimentar de alguma parte do corpo do enfermo. Espíritos infantis são usados por terem passado um curto período na Terra, desta forma, são menos inclinados a mostrarem misericórdia ao se alimentar dos corpos dos culpados. Quando isto ocorre, o *tohunga* é chamado para descobrir o delito que foi cometido e quais cerimônias são necessárias para apaziguar o *Atua* e restaurar a saúde.

Xamanismo na Europa

Pinturas rupestres encontradas nas cavernas de Lascaux, Trois-Frères, Teyat, Chauvet, Dordogne, Pech Merle e Cougnac, na região sul da França e em Altamira, ao norte da Espanha, sugerem que o Xamanismo praticado na Europa, há mais de 15 mil anos, foi elaborado a partir de cultos cinegéticos e extáticos, como o dos povos caçadores siberianos. Além disso, esculturas e figuras de mulheres corpulentas a partir deste período, como a Vênus de Willendorf, na Áustria, indicam um papel destacado para uma deusa da fertilidade como amante de animais. Tal como Homero, na Ilíada, fala de Potnia Theron (a "Senhora dos Animais"), numa referência clara à Ártemis, a deusa grega da caça. Ou à própria divindade minoica cultuada em Creta, no Palácio de Cnossos, onde sua estatueta foi encontrada.

Encontramos traços xamânicos na mitologia nórdica quando Odin, em autossacrifício, suspende-se na Árvore do Mundo, *Yggdrasil*, por nove dias e noites para obter conhecimentos xamânicos. Conseguindo, a partir deste ato, transformar-se em diversos animais e viajar até locais distantes. Existem temas semelhantes nas mitologias dos povos celtas e escandinavos. O povo *Saami* do Norte da Escandinávia preserva uma forma de prática xamânica muito semelhante à da Sibéria, mesmo tendo sido reprimidos pelas autoridades religiosas e do estado nos séculos 17 e 18. Os *Saami* demonstram que, provavelmente, têm ligações históricas para além dos Montes Urais.

Também conhecidos por lapões, os *Saami* são um povo fino-úgrico que vivem numa região chamada "Samiland", que abarca as porções norte do que hoje é a Finlândia, Suécia, Noruega e a Península de Kola, no noroeste da Rússia. *Noaíde* (*nodide*) é o nome dado ao especialista em curar almas, cujo domínio de especialização engloba ambas as partes do mundo natural: o visível e o invisível. No norte da Eurásia, o xamã é considerado uma pessoa que possui a necessária competência técnica, conhecimentos tradicionais e a tendência psíquica para entrar num transe extático e estabelecer contato com o mundo espiritual. Entre os *Saami* existe um xamã que cuida de toda a comunidade e há um outro para cada família.

A ferramenta mais importante do *nodide* (xamã) *Saami* é o seu tambor – *runebomme* ou *meavrresgárri*, utilizado para auxiliar a entrar em estado de transe. No final do século 17 até meados do século 18, instrumentos de percussão e todas as atividades relacionadas ao Xamanismo foram proibidos num esforço para quebrar o espírito e apagar a cultura deste povo. Tambores foram confiscados, destruídos e queimados. Nesta época, os tribunais escandinavos criaram leis com severas penas e multas pesadas sobre aqueles que mantiveram seus *runebommes*. Alguns foram açoitados ou queimados na fogueira. Infelizmente, a maioria dos proprietários de tambores xamânicos eram os chefes de famílias, pais, cujo papel era de xamã familiar.

Em contraste com o xamã da família, o *noaide* é um xamã com maior conhecimento e habilidade para controlar seu *gaddze* (aliado de poder). Isto lhe dá maior acesso aos espíritos mais poderosos do que o homem comum, que atua como um médium passivo, que recebe e interpreta as mensagens dos espíritos ancestrais. O *nodide Saami* compartilha uma ideologia fundamental e muitas técnicas de cura com base na prática do voo da alma, que facilita a comunicação com espíritos, ancestrais, divindades e seres da natureza (elfos, gnomos, etc.), como os xamãs siberianos e de outros povos árticos. Além do tambor, o *noaide* utiliza em seus trabalhos uma flauta (*fadno*).

Os *Saami* veem o Sol (*Beavi*) como a fonte da vida, a centelha que está em tudo. Eles creem que quando os humanos se reconectam com o Sol podem se lembrar da Fonte de todas as coisas e serem plenos novamente. Entretanto, também acreditam que os humanos têm de entrar em sua própria escuridão para liberar a centelha da vida e, para isso, precisam trilhar o Caminho da Lua em sonhos, intuição, introspecção e Estados Alternativos de Consciência. Esta via envolve o processo iniciático da morte de sua "persona" para abrir as portas da percepção e, consequentemente, o nascimento de um novo "Ser". Metaforicamente, usam a ponte de cristal ou do arco-íris para essa conexão, para trilharem o caminho do Sol e da Lua.

Apesar da influência do cristianismo, parte do povo *Saami* vive ainda numa sociedade matrifocal e cultuam *Maderakka*, a Grande Mãe Terra e suas três filhas. *Maderakka*, como Deusa da Fertilidade, recebe a alma dos fetos da Deusa Celeste, *Serkedne* (Guardiã da Imortalidade), para cuidar delas até entregá-las a duas de suas filhas antes do nascimento. *Sarakka* recebe as almas das meninas, e *Juksakka* a dos meninos. Depois as duas as colocam nos ventres das futuras mães. *Maderakka* tem uma terceira filha, *Uksakka*, a protetora dos recém-nascidos, que tem o dom de moldar o embrião e definir o seu sexo.

Sarakka, para o povo *Saami*, é considerada a divindade suprema do seu panteão, que criou o mundo e os corpos físicos que abrigam as almas que ela recebe de *Maderakka*. Com a chegada do cristianismo, sua figura foi sincretizada na imagem de Maria. *Beaivi*, a Deusa Solar também é muito importante entre os *Saami*, como também a Deusa Lunar, *Kaltes*. Pela importância do tambor entre este povo existe uma divindade chamada *Radien Akka*, que é protetora deste instrumento sagrado. O Deus da Tempestade, *Bieggagallis*, destaca-se entre as deidades masculinas por ser o consorte de *Beaivi* e ser considerado o Pai da Humanidade.

Xamãs *Saami* tradicionalmente pintam seus tambores com uma representação de sua cosmologia interior. Em outras palavras, eles desenham seus tambores com um mapa multidimensional de sua experiência do terreno, do mundo espiritual e de sua própria orientação dentro dele. As imagens em cada tambor e de cada lado dele são únicas, embora sempre incluam o Sol e a Lua, a Árvore do Mundo e o Arco-íris ou ponte de cristal. Este microcosmo do mundo espiritual retrata os três reinos do Mundo Superior, Mediano e Profundo e as figuras de muitos dos seres significativos encontrados regularmente nestes reinos.

A percussão e canto são usados no início dos rituais para invocar os espíritos para o espaço ritualístico e incorporá-los ao tambor do xamã. O tambor, o canto e a dança ajudam a induzir ao transe, à viagem astral, à metamorfose e às jornadas para outros mundos, como também para a adivinhação. Os *Saami* utilizam diferentes ritmos como um código para falar com o mundo espiritual. O arco também é usado para induzir estados de transe. Uma única corda amarrada a um chifre de rena produz um tom monótono. O arco é considerado "menos exigente" do que o tambor como um meio de indução de transe e tende a ser usado para viagens ao Mundo Superior ou a critério do *noaid̓e*.

Os *Saami* consideravam os espíritos da Mãe Natureza como seus ancestrais, e são eles que convocam e concedem poder ao *nodide* para exercer sua função. A experiência inicial da chamada é espontânea, porém, quando aceita pelo escolhido, o espírito toma posse desta pessoa. Aqueles que resistem desenvolvem doença mental e física, até ceder às "exigências" do espírito. Uma vez que o indivíduo se rende, eles instruem o futuro xamã no uso desse poder por meio de sonhos e visões. As mulheres, por terem um maior potencial mediúnico e profético, são mais comumente chamadas a exercerem essa profissão pelos espíritos, porém homens também são convocados por eles.

Animais aliados desempenham um papel importante na xamaria *Saami*, inclusive os *noaid̓e* utilizam a Árvore da Vida como uma cosmologia animal. A árvore é vista como uma metáfora para o desenvolvimento da vida como um todo. Diferentes partes do corpo estão associadas a distintos animais, que são usados como representações para a natureza da estagnação nessa área do corpo que culmina em apatia, doença ou dores. Reforçar a relação entre o paciente e o animal é uma parte importante no processo de cura. A dança do xamã muitas vezes começa imitando os movimentos e gritos do animal. Conforme a dança continua o *nodide* funde-se com os seus espíritos aliados e torna-se lobo, urso, rena, peixe, dragão, corvo, etc.

Durante seu aprendizado o *noaïde* aprende a linguagem secreta que lhe permite comunicar-se com os espíritos e os animais aliados durante seus rituais. Esta língua é aprendida com um Mestre *nodide* ou diretamente dos espíritos. Segundo os *Saami*, esta é a linguagem da Mãe Natureza, que era falada nos primórdios da humanidade quando todas as coisas eram uma só. Após alguns anos de aprendizado com os espíritos ou um mestre terreno, a iniciação do xamã ocorre num Local de Poder (*Storjunkare*), que é uma das portas de entrada para o mundo espiritual. Os *Storjunkare* são descritos às vezes como grandes pedras em forma humana ou de um animal, que se encontra no topo de uma montanha, caverna ou perto de rios e lagos.

Aqueles *nodide* que tenham maior propensão a entrar num Estado Xamânico de Consciência Ampliada, que lhe permita cruzar a ponte de arco-íris e se deslocar entre os mundos em busca de conhecimento, poder e de modificar a realidade física ou profetizar acontecimentos futuros, realizam na transição dos solstícios uma cerimônia de Busca da Visão (*Årsgång*). Durante o *Årsgång* os participantes caminham até uma *Storjunkare*, de preferência uma caverna escura, onde permanecem em completo jejum (de água e de comida) durante uma semana, sem poder acender uma fogueira para se aquecer durante o dia ou a noite. Nestes dias, passam por diversos testes até terem um vislumbre do futuro, retornando à tribo como um vidente (*völvur*).

Para os *Saami*, as doenças são originadas por causas naturais ou sobrenaturais. O *nodide* realiza seus rituais de cura despido, tal como os xamãs de povos da Sibéria e do Ártico. Cantam, dançam e tocam tambores para atingir um profundo EXCA, no qual sua alma desce até o Mundo Profundo para localizar as almas perdidas dos doentes ou para escolher a alma do defunto até *Sajva-ajmuo*, a Terra dos Mortos. O papel do *noaïde* depois de localizar a alma perdida é resgatá-la, muitas vezes negociando um sacrifício a ser realizado mais tarde pelo paciente em troca de sua alma. Em casos especiais, para realizar essas jornadas, os xamãs ingerem o cogumelo *Amanita muscaria*.

A viagem para o Mundo Profundo e o *Sajva-ajmuo* é a jornada mais comum para o *nodide*. Uma das palavras *Saami* para transe é imersão, salientando a importância do aspecto subaquático e o mergulho ao Mundo Interior realizado pelos xamãs. O voo da alma para o Mundo Profundo geralmente começa com uma viagem a uma montanha que funcionava como a Montanha Cósmica. No entanto, a partir deste ponto, o *noaïde* normalmente viaja para baixo. Relatos de xamãs viajando para o Mundo Superior foram preservados apenas na tradição oral, não existindo registros etnográficos dessas viagens.

Pouco se sabe sobre os ritos funerários dos *Saami*, mas labirintos feitos de pedras próximos aos seus cemitérios faz com que possamos supor que façam parte deste rito de passagem final. Estes labirintos têm diâmetro de 8 a 12 metros, e sua forma é circular. Cada pedra tem o tamanho de um crânio adulto. Na nossa opinião, a sua representação física desempenha um papel expressivo nos ritos de passagem. Cada passo dado pelo *nodide* no labirinto *Saami* demonstra a separação do indivíduo morto desta vida. Ao final da cerimônia, quando o xamã deixa o labirinto, simboliza que o morto irá incorporar um novo estado no *Sajva-ajmuo*, a Terra dos Mortos

Em muitas culturas xamânicas descobrimos que a passagem da vida para a morte é considerada longa e árdua. Por essa razão, os xamãs guiam a alma ao longo desta estrada difícil. Durante esse rito o *nodide* relata, dançando, as dificuldades do longo caminho para a Terra dos Mortos. A forma do labirinto, com suas ondas e longos desvios, encaixa-se perfeitamente com o que ocorre durante esse período de transição. O longo percurso de "enrolamento" dentro do labirinto dá uma noção concreta do cenário do xamã guiando a alma através da passagem difícil da vida para a morte.

As tradições xamânicas reunidas sob a designação comum *Celtas* teve um papel espiritual importante em todo o continente. *Celta* é o nome greco--romano dado a maioria das tribos de origem indo-europeia que habitavam partes do que hoje conhecemos como Irlanda, Escócia, Inglaterra e País de Gales, Áustria, Bélgica, França, Espanha, Holanda e Suíça, quando os romanos invadiram as ilhas britânicas. Apesar da perseguição religiosa e do Estado às suas práticas espirituais, seus conhecimentos foram preservados e absorvidos pela religião neopagã, *Wicca* e pela Bruxaria Tradicional Europeia. Tal como a espiritualidade de outros povos nativos, a *Celta* foi difamada e rotulada como superstição por escritores clássicos de outras culturas e banida pelos invasores e suas religiões. No entanto, houve uma espiritualidade *Celta* vital que, em seu coração, era xamânica.

As informações aqui disponibilizadas sobre os *Celtas* foram obtidas numa conversa com Michael White, um xamã galês. O pensamento *celta* não é linear, mas, sim, circular, como todas as culturas xamânicas. Para eles o Universo está centrado em torno da Árvore da Vida (*Bíle*), representada como a macieira. É a partir desta "Grande Árvore" que os xamãs viajam através do Cosmo, formado pelo Mundo Superior, Mediano e Inferior. O Mundo Médio (*Abred*) se estende para fora do centro, a partir do tronco da Árvore da Vida, em todas as oito direções cardinais. Ela contém tanto o mundo físico em que vivemos quanto sua dimensão no Outro Mundo. Estes planos de existência se sobrepõem e se inter-relacionam de tal forma, que podemos encontrar portais de acesso de uma dimensão para a outra.

A partir dos ramos da Grande Árvore, o xamã acessa o Mundo Superior (*Gwynvyd*), o lugar das estrelas. *Gwynvyd* contém as estrelas, assim como o Sol, a Lua e os outros corpos celestes, deuses, deusas e muitos espíritos aliados em outras formas. O xamã pode ver todo o Cosmos do Mundo Superior e ir até lá para aprender e ter inspiração. A partir das raízes da Árvore da Vida, o *gwylt* (xamã) se move para o Mundo Inferior (*Annwn*), o reino dos ancestrais, dos seres primitivos que são os fundadores da raça céltica. É o domínio dos espíritos da terra, do fogo e das feras. Neste mundo o *gwylt* encontra a Deusa da Terra e o Senhor do Submundo, protetor da Fonte dos Segais, de onde nascem os sete rios da vida e a fonte de todo o conhecimento.

Os três mundos, a Árvore da Vida e a energia dos Rios da Vida, que na forma de arco-íris envolvem todos as esferas e são vistos contidos e se expandindo dentro da casca de uma avelã que repousa sobre a Fonte dos Segais, de onde brota todo o conhecimento. É para este Local Sagrado, em que todas as coisas estão conectadas, que o xamã se dirige nas suas jornadas xamânicas em busca de sabedoria e tocando o âmago da criação. Acima do Mundo Superior existe *Ceugant*, o reino inefável da Fonte Suprema, a Eternidade. Todos estes reinos, tanto o Mundo Comum e o Outro Mundo (*Aes Sídhe*), existem no *Manred* (Cosmos).

Toda jornada da alma do xamã inicia-se no *Abred*. A partir dele o *gwylt* se desloca para o Mundo Superior ou ao Inferior, para interagir com as criaturas (divindades, elfos, fadas, espíritos da natureza, animais totêmicos, etc.) que neles habitam. O Mundo Médio foi representado nas pedras e menires como um círculo ao redor do tronco da Árvore da Vida, com uma cruz central associada as quatro direções (Leste, Oeste, Norte e Sul) e aos elementos (Ar, Água, Terra e Fogo). Sendo a Árvore considerada a quintessência e símbolo da Vida, a qual o Xamã se une em seu voo da alma.

Em sua jornada, o *gwylt* geralmente viaja até o *Annwn* (Submundo), que não tem nenhuma inferioridade hierárquica ou de importância em relação aos outros mundos. É neste plano do Outro Mundo que o xamã acessa os poderes da Terra e da Água dos Sete Rios da Vida, é onde transitam os animais aliados e os totêmicos. Lá, como também em seus voos ao *Gwynvyd* (Mundo Superior), ele faz a intermediação entre nosso mundo e o dos Deuses, buscando em muitos casos a cura individual, pessoal e coletiva dos membros da sua aldeia, como também da Mãe Terra. A separação entre estes mundos não é permanente, existem momentos onde se rompem as tênues barreiras entre eles, como no Ano Novo *Celta*, o *Samhain*, quando se tocam e se fundem.

Aes Sídhe (Outro Mundo) é o termo *celta* para os reinos invisíveis dentro do universo do xamã que não podemos ver com os olhos normais. Os seres do Outro Mundo na tradição céltica são "pessoas boas" ou "povo de *Sídhe*" (pronuncia-se *shee*), *fay* ou elfos, ancestrais míticos que habitam os montes sepulcrais. *Faeries* (fadas) são uma raça de seres que têm dominado a arte de viver em dois mundos. Nos contos *celtas*, encontramos uma série de relatos de seres humanos e fadas casando-se e tendo filhos. *Faeries* não são necessariamente seres pequenos, a não ser que escolham ser assim.

Infelizmente, desconhecemos a origem desta raça ancestral que habita o Outro Mundo. Por razões que não são necessariamente claras, os *sídhes* procuram ativamente compartilhar sua sabedoria, poder e segredos com os humanos. Para este fim, fadas entram na realidade comum para contatar os seres humanos e eles adentram no seu reino. É como se essa interação fosse necessária para a sobrevivência das duas espécies. Para os *Celtas*, o Outro Mundo é real e vivo. Não é um arquétipo ou um produto da imaginação. É a fonte da realidade e em que o xamã se sente em muitos aspectos ainda mais real do que no próprio reino físico.

As pessoas do Outro Mundo, o povo Fada, para os *Celtas* são o equivalente aos espíritos aliados dos xamãs de outras culturas, como as siberianas e amazônicas. O povo de *Sídhe*, os reis do Outro Mundo, rainhas, deuses, deusas e homens e mulheres, definem tarefas aparentemente impossíveis para a formação do xamã durante seu aprendizado. Porém, os auxiliam a iniciar pessoalmente ou através de formas intermediárias, muito parecida com as formas que os espíritos animais ajudam os xamãs na Sibéria nas suas iniciações e nos seus trabalhos de cura.

A figura do Mestre dos Animais é comum em muitas culturas xamânicas. Ela pode ser tanto mulher, homem ou ambos. Entre os *Celtas*, o Mestre Animal é visto com chifres ou galhadas. Por essa razão, o xamã utiliza cornos em suas performances, procurando se fundir com o Mestre Animal e falar com o espírito dos animais, adivinhando as informações necessárias para assegurar uma boa caçada. Os *Celtas* o chamam por *Cernunnos*, embora esse nome seja apenas uma suposição baseada numa inscrição parcialmente transcrita.

Não está claro se a figura retratada no Caldeirão Gundestrup (um artefato *celta* de 200 AEC), com um cocar de chifre sentado no chão de pernas cruzadas, rodeado de animais, com olhos semicerrados em transe, como se tivesse olhando para o Outro Mundo é o Deus *Cernunnos* ou se é um xamã em busca de comunicação com o Mestre Animal. O sexo ambíguo da figura, que é ao mesmo tempo sem barba e barbudo, muitas vezes é uma característica do xamã, que vive entre os mundos.

Entre os *Celtas*, o xamã recebe o nome de *gwylt*, que poderia ser traduzido como "louco inspirado" ou "selvagem", sinônimo do estado extático que vivenciam ao realizarem sua função. Fazendo alusão, também, ao momento em que eles são convocados pelos espíritos a exercerem essa profissão e passam a sofrer da "Doença das Fadas". "Tomado pelas fadas" é um outro termo para esta doença que é utilizado para explicar o comportamento estranho e a enfermidade debilitante sem causa ou cura óbvia. Para outros, parece que o indivíduo estava deprimido, no meio de alguma doença letárgica desconhecida, ou simplesmente se comportando estranhamente de forma enlouquecida.

Um *gwylt* é treinado pelos espíritos ou por xamãs da sua família, como uma avó ou avô, que o auxiliam a viajar para outros mundos. Durante sua formação, aprender a usar os sentidos no Outro Mundo é o seu objetivo principal. Estes sete sentidos internos são: instinto, sentimento, fala, degustação, ver, ouvir e o olfato. A experiência é o elemento essencial na aprendizagem do simbolismo em várias camadas da cruz circundada, que deve ser vivida para ser compreendida. Cada uma das oito direções abre a partir do centro para uma via única de aprendizagem. Juntos, em sua conclusão, constituem o conhecimento básico necessário para revelar os poderes do Universo ao xamã *celta*.

Para viajar para o Outro Mundo, os *gwyltes* sentam-se como se estivessem recostados na Árvore da Vida. Geralmente se preparam realizando uma Busca da Visão (*Triadum*), no meio da floresta, em jejum total por três dias. Vários são os veículos utilizados para apoiar o xamã em sua jornada. Essas ferramentas, assim como as práticas preparatórias de jejum prolongado, limpezas e privação de sono, são essenciais nesta prática. Muitas vezes essas viagens são acompanhadas por tambores, música ou canção para auxiliar a induzir o transe do xamã, como também como ponto de referência para seu retorno seguro ao Mundo Comum.

Tanto os xamãs como todo o povo *Celta* têm Animais Totens; seres espirituais que estão ligados aos humanos desde o nascimento. O Animal Totem é herdado e está conectado com a família e o clã. Ele age durante toda a vida humana como um guardião tanto no mundo físico, quanto no Outro Mundo. Os *gwyltes* foram treinados para manter seu relacionamento com seus Totens desde a infância. Seu Animal Totêmico é uma representação de sua identidade xamânica no mundo espiritual e é um símbolo das qualidades individuais que expressa no mundo físico. Xamãs *celtas* desenvolvem relações de trabalho com Animais Aliados, além das com seus Animais Totem. Tal como os espíritos do animal totêmicos, os aliados fornecem poderes e habilidades extras para o xamã.

Ao contrário dos espíritos totêmicos, os Animais de Poder não representam a identidade do xamã no mundo espiritual. Os animais que vivem "entre os mundos" do Ar, da Água e da Terra são aliados particularmente potentes; sua sabedoria ajuda o *gwylt* nos reinos comuns e do Outro Mundo. O xamã invoca diferentes espíritos animais e pede para encarnar o animal ou suas qualidades especiais. Ao estabelecer um relacionamento com o aliado, o xamã pode usar suas medicinas para realizar a cura ou outra tarefa. Os *gwyltes* também aprendem com os espíritos aliados a linguagem dos animais e canções de poder para invocar energia.

Após sete anos de aprendizado, o candidato a xamã passa pelo seu último rito de passagem antes de se tornar um *gwylt*. A iniciação xamânica *celta* implica na morte do ego através de um enlouquecimento temporário e um isolamento no meio da floresta, longe da comunidade, vivendo uma vida sub-humana como um selvagem coberto de folhas, em silêncio, alimentando-se de bagas e vendo uma mulher fada. Durante este processo a vidência atávica do *gwylt* é desenvolvida e ele viaja até o Submundo, onde terá que se casar com uma fada para que se torne um cidadão dos dois mundos. Essa união com o sobrenatural o transforma num homem de dupla natureza, e só assim ele poderá retornar ao Mundo dos Vivos.

Xamãs Variantes

> Os xamãs são instruídos a não negar ou destruir seu lado masculino ou feminino. Em vez disso, ao mudarem de gênero e incorporarem as características de cada sexo, manipulam a polaridade masculina e feminina. Os xamãs são capazes de manter coisas incompatíveis juntas, porque cada um dos aparentes opostos é necessário e em certo sentido "verdadeiro".
>
> BÁRBARA TEDLOCK

Os gêneros masculino e feminino são determinados por fatores biológicos, sociais, vivenciais e sexuais. Nas culturas xamânicas, acredita-se também ser influenciado por fatores espirituais. A variação de gênero é um aspecto tradicional da prática xamânica, significando que os xamãs podem permanecer com a identidade de gênero com a qual nasceram ou exercer aquela com que se identifiquem. Identidade de gênero é fluida e flexível, não uma característica inata. Sexo biológico, papéis sociais e orientação sexual não estão ligados biologicamente, embora influenciados uns pelos outros. A identidade de gênero é parte de uma gama de fatores da expressão humana. Culturas xamânicas olham para a natureza destas possíveis opções como expressões únicas do espírito humano. Biologicamente, o gênero humano é determinado pela herança genética do indivíduo, especificamente por dois cromossomos sexuais. Diferenciação sexual é o processo pelo qual o feto desenvolve as características reprodutivas masculinas ou femininas, dirigido por sua composição genética. Este é um processo de desenvolvimento complexo com muitas variações biológicas sobre o tema do gênero.

A proposta deste capítulo é lidar não só com os xamãs do gênero feminino e masculino e suas relações com o outro, mas também com a curiosa mudança mística de sexo pela qual um xamã do sexo feminino transforma-se em homem e, especialmente, a que um xamã do gênero masculino transmuta sua identidade de gênero naquela reservada às mulheres. Nas culturas xamânicas tradicionais, o gênero é uma característica adquirida e que conta com um estrito papel social correspondente a ser cumprido. Nestes sistemas de crenças tribais há mais de dois gêneros e todos têm bem definidas suas tarefas, atividade e papéis tradicionais.

Em todas as sociedades tribais existem homossexuais e transexuais em maior ou menor grau e, tal como ocorre hoje no ocidente, uns são "tolerados" e outros não, como veremos neste capítulo. Entre os mais de cento e trinta povos norte-americanos, o sexo biológico não determina o papel social ou gênero que um indivíduo assume. Em algumas culturas xamânicas o sexo do xamã não é importante. Partindo da ideia de que o xamã é aquele que existe fora das normas sociais, este, em seus rituais, assume uma dimensão não histórica, onde os sexos são anulados e transitados. As relações do xamã com os espíritos poderosos e o sucesso de seu trabalho de cura é tudo o que importa.

Entre os *Chukchee*, por exemplo, na região Kamchatka, Sibéria, os xamãs tradicionalmente identificam-se com o gênero oposto àquele biologicamente determinado. Em algumas culturas os xamãs são historicamente do sexo masculino, em outras do feminino. A adoção da identidade de gênero dos xamãs sofre limitações pelas influências, preconceitos e imposições de valores dos sistemas políticos e religiosos dominantes. Na antiga sociedade chinesa Wu (1100 AEC) mulheres xamãs eram proeminentes e poderosas. Hoje, apenas cerca de um quarto dos xamãs chineses são mulheres.

A influência de fatores contemporâneos sobre a identidade de gênero de xamãs não é o único padrão e devem ser considerados por região, indivíduo e cultura. Entre os coreanos, cujo Xamanismo foi influenciado pelos *Tungus* da Sibéria, os *mudang* (xamãs) são predominantemente do sexo feminino, como eram no passado. Para os *Tungus* as mulheres eram valorizadas e respeitadas como xamãs. A Coreia herdou essa visão, todavia, com o passar do tempo, este conceito sofreu tal reformulação que a cultura coreana contemporânea considera *mudang* e mulheres indignos de respeito e valor, portanto, apenas párias tornam-se xamãs e, nestas circunstâncias, as mulheres são mais propensas a fazê-lo. Fatores como papéis sociais previamente determinados em função do gênero e tradição influem decisivamente a capacidade de um indivíduo, seja qual for o seu sexo, de responder ao chamado dos espíritos para se tornar um xamã.

A descoberta de túmulos em Kerala, no sítio arqueológico de Oleneostrovsky Mogilnik, na Rússia, demonstra que o xamã travestido existia na Era Mesolítica (10.000 AEC). Particularmente, eles estão presentes entre os *Chukchee*, *Kamchadal*, esquimós asiáticos e, ocasionalmente, entre o povo *Koryak*, os *Iban* ou *Sea Dayak* no Bornéu, os *Bugis* das ilhas Celebes do Sul, na Indonésia, birmaneses, patagônios da América do Sul, os *Aleútes* das Ilhas Aleutas no Pacífico Norte, *Arapaho*, *Cheyenne*, *Ute*, *Zuni* e outros povos indígenas da América do Norte, embora não se limitando a estas culturas. Os xamãs variantes de gênero têm uma gama de poderes espirituais que vão além da polaridade masculino-feminino. Eles são uma classe especial de xamãs andróginos que podem ter funções exclusivas que variam de uma cultura para outra.

Um indivíduo variante de gênero é aquele cuja expressão da sua sexualidade é uma variação da dualidade do masculino e feminino. A ideia de que existem dois gêneros fixos não é o padrão universal, seja cultural, seja histórica, seja temporalmente. Culturas que reconheceram mais de dois gêneros e a eles reservou o exercício de cargos importantes e respeitados, tinham muitas vezes uma visão panteísta do mundo espiritual. Estes povos cultuavam panteões que abrangiam uma série de arquétipos, como o da Grande Deusa Mãe, mulheres guerreiras Amazonas, consortes masculinos das deusas e divindades de ambos os sexos que encarnavam a variação de gênero. Com estas imagens gravadas na consciência espiritual do povo, os indivíduos variantes de gênero foram percebidos como pessoas sagradas, refletindo o desconhecido, o Grande Mistério e a variedade caótica dos reinos espirituais.

Qualquer indivíduo pode ou não expressar a identidade de gênero imposta por seu sexo biológico, sua morfologia. Todavia, este grupo especial e difuso, de pessoas que atendem ao chamado xamânico pode variar, temporária ou definitivamente sua identificação de gênero, estilo de se vestir, papel econômico na comunidade e até mesmo sua orientação sexual. Culturas xamânicas tradicionais acreditavam que os traços que expressam gênero e suas variações eram concedidos pelos poderes divinos. Portanto, essas qualidades seriam essenciais para o indivíduo, não um comportamento culturalmente construído. Além disso, acreditavam que a perspectiva única e sabedoria que os indivíduos variantes possuíam eram essenciais para a saúde da comunidade.

Nestas culturas, acredita-se que qualidades masculinas são apenas metade da humanidade comum. Entendem que atributos femininos e masculinos se complementam, criando uma terceira qualidade que as contém e, ao mesmo tempo, as excede. Isto significa que essas culturas reconheciam o status especial dos homens que têm a capacidade de transcender os limites da masculinidade. Por causa da natureza inclusiva do feminino, as mulheres nestas culturas são capazes de participar de atividades normalmente associadas com os homens, sem sair de seu papel de gênero feminino. No entanto, para um homem não é tão fácil. Se um homem é movido pelo espírito de incorporar aspectos femininos, ele tem que ir além de sua masculinidade. Variação de gênero no xamã masculino não é apenas aceito, mas é esperado em algumas culturas. Esses homens são os xamãs transformados, podendo também ser chamados de xamã suave, *berdache* ou "dois espíritos".

As culturas indígenas tendem a compartilhar uma crença de que o divino é inseparável do corpo da natureza, expressa em práticas espirituais e artísticas. Acreditam que o comportamento variante de gênero, feminino e masculino, são ambos naturais e sagrado. Percebem as pessoas variantes como especialmente capazes de executar funções espirituais, pois acreditam que manter o conhecimento de ambos os sexos e a sabedoria mística de transformação e metamorfose é algo realmente sagrado.

Estas culturas acreditam que a variação de gênero é uma qualidade essencial do indivíduo, parte de sua medicina original e que os acompanha no nascimento. Transgêneros são, na maioria das vezes, homens xamãs assumindo atributos femininos. Isso talvez se deva ao fato de muitos mitos xamânicos afirmarem que o primeiro xamã foi uma mulher. É possível que o Xamanismo tenha começado como uma tradição feminina, pois as mulheres têm maior facilidade para transitar entre os papéis sexuais do que os homens. O corpo de uma mulher xamã de 55 mil anos encontrado no bosque de Pavlov Hills, aponta a veracidade dessa hipótese, como sugerem os membros fálicos encontrados com outros objetos nas cavernas do paleolítico, sugerindo que as mulheres exerciam o papel sexual masculino.

Lascariz (2011, p. 465-466) corrobora essa ideia, dizendo que:

> A forma como se exprimia a sexualidade do xamã na sua vida privada era variável e não dependia de forma alguma do seu estatuto de travestismo ritual. Entre os *Koryak* era comum considerar-se que um homem cerimonialmente efeminado, mesmo que na sua vida privada afirmasse a sua virilidade sexual enquanto macho, conservava o mesmo poder que a mulher. Vestir-se de mulher era assim apoderar-se fetichistamente do poder ancestral feminino. Entre os *Yakutes*, os xamãs comportam-se como mulheres, não só no rito, mas também nas suas próprias vidas privadas, afirmando-se transexuais e adotando nome de mulheres. Eles vestem-se de roupas femininas, adotam o seu tipo de cabelo e sua fala, abraçam o trabalho típico das mulheres. Do uso do arco e do machado passam ao uso do fio e da roca. Eles orgulham-se de serem "mulheres" e, assim transformados, competem com as mulheres ao seduzir e acasalar-se com os homens.
>
> A mudança drástica do nome significa que se pretende ser mulher por inteiro e dessa forma servir integralmente ao Espírito Mestre, que é a Mãe da Linhagem dos xamãs. [...] A aceitação de um nome que é propriedade do Espírito Mestre enquadra-se na concepção de que o xamã tem uma alma a mais em relação a

todos os homens. Essa alma, o *udha*, tal como é designado entre os povos da Mongólia, é a alma do seu Ancestral. Poderíamos dizer, então, que o xamã em relação à constituição da sua alma é um misto, um ambivalente. Para que essa união seja perfeita e cimente definitivamente a união entre os dois mundos, o visível e o invisível, é necessário que o xamã adote não só o nome da Ancestral, mas também o seu gênero feminino para que seu Poder possa fluir sem entraves através dele.

Homens de culturas separadas por vastas extensões de espaço e tempo foram tocados desta forma pelo Espírito. Em geral compartilhavam certos traços de caráter. Comportavam-se de maneiras entendidas como variante de gênero por suas respectivas culturas. Expressaram sua sensualidade, erotismo e sexualidade com pessoas do mesmo sexo. Alguns cumpriam um papel sagrado ou realizavam uma tarefa espiritual, muitas vezes ajudando o xamã e permanecendo nesta função auxiliar, ou transformando-se para se tornar xamã.

Shapeshifting (Mudança de forma)

Tradições orais de todo mundo registram a prática de *Shapeshifting* pelos xamãs. A mudança de forma é a arte de se transformar temporariamente em seres como animais, espíritos da natureza, divindades e espíritos aliados e é fenômeno amplamente difundido no Xamanismo. O objetivo da transfiguração é incorporar completamente a energia luminosa do espírito, em essência, para se tornar esse espírito. Isso permite que o xamã use e/ou aprenda melhor com essa energia espiritual. As transfigurações xamânicas típicas incluem a mudança para animais, plantas ou divindades, geralmente através da indução de um transe extático. Alguns estudiosos aplicam o termo a aspectos de rituais xamânicos que envolvem apenas transformação parcial. Nesses rituais, o xamã assume pelo menos algumas das características do animal, geralmente enquanto dança em transe corporificado.

A transformação física literal do xamã é mencionada com frequência em histórias de xamãs do passado. As crenças predominantes sustentavam a habilidade dos xamãs de mudar sua forma física à vontade. O poder e a habilidade necessários são raros hoje em dia, embora a mudança de forma ocorra para todos os xamãs enquanto estão em estado de transe extático. Alguns xamãs do passado eram capazes de mudar de forma na presença dos espectadores, enquanto outros só podiam realizar esse ato de poder sozinhos.

Tradicionalmente, a mudança de forma é um meio de aprender e reunir poder dos animais, plantas ou outras formas em que o xamã se transforma. A transfiguração é o componente principal da capacidade do xamã acessar o poder. À medida que experimenta a vida como animais, plantas, elementos e pessoas comuns, sua rede de consciência se estende até que ele ou ela esteja finalmente consciente da perspectiva e da interconexão de todas as coisas. Aqueles que foram todas as coisas experimentam a maior verdade universal: tudo é feito da mesma energia, compartilha o mesmo poder, e esse poder e energia se movem entre todas as coisas, compartilhando a consciência e o poder criativo da vida. Os xamãs jaguares da América do Sul e os ursos da Ásia e da América do Norte são particularmente conhecidos por sua capacidade de se transformarem nesses animais. Essas transformações lhes dão enormes poderes de cura.

Outro aspecto da mudança de forma é a transmutação do "xamã suave", candidatos biologicamente masculinos que adotam papéis de gênero feminino como pré-requisito para seu treinamento como xamãs. Com o passar do tempo, os mais poderosos desses xamãs transformados conseguem se transformar fisicamente em mulheres para melhor servirem à sua comunidade. Não se pode provar se os antigos xamãs podiam ou não transformar a forma física. No entanto, é claro que viveram em uma época em que se as crenças prevalecentes sustentavam as suas habilidades de mudar, à vontade, a sua forma física.

No entanto, a metamorfose de gênero discutida aqui é um tipo particular de mudança, distinta de transformação permanente e necessária para o indivíduo se tornar um xamã. Xamãs reúnem o poder, o conhecimento e a experiência da Unidade com todas as coisas através da mudança de forma. Eles também podem usar esta técnica para curar ou garantir a sobrevivência dos outros. Um xamã pode aprender muito metamorfoseando o seu sexo. A intenção, neste ato, que é eletivo e impermanente, é um pouco diferente da transformação em um "xamã suave".

Não é esperada a transformação inversa de sexo feminino para masculino em qualquer cultura xamânica, como condição para uma mulher se torna um xamã. Há histórias de mulheres xamãs metamorfoseadas temporariamente em homens. No entanto, estas o fazem depois que são iniciadas e não como uma parte essencial do processo para tornarem-se xamãs. Nessas situações, o xamã feminino transforma-se para caçar ou realizar alguma tarefa tradicionalmente masculina para salvar a aldeia ou sua família. Esta metamorfose não é permanente. A intenção nessa transformação eletiva é diferente de se transformar por exigência do mundo espiritual. Nas culturas em que xamãs tendiam a ser do sexo masculino, uma mulher não tem que se tornar um homem, vestir-se como um ou agir como tal para se tornar um xamã. Ela é chamada pelos espíritos e treinada como os homens são.

Berdache, Dois-Espíritos, Xamã Suave

Existe uma forte tradição entre os nativos norte-americanos de travestis do sexo masculino, designados por *berdaches*, termo usado pelos antropólogos para se referir a um homem andrógino. Nas tradições xamânicas eles servem à comunidade como sonhadores, sábios, curandeiros e artesãos e têm funções cerimoniais especiais. O *berdache* é treinado para assumir e cumprir as responsabilidades profissionais tradicionalmente exercidas pelo sexo feminino. Ele adota muito do comportamento, linguagem e papéis sociais das mulheres, utiliza geralmente um vestuário mesclado (feminino-masculino), demonstrando sua condição sagrada e tem um papel social claramente reconhecido e um status social aceito, muitas vezes baseados em personagens *berdaches* anteriores e sagrados da mitologia tribal.

Lascariz (2011, p. 465) acrescenta que:

Pelo seu vestuário iconográfico permeado de insinuações femininas, o xamã pertenceria ao gênero feminino, mas não seria do sexo feminino. Ser e pertencer são duas ordens semânticas distintas. Na sua vida privada ele poderia agir de forma masculina ou feminina segundo as suas inclinações biológicas ou culturais de sua sexualidade. Muitas das sociedades tribais siberianas admitiam, sem dúvida alguma, outras alternativas de sexualidade que não as da comum dualidade biológica. Nos casos extremos conhecidos por "homens doces" entre os *Chukchee* ou dos "Berdaches" entre os *Zuni* dos índios *Pueblo*, que se vestiam e comportavam cotidianamente como mulheres, coexiste entre eles formas claras de homossexualidade e transexualidade, sem que isso importe uma vocação xamânica. A sexualidade cotidiana não é referencial da transexualidade ritual.

Quando os primeiros europeus chegaram ao Novo Mundo, ficaram surpresos ao ver homens vestidos de mulheres e se referiram a eles como *berdaches*, palavra francesa derivada do vocábulo árabe *bardaj*, que é uma variação do persa *barah*, significando "travesti", "prostituto", "michê", "escravo". Em inglês o termo tem a conotação de "garoto mantido em cativeiro com propósitos não naturais". Os estrangeiros assumiram que os nativos eram hermafroditas. No entanto, eles provaram ser, em sua maioria, anatomicamente homens. Desta forma, o uso da palavra hermafrodita como sinônimo de *berdache* está incorreto. Neste livro utilizamos o termo, apesar de inadequado, para indicar o papel de gênero alternativo. A maioria das culturas nativas norte-americanas aceita a existência de mais de dois gêneros. Alguns indivíduos que são fisicamente homens têm espíritos masculinos e outros têm espíritos femininos. O mesmo é verdade para as mulheres. O *berdache* é uma pessoa aceita espiritualmente como "homem-mulher". A orientação espiritual dele varia de uma qualidade de espírito entre a de homens e mulheres para uma qualidade de espírito distinto de qualquer um dos dois e é entendido como um terceiro gênero.

Esses seres andróginos ganhavam prestígio por suas contribuições espirituais, intelectuais e artísticas para suas sociedades e por suas reputações de incansáveis trabalhadores, sendo excelentes artesãos, além de conhecidos por seus talentos na adivinhação e no sonhar. O papel do *berdache* é geralmente distinto e complementar ao do xamã. Em algumas culturas, eles são curadores xamânicos. Nestes casos, por ter as habilidades do indivíduo se expandido para além dos limites do *berdache*, ele passa a ser considerado um "xamã transformado". Normalmente o *berdache* e o xamã preenchem papéis complementares em rituais e cerimônias. O *berdache* encarna uma perspectiva única que o xamã utiliza em cerimônia e como conselheiro em problemas que afetam a comunidade.

Sua posição social é diferente da das mulheres, embora faça o mesmo trabalho delas. Há uma distinção entre o feminino e o não masculino. Seu caráter é visto como distinto de ambos os sexos. Seria uma mistura de diversos elementos. A relação do indivíduo com o espírito substitui outros relacionamentos normalmente esperados. O *berdache* está expressando um espírito que é único e andrógino.

Acreditava-se que o *berdache* tem poderes sagrados decorrentes de sua natureza sexualmente andrógina, o que aumenta suas habilidades de sonhar, profetizar e negociar. Suas atividades incluem cerimônias de bênção, distribuição dos nomes de sorte, oferecimento de proteção espiritual e adivinhação e executa funções específicas em rituais e cerimônias, tal como a de abençoar a árvore central da cerimônia da Dança do Sol dos *Lakota* nas planícies norte-americanas.

É ainda considerado um mediador respeitado, valorizado por suas perspectivas originais sobre temas, particularmente aqueles que surgem entre mulheres e homens. Acredita-se que eles veem as coisas de uma maneira mais clara ao exercitar uma perspectiva de um único gênero que reúne valores, poderes, características femininas e masculinas. Esta perspectiva singular começa na infância. A criança *berdache* vê os conceitos básicos da vida de forma diferente dos outros e visualiza como as coisas poderiam ser melhores do que são. É também um mediador entre o mundo físico e os reinos espirituais. Sua relação com os espíritos é um aspecto presente em todas as suas atividades. Suas excelentes habilidades em adivinhação e em sonhos proféticos são um exemplo desta permanente conexão. Muitas vezes adotam crianças órfãs e, devido a sua inteligência e compreensão acima da média, são responsáveis pela educação das crianças da tribo, ensinando-lhes a História por meio da narração de lendas e contos. Ao contrário das mulheres xamãs, a masculinidade do *berdache* adequa-se à tradição de todas as expedições de caça e guerra masculinas. Eles sempre viajam com os homens, nos papéis de curador e zelador. Em muitas culturas, é a pessoa responsável por preparar os mortos para o enterro e conduzir a cerimônia fúnebre.

A inclinação de um menino em direção às atividades femininas e de se comunicar com o mundo espiritual é notada na primeira infância. O papel de *berdache* não pode ser imposto a ele por outros, nem ele pode querê-lo para alcançar status tribal. A maioria das culturas nativas norte-americanas apresenta o menino num ritual no início da adolescência. O jovem então escolhe o papel através de suas próprias ações neste contexto ritualístico. Com base no resultado do ritual o menino é reconhecido como *berdache* e seu treinamento começa. Alguns relatam sentirem-se hesitantes em assumir o papel. A relutância é frequentemente um sinal da autenticidade do chamado. É comum que as pessoas resistam a aceitar as responsabilidades e encargos do exercício do sagrado. Não importa o quão claro foi o chamado para um dever espiritual, a pessoa sabe que está sendo chamada e que o caminho não será fácil.

Embora os *berdaches* sejam encontrados e aceitos na maioria das tribos dos Estados Unidos, do Canadá e do Alaska, também são encontrados em toda a Ásia, nas ilhas do Pacífico e em algumas tribos da África. Papéis semelhantes também foram descritos em regiões da América do Sul e Central. Em geral, é um papel aceito e respeitado, no entanto há exceções. Em algumas culturas autóctones da América do Norte (*Iroquês*, *Apache*, *Pima* e *Comanche*) não há respeito pelos *berdaches*.

Sua sexualidade é não masculina, podendo ser assexuados ou ter um parceiro sexual sagrado, que pode ser mulher ou homem, e podem ser tanto ativos quanto passivos. Todavia, as relações afetivas entre *berdaches* são, até onde se sabe, proibidas. Em algumas tribos podem se casar e manter um relacionamento de longo prazo com uma esposa ou marido. Em outras podem viver sozinhos e aceitar as visitas de diferentes parceiros. Homens que os visitam não são obrigados a fazer uma escolha entre ser hétero ou homossexual. Por ter um papel institucionalizado, ele atende às necessidades sexuais de muitos homens sem competir com a instituição do casamento heterossexual.

Há grandes variações tanto coletivas-tribais quanto individuais no papel sexual dos *berdaches*. É sexualmente andrógino, não homossexual. Nenhuma das generalizações contemporâneas, como transexual, homossexual, travesti, descrevem-no precisamente. São meio-homem e meio-mulher e sua essência espiritual define-os como um terceiro gênero, enquanto anatomicamente são homens. Sua sexualidade é aceita da mesma forma que a sua androginia, ambas são vistas como reflexos do seu espírito. A variação de gênero feminino foi reconhecida em várias culturas e as amazonas da mitologia grega seriam a expressão genericamente equivalente ao *berdache*.

Pelo substantivo ser considerado ofensivo e por seu significado pejorativo na etimologia não americana, essa palavra caiu em desuso nos anos 1990. Xamãs transformados passaram a ser chamados de "xamãs suaves", "dois espíritos" e outros termos nos idiomas tribais. Estes xamãs devem completar os rituais, treinamento e iniciação para serem reconhecidos como tal em suas comunidades. "Dois Espíritos" é uma forma mais genérica e abrange homossexuais.

"Dois Espíritos" do gênero masculino expressam a sua sexualidade e sensualidade com pessoas do mesmo sexo, muitas vezes realizando um casamento de longo prazo com homens tradicionalmente masculinos. Já "Dois Espíritos" do gênero feminino são mulheres que adotam o papel de caçador-guerreiro. Elas têm um papel separado e distinto de si mesmas, da mulher tradicionalmente feminina e do *berdache*. A "Dois Espíritos" mulher realiza trabalho tradicionalmente masculino, como a caça e a matança, e não tradicionais femininos, como liderança espiritual e cura. Também expressam a sexualidade e amor com o mesmo sexo, muitas vezes se casando com uma mulher tradicionalmente feminina.

A seguir segue uma lista de culturas nas quais os *berdaches* são aceitos e respeitados no seio da sociedade tribal. A listagem desses nomes não significa que eles exercem os mesmos papéis. Em algumas culturas o papel é o de um "xamã transformado", em outros é o de *berdache*, enquanto em outros é o de um ser sagrado. A distinção nem sempre é clara, porque a informação foi suprimida devido à variação sexual mal interpretada ou tradicionalmente não compartilhada com pessoas de outros gêneros. Para algumas dessas culturas, o nome tradicional se perdeu enquanto o papel permanece vivo nas tradições orais.

Na tribo *Acoma* é chamado de *mujerado*, *Aleútes* e Esquimós (*shopan* ou *achnucek*), Arapaho (*haxu'xan* ou *whok*), Chippewa (*a-go-kwa*), Chukchee (*yirka-laul* ou *koe'kcuc*), Chumash (*joya*), Cree (*ayekkwew*, que significa "nem homem nem mulher"), Crow (*bade*), Diné (*nadle*, que significa "aquele que se transforma"), Havaí e Polinésia (*mahu*), Hidatsa (*miáti*), Índia (*hijra*), Kamchadal (*kockchuch*), Koryak (*kavau* ou *keveu*), Kutenai (*stammiya*), Lache (*cusmos*), Lakota (*winkte*), Maidu (*osa'pu*), Mandan (*mihdacke*), Mojave (*alyha* ou *nwame*), Omaha (*mexoga* ou *min-gu-ga*), Oman (*xanith*), Pima (*wi-kovat*), Samoa (*fafafini*), Santee (*winkte*), Potawatomi (*owkansas*), Quinault (*keknat-sa'nxwix*), Shoshone (*tainna wa'ippe* ou *ma ai'pots*), Tewa Pueblo (*kwih-doh* ou *quetho*), Winnebago (*siange* ou *dedjágtowinga*), Yokuts (*tongochim* ou *tunosim*), Yuki (*i-wa musp*), Yuma (*elxa* ou *marica*), Yurok (*wergern*), Zapoteca (*ira'muxe*), Zuni (*lhamana*).

Percebe-se, em inúmeras regiões, que o mundo dos transgêneros está ligado ao Xamanismo. E como todo xamã, os *berdaches* possuem suas credenciais de poder, as vestes dos siberianos do sexo masculino contêm geralmente símbolos femininos, e entre os *Tchuktchins*, do nordeste da Sibéria, alguns tornavam-se semelhantes aos seus espíritos femininos e vestiam-se como mulheres, executavam os mesmos trabalhos e usavam a linguagem particularmente utilizada por elas. Considera-se isso um casamento com um espírito, mas envolvendo uma identificação mais completa. Em determinadas ocasiões, um xamã do sexo masculino desempenha uma função do sexo feminino sem se travestir. Do outro lado do estreito de Bering, no Alasca, o xamã *inuit* possui um espírito e o mantêm no seu estômago como um feto. Quando necessitam de ajuda, simulam um parto e em seguida surge um *kikituk*, uma efígie de madeira utilizada para curar e para lutar contra espíritos demoníacos.

Os indivíduos variantes de gênero entre os *Diné* ou *Navajo*, do sudoeste norte-americano são chamados de *nadle*, "aquele que se transformou", referindo-se à natureza andrógina ou hermafrodita desses indivíduos. Quando *berdaches* se tornavam xamãs eram considerados extremamente poderosos. Os *Diné* acreditam que os *nadles* fazem parte da beleza natural da ordem do Universo e tem uma contribuição especial a fazer ao povo. Tradicionalmente, o *nadle* exerce o papel do mediador que mantém os homens e as mulheres juntos numa unidade que suporta saudavelmente a educação infantil e continuidade cultural. Cerimonialmente, o *nadle* desempenha um papel especial nas danças na noite anterior ao Solstício de Inverno. Xamãs *navajo* e *nadles* distinguem-se na cultura *Diné* por suas relações diretas com espírito. Xamãs não são necessariamente *nadles*, no entanto, alguns, tornam-se xamãs poderosos. Os *nadles* são grandes curandeiros e, consequentemente, excelentes cantores, já que é através dos cantos ancestrais que o povo *Navajo* é curado. Eles têm cânticos especiais para a cura de doenças, insanidade e para ajudar no parto. Na mitologia *diné* os gêmeos, Menino Turquesa e Menina Concha Branca, eram seres andróginos e foram os primeiros *nadles*. Com o auxílio destes gêmeos as primeiras pessoas começaram a plantar, fazer cerâmica, cestos e ferramentas de pedra e osso, melhorando a qualidade de vida dos *Diné*.

Os *Mojave* acreditam que xamãs do sexo feminino são mais poderosas que os masculinos, e os *berdaches* mais do que qualquer um deles. O mesmo ocorre com algumas tribos das planícies, como os *Cheyenne* e os *Lakota*. *Alyha* é a variante de gênero do povo *Mojave* do sudoeste norte-americano. O xamã e *alyha* tem papéis únicos e afins na cultura *Mojave*. A bravura desse povo é valorizada acima da maioria das outras virtudes nos homens. No entanto, a energia obtida em um sonho é ainda mais valorizada. Assim, o *alyha*, embora conhecido como uma pessoa pacífica, é respeitado por homens e mulheres devido a poderes especiais que recebeu dos espíritos em seus sonhos.

Entre os *Mojave* todas as crianças entre as idades de nove a doze anos são iniciadas em funções relativas ao seu sexo. Neste momento, os familiares de um menino que tem manifestado um comportamento considerado estranho para o papel masculino irão discutir suas tendências e potencial como *alyha*. Em segredo, os parentes se preparam para um Ritual de Iniciação que se destina a levar o menino de surpresa e testar suas verdadeiras inclinações. O ritual de passagem é um evento público. Sem conhecimento do propósito, o menino é levado para um círculo de tribos e convidados. Sua disposição para ficar no círculo, exposto, indica sua intenção de passar pelo ritual. A cantora, posicionada fora da vista do menino, começa a cantar uma série de quatro canções específicas. Se o menino não dançar, então ele não está inclinado a se tornar um *alyha* e será iniciado como os outros meninos. No entanto, se o seu espírito é *alyha*, a música vai direto ao seu coração e ele não será capaz de parar de dançar. À medida que a música progride a intensidade da dança do menino aumenta. Após a quarta dança seu papel de *alyha* está confirmado. Na conclusão do ritual o novo *alyha* é banhado e o trajam com um vestido feminino tradicional de *alyha*. Em seguida, ele retorna ao local em que esteve dançando e recebe, publicamente, o seu novo nome feminino. Seu nome masculino nunca mais será usado.

Elxá é o nome do xamã *berdache* entre os *Quechan* ou *Yuma*, um povo da região sudoeste da América do Norte. Eles acreditam que ele é uma pessoa com uma capacidade aguda para sonhar e tem o potencial de transformar sua mente. No caso do *elxá*, a mudança começa com os sonhos de transformação no momento da puberdade. Acredita-se que, com o tempo, o menino transforma sua mente masculina em feminina por meio de seus sonhos. A transformação é confirmada em uma reunião comunal de comemoração em que o *berdache* prepara uma refeição para amigos e familiares.

Para o povo *Lakota* os *berdaches* são especialistas em curar doenças mentais e físicas e, frequentemente, são encarregados de preparar os mortos e realizar os ritos funerários. A iniciação ocorre quando, ainda jovem, durante uma busca da visão, a Mulher Búfalo Branco lhe apresenta as ferramentas do gênero feminino e determina que, a partir daquele momento, ele se comporte como mulher e case com homens. Os jovens que aceitam estes instrumentos passam a exercer o papel do *winkte* – ser como uma mulher. O Espírito da Lua também aparece nas visões indicando que o menino irá se tornar uma *winkte* e, a partir daí, será instruído diretamente pela Lua. Uma de suas principais responsabilidades é a de dar nomes às crianças. Os *winktes* por um lado são muito respeitados, por outro lado, desdenhados. Não são repudiados dentro da tribo, mas temidos. Quando não estão presentes são motivos de piadas, tal como ocorre em grande parte da nossa sociedade. Sem dúvida despertam em sua comunidade certa ambivalência, mescla de temor e respeito, de admiração e desdém, de inveja e menosprezo. Os transgêneros *lakota* só completam a sua transformação sagrada por meio das relações sexuais e casamento com homens considerados heterossexuais, tudo com a aprovação da aldeia.

Os *winktes* são considerados seres sagrados e não podem se unir/casar entre si, muito menos permanecerem solteiros. Alguns se casam com homens e outros com mulheres, têm filhos e mesmo assim exercem o papel *winkte*. Em sua maioria, consideram inadequado praticar sexo com uma mulher ou outro *berdache*. O *winkte* deve definir o seu próprio caminho, como todos os outros *lakota* e seres de *Wakan Tanka*. A maioria deles recebem dos espíritos canções de cura poderosa que auxiliam no parto. O *winkte* forma um terceiro grupo, diferente de homens ou mulheres. A sua existência é sagrada, uma criação de *Wakan Tanka* como tudo mais. Para o povo *Lakota,* uma pessoa é o que a natureza ou seus sonhos fazem dela. Tradicionalmente, as pessoas são aceitas pelo o que elas são, o que são guiados para ser e encorajados a desenvolver e compartilhar sua medicina original. Pela sua natureza singular – duas almas e um só corpo –, o masculino-feminino, ao *winkte* é dado a honra de subir no Mastro da Dança do Sol e colocar no topo a Sacola da Dança antes do início desta cerimônia sagrada.

O papel do *berdache* não existe apenas na América do Norte, no entanto, a sua manifestação e aceitação é generalizada nesta região. As mulheres indígenas tinham status elevado como líderes e xamãs e não havia nenhuma vergonha ter um macho em um papel com características femininas. Um homem não estava desistindo do privilégio masculino, mas, sim, demostrando a sua capacidade de transcender os limites da masculinidade. A capacidade de dominar os reinos do masculino e do feminino melhora substancialmente o seu status. Mais importante ainda, a "escolha" para se tornar um *berdache* é feita pelo Espírito. É um reconhecimento e expressão da verdadeira natureza da alma do indivíduo.

No Havaí e na Polinésia, o *mahu* é um indivíduo variante de gênero que realiza cerimônias e rituais tradicionais havaianos, semelhante aos *berdaches* norte-americanos. Um candidato tem que ter sucesso na formação e iniciação para ser reconhecido como um *mahu*. São andróginos em caráter e realizam tarefas tanto de homens como de mulheres e vestem-se com uma mistura de traje masculino e feminino. *Mahu* são parceiros sexuais passivos de homens tradicionalmente masculinos. No entanto, devido ao seu papel espiritual na cultura, são considerados diferentes dos homens homoafetivos. Na Sibéria, os *Sakha* acreditam que xamãs transgêneros podem dar à luz após tais uniões.

Em Bornéu, os *Iban* ou *Sea Dayak* oferecem o maior posto de xamã para "aquele que se transformou", *manag bali*, um homem que se veste e vive como mulher. Já as *mudangs*, da Coreia, transformam-se somente durante os seus rituais, trocando de roupas várias vezes para representar o espírito que incorpora. As mulheres geralmente vestem roupas masculinas por baixo e os homens roupas femininas, para que as mudanças sejam rápidas.

Quase todos os autores sobre Xamanismo siberiano concordam que a posição da mulher xamã é, por vezes, ainda mais importante do que a ocupada pelos homens. O dom xamânico entre os *Kamchadal* são quase que exclusivamente das mulheres; na região Kamchatka há homens xamãs entre os *Yukaghir*, *Koryak* e *Chukchee*. Já entre os *Samodeic* de Turukhan, mulheres xamãs trabalham lado a lado com homens xamãs. Entre os *Tungus* de Baikal, a mulher pode ser xamã, assim como o homem. Entre os *Sakha* e *Buryates* há xamãs de ambos os sexos. Entre os *Sakha*, mulheres xamãs são consideradas menos importantes do que os homens e as pessoas pedem sua ajuda apenas quando não há um homem xamã na comunidade.

Entre os paleossiberianos, as mulheres recebem o dom de xamanizar mais frequentemente do que os homens. A mulher é, por natureza, xamã. Ela não precisa ser especialmente preparada para a vocação, por isso, o seu noviciado é muito mais curto.

Os órgãos sexuais desempenham um papel em certas cerimônias xamânicas, diz Bogoras (1904), na sua obra sobre os *Chukchee*. Variante de gênero é chamado de *yirka-laul* (homem suave), significando um homem transformado em um ser do sexo feminino. Um homem que "mudou de sexo" é também chamado de *ne uchica* (semelhante a uma mulher), e uma mulher na mesma condição por *cikcheca qa* (semelhante a um homem). Porém, estas últimas transformações são muito mais raras.

Em casos raros, o "homem suave" começa a sentir-se uma mulher, procura por um amante e às vezes chega a se casar com este. O casamento é realizado de acordo com os ritos habituais e a união é tão durável quanto qualquer outra. O "homem" vai à caça e à pesca, a "mulher" faz o trabalho doméstico. A "mulher", no entanto, não muda o nome dela, apesar de o marido às vezes adicionar o nome desta ao seu. A opinião pública é sempre contra eles, mas como os xamãs transformados são muito perigosos, não há oposição efetiva. Cada "homem suave" tem um protetor especial entre os "espíritos", que normalmente faz o papel de um marido sobrenatural, o *kele* (marido ou esposa do transformado). Este suposto marido é o verdadeiro chefe da família e comunica suas mensagens por meio de sua esposa "transformada". O marido humano tem que executar essas ordens fielmente sob o medo do castigo imediato. Bogoras (1904), em sua pesquisa percebeu que os xamãs transformados geralmente escolhem um marido entre as suas relações mais próximas, tais como primos ou irmãos.

Lascariz (2011, p. 468-469) enfatiza que:

> Muitas destas histórias se enquadram na crença, ainda hoje instituída entre os xamãs da Sibéria, de que o primeiro e mais poderoso xamã teria sido a Mulher. Em memória dessa lembrança, muitos daqueles que tinham como uso e costume envergar o vestuário cerimonial metamorfoseante nas suas *kamlenies* (sessões xamânicas), traziam suspenso do seu peito duas placas romboides de ferro polido sugerindo dois seios. Dessa forma, certificavam em público sua condição arquétipa feminina, em lembrança da primeira mulher xamã. [...] O xamã, tornava-se, pelo seu travestismo ritual, a voz e o corpo da Grande Mãe Ancestral, fundadora da linhagem dos xamãs.

Bogoras, em sua estadia entre os *Chukchee*, nunca conheceu uma mulher transformada em um homem, mas ouviu falar de vários casos. No início do século 20, havia ainda histórias contadas por anciãos *koe'kcuc*, que os xamãs transformados dos *Chukchee* conseguiram uma verdadeira transformação física com a ajuda de seu *kele*, espírito aliado. O *koe'kcuc* acreditava encarnar seu *kele* que então o auxiliava a transformar sua genitália masculina em feminina.

Ao ler a descrição detalhada dos xamãs transformados por Bogoras e Jochelson (1905), percebemos que, em quase todos os casos, estes xamãs se desenvolvem ordinariamente, no mesmo ritmo e etapas dos demais integrantes da tribo, atendendo aos papéis tradicionalmente adequados ao seu gênero e, apenas após a inspiração dos espíritos, transmutam. Entretanto, embora a união com homens seja o mais comum, alguns mantém, secretamente, relações heterossexuais, mesmo estando casados, e embora muito raro – ou parcamente relatado, alguns, tornam-se celibatários.

Os direitos especiais concedidos pela comunidade ao xamã são claramente evidentes na posição excepcional que este ocupa. Xamãs, masculinos e femininos, podem fazer o que não é permitido para os outros, porque tem um poder sobrenatural reconhecido pela comunidade.

Observando algumas das características atribuídas a xamãs, vemos que, "inspirado pelos espíritos", eles podem cortar-se sem que seu corpo sofra danos. E podem, durante as apresentações xamânicas, subir ao Céu com o seu tambor e seu animal sacrificial. Podendo também dar à luz uma criança, um pássaro, um sapo, etc. E com a mesma naturalidade, usar seus poderes sobrenaturais e mudar seu gênero, trilhando assim sua verdadeira vocação.

Estágios de Mudança de Gênero

Pode-se, a grosso modo, estabelecer cinco fases gerais de transformação, algumas mais pronunciadas que outras, dependendo da cultura xamânica. São elas:

1º Chamado espiritual: geralmente ocorre na infância, em forma de sonhos ou visões. Na maioria das culturas, os pais da criança organizam um ritual de escolha em que ela é levada sem preparação. Suas ações, tomadas espontaneamente e interpretadas no contexto ritualístico, determinam a aceitação/rejeição de sua vocação. A partir deste momento, se aceito, o seu papel especial é reconhecido dentro da comunidade.

O chamado dos espíritos não pode ser ignorado sem repercussões. Embora a natureza delas seja diversificada, as intervenções espirituais muitas vezes tomam a forma de visões difundidas de coisas culturalmente relacionados com "xamãs transgêneros". Se a relutância do rapaz ou moça persistir, as intervenções podem intensificar-se, interrompendo a sua vida, a de sua família e, em casos extremos, a de toda a sua comunidade.

2º Transformação: nesta segunda etapa o sexo tradicional é abandonado e o outro é adotado, ocorrendo a transformação exterior. O garoto é tratado como uma menina, no vestir e estilo de cabelo e em algumas culturas recebe um nome feminino. O mesmo ocorre com as garotas nas tribos em que as mulheres se tornam homens.

3º Formação de gênero: a terceira fase envolve a aquisição e formação das habilidades necessárias para cumprir o papel de xamã transformado: as mulheres – *amazonas* – são treinadas pelos homens. E os homens – *berdaches* – são instruídos pelas mulheres. Esta é uma mudança extremamente significativa nas culturas indígenas, que tem definidos claramente o papel para cada sexo. O menino deve deixar para trás todas as atividades, maneirismos, características, até mesmo a linguagem dos outros garotos e aprender as das meninas e mulheres. Enquanto as mulheres passam a agir e falar como homens.

4º Aprendizado xamânico: após a adolescência, inicia-se a formação em técnicas xamânicas. O aprendiz é colocado sobre a tutela de um xamã, transformado ou não, ou continua a aprender com os espíritos.

5º Relacionamento afetivo: o último estágio envolve a iniciação na arte de ser o parceiro receptivo em relações sexuais, no caso dos "homens" e, ativos quando o xamã transformado for biologicamente mulher.

Xamãs devem trabalhar com os espíritos que os convocam para a prática xamânica, independentemente do gênero com que estes se apresentem. Em outras palavras, o sexo do espírito aliado não é dependente do sexo do xamã, muito menos um fator determinante para que ocorra a mudança de gênero. Embora o sexo dos espíritos possa desempenhar um papel na criação de xamãs transformados, ele não explica por que xamãs do sexo feminino que incorporam espíritos masculinos não são obrigados a se transformarem permanentemente. Os nativos norte-americanos explicam a diferença desta forma: qualidades masculinas são metade da humanidade comum, já as femininas são mais que a metade, abrangendo automaticamente as características do gênero masculino. Consequentemente, essas culturas reconhecem um papel especial para os homens que têm a capacidade de transcender os limites de sua masculinidade embora reconhecendo que as mulheres são ilimitadas por natureza.

Muitas culturas acreditam que xamãs transformados mantém sua identidade variante de gênero no Mundo do Espírito. Para mostrar respeito por seu gênero e poderes únicos, os xamãs transformados são enterrados em sua própria colina especial. Em outras culturas, acredita-se que as almas dos xamãs transformados se unem as das mulheres xamãs na aldeia do espírito no Mundo Superior. Nas culturas onde todos são enterrados juntos, os xamãs transformados são geralmente sepultados no setor masculino. No entanto, eles são vestidos para o enterro da mesma forma que representaram o seu papel como xamãs transformados e seu status como "Não homens".

Infelizmente, a maioria dos seres humanos tem uma herança cultural sexista, seja de fundo judaico-cristão, seja indo-europeu, e ignoram que o xamã não é a imagem que emana externamente do corpo social, mas refletida do interior, do mundo não humano, onde as alteridades e contrastes estão anulados.

Observa-se que, socialmente, o xamã em si, assim como os *berdaches*, não pertencem às classes masculina ou feminina, mas a uma terceira: a dos xamãs. Sexualmente podem ser assexuados, ascetas ou ter orientação homossexual, e podem também ser heterossexual. E assim, formando uma classe especial, os xamãs têm tabus especiais, compreendendo características tanto femininas como masculinas. O mesmo pode ser dito de suas vestimentas que combinam atributos peculiares de trajes de ambos os sexos.

De acordo com Sams (2003, p. 60):

> Nas antigas tradições nativas americanas, aprendemos a nunca questionar a ligação de uma pessoa com o Criador. A experiência pessoal é muito particular, muito individual e muito sagrada. Como cada pessoa experimenta o Criador, ou Deus, não é da conta de ninguém. Se o indivíduo recebe uma informação em sonhos, ou por meio de outra inspiração qualquer, dizendo que ele deve seguir certo caminho de uma forma extremamente particular, esta mensagem deve ser honrada. Se este caminho diferir da tradição tribal, ou dos hábitos costumeiros, mas não prejudicar nenhum ser vivo, ele é aceito. Cada ser humano deve passar por cada aro da Roda de Cura da Vida, e cada um recebe a oportunidade de recusar ou aceitar as lições que lhe são apresentadas.

Lascariz (2011, p. 474) acrescenta que:

O xamã tem uma consciência que não é limitada pelo corpo e sua personalidade. Enquanto para o homem moderno a consciência é uma entidade estável e fixa, para o xamã ela é fluida, podendo sair do corpo a qualquer hora e transgredir as leis dos tempos e do espaço como também transformar o seu corpo, sexo e espécie.

Como podemos ver no decorrer deste capítulo, a maioria das culturas xamânicas do Hemisfério Norte, da Eurásia e os norte-americanas reconhecem o xamã transgênero. Eles consideram que o verdadeiro poder vem do obscurecimento, da interação e união dos gêneros. Os povos xamânicos não veem nenhuma oposição entre as questões do espírito e do corpo. Tudo é considerado sagrado. A sexualidade foi um presente do *Spíritu* para se apreciar e ser apreciada. Acreditamos que o corpo deve ser reconhecido tal como ele é: uma capa que nos representa, mas não define o indivíduo. Nas tradições xamânicas, esse envoltório pode ser abandonado e transformado em outro ser sempre que o indivíduo desejar. O Caminho Xamânico nos ensina o desapego, inclusive de características ordinariamente entendidas como tão definidoras de identidade quanto nossa sexualidade e gênero, para que o nosso poder intrínseco flua livremente.

Ritos e Cerimônias

> Eu acredito que nós somos o Espírito de Deus e Ele está dentro de tudo aquilo que vive. Para entender o conceito do povo nativo você deve redefinir a Medicina. Ela é qualquer coisa que melhore sua conexão com o Espírito de Deus, com o Grande Mistério da vida e com toda a vida.
>
> Lin Ekstam

Rituais e cerimônias são ferramentas utilizadas pelos xamãs para envolver as forças do mundo invisível com a intenção de efetuar mudanças específicas no mundo físico. E são duas ferramentas exclusivas e não intercambiáveis. O ritual é usado para alterar o status quo, perturbar a ordem das coisas e para criar o caos, quando necessário. Já a cerimônia é utilizada para restaurar ou reforçar o status quo, aterrando as pessoas na ordem certa das coisas (leis naturais) e fortalecimento da comunidade. O ritual é o domínio do xamã, do mágico e do feiticeiro. A cerimônia pode ser usada por qualquer sacerdote ou líder espiritual que tenha as habilidades para se conectar e se envolver com as energias invisíveis. Isso é comum em culturas indígenas da América do Norte, onde os líderes espirituais realizam cerimônias poderosas, como a Tenda do Suor, mas não são considerados xamãs.

Ambos, rituais e cerimônias, são projetados para envolver o mundo espiritual no sentido de ajudar os seres humanos. A distinção essencial entre as duas ferramentas é o fim pretendido. O resultado da cerimônia é conhecido e previsível, enquanto o desfecho dos rituais é desconhecido e imprevisível. Sem a conexão com os poderes do mundo espiritual nenhuma ferramenta é eficaz para a criação da mudança dentro do Xamanismo. Qualquer forma ritual ou cerimonial pode ser praticada de maneira que não envolva o Espírito, seja porque ela não é apropriada para a situação atual em que é aplicada, seja pelo fato de o indivíduo não ser capaz de abrir uma conexão com o Espírito autêntico e envolver a ajuda do mundo espiritual. Quando o Espírito não está envolvido, o ritual e a cerimônia são vazios e impotentes como ferramentas de mudança. Neste caso, rituais e cerimônias não são muito diferentes e as palavras podem ser usadas alternadamente. Esses rituais e cerimônias vazios não podem ser comparados aos rituais e cerimônias xamânicas.

As estruturas dos rituais e cerimônias têm elementos funcionais semelhantes. Em primeiro lugar, a intenção é esclarecida de modo que, quando os humanos chamam os espíritos, eles o fazem com um propósito específico. Em seguida, é feita a limpeza do espaço e dos presentes. Abre-se o espaço, chamando e honrando os poderes espirituais. Depois que ele é criado, o xamã pode iniciar a conversa com eles. Neste ponto, o processo se torna um ritual ou uma cerimônia, dependendo da intenção. De qualquer maneira, quando o trabalho com espírito é completo, o espaço sagrado é fechado, a conclusão do diálogo é reconhecida e agradecimentos são feitos à intervenção do espírito nas preocupações humanas. É essencial que cada um destes passos ocorra. Como ocorrem varia de uma cultura para outra.

Para o xamã, a forma mais eficiente para mudar a realidade física é fazer uma jornada xamânica para mudar o sonho de onde veio. Quando o xamã cria um ritual para a cura pessoal, um portal é criado entre os mundos. Em cada ação ritualística o xamã estabelece um espaço sagrado na realidade comum que contém o portal que permite a passagem para o mundo espiritual e o sonho.

Criando o Espaço Sagrado

Xamãs sempre começam as cerimônias de cura abrindo o espaço sagrado. Neste território, deixa-se para trás os assuntos da vida cotidiana, o mundo agitado e nos prepara para entrar no mundo numinoso. Ele permite adentrar onde a cura acontece: o nosso mundo interior. Dentro do espaço sagrado nossos fardos se tornam mais leves e podem ser tocados pelas mãos do Espírito. Ao final do trabalho de cura o espaço sagrado deve ser fechado, agradecendo as quatro direções, ao Céu e a Terra.

O espaço sagrado é uma esfera de cura pura e segura. Todo mundo dentro dele está protegido. É possível criar um espaço sagrado e chamar o poder de cura da natureza em qualquer lugar na Terra e ter a certeza de que as forças dela se farão presentes neste trabalho. Pode-se fazer uso de defumadores ou de água florida, isso fica a critério de cada um. Os xamãs fazem sua evocação, ou oração, elevando suas mãos para o céu e saudando cada ponto cardeal.

No Hemisfério Sul, geralmente começa-se saudando o Leste. Chacoalhando um maracá ou soprando água florida seguida da recitação do vento do Leste, seguindo no sentido anti-horário: Norte, Oeste e Sul, repetindo o processo. Toca-se a terra e olha-se para o céu quando evocando-os. Ao fechar o espaço sagrado, agradece-se aos guardiões das direções, solicitando que suas energias retornem para os quatro cantos da Terra. E, por fim, à Mãe Terra e ao Pai Céu. No capítulo "Roda da Medicina" falaremos mais detalhadamente sobre essas saudações nos Hemisférios Norte e Sul.

Espaço Sagrado

O espaço sagrado é o local físico em que o Espírito está vivo, presente e disponível para os seres humanos que compartilham o mesmo lugar. Xamãs o abrem chamando os espíritos para um círculo de seres humanos, a fim de ajudar a atingir as metas que não podem ser alcançados sem o auxílio deles. É ele que cria as condições para a sacralidade. Já a sacralidade é criada pelos próprios espíritos. O xamã abre um espaço, convida o espírito para torná-lo sagrado e fecha o local quando a atividade sagrada é completada. O espaço sagrado é necessário para o trabalho xamânico. Ele é um lugar comum permeado pelas energias do Outro Mundo. Diferentes leis operam nele. O xamã será capaz de operar de acordo com as leis do "Mundo Não ordinário" dentro dele, se o configurar corretamente.

Usando o espaço sagrado, o xamã cria um contexto ou condição humana de transformação, trazendo a energia do mundo espiritual. Este ambiente deve ser mantido livre de impurezas e invasões indesejadas. É essencial que esse território seja fechado com o mesmo cuidado com que foi aberto. Os seres espirituais chamados para ele devem receber agradecimentos pela presença e liberados. Desta forma, os espíritos são mandados embora simbolicamente, embora não descartados. Quando esse espaço não é fechado, os espíritos irão dar um jeito de lembrar aos humanos que eles ainda estão lá e que o local sagrado ainda está aberto.

Abrindo o Espaço Sagrado

1. Procure um lugar que seja calmo e tranquilo – abra o Espaço Sagrado chamando as quatro direções, a terra e o céu:
   - Ventos do Leste, Grande Águia, Condor, venha a nós a partir do lugar do sol nascente. Mantenha-nos debaixo de suas asas. Ensina-nos a voar lado a lado com o Grande Espírito.
   - Ventos do Norte, Grande Serpente, envolva-nos em suas espirais de luz. Ensina-nos a jogar fora nosso passado, como você deixa a sua pele para andar suavemente sobre a Terra. Ensina-nos o caminho da beleza.

- Ventos do Oeste, Mãe-irmã Jaguar, protege o nosso espaço sagrado. Ensina-nos o caminho da paz, para vivermos impecavelmente. Mostra-nos o caminho além da morte.
- Ventos do Sul. Beija-Flor, avós e avôs, Ancestrais Sagrados venham nos aquecer. Nós honramos aqueles que vieram antes de nós, aos que virão depois e os filhos de nossos filhos.
- Mãe Terra, nós nos reunimos para a cura de todos os seus filhos. Somos gratos pelo ar que respiramos e pelo alimento diário que nos fornece. Ensine-nos a caminhar com beleza e graça sob seu ventre e a respeitar todas nossas relações.
- Pai Sol, Mãe Lua, nações das Estrelas. Grande Espírito, você que é conhecido por mil nomes. Que é o Único Inominável. Obrigado por nos reunir aqui neste momento e nos permitir cantar a canção da vida.

2. Prepare-se para fazer o trabalho sagrado – faça algumas respirações profundas para se libertar do mundo cotidiano e permita-se entrar na vibração numinosa.
3. Acenda o fogo – você pode optar por acender uma vela, um grupo de velas ou uma fogueira ao ar livre.
4. Abra agora o Espaço Sagrado do seu Campo Luminoso, levando as mãos juntas, palma com palma, do centro do peito até acima da cabeça. Em seguida, afaste as mãos e desça-as lentamente pela lateral do seu corpo tocando suavemente o seu campo energético até as suas coxas. Depois leve as mãos ao centro do seu peito, com a mão direita por cima da esquerda.

A forma utilizada é influenciada por um grande número de variáveis. Como elas mudam constantemente, velhas formas, e até mesmo novas, terminam perdendo sua eficácia. O desempenho perfeito de uma forma ritual ou cerimonial antiga não garante uma conexão autêntica com o Espírito. Por outro lado, o fato de que a fórmula não funciona hoje não é prova de que não deu certo no passado. O que talvez seja mais surpreendente, em virtude de todas as variáveis envolvidas, é o quanto muitas das velhas formas rituais e cerimoniais são ainda potente e poderosamente eficazes hoje.

A principal diferença entre o ritual e a cerimônia ocorre depois que o espaço sagrado foi aberto e uma conexão com o Espírito foi estabelecida. No ritual, ninguém – incluindo o xamã – sabe exatamente o que vai acontecer. O ritual sempre envolve risco. Para os povos que vivem com uma visão de mundo xamânica, esse risco é fundamental para todas as iniciações, de crianças para adultos, de indivíduos a xamãs, e para a saúde contínua do indivíduo e da comunidade. É de responsabilidade do xamã guiar o fluxo energético do ritual através da interação com o Espírito no Estado Xamânico de Consciência Ampliada. O xamã tem como objetivo manter o fluxo dentro dos limites da intenção e da segurança geral dos seres humanos envolvidos. No entanto, a salvaguarda nem sempre é possível num ritual e o resultado muito vezes pode ser a doença, a loucura ou a morte. Este elemento que produz o risco, a conexão com o Espírito, é o mesmo que faz dos rituais uma forma de cura poderosa. Os efeitos curativos do ritual podem ser uma completa transformação positiva, como a morte ou a loucura que são resultados negativos e indesejáveis.

Em contraste com a criação da mudança, a cerimônia reafirma a ordem natural. Depois que o espaço sagrado é aberto, o xamã, e quaisquer participantes familiarizados com o cerimonial, sabem exatamente o que vai acontecer e o efeito em suas vidas. Esse é o poder da cerimônia. A conversa com o espírito cerimonial é roteirizado e familiar, como em casamentos e batismos. Xamãs usam cerimônias para restaurar o equilíbrio. Cerimônias oferecem a oportunidade de liberar energias, como segredos ou transgressões contra os outros, permitindo que o confessor se equilibre com a comunidade ou o mundo espiritual. As ferramentas que o xamã usa para realizar a cerimônia, como músicas e sacrifícios, são escolhidos de acordo com a intenção do trabalho. Os resultados da cerimônia são muitas vezes comuns. Por exemplo, a realizada para comemorar uma colheita bem-sucedida pode envolver o sacrifício de uma parte da colheita em gratidão ao espírito pelo sucesso. É uma maneira de dar algo à natureza em sinal de agradecimento pelo fato de ela ter favorecido aos seres humanos e expressar a esperança de que irá fazê-lo novamente no próximo ano. Sem cerimônias de celebração e gratidão, os seres humanos adquirem uma dívida energética com a ordem natural das coisas, o que cria a necessidade de uma cura mais profunda através do ritual. A cerimônia pode ser vista como medicina preventiva e o ritual como cuidados agudos.

As ferramentas que um xamã usa para envolver o Espírito num ritual, como tocar tambor ou cantar, não devem ser confundidas com as ações que o levam ao transe. Por exemplo, um xamã geralmente entra EXCA da mesma maneira – usando as mesmas músicas ou cânticos – ou executa a mesma técnica, para uma extração de sucção ou despossessão. Ressaltamos, também, que aquilo que o xamã encontra enquanto em transe é único para cada situação e o que ele ou ela extrai também é específico para a situação. As ações que o xamã toma enquanto está em EXCA são improvisadas com base no que ele encontra através da conexão com o Espírito – o diagnóstico. A forma nunca é a mesma. No entanto, as ferramentas que usa para abrir o espaço ritual e entrar no transe são as mesmas.

Os efeitos do ritual são exclusivos para cada participante. O resultado desejado de rituais de cura é restaurar o equilíbrio na realidade comum, trazendo energias de volta do Mundo dos Espíritos, como em recuperações de alma ou adivinhações, ou devolvendo energias para o mundo espiritual, como em extrações, limpezas, exorcismos e escolta de espíritos para a Terra dos Mortos. Rituais são usados para fins como iniciação e cura. Como efeito dessa unicidade, os mesmos sintomas físicos, no mundo espiritual, podem ter diagnósticos diversos para diferentes indivíduos e resultam em tratamentos distintos. Da mesma forma, o mesmo ritual de cura pode produzir efeitos diferenciados em cada paciente. A função da cerimônia é a mesma para cada um dos participantes, ainda que a experiência dos efeitos possa variar. Por exemplo, a forma cerimonial da Tenda do Suor é repetida para criar purificação como resultado, além de reforçar sua ligação individual e com o Espírito. No entanto, a experiência pessoal de purificação é, em grande parte, dependente de que toxinas estão sendo limpas e liberadas. Assim, a experiência de cada indivíduo da cerimônia da Tenda do Suor pode ser bem diferente, embora a função de purificar seja a mesma.

A distinção entre o ritual e a cerimônia é entendida pelo guardião do ritual ou o líder da cerimônia. O guardião/líder detém o conhecimento das formas. Eles estão envolvidos em um plano muito diferente do que os participantes e conversam diretamente com o Espírito, enquanto os participantes estão experimentando os resultados dessa conversa. Xamãs usam cerimônias e rituais quando necessário. Entretanto, o trabalho de cura de um verdadeiro xamã não é cerimonial. Cada vez que ele ou ela entra em transe se envolve no ritual. O que acontece na viagem ou transe encarnado do xamã não se sabe até que seja completada. Sessões xamânicas são únicas, embora as mesmas ferramentas ou processos possam ser repetidos. Cada sessão de cura envolve riscos. É o risco inerente ao ritual que permite que ele seja verdadeiramente transformacional, bem como a capacidade de geri-lo que permite ao xamã ser um poderoso agente de mudança.

Tipos de cerimônias e rituais

Explicaremos a seguir alguns tipos de cerimônias e rituais mais comuns realizados por culturas xamânicas. Lembrando que ambos são agentes catalisadores que mudam a consciência e que devem ter sempre um propósito. Antes, porém, gostaríamos de ensinar os passos necessários para toda cerimônia e ritual. Podemos dizer que ritos e cerimônias são portais para o Outro Mundo, permitindo a interação entre os espíritos e os participantes. Os passos necessários para todo e qualquer trabalho xamânico, são:

- Determinar o intento, aquilo que deseja alcançar.
- Purificar com incenso, sálvia ou outra erva os participantes.
- Fazer um círculo mágico ao redor, evocando os guardiões das quatro direções.
- Evocar os espíritos aliados para participar da sessão.
- Interagir com os espíritos, dançando ou fazendo uma jornada xamânica.
- Ao sentir que o objetivo foi alcançado, agradecer aos espíritos que foram evocados e os liberar.
- Assim que eles partirem, desfazer o Círculo Sagrado traçando uma trajetória inversa da que foi feita quando os trabalhos foram iniciados.
- Guardar os objetos sagrados de forma cerimonial.

O círculo sempre deve ser traçado para manter a negatividade do lado de fora e o poder dentro. Podemos traçá-lo de acordo com movimento do sol, em harmonia com o fluxo do mundo natural. É importante colocar em cada ponto cardeal a representação ou o próprio elemento respectivo, de acordo com a sua tradição xamânica. Essa ambientação indica ao nosso subconsciente que algo numinoso irá ocorrer.

Busca da Visão

Uma das ferramentas que o Xamanismo nos oferece é a Busca da Visão. Um ritual praticado desde os primórdios e no qual o buscador encontra-se em face de si mesmo e de seu criador. A busca do alinhamento espiritual, o recurso do jejum e o isolamento sensorial são atos intemporais. Contudo, a experiência deste rito não é vivida da mesma maneira pela população ocidental moderna como o foi por seus ancestrais ou o é pelos povos tradicionais que a praticam sempre sob a forma cerimonial.

A Busca da Visão é uma das ferramentas mais antigas utilizadas pelas culturas xamânicas para buscarem uma direção na vida. É um antigo rito de passagem no qual o buscador é enviado a um lugar ermo para jejuar, orar e pedir uma visão por três ou quatro dias. A intenção da busca é a de que o indivíduo obtenha uma compreensão amplificada do seu papel no mundo. A crença dos povos das planícies norte-americanas no sagrado tem suas bases neste ritual. O povo *Lakota* chama este rito de "Chorando por uma Visão" (*Hanblecheyapi*) ou "Subida à Colina", pois nela o buscador sobe geralmente uma montanha e lá escolhe um local onde irá se colocar à prova e procurar desenvolver seu poder pessoal. Os xamãs da etnia *Murut* fazem o mesmo nas montanhas do Bornéu. À medida que permanece pelos dias sugeridos pelo seu orientador, ele contempla a natureza e exercita a paciência e a perseverança esperando por uma visão.

Segundo Sams (1993, p. 71):

> O Grande Mistério permite que os Ajudantes da Medicina Sagrada apareçam em forma de visão frente àquela pessoa que a está buscando. O espírito animal, da árvore, pedra, Lua, estrela ou ancestral que aparecer, será um aliado ou guia durante a caminhada do buscador pela Terra, e passará a proteger o seu Caminho Sagrado dali por diante. Outro aspecto dessa visão envolve um fluir de energias que se revela sob a forma de talentos pessoais. Se esses dons forem usados de forma adequada, podem permitir a obtenção de um potencial de crescimento que acompanhará o discípulo pelo resto da vida. O caminho a ser seguido para desenvolver esses talentos também pode vir a ser revelado durante a Busca da Visão.

A Busca da Visão não deixa de ser uma peregrinação simbólica que favorece sua conexão com a essência, o *Wanagi* (Eu Superior). No Xamanismo existem diversas formas de realizar a busca. Além de uma viagem a um local de poder e o tradicional jejum de três ou quatro dias, podem ser realizadas caminhadas solitárias, em regiões de difícil acesso, em que é colocada à prova a capacidade de sobrevivência e força espiritual, como fazem os povos *Guarani*, *Axânti* e *Huichol*. Existem algumas jornadas interiores na escuridão de uma Tenda do Suor (*Inipi*), de uma *kiva*, caverna ou de um quarto fechado durante dias. A Busca da Visão pode ser tão simples como a solidão de estar sentado numa montanha ou à beira-mar vendo o sol se pôr.

Já entre os *Inuit*, nas regiões árticas do Canadá, Groenlândia e Alasca, como narra Lascariz (2011, p. 102):

> O candidato a xamã (*angakok*) tinha de se recolher em silêncio numa caverna ou numa fenda da montanha de onde invocava os espíritos para fazer a travessia do mundo do além para o mundo de aquém, onde eles o esperavam.

Qualquer que seja a forma, a Busca da Visão pode transformar sua vida. Este é um ritual que ajuda a tranquilizar, concentrar e sintonizar com os Poderes Superiores e obter respostas para alguns de seus problemas mais complexos. Além de auxiliar com visões que contribuam para o bem-estar de nossos irmãos e a preservação da Mãe Terra.

A Busca da Visão constitui um instrumento utilizado por aqueles que procuram novas direções na vida. Toda vez que alguém busca o silêncio de um coração equilibrado, o processo da intuição pode permitir que a verdade superior se manifeste. A verdade constitui o destino final do caminho de qualquer peregrino. Quando a verdade é descoberta dentro do próprio Ser, já não há necessidade de procurar mais. Todos os aspectos da vida e os estados de consciência se tornam acessíveis àqueles que buscam a serenidade do Silêncio.

O propósito original da Busca da Visão era ajudar o caminhante a encontrar um meio de contatar esse estado de conhecimento interior para que a verdade estivesse presente em cada momento da vida dessa pessoa. Aprender a "Parar o Mundo" à vontade é um talento que vai manifestar-se através do trabalho sobre os próprios níveis superiores de consciência. E quanto mais uma pessoa se sentir ligada à Mãe Terra e ao Grande Mistério, mais fácil se torna encontrar esse equilíbrio interno. Atingindo este centro de serenidade interna o mundo interior certamente irá se harmonizar com o exterior.

Entre os *Kikuyu*, na África, para o jovem ser aceito como homem dentro da sua tribo deve fazer uma Busca da Visão, como narra Bly (1991, p. 14):

> Quando o rapaz tem idade suficiente para a iniciação é afastado da mãe e levado para um lugar especial organizado pelos homens a certa distância da aldeia: ali jejua por três dias. Na terceira noite ele se senta num círculo em volta da fogueira com os homens mais velhos. Está com fome, com sede, alerta e aterrorizado. Um dos velhos pega uma faca, abre uma veia em seu próprio braço e deixa um pouco de sangue escorrer para uma gamela. Todos os homens mais velhos do círculo abrem seu braço com a mesma faca e a gamela circula enquanto vão deixando cair nela o sangue. Quando é a vez do jovem, ele é convidado a se alimentar com aquilo.

Yurupari

O ritual iniciático conhecido por *Yurupari* é a expressão mais plena da vida espiritual das 17 etnias que vivem as margens do Rio Uaupés, na Amazônia, sendo os *Dessana* e *Tukano* as mais conhecidas. O *Yurupari* envolve flautas e trombetas, instrumentos musicais sagrados, manuseados somente pelos homens das tribos. Esse rito é realizado geralmente na época da maturação de certos frutos, ao final da estação da seca com a chegada das chuvas. É realizado ao longo de três dias. Durante o ritual, os homens mais velhos tocam seus instrumentos musicais, enquanto frutas são trazidas para a grande cabana cerimonial por outros.

As flautas e as trombetas de tronco de palmeira são uma entidade ao mesmo tempo única e múltipla: o ancestral do grupo. Enquanto os homens mais velhos tocam esses instrumentos dentro da cabana, outros mais jovens tocam do lado de fora. Quando os instrumentos são tocados juntos, o ancestral volta à vida. A partir deste momento, os tocadores assumem a identidade dos seus ancestrais clânicos e entram em contato com seus respectivos pais originários. Desta maneira é quebrada a barreira do tempo e espaço entre mortos e vivos, restabelecendo a ordem dos mitos de origem.

As mulheres são proibidas de manusear e mesmo de ver esses instrumentos sagrados, por essa razão, durante o *Yurupari* elas ficam nos fundos da cabana, atrás de uma parede de folha de palmeiras entrelaçadas. Somente homens adultos ou iniciados podem tocar e ver as flautas e as trombetas. Segundo os mitos, originalmente esses instrumentos pertenciam às mulheres enquanto os homens eram encarregados das funções domésticas (hoje femininas). Nesta época, os homens menstruavam, mas quando eles tiraram os instrumentos delas, os papéis se inverteram e elas passaram a menstruar. Esses instrumentos têm uma simbologia muito interessante, pois representam tanto o órgão reprodutor feminino quanto masculino, de formas equivalentes e invertidas, idênticas e opostas, como um pênis e uma vagina que se complementam.

O *Yurupari* começa ao anoitecer com o *yea* (xamã) purificando todos os elementos que serão usados no ritual (coca, ervas, tabaco, tintas de urucum e jenipapo, etc.). Na manhã seguinte, os meninos são apartados de suas mães e levados até a cabana cerimonial pelos guardiões do ritual. Lá, o xamã distribui entre eles o fumo cerimonial, folhas de coca e as tintas. Em seguida seus cabelos são raspados e seus corpos pintados de preto pelos guardiões, enquanto cantam. No início da noite bebem *ayahuasca* e sentam-se na posição fetal. Os homens mais velhos apresentam a eles os instrumentos sagrados tocando suas cabeças e genitais.

Após aprenderem a tocar flautas e trombetas, o xamã os açoita nos braços e pernas na intenção de transmitir a eles força e vitalidade espirituais dos ancestrais, para que possam crescer fortes, resistentes e viris. Eles se pintam outra vez com a tinta negra e passam o resto da noite e o dia seguinte cantando e tocando os instrumentos sagrados.

Assim que amanhece, os homens dão um banho nos jovens com os instrumentos sagrados, despejando água das flautas sobre os iniciados. Essa ação simboliza a Anaconda Ancestral que vomitou as primeiras pessoas da sua boca quando da Criação do Mundo, como também ao primeiro banho dos bebês ao nascerem. Porém, dessa vez, o banho é orquestrado pelos anciões que os carregam em suas costas de volta à cabana onde são alimentados com formigas saúvas e *beiju*. Ao final do *Yurupari*, os iniciados são isolados durante um mês num nicho especial da *oca* (cabana), sob a supervisão do xamã e longe das vistas das mulheres, onde observam uma dieta rigorosa e aprendem os mitos e tradições orais da tribo.

O fim do período de reclusão pubertária é marcado por um banho ritualístico no rio. Em seguida, os iniciados têm seus corpos pintados de vermelho pelas mulheres e em retribuição entregam a elas os cestos que fizeram durante todo mês que ficaram isolados. Os anciões os carregam como recém-nascidos até a cabana e lhes dão de comer peixe cozido na água com sal. Ao final ocorre uma grande dança com a participação de todas as mulheres da tribo, durante a qual são distribuídos *beijus* a todos os presentes. Esse rito marca a reintegração do jovem iniciado no grupo patrilinear.

Yurupari, como a maioria dos ritos de passagem, é repleto de simbolismo tais como morte, renascimento e regeneração. No início, os jovens são pintados de preto e ritualmente "mortos" pelo uso do tabaco e *ayahuasca*; depois de renascidos no rio, são mantidos reclusos como os recém-nascidos e, ao final, emergem para serem pintados de vermelho. No mito associado ao rito, *Yurupari*, na forma da Anaconda, engole os jovens, os digere na sua barriga e os devolve à sua tribo vomitando-os como ossos. Para se vingar, os pais dos jovens apanham o *Yurupari* e ateiam fogo para que ele morra. Porém sua alma sobe ao Céu e das suas cinzas nasce uma palmeira, protótipo dos frutos da selva e matéria prima dos instrumentos sagrados do *Yurupari*.

Caça ao Peyote

No México, uma vez por ano, um pequeno grupo de dez a quinze peregrinos *huichol* são liderados por um experiente *maraákame* (xamã) em uma jornada que se repete da mesma maneira que foi realizada pelo seu ancestral, *Tatewari*, que liderou a Caça ao *Peyote* original. Através desta caçada ao cacto sagrado, o *Huichol* participa de uma peregrinação sagrada para a casa de seus antepassados em *Wirikuta*, o local originário da vida sagrada desta etnia.

Os peregrinos viajam como os Antigos fizeram, abstendo-se de sexo, sono e comendo apenas *peyote* e tortilhas de milho. Aqueles que fazem essa árdua jornada viajam por vários dias mais de 250 km. Essa jornada é "para encontrar a sua vida" no *Wirikuta*, onde todos são um. A peregrinação é muitas vezes feita pelos xamãs novatos que buscam visões sagradas e poderes xamânicos especiais.

Os peregrinos se preparam para a viagem através de um ritual de purificação e recapitulação com *Tatewari*, o espírito do fogo. Cada participante, incluindo o *maraàkame* que irá liderar a caça, recapitula publicamente todos os encontros sexuais de toda a sua vida, sem ressentimento ou ciúme. Este ritual não envolve apresentações de culpa ou vergonha. Mesmo as pessoas que não irão fazer a peregrinação podem participar deste ritual de purificação e renovação. O *maraàkame* prepara uma corda para cada recapitulação. Depois de cada um dos presentes darem um nó na corda e contar suas relações sexuais, ela é queimada ao final do ritual. Com a queima, cada participante é purificado pelo *Tatewari* e voltam para o seu estado de inocência pré-sexual. Da mesma maneira que uma parteira dá um nó no cordão umbilical do recém-nascido, o xamã faz o mesmo com a corda com aqueles que irão fazer a caça pela primeira vez. Vemos que, neste momento, o xamã age como uma parteira na passagem para o Outro Mundo, *Wirikuta*.

O ritual de preparação garante a segurança do grupo na sua jornada de caça. As experiências negativas durante o estado de transe induzido por *peyote* são raros. No entanto, a razão mais comum para ter uma experiência desagradável é a de não nomear durante o ritual de preparação todas as pessoas com quem teve relações sexuais. A recapitulação incompleta é em essência uma mentira para a comunidade, no entanto, fazê-lo dentro de um ritual é mentir para um Deus. A ingestão do cacto sagrado abre um canal de comunicação com os deuses e, caso tenha omitido uma relação sexual, a experiência psicotrópica é desagradável. Assim, o *peyote* reforça a importância da participação adequada em rituais e na interação com os outros membros da tribo.

Segundo a Mitologia *Huichol*, *Tatewari* foi o primeiro *maraàkame* e liderou a primeira expedição para coletar *peyote* em *Wirikuta*, onde o cacto cresce abundantemente. Cada peregrino carrega uma cesta cheia de oferendas aos deuses e deusas do *Wirikuta*, a mesma que será usada para transportar o *peyote* fresco para casa. Os peregrinos carregam também uma cabaça de tabaco, uma para levar água sagrada de *Wirikuta*, outra para os cactos secos e as tortilhas que eles irão comer em sua jornada. Os buscadores viajam abstendo-se de água, sexo, sono e comida (exceto de tortillas), durante toda a viagem. Quando os peregrinos veem as montanhas sagradas da *Wirikuta* (perto de San Luis Potosí), a caça começa a tomar dimensões de outro mundo. O *maraàkame* começa a cantar e a orar. O grupo canta junto até começarem a entrar levemente em Estados Alternativos de Consciência.

À medida que a viagem continua o *maraàkame* abre os portais para o mundo espiritual. Esta passagem é muitas vezes cheia de emoção para os peregrinos que agora estão retornando, física e espiritualmente, para o lugar de origem de seus antepassados. Quando os peregrinos chegam ao local do cacto sagrado, o *maraàkame* começa a preparação cerimonial para a caça. O xamã conta histórias da tradição do *peyote* e invoca a proteção para a caça. Todo mundo acende velas e reza, enquanto os cânticos do *maraàkame*, preenche a todos com o poder dos espíritos dos antepassados. Os novos peregrinos têm os olhos vendados e todos são guiados através da trilha e para a caça.

Quando o *maraàkame* vê "as trilhas dos cervos" (o primeiro *Cactus peyote*), ele pega seu arco e flecha e atira no cacto. Os peregrinos levantam as velas na direção do sol ascendente e fazem suas oferendas aos espíritos e ao *hikuri*, o *peyote*. O *maraàkame* continua seus cânticos e o grupo ora e clama aos deuses a aceitar suas oferendas. O primeiro *peyote* encontrado é compartilhado por todos, então todo mundo começa a recolher os cactos até as cestas ficarem cheias. A planta é sempre cortada perto da sua raiz, de modo que possa crescer de novo "a partir de seus ossos". A caçada pode continuar no dia seguinte. Quando todas as cestas estiverem cheias a caça estará encerrada e os peregrinos retornam para casa. De volta ao seu lar, o grupo abençoa a todos da sua família com água sagrada e dá um *peyote* escolhido especialmente para eles, para que possam compartilhar as visões e experiências dos peregrinos que empreenderam a jornada sagrada para todos.

Caminhada de Poder

Uma das práticas muito utilizadas pelas culturas xamânicas é a Caminhada de Poder, uma técnica fantástica para calarmos o nosso diálogo interno, quer seja individualmente, quer seja em grupo. Só que, para atingir a essa meta, temos que observar alguns pontos:

- Caminhar em silêncio absoluto.
- Manter a atenção na caminhada, saber onde pisa e não dar atenção a algum pensamento que surja.

- Conscientizar-se de que está respirando.
- Manter um determinado ritmo na caminhada e na respiração.
- Observar o que nosso corpo sente durante a trilha, principalmente nas sensações na região do abdômen.
- Prestar atenção nos sons da natureza.
- Manter as mãos livres.
- Caminhar pelo menos por noventa minutos.

Caminhar libera grande quantidade de endorfina, criando sensação de bem-estar e relaxamento e auxiliando o caminhante a atingir um estado de consciência amplificada, o que pode resultar também em uma série de *insights*.

Como falado anteriormente, pode ser realizada solitariamente ou em grupo. No Xamanismo utilizamos as duas, exceto quando fazemos a jornada *lakota* conhecida como "Subida à Montanha", o que geralmente fazemos sozinhos. Essa jornada é conhecida também pelo nome de "Busca da Visão", como dito antes. A caminhada em grupo é conhecida mundialmente pelo nome de "Fila Indiana". Nestas duas jornadas é importante não dispersar nossa energia com a intenção de chegar a um lugar, mas, sim, estarmos conscientes de onde estamos no momento em que caminhamos. Procuramos na Caminhada de Poder estar presente no "Aqui e Agora" e não no futuro. Caminhamos como os indígenas, olhando os próprios pés e não a paisagem a nossa volta. Se quisermos admirar a paisagem, paramos e olhamos.

Caminhando em "Fila Indiana" devemos seguir alguns passos:

- Escolher um guia para conduzir e ser o responsável pelo grupo.
- Caminhar em fila constante, não havendo troca de lugares.
- Manter a distância de um metro entre os caminhantes.
- Manter o olhar fixo no chão sob os seus pés. Xamãs nos ensinam que a vista é um componente secundário na caminhada, pois percebemos o evento com todo o nosso corpo.
- Manter um ritmo grupal de caminhada e respiração.
- Não pensar no ponto de partida ou chegada, pois necessitamos manter o foco no "Aqui e Agora".

Nesta técnica é necessário que tenhamos disciplina e persistência, além de confiança no guia. É importante que os participantes mantenham o mesmo ritmo para não quebrar o elo energético. Durante o trajeto, caso o participante tenha a necessidade de falar, é preciso que todos parem e só voltem a caminhar depois. Devemos sempre, neste exercício, ouvir as mensagens do nosso corpo. Elas fazem parte de um conhecimento silencioso de todo ser, mas que geralmente nunca ouvimos. Caminhando com um grupo de irmãos *Guarani* pela serra da Mantiqueira, pudemos verificar que esta experiência nos permite caminhar por horas a fio sem sentir cansaço; pelo contrário, ao final nos sentimos plenos de energia.

Dança do Sol

A *Wiwanyag Wachip*, "Dança Olhando o Sol" é uma das cerimônias sagradas da tribo *Lakota*, que foi dada a esta etnia pela Mulher Búfalo Branco. Nela os dançarinos oferecem seus corpos como sacrifício em benefício de toda sua comunidade, demonstrando serem os protetores do povo. É realizada, tradicionalmente, no período da Lua cheia mais próxima do Solstício de Verão. Esta cerimônia dura dezesseis dias: oito de preparação, quatro de realização e quatro de abstinência. A Dança do Sol é assim chamada porque nela, o Avô Sol é reconhecido e honrado como fonte do calor e amor da Mãe Terra. Este ritual também honra as quatro direções e a Árvore da Vida. Trata-se de um período de renovação, cura, purificação e oração.

Sams (1993, p. 91) acrescenta que:

> O aspecto masculino do Avô Sol é um exemplo de como os Guerreiros podem constituir uma força protetora e amorosa, permitindo a todos os membros da Tribo crescerem e florescerem sob sua proteção. O Avô Sol dá luz a tudo aquilo que é verde e a todas as coisas que crescem sobre a Mãe Terra, e também nos protege da escuridão do pensamento, do coração ou na noite total. Da mesma forma os Guerreiros do Povo devem proteger suas Nações dos inimigos, da perda da coragem e da noite escura da alma, que se manifesta sempre que o medo começa a imperar.

O local a ser preparado obedece a uma ritualística. As mulheres preparam um terreno circular, enquanto os homens abrem uma clareira ao redor do centro, onde será colocado um tronco de uma árvore que simboliza a Árvore da Vida que também é chamada de Coluna do Sol. Um pavilhão circular, com vinte oito colunas é construído ao seu redor. Segundo Richard Heinberg (2002, p. 144), a coluna central representa *Wakan Tanka*, o centro de todas as coisas. A entrada é orientada para o Leste, direção do nascer do sol.

Após o tronco ser colocado no seu local, uma sacola de medicina da dança do sol é posta no alto da Coluna do Sol. Em algumas tribos, essa honra era concedida a um *winkte*, duas almas, um homem com perfil feminino ou uma mulher com características masculinas.

Todos os dançarinos devem ser apadrinhados por alguém que já participou da Dança anteriormente, e este se torna responsável pelo dançarino. Faltando quatro dias para começar a realização do ritual, o padrinho leva o seu protegido até uma *Inipi* (Tenda de Suor) para começar o trabalho de purificação (jejum, limpeza e prece) que se repetirá diariamente até começar a dança. No pôr do sol que antecipa o dia da dança os dançarinos são perfurados sob a pele do tórax por espetos de madeira ou garras de águia. Prendem-se tiras de couro a estes objetos e amarram a outra ponta à Coluna do Sol. Durante quatro dias dançam ao redor deste tronco, tocando apitos de ossos de águia. Ao amanhecer do último dia os dançarinos andam em direção à coluna, tocando-a e se jogando para trás, até que os espetos rasguem a pele ou se quebrem. Enquanto isso, as mulheres que os circulam, arranham-se ou cortam pedaços de suas peles com outros membros da tribo que assim desejem.

Ao final da dança os dançarinos entram na *Inipi* e, após a purificação, são hidratados e retornam ao pavilhão para participarem de mais quatro dias de festa em honra ao Sol, sendo que durante este tempo eles devem se abster de carne, fumo e sexo.

Montal (1984, p. 50) a respeito dessa cerimônia diz que:

A famosa cerimônia da Dança do Sol entre os nativos americanos descreve simbolicamente o percurso de uma iniciação coletiva com mortificações. É a mais antiga e a mais solene das celebrações indígenas. Antes do gradual desaparecimento (extermínio) das tribos, ela durava doze dias, quatro dos quais destinados à preparação e à recepção das tribos disseminadas, quatro à iniciação dos candidatos e quatro à cerimônia propriamente dita. Os dançarinos, postados no centro de um Círculo Sagrado, vão, um após outro, declarar qual sacrifício escolheram suportar: uns, amarrados por correias de couro evocam o "repelão da ignorância", dançarão até que as correias lhes penetrem a carne; outros, com garras de águias enterradas no peito, dançarão até que sua pele se desprenda; outros, ainda escolherão oferecer um ou vários pedaços de carne ao Grande Espírito, que serão cortados sobre eles enquanto sopram um apito de osso de águia. Todos podem participar do sacrifício: mulheres, velhos, etc., cortando a carne de seus braços e pernas.

Para os ditos "ocidentais" é muito difícil entender a importância deste autossacrifício no contexto destas culturas xamânicas. Porém, para esses povos não há vida sem sacrifício, dor e morte. A cerimônia da Dança do Sol é uma oportunidade de agradecimento e renovação da vida. O sangue e a carne doada à Mãe Terra são formas de agradecimento à Grande Mãe que nos alimenta diariamente.

Segundo Sams (1993, p. 91):

> As lágrimas, a urina, o sangue e a saliva constituem elementos da água, os quais são devolvidos à Mãe Terra e podem ser reciclados, servindo para a fertilização e o crescimento de futuros seres. A Dança do Sol reconhece o aspecto feminino e os dançarinos honram ambos os lados de sua natureza através deste Rito Sagrado. Assim como o elemento Água viaja até o Pai Céu para assumir a forma do Povo Nuvem, o Coração de um Guerreiro viaja até o Avô Sol para ser iluminado durante a Dança do Sol enquanto seu sangue alimenta o corpo da Mãe Terra.

Como podemos ver, esta cerimônia pode ser considerada um profundo ato de amor do dançarino sagrado para seu Povo e o Todo.

Yuwipi

Yuwipi (pronuncia-se *yoo-wee-pee*) é considerado o ritual mais poderoso do povo *Lakota*. Na ocasião, o xamã (*yuwipi-man*) invoca seus espíritos aliados, num local totalmente escuro, para realizar uma sessão para curar, profetizar e encontrar itens e pessoas perdidas. Esta cerimônia é semelhante à da "Tenda Tremulante" das nações *Anishinaabe* e *Cree* do Canadá e da região dos Grandes Lagos, existindo também muita semelhança com a "Tenda dos Espíritos" dos *Arapaho*. O *Yuwipi* se diferencia das outras pela performance ritualística intrincada e devido às oferendas de sacrifício de sangue. Nas tribos das planícies norte-americanas, fatias de carne e de pele são cortadas dos braços de uma jovem e transformadas em oferendas aos espíritos. Hoje o *Yuwipi* também se distingue pela utilização de uma sala ou quarto, em vez de uma tenda.

Raramente um curandeiro *lakota* se torna um *yuwipi-man* antes de completar quarenta anos de idade, pois é necessário que possua uma grande experiência de concentração e poder de canalizar as forças engendradas neste ritual. Seu aprendizado deve ser feito junto a outro xamã, que é encarregado de ensinar os cantos e sons necessários, como também preparar o altar e realizar o ritual. Durante sua formação para se tornar um *yuwipi-man*, ele deverá realizar uma série de buscas da visão com a intenção de adquirir forças para executar esse trabalho. Este ritual é abordado com certa preocupação e grande respeito por parte dos xamãs, já que conhecem o intenso poder e a natureza inconstante dos espíritos. O curandeiro necessita ser capaz de controlar os espíritos invocados, especialmente os Seres Trovão, que são barulhentos e altamente poderosos. Um espírito sem controle pode revelar-se extremamente perigoso para o *yuwipi-man* e os membros da sua família, principalmente às crianças.

Os espíritos são diferentes dependendo de quem é o *yuwipi-man* e do objetivo da cerimônia. Espíritos podem ser um ancestral humano, espíritos das forças da natureza ou animais, geralmente alados ou de quatro patas. O termo *Yuwipi* também pode se referir a pedras. Os espíritos que vêm durante a cerimônia são geralmente referidos como "homens de pedra" – pedras são uma parte importante da cerimônia; são espíritos que surgem quando está escuro.

Yuwipi no sentido desta cerimônia significa "envolvê-lo". Nela o curandeiro é amarrado com um cobertor especial e cordas enquanto ora pela cura de uma determinada pessoa ou de várias outras. Ele usa a cerimônia para se conectar com os espíritos que podem ajudar os indivíduos. Outros participantes também rezam para que a cura seja realizada. O *yuwipi-man* deve seguir orientações específicas. No entanto, é importante que os presentes também sigam regras específicas. Ninguém pode tocar o altar ou as bandeiras de preces ao redor do mesmo. Se alguém toca estas áreas durante a cerimônia, pedras são arremessadas em sua direção pelos espíritos. As luzes também devem permanecer apagadas durante toda a cerimônia. Caso estejam ligadas, os espíritos que estão sendo convocados não virão. É importante respeitá-los, porque eles têm o poder de curar.

O xamã e seus assistentes limpam o espaço e o consagram tradicionalmente com ajuda dos espíritos. Isso geralmente envolve a exposição formal dos objetos de poder do xamã num altar localizado no centro da sala, dentro de um quadrado, num padrão ritualístico honrando as quatro direções cardeais comuns nas práticas das tribos das planícies norte-americanas. Todos os objetos necessários são cuidadosamente purificados com sálvia, antes de serem arrumados no altar. Quatro bandeiras de prece, representando os pontos cardeais, são colocadas nos quatro cantos do altar de acordo com a cor. Devem ser confeccionados 405 saquinhos de preces contendo *kinikinick* (tabaco), que representam os 405 espíritos. O alimento cerimonial é depositado aos pés do altar, geralmente voltados à direção Leste. No momento em que os espíritos penetram na cabana, tocam levemente no alimento, que adquirem virtudes curativas.

Antes da cerimônia começar todos os participantes são purificados na Tenda do Suor e depois friccionados com ervas sagradas na cabeça e nos braços. O *Yuwipi* é frequentado por membros da comunidade que irão apoiar o transe do xamã cantando músicas e tocando instrumentos musicais. Depois de todos terem entrado e se instalado no espaço sagrado, o paciente é trazido para dentro. A jovem que vai fazer o sacrifício de sangue dá um passo à frente na direção Oeste do altar. O xamã esfrega artemísia no seu braço esquerdo, purificando-a e reza por ela. O som do tambor é ouvido e a comunidade começa a cantar. Usando uma faca o *yuwipi-man* ele corta fatias finas de pele e carne do braço da garota, deixando feridas que sangram abundantemente. O mesmo processo é repetido com o sangue de uma mulher mais velha como sacrifício, muitas vezes da esposa do xamã ou dele próprio, caso não seja casado. A carne é coletada em uma pequena cabaça e colocada sobre o altar como uma oferenda aos espíritos.

O xamã é despido até a cintura, suas mãos são amarradas com força por trás das costas e é envolto em um cobertor, sendo em seguida amarrado do pescoço aos pés com uma segunda corda. Neste momento o *yuwipi-man* começa a cantar e chamar seus espíritos aliados. Assistentes cobrem o rosto do xamã e o deitam no chão. As últimas luzes são apagadas. Na escuridão total, o curandeiro começa a rezar em voz alta. A oração torna-se uma música de transe que continua por um longo tempo. Ao fim da oração a sala fica em silêncio, que é de repente rompido com os sons dos espíritos animais que foram convocados para ajudar os doentes. Os sinais de que eles entraram na cabana escura geralmente ocorre quando os chocalhos tremulam e faíscas azuis aparecem. As crianças são mais propensas a verem os espíritos do que os adultos, isso ocorre porque elas são seres mais inocentes.

Os tambores e os cantos silenciam quando os espíritos chegam. Neste momento, os presentes pedem curas específicas e proteções. O xamã começa a cantar, sendo acompanhado pelos tamborileiros que agitam suas baquetas com mais força do que antes. Mais espíritos chegam. O *yuwipi-man* e estes interagem visando a cura do paciente. O curandeiro fala em voz alta quando há mensagens dos espíritos para as pessoas presentes. Estas comunicações são dadas em resposta às orações e perguntas dos participantes. Curas são realizadas através do poder dos espíritos presentes. Se for necessário para curar o paciente, o xamã vai pedir por mais percussão e chamar outros espíritos poderosos. Tamborilar e cantar são componentes importantes da cerimônia. O tambor é considerado sagrado, pois seu som, misturado ao canto, ajuda no processo de cura e na interação entre os espíritos e o curandeiro. Uma vez que os espíritos e o curador terminam de se comunicar, as pessoas presentes cantam para os primeiros desamarrarem o xamã. Após esse processo, o público entoa canções para os espíritos levarem as oferendas que foram deixadas para eles.

Quando o xamã sinaliza que o ritual acabou, as luzes são acesas e ele, agora livre das cordas, senta-se calmamente no altar envolto no cobertor usado na cerimônia. O *Yuwipi* é muito cansativo para o curador devido a concentração necessária para interagir com os espíritos. Após a cerimônia concluída, o cachimbo com tabaco sagrado é passado de mão em mão. Todos podem fumar, incluindo mulheres e crianças, mas não é obrigatório fazê-lo.

Tenda do Suor

O propósito principal da Sauna Sagrada é o de purificar o corpo, a mente e o espírito. A cerimônia vai além desta definição, pois ela tem ingredientes de cura, renovação, transformação e sacrifício. Águia do Coração Leve, um amigo e Mestre, sempre diz "que o sucesso na transformação é sempre precedido de um caos, e a Sauna Sagrada cria-o, visando a trazer benefício para nós". Para grande parte dos povos nativos americanos a Tenda do Suor é uma prática cotidiana, mas na maioria das vezes é praticada na ocasião dos ritos de passagem, antes de saírem para caçar, guerrear ou eventos sagrados como a Busca da Visão ou a Dança do Sol, como também depois de ter matado um animal.

A cerimônia da Tenda da Purificação utiliza os quatro poderes elementais que há no Universo: Terra, Água, Fogo, e Ar. Todos os elementos usados na "sauna" são sagrados e devem ser entendidos como tais, se nós realmente desejamos nos purificar. A cabana, de forma circular, simboliza a origem da criação, o coração onde ocorre a alquimia, a magia, a combinação das forças dos quatro elementos: o sol, o vento, a terra e a água; é a matriz geradora da vida, o ventre da nossa mãe que nos deu a vida, o útero da Mãe Terra onde se gera uma nova vida. Segundo os povos *Astecas* e *Mayas*, essa cerimônia representa o casamento sagrado da energia fecundadora de *Temazkaltozi* (mulher) que recebe o *Ometeotl* (homem) e gera dentro de seu ventre uma nova vida. É o ponto de cruzamento entre o conhecido e o desconhecido, onde mora o Intento, o Grande Espírito permanente e estável, a totalidade, a liberdade.

Geralmente é solicitado aos participantes que se abstenham de drogas, sexo e álcool, por um período de pelo menos cinco dias antes da cerimônia. Em algumas ocasiões, é pedido que jejuem por um período de três dias. Permitindo-se esse pequeno período de limpeza, cria-se a oportunidade de sentidos e corpos purificados para receber visões e curas. Além disso, o jejum e a purificação potencializam os efeitos da cerimônia.

Sams (1993, p. 66) alerta que:

> Antes de qualquer ritual ou cerimônia Nativa Americana, todos os participantes devem purificar o corpo, a mente e o espírito. Entrar no espaço cerimonial carregado de impurezas equivale a diminuir o potencial do resultado da cerimônia. A

purificação pode ser feita com fumaça de sálvia ou cedro, com uma cerimônia na Tenda do Suor ou de outras maneiras. Quando algum participante da cerimônia se recusa a realizar a purificação antes de tomar parte no ritual, o espaço fica maculado. Não pode haver interação total entre os participantes se um único membro deles trouxer consigo ressentimento, ódio, ciúme, inveja ou alguma emoção negativa. Por isso nossos Ancestrais criaram rituais para permitir que cada pessoa se livre da "ferrugem" que a impede de brilhar e de contribuir com seus talentos individuais para o bom resultado da cerimônia.

Os *Lakota* a chamam de *Inipi*, Tenda de Suor, os *Astecas* e *Mayas* deram-lhe o nome de Casa de Banho, *Temazkatl* (*Temaskal*), já para os *Inuits* era *Kashim*, a Cabana de Sudação que era feita de madeira, como a maioria das saunas a vapor que existe nos tempos de hoje. Preferimos chamá-la de Tenda da Purificação ou de Sauna Sagrada.

A construção da sauna se dá sempre perto de um riacho. Após ser escolhido um local, é feito um círculo com raio de um metro e meio. Cava-se um buraco de aproximadamente cinquenta centímetros de profundidade por trinta de diâmetro. Coloca-se a terra removida fora do círculo, no ponto leste, a um metro da entrada para formar um altar denominado *Unci*, a Grande Mãe. No altar dos *Lakota* existe um pequeno galho com fitas coloridas amarradas a ele simbolizando as quatro direções, cada uma em sua posição. A fita amarela representa a Águia, a energia masculina e a iluminação do Leste, seu elemento é o Fogo. A vermelha representa o Coiote, a energia da criança, o Sul, a fé, a confiança, a inocência e seu elemento é a Água. A de cor preta representa o Oeste, a energia feminina, o Urso e o lugar de introspecção e dos objetivos, seu elemento é a Terra. Por fim, a fita de cor branca representa o Norte, o ancião, a gratidão e a sabedoria, o Búfalo é seu animal e o Ar seu elemento.

O próximo passo é a coleta de galhos do salgueiro (de preferência) ou bambu, geralmente em torno de dezesseis. Enquanto é feita esta coleta, oferece-se tabaco ou fubá à árvore, agradecendo em retribuição à sua cooperação, precedido de uma oração. Depois são feitos quatro buracos no chão na direção dos pontos cardeais de tal modo que eles marquem os quatro cantos do Universo; finca-se os galhos formando um domo circular de mais ou menos um metro e meio de altura e os amarram, cruzando-os. Depois de reforçar a lateral, é feita a porta com um galho mais jovem e flexível, finalizando o esqueleto da sauna. Este formato de casco de tartaruga ajuda a gerar pensamentos positivos e propícios ao direcionamento de boas preces ao Grande Espírito, à Mãe Terra, a nós mesmos e a nossos semelhantes.

Deve-se sempre lembrar que essa cerimônia consiste em estrita disciplina e aprendizado. Controlamos nossos pensamentos e ações para aprender a canalizar certas energias de maneira positiva e da forma mais apropriada.

Outros povos das Américas também seguem esse formato circular, mas com algumas outras peculiaridades que achamos interessante citar. A Tenda da Purificação dos *Diné* assemelha-se a um montículo e sua entrada é feita de madeira. A Cabana de Vapor dos *Tsáchila* é chamada de *Shupoka* e é realizada numa cabana circular toda feita de pedra, sendo que lá a cerimônia é praticada pelo xamã de forma individual; ou seja; o espaço da sauna é reduzido somente para duas pessoas caberem dentro daquele "ventre". Os *Delaware* cobriam a sua construção com lama; já a maioria das outras tribos americanas utilizam peles ou lonas.

Na maioria das vezes, a porta da sauna é colocada em direção ao Leste, porque é nessa posição que a luz da sabedoria vem. Porém a sua direção depende das energias que serão trabalhadas. Algumas etnias (como os *Anishinaabe*) constroem a tenda com uma porta em cada direção, no entanto, apenas uma é utilizada durante a cerimônia. A porta, que simboliza a "vagina cósmica" é bem baixa para podermos entrar de joelhos. Trata-se dum lembrete para que permaneçamos humildes e possamos compreender que não somos nem maiores nem menores do que as outras formas de vida. Feito o esqueleto, cobre-se o mesmo com peles ou lonas bem resistentes, procurando vedá-la para que não haja nenhuma abertura onde possa sair o vapor quando começar a cerimônia, bloqueando também qualquer entrada de luz. A escuridão aflora um sentimento de retorno ao ventre de nossa Mãe, a Terra, transmitindo segurança.

Para os *Astecas* e os *Mayas*, quando entramos de gatinhas na sauna, chegamos no mesmo instante que a luz ao ventre escuro e gerador da vida, que se encontra sempre ao poente, a *zihuatlampa*, o lugar das mulheres. Ao entrar na *Temaskal*, um por um dos participantes levam um punhado de terra nas suas mãos intentando à virilidade do *Ometeotl*, reunindo novamente as forças masculina e feminina de nossos pais que nos deram a vida. Cada um dos participantes se senta em frente ao *Tezitl* (o buraco no centro da cabana), dispostos a iniciar um novo processo de gestação. O *Tezitl* é onde colocarão as pedras vermelhas vivas, aquecidas no Fogo Sagrado (*Tatewari*) do lado de fora da *Temaskal*.

Concluída a tenda no estilo *Lakota*, é feita uma pequena vala de trinta centímetros de profundidade ao leste, a um metro e meio do altar da Grande Mãe. Nesta vala é construída uma fogueira sagrada que é chamada Fogo

Eterno (*Peta-owihankeshni*), que é onde as pedras serão aquecidas. A fogueira representa não apenas *Unci* (Mãe Terra), mas também o poder eterno do Grande-Espírito (*Wakan Tanka*), pois, se o ser humano, os animais e as plantas morrem, as montanhas e as pedras vivem para sempre. O Fogo Eterno sempre queima, por isto nós viveremos novamente, sendo purificados pelo fogo e pela fumaça. Ao cavar a vala pede-se licença à Mãe Terra, oferecendo tabaco e fubá. A terra removida é utilizada para fazer uma pequena mureta de proteção ao fogo.

Em seguida, procede-se a coleta das pedras. As melhores pedras para suportarem o calor da sauna são aquelas do fundo dos rios ou vulcânicas, para que não se quebrem e nem sejam estilhaçadas quando jogar água sobre elas para liberar o vapor. As pedras também são seres vivos que têm poderes especiais e devem ser tratadas com respeito. Elas são portadoras dos Registros da Terra e, enquanto liberam o vapor, transmitem suas lições. Para contar com sua ajuda nessa jornada, conversa-se com elas solicitando seu auxílio e pedindo desculpas por ter que tirá-las do seu habitat natural. Mais uma vez oferece-se tabaco ou fubá para aquelas que irão se sacrificar nesse processo de purificação.

Terminada esta etapa, procede-se a colocação das lenhas. Na maioria das vezes, coleta-se a lenha alguns dias antes da cerimônia e sempre se faz ritualisticamente através de orações. As árvores são seres sagrados muito sensíveis, possuindo um grande poder medicinal. Em virtude disso, recitam-se preces para elas e para todos os seres que compartilham sua morada, solicitando assistência e desculpando-se por retirar sua vida e moradia. Ao final, agradece-se e as abençoa com a fumaça da sálvia ou do cedro.

Após organizar a lenha na vala que foi cavada, criando um altar, coloca-se as pedras coletadas e inicia-se a Sauna Sagrada. Geralmente, começa-se com a cerimônia do Cachimbo Sagrado. Acende-se a *Chanupa* (o cachimbo) e ora-se ao Grande Espírito, às Quatro Direções e a Mãe Terra, solicitando sua ajuda para acender o Fogo Sagrado. Só que, antes de acendê-lo, são entoados cânticos e invocações aos espíritos solicitando sua proteção e auxílio.

Ao acender o Fogo Eterno, é lembrado que Ele, ao aquecer as pedras, representa o poder do Grande Espírito que dá vida a todas as coisas. Enquanto vela-se o fogo, os cantos e as orações continuam. A queima da pilha de madeira e aquecimento das pedras costuma levar duas ou três horas. Nesse espaço de tempo, prepara-se a água para o balde de água da Sauna Sagrada. Ora-se para o elemento Água pedindo a seu espírito que auxilie os participantes, purificando suas mentes, corpos, espíritos e alma, e que compartilhe sua força, proteção, longa vida e boa saúde. A água também representa os Seres Trovão, os quais beneficiam a tribo. O vapor, saído das pedras que conservam o fogo, purifica os participantes e permite que vivam em harmonia com a vontade do Grande Espírito.

Antes de entrarem na sauna, os participantes devem fazer suas necessidades fisiológicas. Despem-se, colocam seus objetos pessoais de poder no altar em frente à porta para serem abençoados e formam uma fila indiana para entrar na tenda. Ajoelhados em sinal de humildade, ainda na entrada, dizem: *Mitakue Oyassin* (Somos todos Irmãos), dedicando assim sua purificação e sacrifício a todas suas relações. Os participantes, um a um, repetem essas palavras ou simplesmente falam: "A todas nossas relações".

Quando se passa rastejando pela porta da Sauna Sagrada, os participantes examinam os seus egos, ainda na entrada. O termo "sacrifício" significa originalmente, "tornar-se sagrado". A forma circular da tenda recorda de que não se deve culpar os outros quando vacilam ou falham, mas devem partilhar gentilmente o amor e o carinho para que o Círculo do Elo Sagrado possa permanecer intacto.

Os participantes, ao entrarem na sauna despidos de todas as roupas, símbolos, medalhas, status, riqueza, camuflagens, disfarces e outras capas que alimentam o ego humano, reingressam nus como recém-nascidos no ventre da Mãe Terra – humildes, puros, inocentes e preparados para o sustento e o crescimento. Nesse momento, lança-se por terra a autoimagem e atributos físicos humanos para redescobrir a verdadeira alma e o lado espiritual de cada um dos presentes.

Ao entrar na cabana, segue-se no sentido dos ponteiros do relógio, cruzando por trás do buraco ao centro e sentam-se diretamente no chão. Em hipótese alguma pode-se cruzar esse fluxo de energia que vai do Fogo Sagrado até o buraco dentro da Sauna Sagrada. Na saída da tenda, deve-se fazer o caminho inverso, evitando cortar o fluxo. O líder cerimonial coloca-se a leste da entrada. O guardião do fogo oficia do lado de fora, perto do Fogo Eterno. É ele quem carrega as pedras em brasa para o interior da sauna com a ajuda de chifres de cervo ou forquilhas à uma ordem do Mestre de Cerimônia. É ainda ele quem abre e fecha a porta, constituída de uma simples cobertura de pele ou lona, e executa todas as ordens.

A escuridão faz aflorar o sentimento de volta ao ventre da Mãe e concede aos participantes um lugar seguro para renascerem. As sete primeiras pedras que são trazidas são: uma para cada direção e uma para a terra, uma para o céu e outra para o Criador. Aos poucos as outras pedras vão entrando e ocupam o seu lugar no ventre da Mãe Terra. Não existe um número certo de pedras na cerimônia da Sauna Sagrada, elas podem ser em números de no mínimo treze, chegando ao máximo de cinquenta e duas. A maioria das cerimônias da Tenda da Purificação tem quatro rodadas ou portas com treze pedras em cada uma. As pedras em brasas viva tomam um aspecto particular. Quando levadas para dentro da cabana e dispostas ritualisticamente no buraco central, observam-se desenhos de animais, rostos e outras formas. Percebe-se a que ponto estão vivas. O Mestre cerimonial joga sálvia ou cedro sobre elas e um odor particular preenche a tenda.

As canções e preces que honram as quatro direções são em número de quatro. Esses ciclos permitem que os participantes possuam diferentes pontos de vista acerca do propósito e sua purificação. Cada ciclo é orientado para diferentes segmentos da criação e permite que os participantes tornem a se reunir com Todos os Nossos Parentes através da prece. Invoca-se o Grande Espírito, a Mãe Terra, as quatro direções e seus guardiões e também todas as relações. Os participantes oram e agradecem ao Grande Espírito, pedindo pelos familiares e irmãos que se encontram em sofrimento. Confessam suas falhas e violações contra as leis do Criador e a Mãe Terra, mesmo que de forma involuntária. Pede-se perdão pelas ofensas, danos e injúrias causados a qualquer irmão da Natureza.

Cada vez que a água fria é jogada sobre as pedras, um ar quente envolve os corpos dos presentes. À medida que se transpira, o suor retorna à Mãe Terra sob forma de vapor, a Terra passa a ser novamente nutrida. E quando a porta da sauna é aberta, o vapor viaja em direção ao Grande Espírito. Durante todo esse processo de catarse, entoam-se canções de cura que foram transmitidas pelos Anciões Nativos, Ancestrais e algumas por espíritos na ocasião da Busca de Visão.

O tempo de permanência no interior da sauna é indeterminado, tanto podem ser trinta minutos quanto duas horas e até mesmo mais. Solicita-se que todos os membros fiquem até que o Mestre de Cerimônia, também chamado de Piloto da Sauna, diga que chegou a hora de sair. Porém, algumas pessoas acham a temperatura demasiadamente alta e não conseguem chegar até o final, sendo então permitido aos mesmos que saiam e aguardem do lado de fora da sauna até o fim da cerimônia. O guardião do fogo abrirá a porta para eles, que sairão, sempre respeitando o sentido anti-horário. Tradicionalmente, a cerimônia desdobra-se em quatro portas, ou seja, a entrada será aberta quatro vezes durante a sauna. A cada uma delas, o líder pergunta se alguém deseja sair.

Ao saírem da Sauna Sagrada, os participantes se sentem renascidos e recriados, seguem em direção ao riacho ou outra fonte de água e mergulham pedindo proteção, força e saúde. Após agradecerem à água por sua limpeza, eles saem e se reúnem diante do Fogo Eterno, pegam seus objetos que se encontram no altar em frente ao fogo e a abertura da sauna, oram ao Grande Espírito e a cerimônia é encerrada.

Abro um parêntese aqui para narrar o primeiro *Temaskal* no estilo mexicano da qual participei em 1997, no alto de uma montanha na selva de Yucatán. Vocês irão perceber que ele é diferente da cerimônia dos outros nativos norte-americanos narradas anteriormente.

※ ※ ※

O dia estava chegando ao fim, quando, ao redor de uma fogueira, compartilhamos a Pipa Sagrada. Após essa singela cerimônia, dirigimo-nos para uma pequena cabana feita de pedras. Entrei de gatinhas no interior do ventre escuro e gerador da vida. Neste momento eu trouxe a luz do leste que ilumina rapidamente a direção poente. A porta atrás de mim se fechou e o anoitecer penetrou na cabana. Engatinhei tateando aquele chão de areia fina até encontrar um lugar para me acomodar. Sentei de pernas cruzadas, no círculo de pessoas. Escutei o soar de uma concha anunciando o início da cerimônia. A porta da sauna foi aberta. Fascinado, observei, em silêncio, as chegadas das pedras em brasa, que vieram uma a uma, sendo colocadas gentilmente pelo *nagual* no *Tezitl*, útero da Mãe Terra que se encontra no centro do nosso círculo. Ali iria ser iniciado um novo processo de gestação.

Com a chegada da última pedra, das treze primeiras de quatro rodadas, a abertura da cabana foi fechada. Senti o gosto da escuridão, do silêncio e da quietude do espaço. Saudamos as quatro direções de poder. O *nagual* explicou que, geralmente, esquentam-se cinquenta e duas pedras (um ciclo no calendário *Maya* e *Tolteca*) e se realizam quatro rodadas com treze pedras cada uma. Disse que isto é e não é importante, sem dúvida é um gancho para trabalhar a totalidade de nossa atenção, pois nos obriga a seguir atentos o caminho que o sol realiza a cada cinquenta e dois anos, em quatro ciclos direcionais de treze anos, pelas quatro direções do Universo em direção à estrela-guia que se encontra na constelação de *tauros*, chamada *Aldebaran* (Aldebarã), que permite fechar o ciclo da rotação e o movimento da Terra, o movimento de Vênus e das estrelas polares. Concluí que em todo nosso aprendizado pela estrada da vida, nós viajamos juntos e ao lado do Sol.

Na escuridão da cabana o tempo fluiu sem tempo, sem medir sua passagem. O *nagual* derramou a água previamente preparada com plantas medicinais no *Tezitl*. De repente, brilhou uma luz. A água escorria sobre as pedras, faiscando como milhares de estrelas na Via Láctea. Senti uma força sem nome. Íntima. Conhecida. O contato da água com as pedras produziu um enorme vapor branco pelo ar. Vi-me suspenso num silêncio profundo, num silêncio que rompe em vida. Os cantos começam, conheço a melodia... e a reconheço. Sem pensar, canto do fundo do meu coração na língua nativa que eu já conhecia. A atmosfera tornou-se pouco a pouco mais envolvente. Estimulado pelos cantos, o líder cerimonial concita a presença dos espíritos ancestrais e do *Spíritu*. Aguarda-se em seguida que os espíritos se manifestem, que o *Spíritu* venha instruir o coração dos participantes. Cada qual fez sua oração e agradeceu as Forças da Criação.

A porta da cabana foi aberta e mais treze pedras se juntaram as outras que foram deitadas ritualisticamente no *Tezitl*. Após a porta ser fechada ouvi o som de um chocalho. O tempo transcorreu sem que houvesse um antes e um depois, só o eterno presente. Vi o crepitar das pedras quando a água as atingiu. O vapor parecia vir de dentro da terra e abrasou nosso Ser. Foi uma loucura!

O fogo representa o poder catártico que dá vida a todas as coisas, simbolizando o centro do Universo onde se gera a criação. Com sua força queimamos nosso ser vil, nossos medos, empunhamos lanças para lutar contra nós mesmos, com nossos próprios pensamentos, sentimentos e ações; o fogo úmido não nos queima a pele, porém incendeia a nossa mente até seu limite. Atacada nossa mente, muitos choram, gritam, assustam-se; com o passar do tempo alcançam a visão, nosso primeiro encontro com nós mesmos, com o desconhecido e também com o conhecido que estava esquecido e guardado em nosso ser, construindo bloqueios que são o pão de cada dia dos psiquiatras e terapeutas.

Penetrei cada vez mais a minha consciência xamânica, enquanto a porta da cabana foi aberta outra vez, trazendo com ela nossas irmãs pedras. O vapor nos abraçou intensamente. Senti o calor envolvendo-me e, dentro do meu coração, noto que pulsa a luz da vida. O Fogo que vi nas brasas das pedras é o elemento da transmutação. Senti que estava morrendo para depois renascer. A força luminosa do fogo penetrou o meu ser. O Fogo é a chama que, acesa dentro de mim, fez brilhar minha aura e meus olhos, revelando a força do meu espírito.

Enquanto a porta da sauna foi aberta mais uma vez, sou transportado a outra Era. Estava no alto de uma montanha vendo o sol se pôr a Oeste e a lua nascendo no Leste. A vida é um ciclo. Muitas árvores morrem no inverno e renascem na primavera. Como nossos Ancestrais, que morrem aqui, mas passam a viver no Mundo dos Espíritos. Estava em eterna transformação. Escutei a água caindo pela última vez sobre as cinquentas e duas pedras. Senti o sopro do Dragão purificando meu espírito e uma chama se apossando do meu corpo. O Fogo vinha chegando para trabalhar as minhas mudanças, limpando o meu ser. Meu DNA passou então por uma mutação. Senti o velho cedendo lugar ao novo. Senti-me renovado. Estou renascendo, como uma Fênix das cinzas.

A cerimônia da Sauna Sagrada chegou ao fim. A porta da cabana foi aberta e, de gatinhas, todos saímos. Encontrei-me na cabana sozinho, olhei uma última vez para o útero da Mãe Terra e vi ainda algumas pedras brilharem. Agradeci ao *Spíritu* por esses momentos maravilhosos que passei no *Temaskal* com meus irmãos. Saí da cabana e andei até o rio. Mergulhei profundamente, deixando a água entrar em contato com todas partes do meu corpo causando um choque térmico. E mais uma vez nesse dia, senti-me renascer.

* * *

Esta é uma prática xamânica das mais antigas, em todas as culturas pré-colombianas da América, Europa do Norte e Rússia. Na América, a invasão obrigou a reduzir esta prática de cura, e em algumas regiões só era permitida para aquecer o corpo das mulheres após o parto. Mas alguns nativos souberam preservá-las e, graças a eles, podemos usufruir desta cerimônia de purificação e renascimento que remonta à noite dos tempos.

Esta é a ideia geral do que é uma Tenda da Purificação, que mantém o propósito, mas não uma forma única entre os povos ancestrais. Hoje em dia, as saunas comerciais, usadas pelas cadeias internacionais de spas, obviamente omitem o rito e o simbolismo, focando em conteúdos meramente profanos, como esfoliação, perda de peso e relaxamento, esquecendo o intento básico, que é o de ser purificado pelos elementos sagrados dentro de um "ventre sagrado" e sair de lá revividos para continuar nossa jornada na Mãe Terra.

Roda da Medicina

> Tudo o que o índio faz movimenta-se em círculo ou tem sua forma. O Poder do Mundo trabalha sempre de forma circular e tudo tende a ter a perfeição do círculo. O céu é redondo e a terra também, bem como as estrelas. O vento rodopia e os pássaros constroem seus ninhos de forma circular; as leis deles são semelhantes às nossas. Até mesmo as estações seguem uma grande roda nas suas mudanças, voltando sempre ao ponto de partida. A vida do homem é um círculo: de uma infância à outra. E assim é em tudo onde o poder se movimenta.
>
> Alce Negro

Simbolicamente, o Círculo está associado ao ponto e pode ser considerado como sinal supremo de perfeição, união e plenitude. Ele retrata o centro e a divindade. Também é sinônimo de movimento, expansão e tempo. Representa o céu, o firmamento e a ordem cósmica. O ponto e o círculo simbolizam o início do Universo, a perfeição espiritual, a união dos elementos, a energia e a plenitude do ser completo. O Círculo também denota movimento, como a roda e as habitações de todos os povos nômades que dispunham o seu acampamento em forma circular para protegerem-se de ataques inimigos. Também indica os movimentos cíclicos dos planetas representados nos horóscopos e zodíacos ao redor do Sol. A mesa circular onde se reuniam os Cavaleiros da Távola Redonda representava a forma do paraíso e do ovo primordial. As mandalas orientais são símbolos mágicos e espirituais em forma de círculo. As arquiteturas muçulmana e romana utilizavam o arco, uma parte do círculo, como alegoria do céu e do divino. O arco também é um símbolo de elevação e triunfo. O Sol e o ouro são representados em círculos.

Para a cultura islâmica, o círculo é a forma mais perfeita que existe, por esse motivo os movimentos de adoração e oração são feitos de forma circular à volta do cubo negro *Ka'ba*, que foi construído dentro de um círculo branco em Meca. Na tradição sufi as danças dos *dervixes girovagos*, ou rodopiantes, é realizada circularmente mimetizando o movimento dos planetas ao redor do Sol e, também, o cósmico da espiral. Na literatura persa, o círculo é o símbolo do destino. O círculo simboliza a alma, o encontro consigo mesmo. É a Ouroboros. O Alfa e Ômega. O símbolo da meta a ser alcançada. A união dos opostos. O eterno retorno. É a unidade e a totalidade. Sua forma é perfeita e infinita, sem início e fim.

Relacionando-o com o Céu, o círculo é o símbolo do mundo espiritual e do Cosmos na sua relação com a Terra. No budismo, os círculos concêntricos são representações do aperfeiçoamento interior e da evolução espiritual. Entre os *Celtas*, o círculo é um símbolo mágico de proteção, defesa e poder. O Círculo Mágico também é utilizado nos rituais de magia e feitiçaria, segundo as lendas antigas. Tanto os antigos como os atuais adereços e joias, são de forma redonda, como é o caso de anéis, braceletes, brincos e colares. Mais do que amuletos de proteção, são também considerados estabilizadores de energia e da união entre o corpo e o espírito. O círculo é também uma forma de medir o tempo. Os calendários astecas, mayas, incas, hindus e chineses têm a forma circular. Tanto na antiga Grécia como na Babilônia ou no início da cristandade, ele simbolizava a eternidade. Nas culturas xamânicas, o tempo é expresso em círculos, acompanhando o movimento do Sol, da Lua e dos ciclos das estações. As tribos em sua maioria se reúnem em círculos e dançam circularmente. Os seus tambores e chocalhos também são confeccionados nessa mesma forma.

Com o passar dos séculos, esse símbolo, considerado sagrado por diversas culturas foi a fonte inspiradora para a criação da roda utilizada em carroças, contribuindo fortemente para o progresso da civilização.

Faur (2010, p. 52) explica:

> O círculo tem o poder de coletar, concentrar e direcionar energias para efetuar mudanças e ajudar nas transformações individuais e coletivas. É um meio de criar um espaço seguro para praticar a comunicação aberta; compartilhar visões, alegrias e dores; definir objetivos; confiar; construir uma comunidade solidária; curar feridas da alma e trocar experiências, reconhecendo a interdependência com o Todo e buscando uma comunhão de valores e objetivos.

Uma das chaves da sabedoria de muitas culturas xamânicas é o conceito da Roda da Medicina, conhecido também como Círculo da Vida ou Círculo Sagrado. Da mesma maneira que há muitas culturas diferentes que respeitam a Roda Sagrada, assim também existem muitos símbolos associados a ela: a Mandala Tibetana, o Pentagrama, a Cruz Céltica, a Roda do Sol, o Sol Espiral e muitos outros. Estes conjuntos simbólicos procuram trazer iluminação para aqueles que meditam e se conectam a eles.

No Caminho Xamânico, descobrimos que a Roda da Medicina, ou Roda Xamânica, é a representação simbólica do Universo, da Mente Cósmica em que tudo é interligado e mantido em sincronia harmoniosa. Dentro deste círculo de poder é possível o contato com as forças da Mãe Natureza e do Cosmo, levando à uma harmonização interior e integração com o meio ambiente. Através de um processo de autoconhecimento, a pessoa encontra sua verdade, seu poder, sua cura, tomando às rédeas de sua vida e orientando conscientemente suas ações e opções.

Quando da chegada dos europeus no continente americano, os invasores encontraram mais de trinta mil Rodas de Medicinas, construídas com pedras dos mais variados tamanhos e números. Elas foram edificadas em lugares considerados sagrados pelas tribos nativas americanas. Segundo Sun Bear (1994, p. 32-33), a Roda da Medicina simboliza o trilhar da alma, do nascimento à morte. Nela podemos observar o ciclo das estações e a jornada da alma do ser humano que nasce, cresce, reproduz e ao término de seu ciclo realiza a Grande Viagem pela Estrada Azul do Espírito, saindo do Círculo da Vida e esperando um outro ciclo. Ao nascermos, entramos na Boa Estrada Vermelha por um determinado ponto na Roda da Vida de acordo com a data do nosso nascimento. Esse local de partida é a primeira percepção que temos da realidade, mas para a desenvolvermos, é necessário que o ser humano procure crescer plenamente, trilhando outros caminhos no Círculo da Vida, pois só assim terá o controle da sua jornada.

Cada uma das Rodas da Medicina é composta por pequenas rochas em forma circular, com uma roda dentro de outra. A maior parte delas são radiadas, sendo seus raios alinhados de acordo com posicionamentos astronômicos. Todas as rodas parecem estar relacionadas a ritos sazonais em que as tribos de diversas localidades se reuniam por vários dias para celebrar, realizar cerimônias e orações dirigidas ao Sol, à Lua e aos Espíritos Ancestrais. Qualquer que seja a cultura, as Rodas da Medicina são consideradas representações do Universo, tendo as quatro direções e os elementos (Terra, Ar, Fogo e Água) sagrados ligados a elas, e no centro a representação do Ser.

Em Cerro Negro, na zona administrativa de Salto, no Uruguai, exploramos um cemitério *Charrua* e fomos surpreendidos ao encontrar uma série de círculos de pedras similar a Roda da Medicina dos nativos norte-americanos. Cada círculo contém 29 pedras e estão a 100 metros de distância uma da outra, sendo sua ligação feita em linha reta, alinhando-as com o nascer do sol no Solstício de Inverno e com o pôr do sol no de verão. Rodas da Medicina similares foram encontradas recentemente do outro lado da fronteira com o Brasil, em Quaraí-RS, território onde viveram os *Charrua* e outros povos dos pampas, como os *Guenoa* e os *Minuano*.

Faur (2010, p. 343) diz:

> "Viajar dentro da Roda Sagrada" significa entrar em contato com cada uma das quatro direções cardeais e seus significados, que representam os caminhos para o centro do ser, onde pode ser estabelecida a ligação com o Eu Superior e o Todo. Ao percorrer esses caminhos, a pessoa experimenta todas as energias da Roda e adquire o conhecimento para buscar mudanças ou soluções para os problemas cotidianos. Cada caminho é um método de autoconhecimento, descobertas e realizações na busca do equilíbrio em todos os níveis e planos.

É claro que todos nós conhecemos o ciclo básico da vida: nascimento, crescimento, morte, renascimento. Mas o ciclo da vida é mais que um ciclo, é uma roda, um Círculo que acontece em nossas vidas. Muitas rodas menores acontecem diariamente, embora nós não as percebamos frequentemente.

Uma roda xamânica sempre gira. Se você não lidar completamente com as situações do passado, eventualmente elas retornarão. Muitos de nós experimentamos isto, especialmente se nos sentimos impossibilitados de lidar com assuntos de nossa infância, abuso, negligência e assim por diante. Infelizmente, estes assuntos sempre retornam e continuarão retornando até resolvermos finalmente enfrentá-los. É até pior para aqueles que se agarram ao passado. Se você tenta parar num ponto qualquer da roda, sentirá o resultado em sua vida. Podemos simbolizar isto como uma órbita da Terra: digamos que a Terra parasse de rodar em qualquer ponto de sua trajetória, a gravidade puxaria a Lua e isto destruiria nosso Planeta e todos os seus habitantes, todas as esperanças e sonhos. O mesmo ocorre quando uma pessoa se agarra a um ponto na roda, ela termina caindo em depressão profunda. Caso isso ocorra com você, aproxime-se da natureza e observe como ela sempre está mudando. Ela é uma roda e ainda está girando e você faz parte dela. Enquanto a roda continuar girando, sempre haverá esperança. Procure encontrar o seu lugar na roda e deixá-la girar.

Faur (1997, p. 95) complementa:

> Porém, permanecer apenas neste ponto limita o desenvolvimento. Por isso, depois de descobrir qual é a posição inicial dentro da Roda Sagrada, deve-se buscar a compreensão e o crescimento através de outros caminhos. Somente assim o homem se torna capaz de tomar as rédeas da sua vida, fazendo suas escolhas e agindo de forma consciente.

Meditando com as quatro direções

Quando olhamos as diversas tradições xamânicas somos surpreendidos com as semelhanças existentes entre elas. Apesar de terem emergido em continentes diferentes, na essência, todas são a mesma. A saudação às direções, por exemplo, é uma técnica ritualística utilizada no Xamanismo europeu e pelos nativos das américas, embora haja uma variação de elementos associados a cada direção. Coincidências como estas indicam que há uma grande harmonia universal de todos os povos. Acreditamos que somos parte do Todo, e esta é uma das situações que nos conduziram a entender e respeitar outras culturas, até mesmo se não concordarmos com os modos de vida delas. Ao praticarmos os rituais universais de nossos ancestrais, passamos a perceber a nossa conexão com todas as pessoas e ver que, afinal de contas, não somos muito diferentes.

A saudação às direções foi usada durante séculos para ajudar a manter a conexão com a terra, abrir o espaço sagrado, evocar os guardiões de cada ponto cardeal como proteção no ritual a ser realizado e para aumentar nosso poder pessoal. Esta técnica é baseada nos mitos dos quatro elementos: Terra, Ar, Fogo e Água. Chamando-os, nós vemos a relação entre estes elementos universais e nossas próprias vidas. Talvez o melhor modo de explicar isto seja demostrando como é realizado.

O seguinte exemplo é uma saudação básica das direções da tradição *Lakota*. Por favor, note que essa tradição é diferente de outras, e que elas diferem especialmente na associação de cada elemento para cada direção. Esta versão também não usa nenhum instrumento externo, como ervas ou ferramentas mágicas para realizar a conexão pessoal que todos nós compartilhamos profundamente dentro de nós mesmos. Se desejar, pode oferecer ervas e fumaça do cachimbo às quatro direções, mostrando, assim, respeito por esta conexão a cada direção.

Em todas as cerimônias e rituais realizados dentro da Roda da Medicina Sagrada dos nativos americanos, começa-se saudando e convocando as quatro direções. As direções são associadas a cada estação do ano e a um elemento. Cada ponto cardeal tem um Guardião Espiritual que corresponde a um clã e tem aliados no reino animal, mineral e vegetal.

Os Guardiões Espirituais trazem os ventos correspondentes a cada direção para a Terra.

- *Wabun* é o mensageiro da alvorada que traz o vento morno da primavera do Leste.
- *Shawnodese* traz do Sul o vento quente do verão.

- *Mudjekeewis* traz do Oeste o vento fresco do outono.
- *Waboose* é o detentor do mistério dos conhecimentos antigos e traz o vento frio do Norte.

Segundo Sun Bear (1994, p. 39), todas as direções apontam para um caminho. A direção Leste indica o caminho do visionário, o poder da luz, o portal para busca da iluminação. A direção Sul representa o caminho da cura da criança interior promovendo o crescimento, o poder da confiança e do amor, o portal para as emoções. A direção Oeste é o caminho da cura física, o poder da transformação e da introspecção, o portal para o corpo. A direção Norte é o caminho do guerreiro, o poder do conhecimento e da sabedoria, o portal para a mente, purificando a terra e obrigando os homens a se isolarem para a renovação.

Dependendo da localidade, existem algumas divergências em relação ao caminho acima citado, mas a maioria das tradições do Hemisfério Norte utiliza a que expomos aqui com suas correspondências básicas. Além das direções, ainda temos o caminho da conexão divina que fica no centro da roda, representando a manifestação da espiritualidade e onde o buscador encontra o seu Poder Pessoal, passando a manter-se centrado e conectado com a Grande Inteligência Universal.

Começamos virando para o Leste, saudamos a *Wabun*. Essa direção é o centro de iluminação onde habita a águia – seu animal sagrado – que voa mais alto e tem uma visão aguçada. É representada pela cor amarela associada ao nascer do sol, à primavera, ao nascimento, a um novo início e à iluminação. O Leste é onde o Avô Sol nos saúda a cada manhã e seu elemento é o Fogo. Procure conectar-se com ele, pedindo clareza para enxergar uma situação, clarear um relacionamento, definir um novo projeto de vida e fortalecer a sua autoconfiança.

Olhando para o Sul, saudamos *Shawnodese*. O Sul é onde mora a criança interior e também representa o ponto onde começa a vida física. É representado pela cor vermelha como a culminância do Sol, o meio-dia, o verão, o crescimento, o vigor físico, a inocência e o frescor da infância, os sentimentos, a alegria e a paixão. Os animais sagrados são: o camundongo (que vê as coisas de perto e sente tudo pelo toque), o coiote (o trapaceiro, usando as armadilhas das emoções para ensinar) e o sapo (purificação). Seu elemento é a Água, procure entrar em contato com ela sentando-se perto de um lago ou rio. Perceba suas emoções, identifique as feridas, conecte-se com sua criança interior. Reavalie os seus comportamentos, considerando como evitar cair em novas armadilhas, mas sem perder a confiança em si e no mundo.

No Oeste, saudamos *Mudjekeewis*. Esta direção é a morada do Urso dentro da Roda da Medicina. É representada pela cor preta que simboliza o pôr do sol, o outono, o silêncio, o repouso, a introspecção e a contemplação, a oração para conseguir a cura e a transformação, os desafios da idade adulta, o contato com os espíritos ancestrais e a força e a regeneração através da Mãe Terra. A Terra é o seu elemento: procure se conectar com ela caminhando pelo bosque com os pés descalços ao cair da tarde.

Virando para o Norte, saudamos a *Waboose:* o guardião da sabedoria e do local sagrado dos ancestrais. A cor branca desta direção representa o branco da neve no inverno, o silêncio das montanhas, as sabedorias dos anciões, a capacidade de aprender através das experiências, a busca de novos conhecimentos, a abertura de novos horizontes, libertando-se dos padrões mentais dogmáticos ou ultrapassados, aprendendo a pensar, analisar, sintetizar, compreender, organizar e lembrar. Os animais sagrados são o búfalo (representando a abundância), a coruja (a sabedoria) e a borboleta (o renascimento). Seu elemento é o Ar, que nos ajuda a descobrir a sabedoria dos longínquos antepassados e a estabelecer um elo com o divino. Procure sentir o ar, imaginando-se no alto de uma montanha com ventos fortes e nuvens correndo ao seu lado. Não esqueça de agradecer aos antepassados, através da oração, pelo legado de conhecimento que eles deixaram para nós, os seus descendentes.

Volte-se novamente para o Leste e de lá siga até o Centro. Você completou o círculo da Roda da Medicina. Aonde se encontra agora tem a habilidade para escolher e tomar decisões dentro de sua própria vida. Você é merecedor, porque é um filho do Universo, como todas as coisas. Olhe para baixo em direção a Mãe Terra e a chame para ajudá-lo a entrar em equilíbrio e harmonia com tudo e todos. Agora olhe para o Pai Céu e o chame para guiá-lo e o ajudar nesta conexão. Depois honre a direção de dentro, onde mora seu coração. Escute-o. Ele o guiará no seu caminho se você decidir ouvi-lo.

A partir deste ponto, você pode escolher meditar em alguma direção, dançar seus animais para achar seu poder pessoal ou reconhecer uma necessidade a ser cumprida. Este é um ponto perfeito para realizar um ritual ou uma cerimônia. No centro do círculo, todas as coisas são possíveis, só estamos restringidos pelas limitações que colocamos na nossa vida.

Ao término de seu trabalho, chame as direções, no sentido anti-horário, honre-as por tudo que lhe foi dado. Lembre-se das lições que aprendeu dentro da Roda da Medicina, porque elas também são verdadeiras fora dela, entretanto, às vezes é difícil perceber isto. Você sempre está conectado com todas as coisas no Círculo Sagrado. Dependendo da tradição xamânica, os animais e elementos relacionados às direções são diferentes do que expomos acima. No Hemisfério Sul, como veremos mais adiante, os povos nativos abrem seu Espaço Sagrado e caminham pela Roda Xamânica no sentido anti-horário.

Como pudemos ver, a Roda da Medicina é um espaço cerimonial onde são realizados ritos iniciáticos, celebrações, curas e rezos. Sendo considerada também como uma ponte que liga o homem às forças da Natureza, além de ser o local onde podemos encontrar o conhecimento necessário para continuarmos a nossa jornada pelo Círculo da Vida. Existem inúmeros tipos de Rodas da Medicina espalhadas pelas diversas tradições xamânicas, aqui exploraremos as mais comuns.

Roda Xamânica de Cinco Pedras

Formada pela cruz dos cinco elementos (Água, Terra, Ar, Fogo e Éter) dentro do círculo do *Spíritu*, está a roda mais comum conhecida. A pedra no centro representa o Eu Superior e o Espírito, as das quatro direções, os elementos e os atributos relacionados à busca do peregrino na sua jornada na Roda da Vida. Essa é a roda básica que deu origem a todas as outras.

Roda da Medicina Norte-americana

Direção Sul: Caminho da Criança Interior. Poder da Confiança e do Amor. Portal das Emoções.
- Clã: do Sapo.
- Cor: vermelha.
- Elemento: Água.
- Espírito Ancestral: Mãe Lua.
- Guardião: *Shawnodese*.
- Totem: baleia, camundongo, coelho, coiote, congro, enguia, gaivota, garça, golfinho, salmão, sapo e serpente.
- Reino: vegetal.

Direção Oeste: Caminho da Cura. Poder da Transição e Transformação. Portal para o Corpo.
- Clã: da Tartaruga.
- Cor: preta.
- Elemento: Terra.
- Espírito Ancestral: Mãe Terra.
- Guardião: *Mudjekeewis*.
- Totem: abelha, alce, castor, cavalo, cervo, esquilo, formiga, jaguar, lobo, pantera, tartaruga e urso.
- Reino: mineral.

Direção Norte: Caminho do Guerreiro. Poder do Conhecimento e da Sabedoria. Portal para a Mente.
- Clã: da Borboleta.
- Cor: branca.
- Elemento: Ar.
- Espírito Ancestral: Pai Céu.
- Estação: inverno.
- Guardião: *Waboose*.
- Totem: aranha, beija-flor, borboleta, búfalo, corvo, coruja, elefante, libélula, macaco, mariposa e raposa.
- Reino: animal.

Direção Leste: Caminho do Visionário. Poder da Luz. Portal para o Espírito.
- Clã: do Pássaro Trovão.
- Cor: amarela.
- Elemento: Fogo.
- Espírito Ancestral: Pai Sol.
- Estação: primavera.
- Guardião: *Wabun*.
- Totem: águia, falcão, gavião, leão, leopardo, puma e tigre.
- Reino: humano.

Centro: Caminho Espiritual. Poder Numinoso e Sagrado.
- Cor: dourada.
- Elemento: Éter.
- Objetos: bola de cristal, ovo cósmico e mandala.
- Reino: divino.

Roda da Medicina de Trinta e Seis Pedras

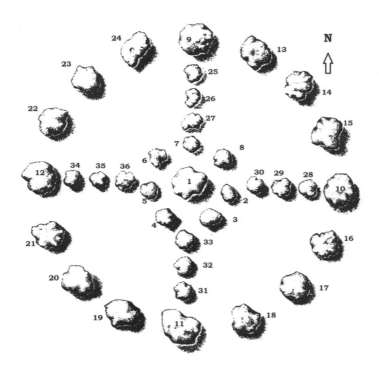

A Roda da Medicina Sagrada dos nativos norte-americanos consiste em trinta e seis pedras: um Círculo externo com dezesseis pedras, representando as doze Luas e os quatro Guardiães do Espírito. Quatro raios de três pedras, cada um representando os Caminhos Espirituais. Um círculo interno de sete pedras representando a Mãe Terra, o Pai Sol, a Avó Lua, os quatro Clãs Elementares. E, por fim, uma pedra no centro, representando o Criador (o Grande Espírito).

Cada pedra tem seu propósito e representa uma iniciação, um local onde tomamos contato com o Eu Superior e com o Todo. O melhor modo para viajar pela Roda da Medicina é caminhar ao redor dela e sentir uma pedra particular chamando. Porém, muitas pessoas não têm a oportunidade de construir uma roda própria. Se você está familiarizado com a planta baixa da Roda Xamânica, pode viajar mentalmente e notar mudanças de cores ou sentir a energia das pedras que visualiza.

Disponibilizamos a seguir o significado de cada pedra, para que o leitor possa se familiarizar com esta Roda da Medicina e, ao meditar com ela, encontrar um caminho que conduzirá algumas respostas que esteja necessitando em sua jornada pela vida.

Círculo Interno

1. O Criador: a pedra do Criador ensina sobre nossa fé, o poder criativo, a inspiração, o caminho sagrado e sobre a própria habilidade para se desenvolver. A conexão com essa pedra nos auxiliará a ter coragem para enfrentar as mudanças necessárias na jornada da vida e assim atingir nossas metas.

2. A Mãe Terra: esta pedra ensina sobre a energia feminina nutridora dentro de nós e sobre a terra: é um lugar para se afinar com as energias da Mãe Terra. Pedra que nos ajuda a achar soluções positivas para encontrarmos nossa cura e a resolução de nossos problemas.

3. Pai Sol: pedra que nos ensina sobre a energia masculina e sobre o princípio ativo do Universo. É um lugar para adquirir coragem e aprender a estabelecer limites. É a pedra que nos auxilia a escolher entre o que precisa ser feito e o que pode ser deixado para depois.

4. Mãe Lua: representa a energia da contemplação, introspecção, intuição e conexão com o princípio feminino. Quando quisermos entender melhor nossas emoções profundas, este é o lugar. A Mãe Lua nos ajudará a descobrirmos nossos medos e a superá-los.

5. Clã da Tartaruga: pedra do elemento Terra. É o lugar para aprender sobre força, estabilidade, organização e perseverança. O Clã da Tartaruga nos fala que é o momento para mudar. Tempo para desarraigar e mover-se para outra posição na roda e ganhar as características de outro clã elementar. O Clã da Tartaruga também ajuda a sentir-se mais seguro de si.

6. Clã do Sapo: representa o elemento Água. É um lugar para aprender sobre nosso poder de transformação, rejuvenescendo-o e regenerando-o. Lembremos sempre que a água é a doadora da vida. O Clã do Sapo ensina a nos expressarmos e auxilia nossa cura emocional.

7. Clã do Pássaro Trovão: pedra que representa o elemento Fogo. Simboliza a vitalidade e a transformação. O Fogo pode ajudar ou destruir, mas sempre muda o que toca. Sentando-se nesse lugar, o Clã do Pássaro Trovão pode ajudar a entender a realidade em todos os níveis. Podendo, também, nos auxiliar a lidar com a dualidade. Lembrem-se que nós somos os únicos responsáveis por nossas escolhas e atos.

8. Clã da Borboleta: representa o elemento Ar. Este é o lugar para aprender mais sobre nossa própria criatividade, intelecto ou se desejamos fazer alterações na vida cotidiana. O Clã da Borboleta ensina a realizar essas mudanças e transformações necessárias para o nosso desenvolvimento.

Círculo Externo

9. *Waboose*, Guardião do Espírito do Norte: esta pedra nos ensina a compartilhar. É tempo para devolver à Mãe Terra a generosidade que ela nos dá. Lugar de cura física, um tempo para agradecer pelas curas realizadas e pedir cura para nós mesmos e às outras pessoas. Porque *Waboose* é o poder da espiritualidade fundamentado na terra; este é o lugar para aprender a aceitar a vida, a morte e a necessidade de compartilhar o que recebemos.

10. *Wabun*, Guardião do Espírito do Leste: a lição desta pedra é o recomeçar, como receber o conhecimento Espiritual e projetá-lo na nossa própria vida. Este é o lugar para curar a mente. Com *Wabun* aprendemos a buscar as verdades e a eliminar qualquer mentira que pode estar prejudicando nossos novos começos.

11. *Shawnodese*, Guardião do Espírito do Sul: esta pedra traz a lição de proteção e prudência. Este é o lugar para curar as emoções e o coração. *Shawnodese* nos auxilia no desenvolvimento de uma relação ou como se tornar uma pessoa mais amorosa. Também ensina a agir com cautela e discernimento nas escolhas amorosas. É um lugar para examinar tudo aquilo que é amor e tudo contrário a ele, como: ódio, inveja, ciúme, ira e raiva. *Shawnodese* nos ensina a curar as feridas do coração.

12. *Mudjekeewis*, Guardião do Espírito do Oeste: pedra que se refere à maturidade. Aqui aprendemos verdadeiramente a ser referência para os outros. Este é o lugar para curar a espiritualidade. Quando nos encontramos neste local, é tempo de avaliar tudo que aprendemos no decorrer da vida e nos perguntarmos o que deveremos fazer para cumprir nosso propósito. *Mudjekeewis* alerta que temos que compartilhar todo o nosso conhecimento como um professor. Esta pedra também nos ensina o poder da responsabilidade por si só, como também por todas as nossas relações e nossa Mãe Terra.

Lunações

13. Lua da Renovação da Terra: as lições desta pedra são muitas: respeitar a tradição e o ritual, receber e transmitir a energia do Universo tão claramente quanto possível e comunicar o conhecimento antigo aos outros. Este é um lugar de grande potencial de poder e deveria ser utilizado sabiamente. Esta pedra nos ensina a ser adaptável, prudente e sábio.

14. Lua do Repouso e da Purificação: esta pedra nos auxilia a ver o que somos como pessoas, ensinando-nos ater responsabilidade pelos nossos próprios atos. Durante este tempo podemos desenvolver nossas habilidades psíquicas.

15. Lua dos Grandes Ventos: pedra que indica que esse é um lugar para descobrir nosso poder de cura natural. Ela nos ensina a aprender sobre nossa sensibilidade profunda e nosso desenvolvimento espiritual.

16. Lua das Árvores em Botão: com esta pedra aprendemos a canalizar nossas energias. Podemos ser muito eufóricos em nossas emoções, mas devemos nos conter. Esta é a lua da paciência, mais com os outros do que conosco.

17. Lua da volta dos Sapos: esta é a pedra do equilíbrio. Com ela aprenderemos como trazer estabilidade para nossa vida sem sermos teimosos. Ela nos ensina a darmos valor ao trabalho duro e às nossas habilidades criativas para ter ordem e beleza na vida.

18. Lua do Plantio do Milho: com esta pedra aprendemos a ter respeito por nossas próprias habilidades curativas. Veremos a beleza em todas as coisas que nos cercam. Ela nos ensina a equilibrar tempo e energia, a sermos mais consistentes e a demonstrarmos os nossos sentimentos mais profundos.

19. Lua da Luz Forte: com esta pedra aprenderemos a importância de uma base familiar forte. Este é o lugar de nutrição, maternidade, família e casa. Ela nos auxilia a equilibrar nossa natureza selvagem e a despertar nosso lado amoroso.

20. Lua dos Frutos Maduros: pedra que nos alerta a termos cautela, a estarmos atentos às tendências para sermos arrogantes, dominadores e impulsivos. Ensina-nos a demonstrarmos afeto, desenvolvermos habilidades de liderança e a enfrentarmos nossos medos.

21. Lua da Colheita: pedra que nos ensina a fazer bons julgamentos. Justiça é o tom desta lua. Este é o lugar para ganhar confiança e desenvolver nossa habilidade de análise. É momento de evitarmos criticar aos outros ou sermos cínicos em relação à vida.

22. Lua do Voo dos Patos: pedra que nos ensina a lição de que precisamos nos equilibrar puxando a energia da Terra e do Sol. Alerta também que devemos ser firmes em nossas decisões, pois com a ocorrência de muitas mudanças pode haver confusão mental e emocional.

23. Lua do Tempo Frio: com essa pedra conheceremos a extensão de nossa própria energia. Ela nos diz que possuímos habilidade para criar a mudança e um forte desejo de conhecer a verdade. Ensina-nos a viajar entre os mundos e a sermos mensageiros nos aspectos espirituais de nossa vida. Só que para isso, temos que nos manter equilibrados.

24. Lua da Neve: esta pedra confere a habilidade de perceber e refletir os pensamentos e sentimentos dos outros e a colocarmos nossos sentimentos pessoais num quadro. Ela pede que desenvolvamos a força mental e as habilidades de comunicação.

Caminhos Espirituais

25. Pedra da Limpeza: no nível físico, esta é a pedra que vai ajudar a limpar o corpo das toxinas que nos impedem de sermos saudáveis. Mentalmente, esta pedra ajuda a esvaziar velhas ideias e modos de pensar. Este é o lugar para clarear nossos canais emocionais. Espiritualmente, a pedra da limpeza pode nos ajudar a achar o que é sagrado e a descartar ideias espirituais antiquadas que podem estar obstruindo nosso verdadeiro caminho.

26. Pedra da Renovação: esta é a pedra que nos ajuda a aprender como ficarmos saudáveis física, mental, emocional e espiritualmente. Este é um lugar de cura, de reconstrução do nosso corpo, conduzindo-nos para um estado saudável. A Pedra da Renovação é um canal para aprender abrir a mente a novas ideias e a manter atitudes mais positivas. Desta forma, aprenderemos a nos amar e a contatarmos nossa espiritualidade interna.

27. Pedra da Pureza: pedra que nos leva a um retorno à inocência, a olhar o mundo pelos olhos de uma criança. Limpando o corpo podemos voltar a ser puros, libertando-nos dos preconceitos e das concepções e a nos purificar mentalmente. Honestidade, espontaneidade e integridade são as chaves para se reabilitar emocionalmente. Espiritualmente, nos encontramos em um lugar de equilíbrio, um local de autorrealização.

28. Pedra da Claridade: pedra que nos ajuda a agir em relação ao mundo, tornando-o menos complicado. Pode ajudar a desbloquear nosso fluxo de energia, ampliar nossa consciência e a melhorar a nossa habilidade para nos comunicarmos. Entretanto, devemos ter cuidado, porque a claridade pode nos enganar, levando-nos a acreditar que sabemos tudo e assim perderemos o verdadeiro conhecimento que vem do coração.

29. Pedra da Sabedoria: com essa pedra aprendemos a conhecer nossos limites em relação a nós mesmos e ao mundo ao nosso redor. Este também é o lugar para aprender a aplicar o conhecimento que adquirimos por experiência. Aqui, podemos aumentar nossa estabilidade e maturidade. Esta pedra nos ajudará a saber o que é realmente bom para nós e como aplicar isso na nossa vida.

30. Pedra da Iluminação: lugar para ir se desejarmos encontrar uma compreensão divina do mundo. É nela que aprenderemos a deixar a energia sagrada do Criador fluir livremente por nosso Ser. Aqui reconheceremos que já possuímos muitas das verdades que buscamos e aprenderemos a trabalhar com elas.

31. Pedra do Crescimento: esta pedra nos possibilitará alcançar o desenvolvimento no meio físico; alargando nosso conhecimento dos aspectos físicos do Universo. Estar aqui irá ajudar a nos conhecermos intimamente, a aceitarmos nossas emoções e a aprender como utilizá-las para o nosso crescimento.

32. Pedra da Confiança: esta é a pedra para nos livrar de suspeitas e para desenvolvermos nossa convicção em algo ou em alguém. Confiança, no reino físico, é ter fé em nós mesmos e aceitarmos nosso ser físico. Aqui, aprenderemos como expressar nossas emoções completamente e a receber amor abertamente.

33. Pedra do Amor: com esta pedra descobriremos como ter mais prazer em nossas relações e com nosso próprio Ser. Este é o lugar da verdadeira cura emocional, no qual aprendemos a nos apoiar uns nos outros. O amor é o sentimento da energia da vida dentro de nós. Com esta pedra aprenderemos mais sobre devoção, ternura, honestidade e paixão. Espiritualmente, teremos um compromisso e uma conexão emocional e profunda com o Criador e a criação.

34. Pedra da Experiência: pedra que nos apoia a analisarmos os nossos sentimentos e os aceitarmos. Experiência é um eterno aprendizado. Todos estamos procurando uma espiritualidade mais madura. Neste lugar aprenderemos a interiorizar as lições recebidas e conseguiremos nos conhecer melhor.

35. Pedra da Introspecção: esta é uma pedra de reflexão em todos os níveis. É o local da roda em que encontramos nossas verdadeiras emoções e em que podemos adquirir melhor conhecimento sobre nosso Ser e como trabalhá-lo interiormente. Aqui encontraremos solidão e silêncio e devemos permitir a expressão de nossos sentimentos com sabedoria. Ela nos ensina como meditar e canalizar a energia espiritual. Neste lugar de paz, aprendemos a nos comunicar diretamente com a energia sagrada que está dentro de nós e em todas as coisas ao nosso redor.

36. Pedra da Força: com esta pedra encontraremos a disciplina mental que precisamos para termos coragem e convicção. Aqui, conheceremos nossos limites, testando nossa resistência, fibra e fluxo de energia. A força consiste na habilidade para estar mais centrado e atento aos outros e às suas necessidades. Podemos ganhar segurança em nossas relações e autocontrole no agir e reagir diante dos outros. Com a pedra da Força conheceremos nossa verdadeira conexão com o Criador.

Monte agora a sua Roda da Medicina. Faça uma caminhada na natureza e procure uma pedra para cada setor da sua Roda Sagrada. Lembre-se de perguntar à pedra se ela que ir com você. Se a resposta for afirmativa ofereça fubá, mel ou tabaco. Você poderá utilizar pedras brutas, cristais, etc., inclusive alguma que já possua.

Honrando o lugar onde você está

Abrimos um parêntese neste ponto para explicar que existe uma diferença monumental do ciclo das estações nos hemisférios Norte e Sul. Quando é outono na América do Norte, é primavera na América do Sul. O mesmo vale para as outras estações do ano. Sendo assim, ocorrerão diferenças quando evocamos a energia de cada direção, em qualquer um dos hemisférios.

Na nossa jornada com os nativos sul-americanos, aprendemos com Tayta Matzú que "o nosso Norte é o Sul". Bem, deixem-nos explicar melhor: no Hemisfério Norte, a estrela Polaris está sempre visível quando se olha para o Norte; sendo assim; quando olhamos para ela ficamos de costas para o Sul. Esta estrela não é visível para nós que moramos na América do Sul, mas, sim, a constelação do Cruzeiro do Sul, que está direcionada para o Polo Sul. Ou seja, a estrela que nos guia durante a noite é o Cruzeiro do Sul (*Unnuchila Catachilla* na língua *aymará*), simbolizada pelos povos andinos com a *Chakana*, a ponte que nos liga ao povo das estrelas. Já os *Charrua* utilizaram a pata de ema para simbolizar essa constelação. Este povo narra em suas lendas que, em seu último voo, o avô Berá, o *Ñanduguasu*, deixou sua pegada no céu para guiar seu povo pelo caminho da vida.

Quando estávamos estudando com Tayta Matzú, ele pediu que ao raiar do sol olhássemos para o Sul e disséssemos onde estavam as outras direções. Falamos que o Leste estava ao nosso lado direito, o Oeste à esquerda e o Norte às nossas costas. A partir deste momento passamos a praticar os ritos telúricos de acordo com a energia de cada hemisfério, apesar de respeitar as egrégoras que existem em diversas tradições.

Sentindo a energia telúrica do lugar, qualquer que seja, estamos harmonizando nosso corpo com a Roda da Vida. Este é um detalhe sutil dos xamanistas que operam de acordo com o ciclo do espaço e tempo no qual estão. Eles usam a força da Mãe Natureza como uma mesa de trabalho xamânico, com mais eficácia e menor gasto de energia. O Xamã telúrico opera xamânicamente com o poder da Mãe Terra e dos alinhamentos das energias cósmicas, que não podem ser "imaginadas" nem evocadas por "mentalização". Os animais e as plantas sentem essa energia e nós estamos reaprendendo a senti-las quando celebramos em harmonia com o mundo a nossa volta cada ciclo da natureza, neles nos inserindo com total equilíbrio.

Xamãs de todas as tradições sabem que a energia muda a cada estação e os ritos não são apenas celebrações, mas sintonizações sutis que podemos fazer para que o nosso corpo se harmonize com as novas frequências de energia que a Natureza está emitindo. Xamãs não seguem "regras", mas procuram a harmonia com a natureza. Devemos ser coerentes com o que propomos e não cairmos em modismos ou seguir costumes sem entender por que eles existem. Esta diferença é fundamental tanto ao seguir o ciclo telúrico do Hemisfério Sul quanto do Norte. Seguir não é bem o termo, pois seguidores são bons para as religiões dogmáticas e o Xamanismo não tem seguidores, mas, sim, participantes. O grande sentido de um ritual é a participação de todos que estão presentes. Mas se seguirmos o que já está pronto, só em seguir e não em participar destruiremos mesmo a essência do Xamanismo, deixando-a reduzida a um estereótipo espectral.

Todos os caminhos místicos alertam para esse risco, o risco de substituir a essência pelo formalismo apenas repetindo fórmulas. Existe um ramo da medicina, chamado "Crono medicina" que determina os melhores tempos durante o dia para tomar certos tipos de medicação e realizar determinados tratamentos, justamente sabendo quando o organismo vai estar num ciclo de produção de substâncias que potencialize a terapia a ser aplicada. A Mãe Terra também tem ciclos em que certos tipos de energia são produzidos, substâncias sutis, que podemos absorver e metabolizar em nós, através de nós, pelos ritos que praticamos, pelas celebrações que fazemos em total harmonia com as forças telúricas do hemisfério no qual estamos naquele momento, seja no Norte, seja no Sul.

Trilhando o caminho da força telúrica, e como vivemos na antiga e mítica *Baratzil*, resolvemos trabalhar a egrégora de nosso hemisfério respeitando o local no qual realizamos nossas práticas xamânicas. Lembrando que todas as culturas ancestrais celebravam a vida e os ciclos da natureza em seus cultos, que não eram de adoração, mas, sim, de sintonização e sincronização com a energia da Terra, do Céu, dos Elementos e das Forças da Natureza. Começamos em nosso Círculo Sagrado evocando as energias primordiais do Universo e seus elementos sentindo o Fogo vindo do Leste, a Água do Norte, a Terra do Oeste e o Ar do Sul. À medida que evocamos essas forças, visualizamos as energias como grandes colunas do elemento em cada ponto cardeal, de onde sai um filamento energético e vem até nós, potencializando nosso corpo e saindo pelo alto da cabeça, em direção ao céu, e pela sola dos pés, rumo à terra, criando um elo com estas energias e as potencializando. Procuramos realizar esse rito ao nascer do sol e quando ele está se pondo.

Saudando as quatro energias primordiais

- Forças, entes e poderes que cavalgam os quatro ventos, nós vos evocamos a partilhar vosso poder conosco.
- Evocamos o Espírito do Leste, *Kuntur Apuchin*, o Espírito da Vida que voa além das montanhas. Condor Sagrado, ensina-nos a ver com seus olhos. Que nossa visão penetre a terra e o céu. Voe agora sobre nós e nos leve em suas asas até o encontro com o *Spíritu*. Que o Fogo Sagrado se faça presente, alimentando nosso interior, aumentando, assim, a chama trina que habita o coração que pulsa em cada um de nós. Ho!
- Evocamos o Guardião do Norte, a energia da Água, para que conserve a pureza de nossa alma. Que *Yacumama*, a "Senhora das Emoções", envolva-nos em suas espirais de luz e faça-nos seres plenos de sua criação fecunda como são as *pacarinas*, as guardiãs dos olhos d'águas que aqui se fazem presentes. Ho!
- Evocamos o Espírito do Oeste, *Kori Otorongo*, Jaguar Dourado que traz a energia da Terra e constitui a fundação e fortaleza de *Mamantuá*. Vós, que és o Guardião da Ponte do Arco-íris, ajuda-nos a construir e a transformar todas as estruturas materiais à nossa volta, como uma raiz fortifica uma árvore frondosa. Ensina-nos em conjunto com os *Mukis*, os Guardiões das

Cavernas, a sermos impecáveis e a percorrermos o Caminho do Guerreiro com graça e mansidão. Ho!

- Saudamos o Espírito do Sul, *Kori Q'enti*, o Beija-flor, que traz em seu bico as mensagens dos antigos mestres ancestrais que nos observam da Caverna de Cristal do Dragão Branco que habita o topo do Aconcágua. Abençoe nossa jornada, para que um dia possamos fazer parte do seu Conselho Sagrado. Ho!
- *Pachamama*, Grande Mãe Cósmica de todas as coisas. Gratidão por tudo que nos oferece. Vós que nos nutre e alimenta em seu seio. Obrigado pela sua presença nas águas cristalinas do rio, do seu semblante sorridente nos reflexos do arco-íris, pela sua voz nas sinfonias dos pássaros e no uivo dos lobos. Graças vos damos pelo Fogo, pela Água, pela Terra e pelo Ar, pelas árvores e pedras, pelos seres humanos, animais e flores que nos alimentam com seu doce cheiro. Ó Grande Mãe, ensina-nos a andar pelo seu ventre com beleza e graça. Ho *Mamantuá*!
- *Willka Spíritu*, Espírito Sagrado do Cosmos, do Céu e da Terra, Criador de tudo e de todos. Vós que estás no Leste, no Norte, no Oeste, no Sul, em cima, embaixo e dentro de nós. Que celebrou toda a Criação e nos deu a Canção da Vida. Ensina-nos o seu Caminho Sagrado e que tudo que fizermos seja em sua honra. Ho!

Outra prática que se realiza junto ao Círculo Dragão da Terra é o de meditar separadamente com cada elemento, rezando para cada um deles desta maneira:

Espírito do Fogo queima minhas dúvidas, medos, preocupações e impaciência. Converta minha energia em luz dourada e refinada. Incendeia-me com sua paixão e compaixão, encha-me de energia com teus raios solares. Ajuda-me a ousar.

Depois, senta-se silenciosamente, procurando estar aberto para receber a mensagem do Fogo.

Espírito da Água, lava-me, limpa-me, acalma-me, suaviza a minha jornada e equilibra o meu Ser. Ajuda-me a calar a minha voz e a mergulhar no Silêncio Interior.

Após esse rezo deve se meditar visualizando a água do rio ou do oceano e sentir sua energia serena, livrando-o de todas as impurezas.

Espírito da Terra, graças pela vida abundante e o meu crescimento contínuo. Limpa-me e transforma-me. Recebe minha energia pesada como fertilizante para seu precioso solo que nos traz nova vida sempre.

Em seguida, visualiza-se o que se deseja e pede a *Pachamama* que o assista e dê poder a sua intenção. Medite profundamente para receber as visões interiores.

Espírito do Ar, purifica-me, dai-me sua sabedoria, conhecimento e graça. Sopre através de mim e solte tudo que impede de conectar-me com sua infinita grandeza. Amplifica meu estado de alerta e expanda minha consciência. Ajuda-me a saber e compreender tudo que sabe.

Neste momento, sinta que está flutuando no espaço cósmico e permita que o Ar o leve aonde ele queira.

Roda da Medicina Sul-Americana

Observando as tradições xamânicas dos povos originários da América do Sul encontramos uma Roda da Medicina de vinte nove pedras que, segundo descobertas arqueológicas e etnográficas, possivelmente foi utilizada pelos povos *Charrua, Chaná, Chiriguano, Bohane, Guenoa, Minuano, Omaguaca* e *Yaro* e foi adaptada pelos *yachacs*, da Tradição Iniciática Nativa Andina, que lhe deram o nome de Roda da Medicina dos Ventos. O que aqui será transmitido é uma pequena parcela de um conhecimento maior, que permeia e perpassa a dignidade do verdadeiro legado vivo do nosso continente.

Em todas as culturas xamânicas, a Roda da Medicina é um espaço sagrado que serve como metáfora aos ciclos intermináveis e sagrados da vida (Círculo da Vida). Cada ciclo da vida é honrado de forma sagrada. As pessoas vão até lá para orar, meditar e buscar equilíbrio. Nos dias de hoje ela serve como um guia para o autoconhecimento e a busca de autotransformação do homem moderno. A Roda da Medicina é um "mapa simbólico" de um espaço físico-psico-espiritual para a redescoberta de nossa alma. Representa um meio de interrelações multidimensionais e interpenetrantes que estão em constante interação, demonstrando que todas as coisas são interligadas e mantidas em sincronia harmoniosa. No Caminho Sagrado ao redor dela, procura-se resgatar a memória da conexão com todos os aspectos do Universo, com a ancestralidade, com o Grande Espírito, a Mãe Terra e com todos os outros seres.

Particularmente, trabalhamos exclusivamente com a Roda da Medicina dos Ventos (do Hemisfério Sul), que é uma cartografia de um espaço físico, emocional, mental e espiritual, com um eixo horizontal e outro vertical num contínuo de passado, presente e futuro. Conforme nos movemos ao redor e pelo círculo, exploramos as leis operacionais de como a natureza e o Cosmo funcionam, como também completamos os pedaços de aprendizagem que aumentam nosso desenvolvimento espiritual e da alma. O Eixo Tonal representado pelas direções Sul e Norte mantêm as chaves para o equilíbrio entre a sabedoria e a inocência. O Eixo Nagual Oeste-Leste nos oferece as ferramentas extraordinárias para funcionar entre a ilusão do corpo e a iluminação do espírito. Caminhando pelo círculo, a pessoa pode ver as qualidades de cada direção que naturalmente nos conduzem pelos caminhos da inocência, da introspecção, da sabedoria e, finalmente, o da iluminação, propiciando uma abertura para a consciência do tempo-espaço cíclico do *Spíritu*, o *Taripay Pacha*.

Entramos na Roda Sagrada pela Porta Dourada ao Leste e começamos a seguir os ciclos da Boa Estrada Vermelha trilhando as direções sagradas. Estes ciclos de plantio, gestação, nascimento, crescimento, mudança, morte e renascimento são as lições de vida que aprendemos. Ao completar o ciclo, percorremos a mesma trilha de nossos Ancestrais após terminarem seu percurso no Sul, que seguem caminhando até a entrada da Estrada Azul do Espírito. Uma vez dentro da roda, não importa para que lado nós olhamos, pois encontraremos sempre vida ao nosso redor. Para aproveitarmos a jornada, devemos enxergar as oportunidades de crescimento que cada direção nos oferece. Basta ficarmos atentos aos nossos sentimentos e procurarmos entender o que eles significam. Esse processo é o ponto de partida de nossa busca interior. Alinhamo-nos com as quatro direções e nos conectamos com as lições de cada totem, pedimos a eles orientações e permitimos que se aproximem de nós em sonhos ou visões. Após sentirmos a energia de todo círculo a nossa volta, chegamos ao nosso conhecimento interior: o conhecimento necessário para buscarmos a Luz.

Analisando a Roda da Medicina atentamente, passamos a valorizar cada passo dado no Caminho e adquirimos nova compreensão do nosso processo evolutivo. Dentro dela, sentimos esse poder na nossa mente, possibilitando contato com as forças da natureza e do Cosmo, levando-nos a uma harmonização interior e exterior com o meio ambiente. Cada caminho percorrido nela nos traz seus ensinamentos e testes. Encontrando nossa posição na roda, obtemos uma visão holística da vida, descobrimos nosso poder de cura, passamos a tomar o comando das nossas vidas e a orientarmos conscientemente nossas ações e conhecermos o caminho que devemos trilhar.

Observando as plantas trepadeiras, podemos verificar que elas vivenciam em seu desenvolvimento a energia telúrica do lugar em que vivem. As do Hemisfério Norte, enrolam-se no sentido horário, e a do Hemisfério Sul fazem o contrário. Movimentamo-nos na Roda dos Ventos no sentido anti-horário, fazendo o caminho do sol, atravessamos nosso círculo do Leste, onde há unidade em todas as coisas; para as emoções no Norte, onde aprendemos a trabalhar com as polaridades; para o físico no Oeste, onde nos reconciliamos com os opostos; para o Sul, onde encontramos direção e propósito; e para o Centro, onde tornamo-nos iluminados.

Cada direção da Roda da Medicina é um portal energético vigiado por um Espírito Guardião, que são os Quatro Grandes Mestres que trabalham conosco e nos impulsionam a seguir em frente por uma trilha numinosa. O Leste é guardado pela Harpia que nos auxilia a ver além. O Norte é o Caminho da Serpente, onde abandonamos as vestes do passado, como este réptil abandona sua pele. Na direção Oeste fica o Caminho do Jaguar, lugar onde perdemos o medo e enfrentamos a morte. Ao Sul trilhamos o Caminho do Dragão, onde descobrimos a sabedoria dos ancestrais no bater das asas do beija-flor e estabelecemos um elo com o divino. Depois de percorrer todas as direções aprendemos que, ao olharmos para o centro, no mais profundo âmago do nosso Ser, iremos descobrir que o grande conhecimento da alma e do Universo se manifesta interiormente.

Devemos sempre nos lembrar de que a Roda da Medicina não é estática. Embora possamos estar trabalhando mais em uma direção que outra em um determinado momento, sempre estamos nos movendo. E é naquele movimento que começamos a compreender e a aceitar que todas as coisas que nos cercam estão numa ordem Divina. Com a expansão da nossa consciência ficamos conscientes de nosso lugar na roda e escolhemos nos render – ir com o fluxo, trilhando nosso Caminho Sagrado, tornando-nos verdadeiros Guerreiros do Espírito, aqueles que vivem sua vida com impecabilidade. Estar impecável é ser Divino; Iluminado.

Direções Sagradas

DIREÇÃO LESTE: Caminho do Visionário. Poder da Luz. Portal para o Espírito.
- Clã: da Harpia.
- Cor: amarela.
- Elemento: Fogo.
- Espírito Ancestral: Pai Sol.
- Guardião: *Kuntur Apu Chin*.
- Instrumento: bastão.
- Objetos: flecha e tocha.

Direção Norte: Caminho do Curador. Poder da Introspecção. Portal das Emoções, do Entendimento e da Integridade.

- Clã: da Serpente.
- Cor: vermelha.
- Elemento: Água.
- Espírito Ancestral: Mãe Lua.
- Guardião: *Yacumama*, a Senhora das Emoções.
- Instrumento: pau de chuva.
- Objetos: cabaças e conchas.

Direção Oeste: Caminho do Guerreiro. Poder da Transformação. Portal do Corpo, do Grande Mistério da Vida e do Enfrentamento dos Medos.

- Clã: do Jaguar.
- Cor: verde.
- Elemento: Terra.
- Espírito Ancestral: *Mamantuá*, nossa Mãe Terra.
- Guardião: *Otorongo*.
- Instrumento: chocalho.
- Objetos: cristais e pedras.

Direção Sul: Caminho do Mestre. Poder do Conhecimento e da Sabedoria. Portal da Mente, da Força de Vontade e da Sabedoria.

- Clã: do Beija-flor.
- Cor: azul ou branca.
- Elemento: Ar.
- Espírito Ancestral: *Wayrapantuá*, Pai Céu.
- Guardião: *Q'enti*.
- Instrumento: flauta.
- Objetos: cachimbos e penas.

Centro: Caminho Espiritual. Poder Numinoso e Sagrado. A Fonte. Portal do Equilíbrio de onde tudo emana.

- Cor: Dourada.
- Elemento: Éter.
- Objetos: cristais límpidos e ovos cósmicos.

Visualizaremos a seguir a Roda da Medicina Sul-americana com suas vinte e nove pedras, tendo um Círculo externo com dezesseis pedras, representando as doze Luas e os quatro Ventos Espirituais Guardiães, quatro raios com uma pedra representando os Caminhos dos Ventos e um círculo interno de nove pedras representando a Mãe Terra, o Pai Sol, a Avó Lua, as Estrelas, os quatro elementos (Fogo, Água, Terra e Ar) e uma pedra no centro, representando a Criação.

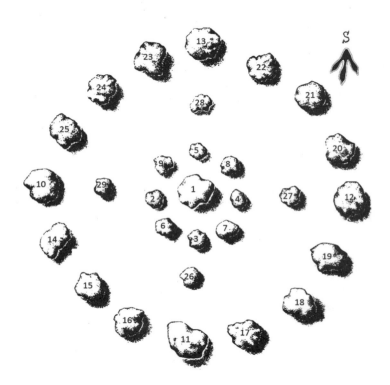

Círculo Interno

1. Criação: fonte criadora da vida, o princípio feminino e masculino do Cosmos. Esta pedra nos conecta com o sagrado. Ensina-nos a olhar para dentro e nos dá impulso para a nossa evolução como Ser. Ao nos conectarmos a ela, obtemos orientações sobre nossa caminhada espiritual, como a nos sentirmos seguros e a superar nossos medos. Também nos energiza e nos ensina a ter fé. Representa o Útero Cósmico que contém a semente da Criação.

2. Fogo: pedra que nos dá a medicina da vitalidade e da transformação e nos ensina que devemos procurar o potencial adormecido dentro do nosso Ser e despertá-lo. Também nos ensina o poder da transmutação e a saber trabalhar a dualidade. A pedra do Fogo nos ajuda a queimar nossas dúvidas, medos, preocupações e impaciência. Ela nos dá a força para ousarmos, convertendo a nossa energia interna numa luz dourada e refinada.

3. Água: esta pedra ensina a sermos fluídos e a trabalharmos com o nosso emocional. Ensina que, ao nos purificarmos, devemos sempre nos regenerar. Procuremos apagar de nossa mente qualquer tipo de culpa, mágoa, raiva ou ressentimento, pois esses sentimentos são um veneno para nós. A pedra da Água nos purifica com sua energia serena, suavizando a nossa jornada e equilibrando nosso Ser. Ensina-nos a calarmos nossa voz e a mergulharmos no nosso Silêncio Interior.

4. Terra: pedra que nos traz a mensagem de que devemos enfrentar nossos medos, superar os obstáculos e seguir adiante. Ensina-nos a sermos impecáveis com os nossos atos e perseverantes na jornada pela Roda da Vida, além do poder do saber parar, meditar e conhecer os nossos limites. A pedra da Terra tem o dom de absorver nossa energia densa e a transmutá-la numa energia sutil.

5. Ar: esta pedra nos leva ao encontro do Sagrado e da sabedoria ancestral. Ensina-nos a ouvir e aprender. Devemos praticar o poder da introspecção para amplificarmos nosso estado de alerta e expandirmos a consciência. Ao nos conectarmos com a pedra do Ar, ela amplifica nosso estado de alerta e expande a nossa consciência.

6. Sol: pedra da energia masculina e do princípio cósmico. Transmite-nos calor, segurança e vivacidade para que possamos lidar com as intempéries da vida. É também a fonte curativa que cauteriza nossas feridas internas e externas e traz vitalidade para nosso Ser. Além de nos energizar, a pedra do sol tem a capacidade de nos dar coragem para seguir adiante em nossa jornada e superar todos os obstáculos do caminho.

7. Lua: pedra da energia feminina. Guardiã do nosso inconsciente, sonhos e visões. Desenvolve também as nossas habilidades psíquicas e intuição, ensinando-nos a interagir com a nossa sombra e integrá-la ao nosso Ser. Desperta também a nossa sensualidade e sexualidade. Ao honrarmos o princípio arquetípico feminino da pedra da Lua, ela nos dá o poder de contemplação e introspecção.

8. Mãe Terra: esta é a pedra da força fertilizadora, geradora e nutridora de *Pachamama*. Desperta a consciência planetária dentro de nós, ensinando-nos que devemos cuidar de quem nos alimenta. Quando nos conectamos à pedra da Mãe Terra, ela nos consola e também nos fortalece com sua energia, ensina-nos a magia da reciprocidade e representa o amor incondicional da Mãe.

9. Estrelas: pedra da realização espiritual. Fonte de luz e inspiração divina. Simboliza o microcosmo (humano) e o macrocosmo (Universo). Suas pontas representam a cabeça, os dois braços e as pernas. Ela ensina que devemos procurar o equilíbrio e a capacidade de compreensão para nos transformarmos num centro irradiante de vida. Esta pedra pode nos levar de volta à nossa origem, onde o nosso espírito foi gerado.

Círculo Externo

10. Espírito do Vento Leste (o Visionário): esta pedra nos traz o poder da visão, clareza e perspicácia. Está ligada ao elemento Fogo. Ensina que devemos ver as coisas holisticamente, sem nos fixarmos nos detalhes. Ajuda a encontrar a visão de orientação de nossas vidas e a capacidade de autossuperação.

11. Espírito do Vento Norte (o Curador): pedra que representa o poder de cura da natureza. Simboliza a força vital essencial que busca união e criação e nos ensina a explorar os lugares mais profundos de nós mesmos, onde nos livramos de tudo aquilo que não tem mais sentido em nossas vidas. Esta pedra está associada ao elemento Água.

12. Espírito do Vento Oeste (o Guerreiro): pedra da impecabilidade, que nos ensina a ir além do medo, da raiva e da morte, como um guerreiro luminoso que não tem inimigos neste mundo ou no próximo. Representa a Vida e a Morte, o princípio de renovação. É uma pedra relacionada ao elemento Terra.

13. Espírito do Vento Sul (o Mestre): pedra da sabedoria ancestral, que tem ligação com o elemento Ar. Ao meditarmos com ela podemos despertar as memórias ancestrais daqueles que pisaram fora do tempo, que deslizam pelo véu da Teia da Vida. O caminho do Beija-Flor, que bebe diretamente do néctar da vida. Aquele que realiza a viagem impossível e assume o seu lugar entre aqueles que nasceram duas vezes e venceram a morte.

Lunações

14. Lua do Outono: pedra que auxilia a captar a energia do sol, ajudando a mantermo-nos equilibrados. Também nos alerta que devemos escutar a voz do coração para desenvolver nossas capacidades psíquicas. A Roda do Ano continua seu curso com o sol caminhando para o Norte. Com a chegada do Equinócio de Outono, o dia e a noite têm a mesma duração por alguns dias, e nossa consciência pode estar equilibrada entre a Lua e o Sol, fazendo-nos plenos de energia tanto de dia quanto de noite. Durante esta lunação, aproveitamos a energia do equinócio para agradecer pelas coisas que temos e pelos presentes recebidos. Refletimos sobre o equilíbrio em nossas próprias vidas, honrando a escuridão assim tanto quanto a luz.

15. Lua da Dança do Milho: pedra que nos dá a habilidade de transmutação, purificação e cura espiritual. Também nos ajuda a despertar o poder de atração, intuição e de compaixão, além da facilidade de se adaptar às mudanças. Após fazermos a última colheita é o momento de celebrar as conquistas, as "positivas" e o que queremos mudar para continuar nossa jornada de experiências e aprendizados pela vida.

16. Lua da Grande Noite: esta pedra tem o dom de despertar a força mental e a busca de novas perspectivas e de elevação espiritual, mergulhando no desconhecido e descobrindo o poder da intuição. No Hemisfério Sul, gradualmente, a luz dará lugar às trevas. A vida vai desacelerar por alguns meses para voltar forte na primavera. É hora de descansar e de se curar. De desapegar. É o momento de nos recolhermos, fazermos silêncio e entrarmos num processo de introspeção. Durante este período iremos nos curar internamente.

17. Lua do Inverno Solar: pedra que nos dá a transmissão da energia universal e nos ensina o respeito às tradições, às cerimônias e aos rituais ancestrais. Incute o senso de ética e honra, compreensão do caminho espiritual e prudência na busca pela sabedoria. Nesta época, quando os raios do sol incidem diretamente no Trópico de Capricórnio, o Solstício de Inverno ocorre no Hemisfério Sul. É o momento do "retorno do sol"; em que o dia fica mais curto e a noite mais longa; a partir de então, o sol ficará cada vez mais perto, dando-nos seu cálido sopro de vida. O Solstício de Inverno marca o nascimento de um novo ciclo da natureza. Esta data representa o renascimento da luz, pois a noite vai diminuir, é o momento certo para irradiar boas energias.

18. Lua da Purificação da Terra: esta pedra desperta a capacidade visionária de gentileza, solidariedade e humanidade, como também habilidades criativas e psíquicas. Os povos originários sul-americanos celebram o ano novo indicado pelo Solstício de Inverno, como um momento de purificação. Este fato anuncia para as culturas ligadas a terra o despertar das atividades que prepararão as lavouras para uma nova safra. É hora de selecionar as sementes que vamos semear.

19. Lua da Grande Purificação: pedra que nos auxilia a entrarmos em sintonia com o Mundo do Espírito, ensinando-nos a contemplação, o silenciar e a descobrir nossos dons de cura. A partir desta lunação, o deslocamento progressivo do sol em direção ao sul dá início a um novo ciclo de vida. Purificação e renovação.

20. Lua da Primavera: com esta pedra aprendemos a canalizar as nossas energias. Ela nos dá coragem, determinação e clareza de visão. Aprendemos também a sermos mais pacientes. É a época da fertilidade e da fecundidade, começa o período da semeadura. No Equinócio da Primavera, os dias voltam a ter a mesma duração por um curto período. *Pachamama* começa a despertar. Depois de guardar as sementes, nossa mãe começa a nos dar flores e frutas de todas as cores. Assim como a Mãe Terra desperta, é o momento de despertarmos como uma semente após hibernar durante o inverno, e florescermos. Vamos reservar pelo menos alguns momentos nesta lunação, para recapitular nosso inverno, nossas mortes, percepções e vislumbrar as sementes que estamos semeando em nossos caminhos.

21. Lua das Águas Sagradas: com esta pedra passamos a ser pessoas mais estáveis, como também desenvolvemos um senso de mantermos tudo a nossa volta harmonizado, em ordem e em segurança. Desperta nossa fidelidade, criatividade, seriedade e paciência. Com a chegada das chuvas no Hemisfério Sul é o momento para nos conectarmos com nossas águas internas, emoções e então nos limparmos e nos comprometermos com a cura dos rios, das nascentes, do oceano, dos lagos e das cachoeiras.

22. Lua dos Ancestrais: esta pedra faz com que descubramos a beleza que habita dentro de nós e nos ensina a reconhecer nossos dons de cura e criatividade. Desperta o espírito gregário, a agilidade mental, facilidade de comunicação e mobilidade. Nesta lunação, os vivos fazem oferendas aos mortos. Presenteiam seus ancestrais com flores, comidas e bebidas com o objetivo de manter o equilíbrio do Cosmo, preservando a grandeza da vida e seu sentido sagrado. É um momento para se recolher em estado meditativo e procurar se conectar com os seres ancestrais.

23. Lua do Sol: pedra que desenvolve a capacidade de amar incondicionalmente, deixando a vida fluir harmoniosamente. Desperta também a percepção aguçada que nos ajuda a ver outros níveis de existência. O Solstício de Verão é o momento em que o Pai Sol se aproxima mais de nós, chegando ao trópico de Capricórnio e tornando-se vizinho da Constelação do Cruzeiro do Sul. É o dia mais longo do ano. Com isto começa o verão. É o momento da energia masculina, em que o Pai Sol ilumina nossos corações. O Solstício de Verão é um dia para fazermos uma limpeza psico-físico-espiritual, jejuando completamente, realizando um processo de introspecção profunda em completo silêncio e procurando recapitular tudo que foi realizado desde o nosso nascimento e o que acrescentamos no decorrer do nosso processo de evolução consciente.

24. Lua da Maturação: pedra essencial para revigorar nossas energias vital e sexual, como também para dar autoconfiança, coragem e resistência. Desperta o líder que habita nosso Ser. Nesta lunação nos preparamos para colher o que semeamos na primavera.

25. Lua da Colheita: esta pedra ensina a termos um senso de justiça apurado, como também a necessidade de trabalhar e de servir. Desenvolve o poder de inspiração e sintonia com o Mundo do Espírito. A Mãe Natureza segue o seu perfeito curso e a Lua brilhante no céu da noite faz a vida pulsar fortemente. Nesta lunação, os povos originários sul-americanos se unem para começar a colher os frutos que *Pachamama* lhe oferta, após terem trabalhado arduamente durante a Roda do Ano.

Caminhos dos Ventos Espirituais

26. Vento Emocional: pedra que simboliza a purificação do nosso corpo emocional e nos ensina que devemos nos harmonizar com o elemento Água e abrir nossos canais psíquicos. Indica também que é o momento de transição na nossa vida, só que para isso devemos ser fluídos como as *pacarinas*, seres elementais da água, para enfrentarmos as turbulências diárias, transcendermos limites e seguirmos adiante para alcançar a sabedoria e a visão. São nessas jornadas com as *pacarinas* que mantemos contato com nosso inconsciente e emoções.

27. Vento Físico: esta é a pedra da sustentação, da introspecção e do crescimento. Ela nos ensina a importância da nutrição (alimentar e ser nutrido) e desperta o poder criativo dentro de cada um de nós e nos alerta, também, que devemos cuidar da Mãe Terra, pois se ela definhar certamente não haverá mais vida em nosso Planeta. Pede, ainda, que meditemos com os *mukis*, seres elementais da Terra, que nos ensinarão a entrar em harmonia com a Mãe Natureza, estimularão nossa criatividade e nos inspirarão diariamente.

28. Vento Mental: esta é a pedra do sopro que sustenta toda vida na terra. Ela nos liga aos nossos ancestrais, impulsionando a trilhar o caminho da sabedoria, tradição e do contato com os *wayras*, elementais do Ar. São estes entes que nos ensinam a usar a mente criativamente para melhorar o mundo a nossa volta. Ela também é um elo entre nossa natureza divina e a consciência, que representa o poder manifesto da elevação da mente e a inspiração superior, reconectando-nos com o sagrado, além de trazer o vento da mudança em nossa vida.

29. Vento Espiritual: esta é a pedra da visão e da iluminação. *Nina*, o elemental do Fogo, representa a centelha do *Spíritu* que habita dentro de nós e estimula nossa caminhada. Ela nos ensina a ver tudo a nossa volta de maneira clara e objetiva, verificando todas as opções possíveis para uma determinada situação. Tem também poderes transmutador e de renascimento, trazendo a lição de que após uma longa noite escura, o sol volta a nascer e a nos iluminar. É nesta posição da roda que aprendemos a abrir nossos braços, como se fossem asas, e a voar em direção ao Mundo do Espírito.

Círculo de Proteção Xamânico

Alguns dos xamãs com os quais estudamos nos ensinaram a fazer um círculo xamânico, ao ar livre, com urina como seu delimitador. Para isso devemos ficar parados no centro e começar a urinar fazendo um círculo anti-horário, se no Hemisfério Sul. A área dentro desta roda fica protegida e é usada quando temos que passar a noite em lugar aberto praticando uma busca da visão ou quando vamos a lugares que sabidamente são pontos de entes e seres das florestas, montanhas ou vales e não queremos ser incomodados por eles em nossas práticas. Obviamente, essa é uma prática masculina, pois para as mulheres ficaria bem difícil traçar um círculo desta forma. Mas elas podem umedecer um galho com sua urina ou mesmo com sangue menstrual e traçar uma roda de grande poder.

Um galho seco pode ser usado para traçar no chão o círculo também, como pedras ou mesmo o dedo da mão ou do pé quando o serviço tem que ser feito rapidamente. Aprendemos com os Mestres Xamãs que encontramos em nossa caminhada que, no Xamanismo, o poder do círculo depende do poder de quem o faz.

Quando estamos caminhando e sentimos sensações desagradáveis ou desequilibradas, podemos usar o círculo de pedra, que consiste em colher pedras pequenas em número par e fazer um círculo a nossa volta com elas. Quando o círculo estiver pronto, sente-se e sinta que a sensação desequilibrada vai ser "ancorada" naquele lugar. Quando sentir claramente isso, dê um salto e saia do círculo de uma vez, seguindo em frente e não olhando para trás. O "sentimento" fica ali. Quando andar um bom tanto, respire conscientemente e, fazendo uma inspiração profunda, "sinta" que a energia do sentimento retorna para você, mas o sentimento em si fica preso ali, no círculo de pedras, depois devolva a energia do círculo que ficou em si. Fazendo isso, você evita ficar "ancorado" no local do círculo, pois o que vai ficar ali é só o tipo de sentimento, a sua energia você leva consigo.

Recomendamos que ninguém apanhe pedras em locais afastados sem ter absoluta certeza do que está fazendo e que estejam em alguma formação nitidamente artificial. Muitos usam essas técnicas, mas ao levar uma pedra terminam levando consigo todo tipo de energia estranha que encontrou numa mata ou num campo. Qualquer pedra encontrada na natureza deve ser enterrada para ser descarregada antes de ser levada para sua casa. Se ela puder ser colocada sob a água, de preferência numa nascente, a limpeza será mais completa.

Cada momento é Sagrado

Viver cada momento como sagrado é reconhecer que todas as coisas são interligadas numa grande Teia Cósmica. Quando olhamos nossas relações com as pessoas e coisas com que interagimos diariamente, vemos como estamos afetando outras pessoas, o ambiente e as próprias vidas. Sabemos como é importante a nossa própria vivência. Quando reconhecemos isto, vemos que somos merecedores de receber coisas boas e de viver uma vida feliz. É por isto que temos que começar a cura por nós mesmos. Tendo consciência deste fato, poderemos sentir a energia e o poder fluindo dentro de nós.

Quando nos curarmos e criarmos a realidade que desejamos viver, estaremos mais contentes e compartilharemos nossa felicidade com os outros, através de um sorriso, uma conversa ou um ato gentil. Agindo assim, ajudamos a iluminar os outros e eles passam isto para outras pessoas. Se esta energia é forte, pode fluir por muitos indivíduos. É igual a teoria do caos: uma mudança minuciosa pode ter um efeito enorme no final das contas. No nosso caso, como "xamãs", visamos restabelecer a harmonia total de cada ser, curando a alma fragmentada para que haja uma maior conexão e equilíbrio de e entre tudo e todos.

Pense em todas as pessoas que afeta com suas palavras e ações. Você quer seu mundo cheio de felicidade, paz e alegria? Então, aprenda a aceitar estas coisas em sua vida no momento presente. Se você sente que elas voltaram agora mesmo, de muito longe para você, então simplesmente escolha estar propenso a permitir isto em sua vida. Simplesmente estando disposto a tentar estar contente, pode ter um efeito profundo em sua atitude que, em troca, afetará todos com quem interage. Isto lhe devolverá o equilíbrio do seu ser, fazendo com que a paz, a harmonia e a alegria estejam cada vez mais presentes em sua vida. É como uma espiral que continua girando e crescendo, mas só se você permitir isto.

Deixe que seus medos e preocupações desapareçam. Viva completamente, agora mesmo – *Carpe Diem*; o aqui e o agora é o ponto no qual o poder do xamã existe. É o único ponto do qual você pode fazer escolhas e mudar seu mundo. Encontre seu lugar na Roda da Medicina e não esqueça que a nossa meta nesta jornada é despertar e abranger o divino que há dentro de cada um de nós e, com isso, restabelecer nossa conexão com a natureza e com o mistério do Cosmo, adquirindo capacidade e sabedoria para trabalhar com eles.

Aliados de Poder

> Os espíritos podem viajar com o xamã em suas viagens extáticas, acompanhando-o ou até mesmo transportando-o pelo céu. Podem defendê-lo de ameaças e lutar em sua defesa. Sua força pode passar para o xamã se este se mesclar voluntariamente com os espíritos e assim partilhar seus poderes e capacidades.
>
> Roger Walsh

Uma das premissas básicas do Xamanismo é a convicção de que uma teia de poder sustenta toda a vida, de que todas as coisas têm um espírito e a existência em uma esfera espiritual. Para os xamãs, uma pedra não é apenas uma pedra e um animal ou vegetal não são somente fontes de alimentos. Se subdividirmos estes três reinos até o nível atômico, veremos que todos são constituídos das mesmas matérias básicas. Continuando a divisão até o nível subatômico, descobriremos que são compostos de espaço ou espírito, como Stevens (1992, p. 47) relata. Na visão xamânica existe um espírito em todas as formas de vida, quer ela seja animada quer não. É através desta comunicação com estes seres que o xamã recebe o seu poder. Ele sabe que a teia de poder interliga todos os seres e é a fonte real da vida. Cientistas corroboram deste mesmo pensamento ao afirmarem que os animais, fungos, bactérias e plantas vêm de um mesmo ser que surgiu há quatro bilhões de anos. E como bem dizem os *Lakota*: "Somos todos aparentados".

Nós, os seres humanos, investigamos profundamente e transformamos permanentemente o mundo que nos circunda. Ao mesmo tempo, o Universo físico atua de tal modo sobre nós, que nos encontramos ligados ao mundo num circuito de atividades rotineiras e de sensações. Mas nem nós, seres humanos, e tudo que nos cerca, temos uma identidade ou um sentido completo, independentemente um do outro. Os povos xamânicos sempre tiveram a certeza de que somos interligados por uma espécie de teia de aranha tridimensional.

Vitebsky (1995, p. 12) diz que esta imagem de dependência simbiótica "caracteriza uma posição ecológica de vanguarda, mas integra também a visão xamânica do mundo, em que todas as coisas possuem espírito" único e não apenas os que habitam o reino animal e vegetal, mas também as lagoas, as montanhas, o vento e a chuva. Concordamos com Vitebsky (1995, p. 12) quando diz que "em qualquer dos sistemas de crenças, a compreensão da natureza do espírito é um profundo problema teológico e psicológico". Os ocidentais consideram que somente a espécie humana possui alma, espírito, e que a humanidade é o intérprete solitário nas realidades ordinárias e extraordinárias. Para o Xamanismo, toda a existência é integrada em altíssimo nível. Literalmente, tudo o que existe tem alma. Não há divisão entre orgânico e inorgânico. Não há estrutura hierárquica e todos possuem sua fonte de poder no mundo espiritual.

No nosso modo de ver, "espírito" é a essência inteligente, invisível e incriada que anima todas as formas de vida. Relacionando com a física, poderíamos dizer que são elétrons que não tem forma, são pura luz. No Xamanismo, a palavra "espírito" é considerada como a "essência" do fenômeno, ou seja, é o que torna um animal um animal, ou um objeto um objeto. Na visão xamânica, todas as realidades existem simultaneamente, no tempo e espaço. Todas as formas de existência estão aqui para serem reconhecidas e respeitadas e, em troca, reconhecer e respeitar o observador. O povo esquimó dos *Nunamiut* ou *Nunatamiut* considera o espírito de um objeto como a força existencial fundamental desta peça. Sem o espírito, o objeto continuaria a ocupar o espaço e a ter peso, mas não teria significado nem existência real. Quando uma coisa é dotada de alma, representa uma parte da natureza de que tomamos consciência.

Nas culturas xamânicas, espíritos são energias vitais e entidades que trabalham com os xamãs no mundo invisível. A alma é descrita como uma energia sútil que vive no ser humano. Espírito e alma têm forma no mundo invisível, logo, são reais para o xamã.

Do ponto de vista xamânico, os espíritos podem ser úteis ou prejudiciais. A interação de um ser humano com os espíritos aliados pode criar maior harmonia e bem-estar. Neste caso, é uma fonte de sabedoria e poder de cura. Por outras vezes, um espírito malévolo pode aparecer sob certas condições, por exemplo, quando suas mensagens são ignoradas ou rejeitadas, como um alerta de sua presença.

Espíritos nocivos não são geralmente maus, eles só estão deslocados, como os fantasmas que permanecem ligados ao mundo material ou as almas dos vivos que estão perdidas na Terra dos Mortos antes de seu tempo. Outros espíritos são vingativos ou maus, muitas vezes devido a um ato de feitiçaria que os "contratou" para uma missão malévola. A interação com espíritos nocivos pode criar desorientação, desarmonia, doença e, possivelmente, a morte.

A maioria dos espíritos são neutros e amorfos. Alguns assumem uma forma física como um ser humano, um lugar, um lago ou uma montanha. Outros habitam diferentes formas no mundo físico, tais como espíritos ancestrais que eram humanos e podem assumir o formato de uma pedra, planta ou um animal. Já outros assumem a forma de seres que não existem mais no mundo físico como deuses, deusas e animais míticos, como dragões e unicórnios.

O espírito seria ainda o que podemos chamar de "consciência". Todas as criaturas, árvores, montanhas e os objetos têm uma consciência semelhante à humana. E, por terem uma existência própria, os espíritos por vezes atuam propositalmente sobre os seres humanos e provocam determinados acontecimentos nas suas vidas. Espíritos são capazes de amar o homem e, por isso, de nos alimentar e sentir compaixão. Têm necessidades e emoções, como fome, ciúme, ódio e orgulho, por conseguinte, podem atacar-nos e fazer-nos enlouquecer.

Neste ponto devemos esclarecer que, para nós, o espírito não é sinônimo de alma. Enquanto o espírito é a essência inteligente, invisível e incriada, que anima todas as formas de vida, a alma é, por sua vez, uma energia sutil e divina que existe nos humanos. Quando uma criança nasce, esta energia cósmica entra no topo da cabeça e aquece o sangue da criança, dando-lhe a vida. Quando morremos, ela sai pelo topo da nossa cabeça e junta-se à tecelagem cósmica que está unida a tudo no Universo. Em outras palavras, ela é o veículo denso mais próximo que tem o Espírito. Seu corpo é formado pelo que conhecemos pelo de nome de chacras ou *ñawis*, como é chamado nos Andes, e que permitem ao Espírito se conectar com a matéria.

Os xamãs têm interações bem peculiares com os espíritos. Eles têm um controle sobre alguns deles e conseguem comandá-los com a intenção de conseguir determinado benefício destes seres espirituais.

Shirokogoroff (1936, p. 53), afirma:

> Em todas as línguas *Tungus*, o termo *saman* refere-se a pessoas de ambos os sexos que dominaram os espíritos e que podem introduzi-los em si mesmos quando quiserem, usando seu poder sobre eles para interesses próprios, principalmente para ajudar outras pessoas que sofrem o assédio dos espíritos.

Vitebsky (1995, p. 22) sobre esse assunto diz que:

> O xamanismo envolve a compreensão do mundo e a ação sobre o mesmo. O xamã tem que se esforçar por saber como funciona o mundo, a fim de fazer operar os processos que governam a vida e a natureza. O espírito é mais do que a consciência e, uma vez que é capaz de fazer acontecer coisas neste mundo, é uma forma de poder. Grande parte do ofício do xamã consiste no seu controle.

Este tipo de sutileza espiritual representa o fruto de milênios de experiência e, simultaneamente, proporciona um modo de atuar sobre o mundo. O Xamanismo é um caminho espiritual prático e pragmático e não apenas místico. O sentido de unidade que proporciona não nega a identidade separada de fenômenos distintos. São muitas as categorias no interior integrativo do universo xamânico. Vitebsky (1995, p. 13) afirma que "há numerosos espíritos individuais, com forma, nomes e características que lhes são próprias. O espírito do Sol distingue-se do da Lua", como o da Montanha do da Lagoa. As suas semelhanças com seres humanos são enfatizadas pelos inúmeros mitos que explicam como se transformaram no que são e como afetam nossas vidas.

Dentro do universo do xamã, tudo que ocorre de bom ou de mal é passível de atribuição aos espíritos. Pessoas comuns são, em sua maioria, vítimas deles. Em todas as culturas xamânicas, só os xamãs podem controlar os espíritos, pois só eles conseguem vê-los. E para que consigam essa habilidade devem desenvolvê-las passando por uma série de ritos iniciáticos e treinamento específico para despertar esse dom dentro de si.

Os espíritos das panteras são grandes e ferozes, ao passo que os dos ratos são tímidos, mas de um modo muito útil, conseguem penetrar em pequenas fendas. O espírito de um machado corta, já o de uma cumbuca contém. Tal como as pessoas são únicas e, no entanto, têm algo em comum, também todas as correntes de água e as montanhas têm um espírito único com um nome, características e efeitos próprios sobre o homem. Alguns espíritos chegam a se casar com seres humanos ou dotá-los de algumas das suas próprias características. Este fato é comum entre os xamãs e certos espíritos, como se vê nas tribos ligadas à caça e aos renascimentos dos animais, e assim criam uma aliança sexual e matrimonial entre o xamã e a Senhora ou Mestre dos Animais. Talvez seja esta também a razão de muitos xamãs se mascararem de teriantropos em suas cerimônias e ritos, declarando simbolicamente a sua natureza não humana.

Estas uniões, como uma via de mão dupla, também proporcionam aos espíritos a possibilidade de nos dominar. Tais alternativas refletem as propriedades ambíguas do meio em que os animais, a paisagem e o clima nos podem alimentar ou destruir em função da sua particular disposição no momento.

É importante salientar que não são todos os espíritos que os xamãs podem controlar, mas somente o que no Xamanismo são intitulados de Aliados de Poder, que podem aparecer para quem os veem das mais variadas formas. Na maioria das vezes, apresentam-se como animais, mas também podem fazê-lo como seres humanos, plantas, pedras ou seres míticos. Independentemente da sua forma, o Aliado de Poder auxilia os xamãs das seguintes maneiras: nos voos xamânicos; dando-lhe capacidade e poder; instruindo-o e possuindo-o.

Harner (1980, p. 78-79), por sua vez, explica que:

> Para realizar seu trabalho, o xamã depende de seu poder pessoal, que é quase sempre suplementado pelo guardião e pelos espíritos auxiliares. Cada xamã tem pelo menos um espírito guardião a seu serviço, tendo ou não tendo também espíritos auxiliares. [...] Fora da América do Norte, o espírito guardião é igualmente importante, mas é chamado por outros nomes na literatura antropológica, tais como "espírito tutelar", em obras do xamanismo siberiano, e "nagual" no México e na Guatemala. Na literatura australiana é possível que a ele se refiram como "totem assistente", e na literatura europeia, como um "familiar". Às vezes, o espírito guardião é chamado apenas de "amigo" ou "companheiro". Qualquer que seja sua denominação, ele é a fonte básica do poder para a atividade do xamã.

No Xamanismo esses espíritos são percebidos como uma entidade inteligente, sem matéria e separada do *Self* ou ego, como veremos a seguir.

Xamãs e Espíritos Aliados

Como vimos, o poder do xamã para ajudar e curar vem dos espíritos. Esta força vital é inerente a todas as coisas. No mundo do xamã, onde a manifestação dessa energia pode ser assustadora e os perigos relacionados serem graves, ela deve sempre ser homenageada por ele. A ideia de que um ser humano poderia controlar um poder tão vasto e diversificado é um absurdo. No entanto, alguns seres humanos podem dominar a arte de estar em relação com esse poder sagrado. O xamã é este tipo de humano.

Nesta relação, o poder sagrado fornece a energia e a consciência, enquanto o xamã orienta esta energia no mundo físico de forma que possa ajudar os seres deste mundo. A relação entre o xamã e os espíritos é muitas vezes incompreendida. Os equívocos surgem, em parte, porque não temos palavras para descrever com precisão a relação e, também, porque não compreendemos a experiência. No entanto, a compreensão da verdadeira natureza da relação entre o xamã e os espíritos é essencial para compreender o Xamanismo. Simplificando, a relação entre o xamã e os espíritos é prática, como uma relação de trabalho.

Como em todas as relações de trabalho eficazes, cada uma das partes traz algo único para o relacionamento. Os espíritos trazem a orientação e o poder que o xamã precisa para fazer o trabalho. O xamã traz a capacidade de traduzir e concentrar as energias do mundo invisível no mundo físico para realizar as tarefas específicas. É ele que desenvolve suas próprias habilidades para trabalhar com forças poderosas para criar curas que, do ponto de vista humano, parecem serem milagres. O que os espíritos ganham ainda é um mistério. Talvez seja a oportunidade de expressar sua própria essência no mundo. Seja o que for, acreditamos que eles ganham alguma coisa por nos auxiliarem. Espíritos nos iniciam e fazem alguns de nós xamãs como se isso fosse importante para eles realizarem. Desta forma misteriosa, a relação entre o xamã e os espíritos é interdependente.

O mal-entendido mais comum sobre esse relacionamento é a ideia de que o xamã controla os espíritos, que é o mestre deles. É fácil entender como as pessoas que olham através das lentes da cultura ocidental, que define padrões de dominação como poder, iriam interpretar essa relação em termos de controle. No entanto, sabemos, a partir das palavras dos próprios xamãs, que os espíritos fornecem todas as ferramentas que fazem um indivíduo se tornar um xamã e as levam embora com a mesma facilidade. Os xamãs dizem não ter nenhum controle sobre esse aspecto do relacionamento. Na verdade, explicam que devem permanecer verdadeiramente humildes se quiserem realmente estabelecer a conexão. O que eles fazem é reivindicar o sucesso na luta para ganhar o controle de seu estado pessoal e, enquanto nos Estados Xamânico de Consciência Ampliada, agem para trabalhar com os poderes do mundo invisível. Em outras palavras: o xamã se torna o mestre da relação com o espírito, mas não deste.

Um xamã é capaz de controlar uma variedade de Estados Alternativos de Consciência, de entrar e sair desses planos à vontade e de interpretar com precisão as mensagens quando lá estão, de forma que seja eficaz para os outros. É essa a habilidade de transitar com competência entre as gamas de possibilidades oferecidas pelo EAC e extrair delas as soluções que usa como ferramentas. Em contraste, uma pessoa mentalmente doente entra involuntariamente em "estados alterados", e é geralmente imprecisa ou obscura em nomear os seres invisíveis com quem ele ou ela está falando. Não há precisão, autocontrole ou eficácia na experiência de estado alterado de doentes mentais. O mal-entendido sobre a relação de trabalho do xamã com o espírito é ainda mais confuso com a suposição de que a incorporação é uma doença. O uso da personificação (possessão) para trazer um espírito aliado conhecido em seu corpo físico tem como objetivo permitir que esse trabalhe através dele para curar outras pessoas. A maestria deste estado de transe é essencial para extrações e outros trabalhos de limpeza. A entrada do espírito no corpo do xamã é intencional e focada por ele ou ela. Normalmente, dirige o poder do espírito em direção a um objetivo definido, como a remoção da fonte de doença no corpo de um paciente ou orientando a comunidade. Xamãs dizem que, ao trabalharem em um estado de possessão, o fazem em um transe de incorporação.

É uma relação de trabalho, de comunicação e respeito mútuo, em que cada um faz a sua parte para que obtenham sucesso. São relações muito profundas, complexas e sempre muito reais, experienciais e não baseadas em fé. Xamãs não acreditam em espíritos, eles os vivenciam. Trabalham com o poder que flui em si a partir da relação que tem o espírito. Definir este poder é complexo. É, em parte, a força bruta da natureza que está em torno de nós e em parte o poder do desconhecido que ainda não está manifesto.

Há três características definidoras desta relação. Em primeiro lugar, uma energia não ordinária, de origem sagrada, permite ao xamã curar os outros. Mesmo os poucos povos, como os !kung, que acreditam que a origem da energia de cura vem da própria pessoa, também enfatizam que é uma energia não ordinária de origem sagrada, que deve fazer conexão direta com uma fonte sagrada de energia incomum para realizar os atos xamânicos. Em segundo lugar, é imprescindível o cultivo da relação de trabalho com o espírito aliado. Finalmente, os espíritos escolhem o xamã e não o contrário. Os espíritos auxiliares é que vem ao xamã.

A associação com o espírito é fundamental no início, meio e fim da carreira xamânica. As práticas diárias têm principalmente a intenção de manter um bom vínculo. Essas relações se desenvolvem e se fortalecem por meio da comunicação, de oferendas e outras práticas de agradecimento. Se os espíritos optam por se afastar, fazem isso em resposta à arrogância ou desrespeito do xamã. Em canções de poder em que parece que o xamã se vangloria é, na verdade, o espírito falando através dele, nomeando e afirmando o seu poder. Manter a humildade é essencial para o cultivo das relações de trabalho, que não são aleatórias, dos xamãs com os espíritos. É uma parceria muito específica, forjada ao longo do tempo.

As características dessas relações especiais são definidas por quem o espírito é, o que é necessário manter a conexão com ele e como a energia pode ser usada para beneficiar as pessoas. Xamãs devem criar diferentes tipos de relações de trabalho. A interação com cada espírito é única. A hierarquia dos próprios espíritos muitas vezes define esses relacionamentos. Geralmente, um xamã tem um parceiro principal, normalmente o espírito que o iniciou e o treinou em primeiro lugar; a este chamamos de Aliado de Poder. Depois, com o tempo e a experiência, formam-se relacionamentos adicionais com outros espíritos que trazem energia extra, ensinamentos únicos ou que executam tarefas específicas. Os Espíritos Aliados do xamã são mestres interiores deste. Podem vir até ele em sonhos, devaneios, visões ou voos xamânicos. Esses espíritos nem sempre têm uma relação entre si. Muitas vezes estão conectados somente através da circunstância de trabalhar com o mesmo xamã. Eles podem se metamorfosear em animais, seres humanos, minerais, vegetais ou entes míticos.

Todas as relações de trabalho são experienciais. No entanto, nem todas as experiências tem a mesma qualidade. Algumas são bastante contraditórias, com o xamã ganhando a ajuda do espírito apenas através de batalha, negociação, ou trapaças inteligentes. Outros são eróticos e sexuais, muitas vezes resultando em filhos espirituais no mundo espiritual. Apenas uma qualidade é consistente entre as relações estabelecidas entre os xamãs e espíritos. É a de que estão todos em êxtase; onde se envolvem com o poder universal do coração para se conectar a todas as coisas em um estado de Unidade. O fato dessas relações de trabalho serem parcerias estabelecidas ao longo do tempo permite ao xamã distinguir entre as energias espirituais úteis e as de espíritos extraviados que causam doenças e desarmonia. Com a clareza e orientação dos espíritos, ele ou ela é capaz de substituir energias intrusas, trazer de volta espíritos errantes para suas casas e orientar as almas perdidas dos mortos ao longo de sua jornada para a "Terra dos Mortos". Mesmo em uma batalha até a morte pela alma de um paciente, o adversário é honrado, não vilanizado, pois é percebido como fonte de grande poder.

Como falado anteriormente, os espíritos aliados vão desde um simples ancestral até fileiras de guerreiros armados para as batalhas, incluindo também animais, minerais, vegetais e seres míticos.

Hancock (2001, p. 393) sobre esse assunto diz:

> Qualquer que seja o animal ou a forma híbrida com que apareçam, quer sejam apavorantes quer sejam amistosos no início, o propósito dos guias espirituais de um xamã é conceder-lhe o poder e ensinar-lhe as habilidades requeridas para sua prática: viajar livremente e à vontade no mundo espiritual, negociar com seus habitantes e retornar à Terra preparado para curar os doentes, influenciar o clima, controlar as migrações dos animais e desvendar a verdade das coisas ocultas – não para o seu próprio benefício, mas para o benefício da tribo. Com muita frequência [...] tais ajudantes sobrenaturais fazem, primeiro, sentir sua presença quando o xamã ainda é criança – particularmente durante episódios de tensão relacionados às suas habilidades e personalidade incomuns ou durante uma doença grave ou crise emocional.

Isso não significa dizer que tudo é benéfico no mundo do xamã. A má intenção de outrem é claramente identificada onde está presente. No entanto, o cerne da cura xamânica é o de equilibrar e restaurar o relacionamento correto entre todas as coisas. O xamã entende que é sábio e prático para a relação entre os reinos da matéria e do espírito ter humildade e respeito. É ainda mais sábio quando compreende que todas as coisas são literalmente ligadas ao trabalhar em conjunto com os poderes que estão dispostos a ajudar a trazer a harmonia que sustenta a vida. Esta conexão entre todas as coisas, que é a raiz de nossa necessidade de restaurar o equilíbrio, pode ser a única explicação para os espíritos nos ajudarem. Quaisquer que sejam suas razões, eles entram em contato com os seres humanos, escolhem, iniciam e treinam xamãs, para que estes possam nos ajudar.

A relação entre xamã e espírito não é idealizada, nem estabelecida em uma busca por iluminação ou ascensão pessoal. É uma relação prática que deve ser trabalhada aqui no reino dos vivos. O xamã necessita ter a capacidade de entrar no tipo de relação indispensável para fazer o trabalho e possui o poder pessoal necessário para manter-se nesse relacionamento. Deve agir com o coração para sustentar a ação dentro desta relação e ter clareza de visão para entender quando a tarefa foi realizada. Se o xamã tem tudo isso, então seu relacionamento com o espírito permite que faça pelos humanos o que não pode ser feito sem a intervenção do seu aliado. É através dessa relação de trabalho prático com o espírito que os xamãs realizam milagres cotidianos.

Tipos de Aliados de Poder

Aprendemos com nossos mentores que o mundo em que vivemos é vasto, como uma grande cebola, em que cada camada é uma dimensão diferente, com seres distintos e outras forças que lá atuam. Xamãs têm aliados de poder na natureza, fazem parte dela e têm em si todas essas forças circundantes. No Xamanismo, os seres de todos os reinos possuem um espírito, uma alma, uma consciência e, como tal, carregam inatos dentro de si talentos específicos que auxiliam no processo de cura física, emocional, energética, mental e espiritual. No nosso mundo existem quatro reinos principais que são considerados perceptíveis (incluindo o *fungi*, que não é nem animal nem vegetal), e poderíamos ainda incluir as bactérias e os vírus, que tem um papel de suma importância no desequilíbrio da raça humana – como vimos com a pandemia do COVID (Sars-CoV-2). Os animais, assim como os minerais, *fungi* e vegetais, têm espíritos poderosos, cada qual com seus próprios talentos e qualificações singulares para ajudar as pessoas em áreas específicas.

Em nosso estado ordinário de consciência, o reino mineral é considerado inerte e sem vida, mas o fato é que os minerais têm um nível próprio de consciência que são acessados pelos xamãs em seu trabalho. Por outro lado, os vegetais têm outro nível de consciência, tal como os fungos.

Tradicionalmente, numa iniciação xamânica completa, o aprendiz começa descobrindo sua pedra de poder, que serve de "fundação" para seu trabalho, o energiza e é onde seu poder se "assenta". Depois, entra em contato com seu vegetal de poder, uma planta que o "apoiará" no mundo numinoso, proporcionando-lhe o equilíbrio necessário em sua jornada pela vida que o "religará" com a Mãe Terra. Só após estes encontros é que o animal irá surgir e revelar-se.

Independentemente da sua forma, os espíritos aliados podem auxiliar o xamã nas viagens extáticas, dando-lhe força e capacidades, ensinando-o e possuindo-o com o seu consentimento.

Walsh (1993, p. 137) coaduna com esta premissa dizendo:

> Os espíritos podem viajar com o xamã em suas viagens extáticas, acompanhando-o ou até mesmo transportando-o pelo céu. Podem defendê-lo de ameaças e lutar em sua defesa. Sua força pode passar para o xamã se este se mesclar voluntariamente com os espíritos e assim partilhar seus poderes e capacidades.

Quando o aliado é um animal, este serve de veículo transportando o xamã nas suas costas ou como se fosse um batedor, avisando-o dos perigos e protegendo-o como um verdadeiro guardião. Eles previnem o xamã de obstáculos e inimigos que surgem durante a jornada e ajudam-no a removê-los ou a combatê-los.

Os Aliados de Poder são excelentes professores, que proporcionam ao xamã suas habilidades xamânicas e ajudam a melhorar sua percepção sensorial, a força correspondente às suas capacidades físicas e mentais, além de auxiliá-lo no seu processo de crescimento moral e espiritual. Podemos, por exemplo, aprender um grito de poder com o Animal Aliado, como também formas de se deslocar, de respirar, ver, enfim há muito que um aliado pode nos ensinar.

Vitebsky (1995, p. 67-68) sobre essa questão narra que:

> Muito dos aliados de poder são animais, uma vez que estes são animados e dotados de propriedades úteis das quais os seres humanos não dispõem. O espírito do jaguar torna o xamã mais forte e feroz e o do camundongo possibilita-lhe a passagem por pequenos espaços. Os espíritos das aves e peixes proporcionam ao xamã a possibilidade de se mover livremente no ar e na água.

Para algumas tradições, da mesma forma que mantemos nosso Animal Aliado, somos nós o Aliado Humano dele. Neste caso, quando estivermos bem sintonizados, passaremos por experiências insólitas em que, em outros mundos de energia seremos nós os batedores e Aliado de nosso Animal de Poder. Isso faz parte de uma relação simbiótica existente no Universo Xamânico, em que contamos com o auxílio do nosso Animal Aliado como ele conta conosco, numa troca justa e não de forma vampiresca como ocorre em outros caminhos mágicos.

Boa parte dos espíritos aliados são humanos, como, por exemplo, um ancestral ou um antigo xamã já falecido. Na tribo *Sora*, quando uma xamã entra em EXCA e sua alma adentra o Mundo Profundo, surge-lhe uma predecessora de sua tradição anunciando que comandará uma série de outros espíritos, que irão falar por meio da sua boca. A alma da xamã se mantem ausente durante todo transe extático, e a sua antecessora dirige a cerimônia. Xamãs *sora* têm ainda outro tipo de aliado, um hindu de casta elevada que reside no Inframundo. É por meio do casamento com um destes espíritos que a xamã adquire e mantém os seus poderes, tal como ocorre entre as tribos caçadoras da Sibéria e do Amazonas.

Em relação a este assunto Achterberg (1996, p. 52) diz:

> No xamanismo, os seres humanos estão naturalmente em comunicação com animais, espíritos e até pedras, pois são unos na grande e unitária ordem das coisas. Os xamãs são aqueles capazes de sentir agudamente e mover-se na trama dos universos, aqueles que, no caminho da cura, são guiados por fontes de sabedoria, que se manifestam como espíritos-guia. As qualificações do xamã se baseiam, inegavelmente, em sua demonstração de uma imaginação vívida e capacidade para manter o controle de uma situação – independentemente de onde provenha sua informação.

Vitebsky (1995, p. 68) acrescenta que:

> Outros espíritos professores são as plantas, e muito em especial as medicinais, venenosas ou psicotrópicas. Entre os *vegetalistas*, a *ayahuasca* constitui um médico, um ser inteligente com um espírito forte.

Quer nestas regiões da Amazônia, em que muitos elementos da população são xamãs, quer na Sibéria, onde o Xamanismo é uma vocação rara e poderosa, o xamã é sempre uma pessoa que possui uma experiência e poderes extraordinários. A provação da iniciação o modifica para sempre e, após a mesma, os seus poderes e experiências passam a integrar a sua personalidade recém-construída. Tendo sido causadores iniciais das experiências do xamã, os espíritos aliados permanecem como essência e recordação da experiência.

A identidade do xamã parece muitas vezes misturar-se de um modo estranho com a do espírito aliado. O auxílio de um animal ou a circunstância de cavalgá-lo são formas de fazer uso das propriedades do animal e abrangem uma forma de pensar e de sentir de certo modo semelhante à do animal. Nesta altura, as várias propriedades mantêm-se externas à pessoa e um simples passo à frente é o que basta para se tornar o animal e receber totalmente as suas propriedades na sua própria essência.

Harner (1980, p. 79) afirma que:

> Sem um espírito guardião é praticamente impossível ser um xamã, porque o xamã deve ter essa sólida fonte básica de poder para tratar, e dominar, os poderes incomuns ou espirituais, cuja existência e ações ficam normalmente ocultas para o ser humano. O espírito guardião costuma ser um poder animal, um ser espiritual que não só protege e serve o xamã como também se torna outra identidade ou alter ego para ele.

Os aliados anseiam pelo contato e cooperação conosco, pois não consideram os seres humanos como externos a si mesmos, como nós fazemos. Os animais, minerais, vegetais, *fungi* e também os elementos sabem que os seres humanos fazem parte deles e eles parte de nós. O corpo humano é composto de material animal, mineral e vegetal, além de termos uma grande parte de água, respirarmos ar e produzimos calor dentro de nós. Esse fato é uma prova de que fazemos parte do todo. *Patahoiri*, a Mãe Natureza, e todos seus elementos, são extremamente pacientes conosco e, apesar de tudo que fazemos, continuam a oferecer suas ajudas e assistências quando convocados. Aprender a reconhecê-los como nossos irmãos é a chave para o poder xamânico.

Pedra de Poder

Minerais de diversos tipos e formas emitem diferentes vibrações de luz e som. Sua frequência ou espírito afetam animais, plantas e seres humanos de modos específicos. Enquanto alguns trazem a sensação de bem-estar, equilíbrio e proporcionam a cura, outros tem efeitos deletérios para determinadas pessoas. As Pedras de Poder estão ligadas ao nível mineral de nosso Ser e, graças ao seu poder de aderência, somos mantidos no plano material. Acreditamos que a forte atração exercida pela matéria sobre o espírito tem origem neste nível. A Terra é a nossa mãe e, como tal, por meio do nível mineral do nosso Ser, devemos cultivar com ela um relacionamento baseado na gratidão e no amor.

Xamãs sabem que, apesar de existirem inúmeros minerais no nosso interior, é possível encontrar uma determinada pedra que ressoe intensamente com este nível do nosso Ser, permitindo-nos obter uma compreensão mais clara de quê e do que somos neste nível básico. Indubitavelmente, não somos pedras, mas temos uma parte dentro de nós que corresponde à função delas e das rochas na Terra. Se nos conscientizarmos deste fato, poderemos viver de modo mais eficiente e harmonioso sobre nossa Mãe Terra.

Para os xamãs, cristais são a manifestação mais pura da energia em nosso Planeta. Considerados como a manifestação da luz em forma sólida, seu arranjo molecular é perfeito e sua frequência eletromagnética é alta, sendo, portanto, capazes de alterar a energia do que está por perto. A física corroborou o saber ancestral ao provar que cristais são os melhores amplificadores, condutores, geradores e receptores de energia, sendo utilizados em chips de computadores, fabricação de relógios, fibras óticas, etc. Desde os tempos mais remotos, eles exercem uma profunda influência na humanidade, que os têm utilizado na procura do equilíbrio físico, emocional, espiritual, mental e vital. Xamãs sempre souberam se utilizar deles em seus trabalhos de cura e proteção. Ao conversarem com os espíritos das pedras ou cristais, aprendem a escolher qual dos minerais é necessário naquele momento para energizar um ambiente, meditar e curar um paciente ou a si mesmo.

Encontrando seu Mineral de Poder

Muitas vezes, ao caminharmos, encontramos uma pedra e a colocamos junto a nós, sentindo uma tremenda força harmoniosa. Stevens (1988, p. 80) diz que "embora usar metais e pedras junto à pele exerça um efeito maior sobre você, quantidade maiores no ambiente emitem seu impacto de poder da mesma maneira". Os seres-pedras podem tornar-se amigos imprescindíveis, auxiliando no processo de desenvolvimento espiritual e no autoconhecimento, ensinando-nos de diversas formas a utilizar positivamente sua energia associada à nossa.

Tal como outros aliados, é o mineral que nos escolhe. Ao caminharmos pela natureza numa jornada de busca de nosso Mineral de Poder, um cristal ou pedra certamente nos chamará. Ao encontrar uma pedra ao ar livre, lembre-se sempre de pedir licença antes de tirá-la do seu ambiente natural. Procure se sentir harmonizado e trocando energia com ela. Converse com a pedra e peça que estabeleça o contato com o nível mineral do seu Ser. Caso veja o espírito do mineral, tenha na sua mente que ele pode parecer muito diferente de sua forma física. Examine e perceba cada detalhe da pedra. Existe um nível do seu Ser que ressoa fortemente com ela. Segure-a junto ao seu coração consciente da harmonia que existe entre vocês. Pergunte sobre suas propriedades, escute-a e peça permissão para utilizá-las. É importante fazer uma limpeza e energizá-la após a encontrar. Quando a usar, procure mantê-la sempre junto a você e aos poucos descobrirá que esse aliado irá fortalecer seu Ser. Procure agradecer sempre pela sua colaboração.

Limpando sua Pedra de Poder

Para sintonizar sua energia com a do mineral é imprescindível que se faça a limpeza energética. Essa purificação visa a fazer com que a energia absorvida anteriormente seja descarregada, tornando-a neutra. Os métodos mais utilizados pelos xamãs são:

ÁGUAS CORRENTES NATURAIS: consiste em lavar os cristais ou pedras em águas de cachoeiras, lagos, mares ou rios. Também podemos deixar sob chuva forte para efetuar a limpeza.

ÁGUA COM SAL GROSSO: deixe o mineral dentro de uma vasilha com água e sal grosso por duas horas. Ao retirar, lave-o com água corrente para tirar o excesso de sal.

BASTÃO DE SELENITA: considerado o método mais prático e rápido de limpeza energética. Basta colocar um bastão de selenita com sua ponta direcionada para a pedra por cerca de um minuto. Esse bastão também limpa objetos e pessoas.

DEFUMAÇÃO: defume com incenso ou com uma queima de erva toda a área do cristal ou da pedra.

Energizando cristais e pedras

Após limpar seu Mineral de Poder é aconselhável energizá-lo. Podemos fazê-lo com os seguintes métodos:

LUA: deixe-o exposto à luz do luar (de preferência na Lua crescente ou cheia) para ter uma energia mais intuitiva; ou seja; feminina.

SOL: exponha à luz do Sol pela parte da manhã.

LUA E SOL: podemos também colocar à exposição da Lua durante a noite e à luz solar até o meio-dia.

TERRA: enterre na Terra por um período de quatro horas para receber a energia que vem do núcleo da Mãe Terra.

TEMPESTADE: coloque exposto à energia de uma tempestade com muito raios, trovões e ventos.

Plantas de Poder

As plantas, assim como os fungos, estão no coração do mundo xamânico. Todas as plantas têm espíritos que podem nos auxiliar neste caminho, sendo conhecidas também pelos nomes de Espíritos Vegetais ou Plantas Espíritos, que são o aspecto espiritual de plantas silvestres que podem ou não assumir a forma vegetal na realidade não ordinária. Tal como outros aliados de poder, o espírito das plantas tem frequências espirituais *sui generis* que podem auxiliar ou, em alguns casos, prejudicar sua saúde, podendo assumir outras formas no mundo espiritual, tais como: um inseto, serpente ou qualquer outro tipo zoomórfico. Estes espíritos-plantas são uma espécie de espírito da natureza que vai ajudar o xamã a trabalhar em Estado Alternativo de Consciência. As árvores e as plantas são seres que se alimentam de luz e de terra; ou seja; tiram o seu poder do Sol e da Terra. Ao contrário dos Animais de Poder, que são espíritos disponíveis para todas as pessoas, o espírito das plantas tende a estar disponível apenas para os xamãs e outros curadores que trabalham com os poderes de cura dos vegetais.

Harner (1980, p. 173) sobre esse assunto diz:

> O xamã usa o poder que lhe é oferecido não só pelos animais, mas também pelas plantas do jardim que é a Terra. [...] enquanto os animais comumente atuam como espíritos guardiães, as plantas tendem a servir como espíritos auxiliares. Ao contrário do que acontece com os espíritos guardiães, os espíritos auxiliares são possuídos somente pelos xamãs. Os que não são xamãs não costumam ter plantas de poder à sua disposição.

Para os xamãs, como tão bem aborda Stevens (1988, p. 85), as plantas possuem essências espirituais, aliadas em potencial com os quais deve se estabelecer a comunicação e a cooperação, para benefício mútuo. A importância primordial das Plantas de Poder encontra-se em sua capacidade de ensinar ao xamã como usá-las. Geralmente isso ocorre quando ele se conecta com elas em EXCA e aprende as suas diferentes aplicações para a cura do corpo e da alma. O xamã deve aprender para que cada parte da planta pode ser usada, quando e como colhê-las e cultivá-las, quais músicas necessárias para a colheita, sua preparação e seu uso.

O espírito de uma árvore é uma fonte de poder xamânico incrível. Os gregos acreditavam que todas as árvores continham um espírito, ou *hamadryade*, e os deuses puniam quem machucasse uma delas. Nos Andes e na Amazônia são consideradas pelos xamãs como grandes professoras. As tribos sul-africanas *Zulu, Swazi, Xhosa* e *Ndebele*, creem serem descendentes de *Sima-Kade*, a Árvore da Vida, que copulou com uma humana, sendo um dos poucos povos que tem o vegetal como ancestral.

A quantidade de informação que os espíritos das plantas oferecem é interminável. Professores humanos podem passar uma série de informações sobre o trabalho com plantas medicinais para seus alunos. Se um estudante aprende também a entrar em estado alternativo e se conectar com os espíritos das plantas para renovar as informações, os rituais de cura corretos e aprender maneiras de tratar de novos problemas, ele vai se tornar um xamã, bem como um curandeiro. Caso o aluno aprenda somente a aplicar o conhecimento coletado do professor, mas não a se comunicar com os próprios espíritos das plantas, então ele ou ela vai se tornar uma pessoa da medicina, mas não um xamã. Em algumas culturas as Plantas de Poder são usadas como ajudante de outros espíritos durante o trabalho de cura, como extrações de energia intrusa ou o retorno das almas, por exemplo, nos processos de *limpia* (limpeza) xamãs Sul-americanos e da Mesoamérica esfregam flores no corpo do doente extraindo a energia densa e depois as enterram para que esta seja absorvida pela terra, trazendo o equilíbrio e a harmonia novamente ao enfermo. Já em outras culturas elas são principalmente professoras.

Muitas pessoas confundem as Plantas de Poder com as Plantas Mestras, sendo estas últimas as que pertencem à classe dos enteógenos, que são expansores de consciência e auxiliam a entrarmos num Estado Alternativo de Consciência, como foi visto anteriormente no capítulo "Indutores de EXCA".

Com o descobrimento das Plantas Mestras por parte dos ocidentais, a partir da segunda metade do século 20, muitas delas perderam sua força devido ao uso abusivo por parte do povo dito "civilizado". Para nós que trilhamos o caminho do Xamanismo, a força da Planta Mestra está na operação mística do xamã e não somente em suas propriedades farmacológicas. É necessário respeitar uma série de atos ritualísticos, tais como se abster de álcool, fumo e sexo três dias antes de colhê-la e prepará-la ritualisticamente tal como Beltrán (1973, p. 123) corrobora:

> As ervas sagradas, divindades em si, atuam através de suas propriedades místicas; ou seja, não é a própria erva que cura, mas a divindade, parte da divindade ou poder mágico que ela possui. Dessa forma, um ritual complicado se torna indispensável, tanto na coleta como na preparação e na utilização das ervas, para que esse poder permaneça na planta; de outra forma, a manipulação dessas plantas se torna totalmente ineficaz, já que a cura não está em suas propriedades farmacológicas, mas em suas propriedades místicas.

Um exemplo do uso conjunto de Plantas de Poder e Plantas Mestras ocorre quando o xamã da etnia *Shipibo*, assim como *payés* de outros povos amazônicos, fazem uma infusão de flores como banho de preparação para aqueles que vão tomar a *ayahuasca*. Durante essa etapa, a fumaça é soprada no participante visando a purificar e abençoar seu corpo para que possa manter as visões que a Planta Mestra vai promover. Esses banhos de flores também são utilizados no processo de cura, pois acalmam o corpo e restabelecem o equilíbrio.

Harner (1980, p. 173-174), conta-nos que, sozinhas, as plantas não têm o mesmo poder que os animais aliados, "mas um xamã pode chegar a possuir centenas de espíritos auxiliares, sendo que, dessa forma, o seu poder acumulado poderá, sob muitos aspectos, equiparar-se ao do seu espírito guardião", porém, a essência das plantas está na variedade da sua capacidade única.

Encontrando sua Planta de Poder

Para encontrar o espírito de sua planta caminhe pela natureza consciente do seu objetivo. Para que isso ocorra, deixe o nível vegetal que habita nosso corpo conduzi-lo até uma planta ao qual se identifique. Ao encontrá-la, sente-se ao seu lado, sentindo-a, conversando e escutando-a, para que ela possa lhe dizer quais são suas propriedades. A essência espiritual de um vegetal é a mesma, independentemente do local em que estivermos. Peça licença, desculpe-se e caso seja autorizado, tire um pedaço dela. Sendo um arbusto ou uma árvore, retire uma folha. Se for uma planta menor, leve-a com você (tomando cuidado para que não a mate) para alguém que possa identificá-la. Se possível, em vez de arrancá-la leve a pessoa até a planta. Caso não seja venenosa, peça autorização a ela para comer pedaços de suas folhas. Apanhe um pedaço de sua casca e guarde numa sacola de medicina xamânica com outros objetos de poder que tenha. Se for um cacto, fure seu dedo num dos espinhos doando o seu sangue a ele e retire com cuidado uma parte superficial dele, para que regenere mais rapidamente.

Com a planta em suas mãos, procure fazer uma jornada de conexão ao espírito dela por meio de uma meditação e aprenda seus ensinamentos. Escute-a e agradeça as informações recebidas. Ao conhecer sua Planta de Poder, você vai poder sempre restaurar a energia gasta em seus trabalhos ou ampliar a sua força quando dormir ao lado dela, que também o protegerá quando estiver num lugar desconhecido, bastando apenas encontrar uma espécie da sua de Planta de Poder e recostar-se nela.

Animal de Poder

Na maioria das tradições xamânicas, o espírito guardião é um animal. Grande parte delas se referem a ele como Animal de Poder, uma expressão apropriada, pois enfatiza o aspecto do poder, bem como a frequência que é percebida como animal. Outras vezes eles assumem a forma humana. Essa dualidade animal-humano é marcante na vida do xamã. Entre os *Shuar* esse espírito aparece nos sonhos como humano e nas visões como animal. Nessa tribo, quando um animal fala com um indivíduo da comunidade, é prova de que este espírito é o guardião da pessoa. Tribos siberianas chamam o Animal de Poder de *Amba*, que significa Mestre Animal. Já os xamãs *altaicos* o denominam de *Bayana*, sendo a perda deste animal a principal causa das doenças entre a tribo *Altai*.

Entre os *Lakota*, os animais de poder geralmente falam quando aparecem aos que fazem a busca da visão, tal como relata Sapa (1952, p. 136):

> Sem um espírito guardião é praticamente impossível ser um xamã, porque o xamã deve ter essa sólida fonte básica de poder para tratar e dominar os poderes incomuns ou espirituais, cuja existência e ações ficam normalmente ocultas para o ser humano. O espírito guardião costuma ser um poder animal, um ser espiritual que não só protege e serve o xamã como também se torna outra identidade ou alter ego para ele.

Os poderes dos xamãs se relacionam diretamente com seu Animal de Poder. Para elas e eles, um ser humano não é melhor nem mais consciente do que um animal, embora os humanos dependam largamente dos animais como fonte de alimento. A relação é benéfica para ambos. O xamã oferece ao Animal Guardião consideração e estima, enquanto este concede orientação e assistência em muitas ações que estão além do seu poder pessoal, esta é uma das vantagens primárias da relação de cooperação estabelecida com o totem animal: a proteção e assistência nas tarefas mais árduas que o xamã precisa desempenhar. Os Animais de Poder também ajudam a encontrar objetos perdidos, a mediar relações problemáticas e, de maneira geral, a realização de objetivos desafiadores.

O fato de um indivíduo ter um espírito guardião não faz dele um xamã. Todos nós tivemos um espírito guardião durante a infância. De outra forma, não teríamos tido a proteção necessária para alcançar a idade adulta. No que se refere aos espíritos guardiães, a principal diferença entre um xamã e uma pessoa comum é que o xamã se vale de seu guardião ativamente quando está em Estado Xamânico de Consciência Ampliada. Geralmente ele vê e consulta seu Animal de Poder, viaja com ele para outros mundos e solicita sua ajuda para auxiliar os outros a recuperar a saúde.

De acordo com Harner (1980, p. 80):

> Além do espírito guardião, um xamã poderoso normalmente tem vários espíritos auxiliares. Cada um deles constitui um poder menor, comparados com o espírito guardião, mas pode haver centenas deles à disposição de um xamã em particular, fornecendo grande poder coletivo. Esses espíritos auxiliares têm funções diferenciadas para propósitos específicos. Um xamã costuma levar anos para acumular um grupo grande deles.

Cada Animal Guardião tem uma especialidade, portanto, o xamã talvez precise consultar vários deles se um problema tiver inúmeros aspectos. De maneira geral, Animais de Poder são animais selvagens e não domésticos. Xamãs acreditam que os domésticos perderam muito de seus poderes; eles "servem" as pessoas de maneiras mais física e emocional do que espiritual. Para o xamã, animais físicos são apenas a forma exterior do Grande Espírito daquele animal. Assim, o Totem ou Animal de Poder do xamã é "O Urso", e não aquele urso. Ainda assim, a forma exterior do espírito do urso pode ser venerada e honrada. Se você mantém um relacionamento com um Animal de Poder ou se o perdeu por negligência, o xamã diria que está em uma posição vulnerável e frágil e que perdeu contato com sua própria natureza animal.

Não é o xamã que escolhe o Animal de Poder e passa a ter uma relação com ele. O contato é feito ao inverso. O espírito do animal escolhe o xamã. Historicamente, se um xamã sobrevive ao ataque de um animal selvagem, acredita-se que aquele animal era realmente o Totem Espírito do xamã, colocando a prova sua resistência e força. O animal exigia um sacrifício; através de um ferimento, o xamã provava sua dedicação e capacidade de lidar com o poder de seu animal. Todavia nem todos os Animais de Poder se aproximam do xamã desta forma dramática. Os xamãs costumam descobrir seus Animais de Poder permitindo que aflorem durante uma dança espontânea ou tendo uma visão do animal. Outros mostram-se em sonhos.

Os espíritos dos animais não são coisas estáticas, mas seres interessados na evolução e no crescimento. Tal como gostamos de auxiliar alguém que necessita de ajuda, eles também gostam do mesmo e apreciam agradecimentos e a serem tratados com respeito. Animais de Poder mantém todas as características e comportamentos de sua espécie na Terra, a única diferença é que são capazes de se comunicarem conosco de maneira mais profunda.

Stevens (1988, p. 80) sobre esta interação diz que:

> A relação do xamã com os animais é benéfica para ambos. O xamã oferece ao espírito animal respeito e devoção, enquanto o animal oferece orientação e

assistência em um grande número de tarefas que está além da capacidade pessoal do xamã. Um dos principais dons oferecidos pelo poder dos animais é a proteção e tutela para o xamã em suas tarefas difíceis.

Relação com o Animal de Poder

Só saber qual é o nosso Animal de Poder não significa que ele esteja plenamente integrado a nossa realidade. O estreitamento de laços com ele exige um rito. Animal Guardião é uma força interior sempre disponível para auxiliar ao xamã, como também é a expressão da força de um xamã dentro de outro reino. Pode-se convocar o Animal de Poder para qualquer jornada xamânica que se fizer, quer seja para o Mundo Inferior, para o Mundo Superior, como também para quaisquer outras dimensões que forem necessárias, afinal, o Universo Xamânico é repleto de camadas dimensionais, como uma cebola. Também pedimos aconselhamento a eles em questões específicas. Assim como "temos" um Animal de Poder, ele nos "tem". É uma relação simbiótica, onde ocorre um equilíbrio de poder e, a partir do momento que este elo é despertado, ambas as partes passam a ter uma grande responsabilidade para com o outro. Da mesma maneira que podemos evocar nosso animal de poder para certas "ajudas", ele pode nos chamar para auxiliá-lo em seu mundo.

Não se deve haver premissa de posse nesta relação. Um Animal de Poder é o batedor e o guia do xamã em outros mundos, sendo uma fonte de força constante para este. Eles têm habilidades que os seres humanos não possuem, como a capacidade de mergulhar no rio ou no oceano, camuflar-se, correr velozmente, voar nas alturas, ter visão ampla e percepção aguda.

A ligação entre animais e os seres humanos é muito forte nas culturas xamânicas. A etnia *Saami*, da Finlândia, acreditava que o seu povo era originário do acasalamento de um urso com uma jovem da tribo, e que, por esta razão, eram aparentados. Para caçar e matar este animal, eles pediam permissão ao espírito do Urso. Ao tirarem a pele e toda a carne do animal, os *Saami* enterravam seus ossos ritualisticamente para acelerar o renascimento de um novo animal. Os nativos-americanos, por sua vez, devolvem os ossos ao lugar em que os animais foram abatidos para que suas almas renasçam.

Para as tradições xamânicas, o ato de comer ou usar o couro do animal são necessidades básicas de sobrevivência, mas o fato de não haver preocupação com o bem-estar do espírito/alma da caça é digno de reprovação. Por esse motivo, eles sempre pediam permissão ao espírito do animal para caçá-lo e performavam ritos funerários, agradecendo-o pela carne e por sua pele. Esta prática nos ensina que devemos ser zelosos com a nossa Mãe Terra e com todos os seres, afinal, somos todos irmãos, independentemente a qual reino pertençamos.

Nas culturas xamânicas mesoamericanas, acredita-se que um indivíduo tem um espírito, um *tonalli* – essência espiritual ou alma, que o acompanha desde o seu nascimento e que, geralmente, toma a forma de um animal que age como um protetor e que o auxiliará durante sua jornada na Terra e nas viagens aos outros mundos. Para estes povos o Animal de Poder nasce em outro mundo no mesmo instante em que um indivíduo respira pela primeira vez neste, e ele cresce da mesma forma. Em determinado momento da vida, ele se apresenta ao ser humano e começa a interação. É importante salientar que, nestas tradições xamânicas, o Animal de Poder é um duplo do ser humano que vive em outra esfera. Se um for ferido ou morto, o mesmo acontecerá com o outro.

A relação entre um xamã e um Animal Guardião é muito complexa para ser descrita em palavras e deve ser abordada com todo cuidado e discernimento. Comungamos a ideia de que não se deve revelar nosso Animal Guardião. Entre os xamãs das Américas isso é um segredo muito bem guardado, só partilhado dentro de seu círculo ou clã. O Xamanismo é um campo feroz, onde verdadeiros combates são travados e, assim como um homem pode prender e escravizar outro homem, um feiticeiro deturpado pode também capturar o Animal de Poder de um xamã resultando em desequilíbrio e doença para a vítima.

O Animal de Poder não é um bicho de estimação ou que nos serve. Podemos trabalhar com inúmeros espíritos animais, mas o nosso Animal Guardião sempre estará presente. Conforme a situação, solicitamos a ajuda de um deles ou de vários para que possamos cumprir o objetivo que necessitamos naquele momento. Algumas vezes ele é como um avatar nosso em outra esfera, ou nos transformamos nele, mas caso sejamos feridos numa luta e algo aconteça com o animal, o mesmo acontecerá conosco.

O Animal de Poder é uma parte de nós e devemos sempre confiar nele, pois ele só quer o nosso bem. Os Aliados podem nos ensinar muito mais do que imaginamos. Ao abrir o coração e a mente para cada um dos irmãos que a Mãe Terra nos presenteou como Aliados de Poder, de Vida, de Amor e de Conhecimento, muita coisa se explica e com isso podemos alcançar o tão sonhado equilíbrio emocional, físico, mental e espiritual.

Encontro com o Animal de Poder

Um Animal Guardião não é uma exclusividade dos xamãs. Cada indivíduo tem um Animal de Poder próprio que o acompanha por toda a vida, estando ciente disso ou não. Qualquer ser humano pode aprender a se sintonizar com o "seu", se assim se permitir, em questões relativas à saúde, empoderamento e quando deve tomar alguma decisão. Muitos recorrem a xamãs para encontrarem o "seu" guardião, mas também podem chegar até lá sozinhos. Em alguns casos, o Animal de Poder irá procurá-los antes, e isso é um sinal de bom augúrio.

O método tradicional no Xamanismo para se unir de fato a um Animal de Poder é o processo de Busca da Visão, onde o aprendiz se retira para um local ermo longe da sua comunidade e aguarda a chegada do seu animal em total jejum. Geralmente este lugar é indicado em sonhos, pelos espíritos, ao jovem noviço. Lá, além de jejuar, deve dançar e cantar canções de poder de sua tradição e meditar. A espera deve durar o tempo necessário para a manifestação do animal. Em qualquer Busca da Visão o buscador só deve sair do local quando a visão ocorrer. Havendo alguma desistência por cansaço, medo ou qualquer outro motivo, ele perde o respeito das forças numinosas.

Segue um método de uma jornada simples usado para atrair um Animal de Poder, muito utilizado por grupos neoxamânicos. Esta técnica auxilia também a conexão com outros espíritos animais:

Procure um local calmo, de preferência no meio da natureza, onde não possa ser incomodado. Deite-se de barriga para cima e relaxe. Respire profundamente. Toque um instrumento musical xamânico (chocalho ou tambor) ou coloque uma mídia com o som dele sendo tocado. Feche os olhos. Imagine uma bola branca ou uma luz dourada dentro de você, repleta de amor. Permita enviar um raio de pura luz para o topo da sua cabeça. Sinta esta energia amorosa fluindo, relaxando todos os seus membros. Deixe esta luz fluir pela sua espinha e observe que toda tensão que existia dentro de você foi dissipada e que está sendo preenchido por uma sensação de paz. Respire profundamente por mais quatro vezes. Perceba este raio de luz dentro de você se expandindo e o envolvendo completamente numa esfera de pura luz. Sinta-se amado e protegido.

Imagine que está caminhando por uma longa trilha num bosque. Sinta a terra abaixo de seus pés e uma brisa gentil tocar sua face. Permita que uma paisagem surja a sua frente naturalmente. Pode ser uma floresta, uma campina, uma praia, etc. A cada novo passo, você sente um fluxo de energia. Um animal aparece à sua frente. Pergunte se é o seu aliado, quais suas qualidades e se ele pode ajudar em sua jornada pela vida. Caso você se sinta amedrontado, saiba que pode despertar do Estado Alternativo de Consciência a qualquer hora que se fizer necessário. Permita que o animal venha até você. Procure conversar com ele, brinque ou dance, correndo de um lugar para outro. Depois, peça a ele que explique sobre suas qualidades particulares. Preste atenção na resposta. Talvez você tenha a sensação de estar inventando as respostas, mas não se preocupe, isso é normal no começo. Com o tempo você perceberá a diferença.

Ao final, despeça-se dele e agradeça por ter vindo ao seu encontro. Depois volte pela trilha do bosque. Novamente, sinta o caminho como se estivesse realmente lá. Ao chegar ao ponto de partida da jornada, sinta que a esfera de luz ainda o protege. Faça algumas respirações suaves e abra lentamente seus olhos.

Com o tempo, quando estiver familiarizado com essa meditação, procure honrar seu animal imitando seus movimentos e grunhidos, dançando ou cantando para ele. Faça isso uma vez por semana para harmonizar-se com "seu" Animal de Poder e fortalecer sua conexão com ele.

> Obs.: você pode realizar algumas variações desta Jornada. Por exemplo, quando for atraído pela energia calma e protetora da esfera luminosa, imagine que é uma árvore tirando a energia da terra pelas raízes e recebendo a luz pelos seus galhos. Outra coisa que aconselhamos a fazer antes de começar é dançar por uns quinze minutos, assim irá hiperventilar o cérebro e poderá entrar mais facilmente no Estado Alternativo de Consciência.

Trabalhando com o Animal de Poder

Para que você comece a trabalhar com o Animal de Poder, tudo que precisa é saber respeitá-lo. Lembre-se que ele veio fazer uma parceria que visa a orientar você em seu desenvolvimento pessoal e espiritual.

O modo mais fácil para começar este trabalho é estudar as habilidades naturais do animal e seus modos, e como você irá aplicá-los em diversas situações na vida. Por exemplo, por causa de sua visão aguçada, a águia poderia lhe ajudar a manter o foco de suas verdadeiras metas. Uma imagem de uma águia capturando sua presa é uma ferramenta poderosa para ajudá-lo a alcançar seus objetivos. Tais imagens servem para lhe dar a força que precisa para manter sua visão e metas. Também estudar os modos naturais do seu animal ajuda a criar um laço poderoso entre vocês.

Além de estudar suas habilidades, é importante estudar a mitologia deles. Ao redor do globo terrestre, culturas diferentes (especialmente as xamânicas) vivenciaram no seu dia a dia muitos aspectos míticos dos animais. Para alguns, o urso representa introspecção, o beija-flor a alegria e o puma o autoconhecimento. Nós podemos usar estes mitos para nos ajudar a conectar com "nossos" Animais de Poder e entender o que eles vieram nos ensinar.

Objetos de Poder

Na maioria das tradições xamânicas, só quando o indivíduo conhece seus Aliados de Poder e passou pelo rito iniciático é que consegue despertar por completo seu Poder Pessoal e tornar-se um xamã. Só então ele tem as condições de praticar o transe extático, além de começar a realizar as outras atribuições da sua profissão em que utilizará uma parafernália xamânica que também são seus Aliados de Poder. É por essa razão que falaremos um pouco mais sobre esses objetos neste tópico.

Há uma variação destes instrumentos de uma cultura para outra, porém, os itens mais comuns são: vestuário, toucas, chicotes, bastões, pedras, facas, espadas, instrumentos de adivinhação, assovios, cantos de poder, cristais, coletores de almas, instrumentos musicais para induzir ao transe extático, espelhos, álcool, velas, incenso, penas, entre uma vasta variedade de objetos pessoais de poder. Alguns itens têm uma função universal e cultural única. Por exemplo, o tambor é usado por xamãs ao redor do mundo como ferramenta para entrar em EXCA.

Lascariz (2011, p. 337-338) sobre esse assunto, acrescenta que:

> A indumentária xamânica era um dispositivo de transmutação do ego. Através dela, o xamã transforma-se no próprio *Axis Mundi*, representado pelo esqueleto, verdadeira árvore de ossos, frondosa e axial do Universo. A indumentária não era um disfarce, mas uma cosmografia corporal. A partir do momento em que se dissociava do seu próprio corpo pela máscara, ele vivia-o como a extensão do próprio universo. O vestuário xamânico é a verdadeira pele do xamã. Em face dela, a pele do corpo é secundária, fisicamente e ontologicamente. A natureza desta pele é trazer à superfície visível dos sentidos a sua interioridade: os ossos do ancestral, os espíritos auxiliares, os territórios espirituais da alma, os Deuses.

Muitos itens na coleção de um xamã são funcionais e essenciais para o sucesso do trabalho ritual, como o tambor, o chocalho ou a fumaça. A função do item no ritual de cura determina se é essencial e quando. Por exemplo, o álcool oferecido como libação em um ritual vodu haitiano pode ou não ser considerado essencial para esse ritual, enquanto o *trago* (álcool de cana) usado em uma limpeza entre os xamãs andinos é essencial para essa cura.

Máscaras foram usadas pelos povos siberianos, a maioria em cobre, mas foi entre os esquimós e povos africanos que encontramos as mais fascinantes delas. Grande parte das máscaras xamânicas não tem furos no lugar dos olhos, pois a intenção ao usá-las é a de tornar-se cego para o exterior e ver com os olhos interiores, o dos espíritos. Lascariz (2011, p. 346) nos fala que "quando o xamã dança e salta, caminha e rodopia, não são os olhos do corpo que o guiam, mas o espírito animal." Em alguns povos da Sibéria e de outras tradições xamânicas, estas máscaras são substituídas por gorros com cornos e caras de animais, possibilitando que, ao entrar em êxtase, o xamã se transforme num ser teromorfo.

Na coleção de parafernália pode haver itens cuja presença é determinada pela cultura, o que termina deixando o público e o paciente à vontade. Essas coisas ajudam o xamã a envolver os presentes e atraí-los para o espaço sagrado ritualístico; entretanto, é possível trabalhar com sucesso sem elas. A parafernália é usada para fornecer representações simbólicas da natureza informe e inefável do sagrado no mundo material. É papel do xamã comunicar-se com o sagrado; no entanto, nem sempre é possível, no meio de um ritual de cura, falar. Desta forma, os xamãs podem conseguir a comunicação não verbal durante suas sessões através do uso de suas ferramentas.

Convém deixar claro que, a parafernália não é composta apenas por objetos de poder, apesar destes fazerem parte dela. Por exemplo, uma canção de poder ou um assovio igualmente fazem parte dela, mas não são considerados objetos. Um objeto de poder é um instrumento físico no qual o poder reside. Ele pode ter sido criado à mão ou naturalmente. O poder dentro dele pode ser nativo ou o xamã pode convidá-lo para incorporá-lo ao objeto, através de um ritual de empoderamento. O Poder reside em muitas coisas naturais, como: pedras, meteoritos, plantas, conchas. E também em partes de animais: como garras, penas, couro, ossos, dentes, pele. Dentro do Xamanismo, a intenção do xamã determina como qualquer objeto ou trabalho deve ser utilizado. Um *angakok* (xamã *inuit*), por exemplo, dá vida a um *kikituk* (uma estatueta de madeira ou marfim), convidando um espírito para morar lá. Desta forma, pode manter o espírito sempre próximo a si.

Entre os *Lakota*, o *tunkan* é um exemplo de objeto de poder natural. *Tunkan* é uma pedra que foi atingida por um raio, dotando-a de poderes únicos. Já em outros objetos, o Poder se manifesta através de uma cerimônia. O Cachimbo Sagrado (*chanupa*), um dos objetos de poder nativo-americano mais conhecido, é criado à mão com uma pedra sagrada. Já o empoderamento é ativado quando o bojo e o tubo são conectados, simbolizando o casamento sagrado do feminino com o masculino.

Outros objetos de poder surgem naturalmente e são reforçados através de um processo ritualístico. Por exemplo, as *kuyas* são pedras recolhidas pelos *paq'os* (xamãs *q'ero*) nos Andes peruanos. Muitas vezes são levadas até elas em sonhos e, assim, sabem exatamente onde encontrá-la, mesmo que tenham que realizar uma caminhada até uma montanha durante dias para tanto. As *kuyas* são selecionadas por causa de seu próprio poder inerente e depois são consagradas em um ritual. Objetos de poder não representam o poder, eles o são. Um objeto de poder não é uma coisa, ele está vivo. O espírito vivo no objeto ensina ao xamã o que precisa saber para trabalhar e cuidar dele. Isto é particularmente importante para toda a parafernália.

Objetos de poder podem ser criados para serem usados de forma individual ou para a comunidade. Outros podem conter intenções futuras, como é o caso do *paho* (vareta de oração), que os xamãs *hopi* utilizam para rezar pedindo chuva. Muitos destes itens empoderados são criados para um propósito ou ritual específico e depois destruídos no processo ritualístico ou após este ter sido realizado. Outros objetos, como sacolas de medicinas ou máscaras são transmitidos por gerações.

Williams (2013, p. 144) enriquece essa questão dizendo:

> Os *manang ibans dyaks* de Bornéu mantêm seus objetos de poder em uma caixa chamada *lupong*, e esta absorve o poder de todas as pedras, cristais, ervas e amuletos dentro dela. Os *mara'akame* do povo *Huichol* guardam os objetos de poder em uma cesta trançada chamada *takwatsi*, e os *puyuma* de Taiwan recebem uma sacola de objetos de poder, em geral reunidos por seu mestre, na iniciação. O mestre põe a sacola no ombro do novo *puyuma* como forma de transferir seu poder de um dono a outro. É a sacola que faz o *puyuma*.

O poder no objeto pode ser direcionado tanto para o bem como o mal. São geralmente usados para a cura ou como meio para realizar um ritual ou cerimônia. Os Xamãs *aborígenes* da Austrália levam consigo algumas pedras pintadas, *churingas*, dotadas de dons mágicos e que são utilizadas como guias da direção a seguir, como um mapa cósmico. Essas pedras são consideradas também um receptáculo do poder pessoal do xamã. *Otoshi* (xamãs) *mongóis* têm um "pacote", chamado por bolsa do espírito, que contém espelhos e outros artefatos sagrados de poder feito de bronze. Esse "pacote" é similar à *mesa* andina dos *Q'ero*, e tal como estes últimos, os *otoshis* os seguram nas mãos em direção às montanhas sagradas ao iniciar uma cerimônia.

No Xamanismo, existem regras e tabus envolvendo o trabalho com objetos de poder. Como eles são considerados seres viventes, devem ser alimentados com oferendas, orações, gratidão e cuidados. Quando a vida útil de um objeto de poder está completa, o poder encarnado nele deve ser liberado. Por exemplo, os antigos mesoamericanos criavam buracos em objetos de poder e nos topos das cabeças das estátuas de pedra para liberar o poder encarnado nele. Nos Andes eles são enterrados à beira de uma lagoa como se fossem um ser humano ou um animal. Já em outras regiões andinas, o objeto de poder é colocado num lago para que o poder seja liberado e absorvido pela água, podendo o objeto ser posteriormente utilizado para outras funções, mas sem o poder que o imbuía.

Salientamos que o uso de objetos de poder no Xamanismo não é idolatria, nesta, a revelação original é codificada, e na conexão com o poder do espírito que habita o objeto não o é. O trabalho do xamã com objetos de poder é uma relação espontânea, vital. Desrespeitar o poder que vive dentro do objeto através de idolatria resultaria no poder sair ou causar problemas e acidentes.

Williams (2013, p. 144) encerra essa questão dizendo:

> Se a pessoa carrega consigo os objetos de poder como amuletos ou talismãs, ou os mantêm seguros em um altar ou santuário, é preciso estar atenta às necessidades deles e viajar regularmente para trabalhar com os seus espíritos. Como já sabemos, o Xamanismo reside na confiança nos espíritos auxiliares, então eles não devem ser negligenciados. Com o tempo, esses espíritos se tornarão aliados valiosos, habitando objetos de poder dos quais podemos tirar força e energia e obter ajuda em nossas práticas xamanistas.

A Cura Xamânica

> Para o xamã, tudo na natureza, em seu ambiente, é representação em escala reduzida de uma ordem cósmica que ele não questiona. O homem, o movimento de sua vida, os animais e a mais fina das vergônteas estão sujeitos a essa força e lhe fazem eco cotidianamente. Nesse estado de coisas, nada há no mundo de inaceitável ou inexplicável – há, sim, uma vida a ser vivida o melhor possível, isto é, conciliada com o movimento da natureza.
>
> Alix de Montal

A função de qualquer sistema de saúde de uma sociedade está essencialmente vinculada às convicções filosóficas de seus membros sobre a finalidade da própria vida. Para as culturas xamânicas, esse propósito é o desenvolvimento espiritual. Saúde é estar em harmonia com a visão do mundo. É comunicar-se com os animais, estrelas, minerais e plantas. É conhecer a vida e a morte, e não ver diferença alguma entre elas. Saúde é buscar todas as experiências da Criação e vivenciá-las, sentindo suas texturas e seus múltiplos significados. É expandir-se para além do próprio estado de consciência e experimentar os sussurros e vibrações do Cosmo.

Evitar o sofrimento e a morte não são os objetivos na prática xamânica, nem prolongar a vida, mas, sim, restaurar o equilíbrio. A cura e a doença para o xamã são questões espirituais. O objetivo da cura xamânica é basicamente nutrir e preservar a alma, bem como protegê-la de vagar eternamente. Por essa razão quando o xamã constata que alguém está adoentado, é porque este perdeu o seu poder pessoal, o que permitiu que uma energia intrusa invadisse seu corpo. Neste caso, a primeira ação do xamã é a de aumentar o poder pessoal do paciente e só depois tratar da causa. Sintomas físicos e mentais são característicos dos diferentes estados e são considerados muito sérios. Sem intervenção, o paciente poderá morrer sem ter resolvido o problema que causou a enfermidade, e assim ser condenado a viver eternamente fora de sincronia com o Universo.

A saúde e as enfermidades no Xamanismo são conceitos holísticos que abarcam o campo físico, psíquico e espiritual da pessoa. Normas ético-espirituais consagradas pela tradição cultural determinam e controlam o que é correto e o que não é. Neste sentido, a observação das regras tradicionais afirma a identidade cultural e garante, ao mesmo tempo, o equilíbrio físico e psíquico produzido pela consciência de atuar cumprindo suas obrigações sociais em conformidade com aquilo que se espera de um membro da comunidade. As quebras dessas normas terminam por ocasionar síndromes culturais, que são conhecidas como enfermidades presentes num grupo social e cultural distintos ao lugar onde foram detectadas, embora possa haver experiências semelhantes.

De acordo com Faur (2007, p. 423):

> O xamanismo – independentemente da sua localização geográfica – considera como origem das doenças um antigo acontecimento traumático (lembrado ou esquecido) ou algum erro de conduta, que ocasiona sentimento de culpa e consequente autopunição. Diferentemente das psicoterapias, no tratamento pelo xamanismo não é o paciente que "volta" ao passado para descobrir o trauma ou o conflito causador da doença, mas, sim, o xamã. A missão do verdadeiro xamã é se deslocar no tempo e no espaço para localizar e curar as feridas do corpo ou da alma do paciente, encontrando e integrando as partes perdidas, resgatando um aliado (animal, vegetal, mineral ou espiritual), extraindo venenos ou energias vampirizadoras da sua aura, proporcionando o encontro com um espírito ancestral ou divindade e orientando acerca dos "pagamentos" ou expiações que deverão ser feitos pelo paciente para a sua "retificação", que levará ao perdão (próprio e divino) e à cura.

Complementa (2007, p. 423) dizendo que:

> O xamã sabe que não é ele quem cura, mas os espíritos e as divindades; ele é apenas o representante dos poderes dessas divindades, que atua como receptor e transmissor de energias e considera o paciente um parceiro que precisa de ajuda.

Culturas xamânicas fazem uma clara distinção entre a medicina física e a do espírito. Se um homem vem cambaleando pelo caminho com uma flecha no ombro, não é o momento de pegar o chocalho e entrar em transe. É o átimo de arrancar a flecha da ferida, estancar o sangramento, prevenir a infecção e promover a cicatrização. Essa é a hora da medicina física e todos os povos nativos sabem um pouco sobre isso. Desta forma, podemos dizer que a cura xamânica não se orienta na direção de sintomas ou órgãos corporais específicos, mas, sim, da harmonização do Ser (em todos seus corpos – físico, mental, emocional e espiritual) com a totalidade do conjunto de forças, naturais e sobrenaturais ao seu redor.

Nas culturas nativas, xamãs podem trabalhar com indivíduos, famílias e mesmo com comunidades inteiras. Eles viajam normalmente ao Mundo Profundo ou Superior para acessar as informações dos espíritos, restaurar o poder daqueles que perderam e para participar de trabalhos de cura em vários níveis. Dirigido por forte motivação altruísta e auxiliado pelo seu espírito guardião, o xamã é um ativista espiritual, que é capaz de restaurar o equilíbrio e a harmonia nas pessoas que estão sofrendo. Como praticante da medicina do espírito, seu objetivo é favorecer e preservar a alma do indivíduo, facilitando a passagem da desarmonia e da doença a um estado de cura.

Ao lidar com a doença, o xamã está ciente de que existe relação entre causa e efeito. Entende-se que, com o passar da vida no plano físico, as coisas acontecem naturalmente. Fica-se doente com gripes, viroses, devido a acidentes, ao cair, entre tantas outras coisas. No processo há ossos quebrados, hematomas, cortes, entorses, etc. Às vezes sofre-se lesões graves ou doenças de natureza interna – o cancro ou a esclerose múltipla, hepatite ou doença de coração e, eventualmente, passa-se por enfermidade relativa à velhice e é colocada à morte ao corpo físico. Estas enfermidades são todas quase esperadas – elas fazem parte do que significa ser uma forma de vida manifestada orgânica, mas os exemplos dados são todos entendidos como efeitos. O que interessa ao xamã é a causa. Para a verdadeira cura ocorrer, não basta simplesmente tratá-los e suprimi-los com medicação. A causa deve ser abordada.

A etiologia da enfermidade tem origens diferentes dentro do Xamanismo: não são só causadas por bactérias, micróbios e vírus, mas por ações espirituais e estados internos do indivíduo e, geralmente, têm três origens:

Espirituais: são as enfermidades produzidas pela intervenção de forças míticas (perda da alma, possessão e por uma operação nefasta feita pela mão de um feiticeiro).

Naturais ou não espirituais: são síndromes sociais como mau-olhado, sentimento de vergonha que produz a separação da alma (*anima*), quebras de tabu e ocorrências naturais, como um vírus. Usualmente ocorre por falta de equilíbrio físico, mental ou emocional.

Energética: são as doenças desencadeadas por forças energéticas que não podem ser encaixadas como totalmente mágicas, apesar de muitas serem lançadas por feiticeiros, como a invasão por objetos e/ou energias intrusas.

Cada um desses fatores etiológicos está associado a um conceito correspondente de cura xamânica. Acredita-se que cada um desses conceitos se desenvolveu somente uma ou duas vezes na história mundial e foi se disseminando por um lento processo de difusão cultural. Sendo espalhado por todos os continentes.

Williams (2013, p. 156) acrescenta que:

> Muitas comunidades xamanistas ligam enfermidades à quebra de tabus – a perda de energia facilita a invasão de um espírito. Para um inuit, comer peixe e carne de caribu juntos é uma transgressão que gera doença. Entre os *maoris*, se uma mãe tem um parto difícil, um adivinho (*matakite*) descobre qual tabu a mulher quebrou e pede ao pai da criança que permaneça num rio durante o nascimento como reparação. Os xamãs *toba* da Argentina acreditam que os espíritos animais punam violações de tabus com doenças e negociam muito para que ela ceda. [...] Se substituirmos as expressões "espírito invasor" por "bactérias" ou "germes", nossa explicação de doença não está tão distante da do xamanismo tradicional. De fato, para os *shuar* do Equador e do Peru, a enfermidade é causada por magia maléfica ou por micróbios. Porém, os médicos ocidentais raramente procuram as causas subjacentes da doença, o mal-estar do paciente. A cura tradicional exige que o xamã ou curandeiro estabeleça por que a doença surgiu e que mudanças o paciente deve fazer para ficar saudável. Simplesmente retirar o espírito ofensor – o equivalente a um tratamento com antibiótico – não basta. (sic)

Procedimentos de ações xamânicas

Para obter êxito na cura, o xamã usa uma série de técnicas ritualísticas. Os métodos utilizados envolvem uma interrelação entre o xamã e o paciente, a comunidade e o mundo sobrenatural; isso serve para aumentar a expectativa de cura do doente, auxiliando-o a harmonizar seus conflitos interiores, reintegrando-o ao seu grupo e ao mundo espiritual, propiciando um quadro conceitual que o ajuda e incita emocionalmente, fortalecendo seu senso de autoestima.

A primeira ação numa sessão de cura é o diagnóstico, ou adivinhação, identificando a verdadeira fonte do problema e de como restaurar a harmonia de todas as energias envolvidas. A partir daí o xamã pode se mover para a cura, como recuperação do poder pessoal, resgate da alma, exorcismo, extração ou limpeza. Para realizá-la, o condutor do ritual na maioria das vezes entra em EXCA pelo voo da alma ou a incorporação de um espírito que permite que o xamã se torne uma ponte energética entre o paciente e o mundo invisível e movimente essas energias de um para o outro.

O tipo de transe usado pelo xamã é determinado pelo que precisa ser feito no ritual de cura. As técnicas necessárias para uma cura particular dependem do diagnóstico de onde está a fonte do problema, da verdadeira natureza das energias envolvidas e do que fazer com essas energias. Isto é determinado pelo xamã através da adivinhação. Existem diferentes nomes para os diversos tipos de cura xamânica, porque há inúmeras energias que precisam ser movidas envolvidas no processo. Por exemplo, a remoção de uma energia intrusa de um enfermo é uma extração, enquanto retirar um espírito prejudicial de um paciente é uma desobsessão ou exorcismo.

Os princípios estruturais dos rituais de cura xamânica são interculturalmente consistentes. A estrutura ritual de cura é simplificada da seguinte forma:

1. Preparo do local cerimonial, dos objetos e do xamã.
2. O xamã faz a abertura do espaço ritualístico e entra em EXCA, que é necessário para a cura.
3. O diagnóstico da verdadeira fonte da doença/problema é determinado pelo espírito e envolve fatores do mundo visível e invisível.
4. Com ajuda dos seus aliados de poder, o xamã age e as energias são movidas.
5. Agradecimentos são dados aos espíritos auxiliares e o espaço sagrado é fechado.

Xamãs trabalham, simultaneamente em pelo menos cinco níveis diferentes durante os rituais de cura. São eles:

1. Físico-biológico
2. Emocional-psicológico
3. Mental-filosófico-moral
4. Ético-social
5. Espiritual

Por exemplo, no resgate de alma, assim que o xamã devolve a parte da alma ao cliente, a fonte do problema é resolvida no nível espiritual. Desta forma, ele também facilita quaisquer mudanças físico-biológicas que resultem do retorno da alma ao corpo. Por fim, o xamã trabalha com o cliente para estabelecer um novo equilíbrio entre os níveis emocional, psicológico, mental e social.

Como podemos ver, o xamã é capaz de trabalhar em vários estratos simultaneamente porque ele ou ela é auxiliado pelo espírito aliado. Durante seu trabalho em voo extático, o xamã é guiado sobre como proceder pelos espíritos auxiliares. Portanto podemos dizer que todo ritual de cura é improvisado, criado a partir das necessidades do paciente, das habilidades do xamã e da intervenção dos seus espíritos aliados.

Extração das enfermidades

A técnica mais simples de cura xamânica é a extração de uma energia e/ou objeto do enfermo. Ela se baseia no fato de que uma energia agressora entrou no corpo e causa enfermidade no local de ataque. Devendo ser removido com massagem, sangria ou sucção por meio de um tubo, osso ou apenas com a boca, no local dolorido. Sendo em seguida exibido pelo xamã ao doente e a plateia e descartado, seja jogado ao fogo, seja despejado à água, seja enterrado. Acredita-se que esse método de cura remonta ao período paleolítico e foi identificado em todas as culturas xamânicas. Salientamos que objeto exibido é um símbolo da essência espiritual que se considera ser a causa real da doença e pode sair em forma de catarro escuro, inseto ou verme.

Williams (2013, p. 158) acrescenta que:

> Curandeiros *ojibwe* do nordeste da América do Norte sugam o espírito intruso com um osso oco e depois sopram-no em uma vasilha com água. A superfície da água age como um portal entre os mundos fazendo com que o espírito volte para o dele. [...] Os *n/um k"xausi* da tribo *!kung* do Kalahari tocam o paciente com as mãos e puxam a doença para o próprio corpo. Como o curandeiro está em transe e cheio de energia em ebulição, o espírito não consegue se prender a ele, mas deve ser eliminado rapidamente. Os *payés shuar* do Equador e do Peru também trazem para o corpo o espírito intruso, confinando-o na boca, antes de devolvê-lo ao feiticeiro que o enviou ou deixá-lo na floresta para se dissipar naturalmente.

O conceito de invasão por energia ou objeto intruso leva naturalmente ao de possessão por uma entidade espiritual. Neste caso, a causa da doença não é mais uma energia invisível, mas, sim, um espírito que gerou sintomas de transtornos psicológicos em vez de dores localizadas. Aqui, a técnica utilizada pelo xamã é o exorcismo (desobsessão), por meio do qual o espírito invasor é transferido para um animal, mineral e vegetal, ou para a água, fogo ou terra.

A doença causada por feitiçaria também é de distribuição universal, podendo ser encontrada em todas as culturas pesquisadas. Ela é associada a suposta intenção de uma pessoa, no caso o feiticeiro, em ferir o paciente por meios simbólicos. Podendo perfurar ou queimar pequenas imagens da vítima, ou obter uma parte de seu corpo (unha, pelo, saliva, etc.) ou foto, objeto pessoal e enfeitiçá-la, fazendo com que a vítima adoeça ou morra. Quando acontece este caso, o xamã emprega todo seu poder para lutar contra o feiticeiro, devolvendo ou destruindo a feitiçaria.

Nos casos acima apresentados, um elemento patogênico é introduzido no corpo e depois removido por sucção. A energia intrusa é retirada e jogada de volta a quem enviou ou então colocada sobre a água ou fogo para que seja dissipada. O processo é invertido no caso de perda da alma (que foi removida), e deve ser resgatada pelo xamã. Este conceito, encontrado nos quatro cantos do mundo provavelmente remonta à xamaria siberiana paleolítica, no qual teve sua máxima expressão cultural.

No Xamanismo, quando uma criança nasce a alma entra pelo topo de sua cabeça e aquece seu sangue, dando-lhe vida. Em outras palavras, ela é o veículo denso mais próximo que tem o espírito e que permite a ele se conectar com a matéria. A ausência (por perda ou roubo) desta entidade anímica, manifesta-se num indivíduo pelo desânimo, depressão, insônia, perda do apetite, retraimento e em alguns casos pode chegar à loucura e até mesmo à morte. Todas essas manifestações demonstram a perda da energia que rege o equilíbrio do microcosmos humano. Os *yachacs* (xamãs andinos) dizem que quando isto ocorre as pessoas perdem o *ánimu*, sua força vital. Salientamos que o *ánimu* nos outorga um aspecto atemporal e imortal, como também nossa identidade que não pode ser transmitida a outro ser.

Numa sociedade tradicional, a perda da alma ocorre, na maioria das vezes, através da prática de feitiçaria, em que os indivíduos tentam eliminar seus inimigos, atacando-os através do canal psíquico. Em nossa cultura, a perda do *ánimu* é mais frequentemente associada com algum trauma. A "fugitiva" refugia-se no mundo invisível, onde pode estar cristalizada ou perdida, ocasionando assim um rompimento na psique ou um vazio no corpo.

O diagnóstico do xamã é decisivo no processo de cura, pois só a partir deste momento ele saberá como vai proceder. O resgate da alma é uma das habilidades do xamã e este é o campo onde ele faz o seu melhor trabalho, resgatando e integrando a personalidade do seu paciente. Para isso, ele deve realizar uma jornada extática pelos mundos profundo ou superior, onde se localiza a alma e chega a lutar contra forças que a roubaram, obrigando-as a devolverem-na ao enfermo. Porém, outras vezes o xamã tem que convencer a alma que se perdeu sozinha devido a algum trauma, como a perda de uma pessoa querida, acidente ou susto.

Ao fazer o resgate de alma, o xamã, como os espíritos aliados que o auxiliam, vão trabalhar em conjunto, procurando a alma, encontrando-a e trazendo-a de volta para a pessoa que a perdeu. Só desta forma a alma pode ser restaurada ao seu estado original sem prejuízos, dando ao paciente a certeza de que está curado. Nas sociedades nativas tradicionais, xamãs especialistas em resgate de alma são considerados como de uma estirpe única e são conhecidos como "coletores de alma".

Cada um dos quatro conceitos expostos apresenta um símbolo particular, cuja presença ou ausência provoca a enfermidade: os intrusos (objetos, energias ou espíritos) devem ser removidos, e a alma devolvida. Já o quinto conceito, a quebra de tabu, não envolve símbolos propriamente ditos, mas está associado com um sistema simbólico altamente desenvolvido que inclui os seres sobrenaturais, os quais estipulam sanções e enviam castigos de acordo com a cultura. Tabus incluem jejuns de alimentos especiais que só podem ser ingeridos em certas ocasiões ou não serem comidos de forma alguma.

Nas culturas xamânicas, a quebra de tabus pode significar doença, sofrimento e morte, não só para o infrator, mas também para sua família e para comunidade. A ideia da doença como punição por violação de tabu provavelmente se desenvolveu de modo independente em vários lugares. A cura é geralmente feita por confissão ou por expiação. Cerimônias complexas podem ser necessárias para se obter o perdão da divindade ou para corrigir o desequilíbrio dos tabus violados.

Como podemos verificar, todas as causas das doenças nas culturas xamânicas são devidas a agentes externos; nenhuma delas vem dos processos corporais do próprio doente. Invasões por espíritos ou objetos vem de fora. A feitiçaria é devida às ações hostis de outra pessoa. A alma é roubada por seres sobrenaturais, que têm de ser persuadidos ou ludibriados a devolvê-la, e a violação é punida por poderes superiores. Ou seja, a doença simbolicamente nunca é devida a causas naturais, mas sempre resulta de erro, punição ou má intenção.

Atualmente, os xamãs são frequentemente chamados para uma etapa adicional da sua sessão: compensar a falta de apoio da comunidade para a cura xamânica. Depois que o ritual está completo, o xamã ajuda o cliente a integrar a experiência de cura em um novo sentido de si mesmo e a reintegrar esse sentido em sua vida diária.

Durante os rituais de cura, os xamãs muitas vezes resgatam almas, comunicam-se com espíritos, reparam a interconectividade de seus pacientes com sua comunidade ou com a terra, facilitam a purificação espiritual, interpretam sonhos, visões e enfatizam a importância do crescimento espiritual, do propósito da vida e do ser a serviço da humanidade e da Natureza. Ao alterar a realidade dentro da sessão de cura, xamãs criam uma oportunidade para os participantes desse ritual experimentarem o Divino, tornar-se "Um com o Todo". Essa experiência de união extática é, por si só, uma experiência de cura. Ao praticar e compartilhar as tecnologias sagradas de Estados Xamânicos de Consciência Ampliada, xamãs mantêm a possibilidade de cura e evolução da humanidade e do bem-estar consciente. Não é de se estranhar que o xamã capaz de aliviar o medo e a culpa por meio de estratégias psicológicas e intervenções espirituais seja considerado um herói tribal.

Elementos simbólicos no processo de cura

Os símbolos de vida fazem de uma cultura o que ela é especificamente e governam os pensamentos e sentimentos dos indivíduos que a integram. A cura xamânica geralmente está integrada ao sistema de crenças da cultura e o xamã deve ser capaz de criar uma atmosfera cheia de confiança, credibilidade, criatividade e audácia para transmitir ao paciente que algo poderoso está prestes a ocorrer.

Os rituais xamânicos contêm atos sagrados, apropriados da estrutura do mundo construído pelos mitos. A realidade mítica e a ação ritual andam lado a lado, completando-se e complementando-se. No ato da cura, os símbolos empregados pelo curandeiro atuam sobre o paciente que está vulnerável, aberto e pronto para vivenciá-los. Este se identifica com aqueles na forma das imagens sagradas e na pessoa do xamã. Sob tais circunstâncias, pode não só ser persuadido pela sugestão dos símbolos ou reconciliado com seu destino, mas também ser curado.

Essa espécie de cura é considerada nas tradições xamânicas como o cerne de seu sistema e lhe é dada a maior importância. Baseia-se em rituais e mitos, não em princípios fisiológicos. A causa e a cura da doença estão ligadas ao todo mitológico maior e são avaliadas segundo os alicerces sobrenaturais da vida humana. O xamã é a pessoa preparada para dominar as crenças e os rituais de sua cultura.

No Xamanismo, rituais vibrantes buscam estabelecer a harmonia do ser humano com as forças naturais à sua volta. É através desta interação que xamãs evocam os poderes curativos da natureza em ritos de purificação que incluem orações, cânticos e símbolos. No processo de cura, o curador utiliza todo o sistema de crenças do paciente, liberando a energia da identificação simbólica para recriar o mundo interior.

As canções, danças, encantamentos e músicas produzem estados emocionais no paciente que afetam a forma pela qual o sistema imunológico responde à enfermidade. A performance do xamã ao cantar e dançar, sacudir o maracá e tocar o tambor, entrelaçam-se com os campos sensoriais de cor, cheiro, movimento e toque que conduzem o enfermo para o caminho da harmonização do seu ser e da recuperação de seu Poder Pessoal.

Tedlock (2008, p. 24-25) diz que:

> Quanto à dimensão psicológica do trabalho do xamã, o simbolismo repetitivo de seus cantos e, em diversas tradições, o uso de tambores, gongos, flautas de bambu ou chocalhos ajudam a restaurar um sentido de ordem que substitui o caos da doença. Em muitas culturas xamânicas o apelo à energia das profundezas cria um som mágico que desperta e une. Nesse cenário há uma liberação de sentimentos inconscientes, em parte por meio da transferência das emoções negativas para o curandeiro. A confissão e o perdão, que são as atividades centrais da cura xamânicas, também liberam lembranças reprimidas que solucionam conflitos.

Reichard (1950) descreve o ritual de pintura na areia da etnia *Diné* como o elemento central da cura nesta tribo, representando a paisagem espiritual e física em que o doente vive, a dita etiologia da doença e a mitologia escolhida para a cura. Tendo uma parafernália de elementos tais como a sacola de medicina, ervas, tabaco, varetas de oração, penas, pedras, desenho na areia, águas sagradas e cordas, além de serem acompanhado por cantos que parecem ser intermináveis. Envolvendo o paciente num drama mitológico e simbólico até o fim da sessão de cura.

Já os xamãs da etnia *Apache* têm seus próprios objetos de uso regular, que incluem: pólen, tintas, ervas, chocalho, tambor e penas (preferencialmente de águia). Com um cigarro de tabaco, o xamã sopra nas quatro direções, entoa uma prece e convoca seu "poder" para auxiliá-lo. Marca o paciente com pólen ou tinta, depois canta e reza. Sua canção oferecida ao espírito guardião é acompanhada de chocalho ou tambor. Tem uma visão e ouve a orientação espiritual do que fazer com o doente. A prescrição pode incluir ervas medicinais ou a extração de objeto enfeitiçado dentro do enfermo. Neste último caso, geralmente as canções são cantadas mais fortemente e, ao final da noite, o xamã suga o objeto patogênico de dentro do corpo da vítima e cospe no fogo.

Williams (2013, p. 109) sobre a parafernália empregada, diz que:

As canções guardam um poder que um xamã libera ao recitá-las. O poder está na respiração do xamã. Entre os peruanos, *samay* é uma maneira de soprar poder em algo para conduzir uma benção. [...] A respiração propicia uma ligação entre doador e receptor, que transcende todos os limites. O fogo ou a água em forma de destilado às vezes complementa a respiração, mas o objetivo é sempre restaurar a harmonia e o equilíbrio. De fato, o povo acredita que o criador, *Wiracocha*, expirou o sonho, que virou realidade dessa maneira. Uma pessoa pode facilmente compartilhar uma benção de unidade com outros, complementada pelas canções ou cânticos concedidos pelos espíritos.

O ritual de cura faz com que o paciente tenha uma consciência catártica de eventos traumáticos, liberando tensões emocionais enjauladas na medida em que situações são revividas. O processo de dramatização, ou psicodrama, é um traço notável de rituais de cura no qual o paciente exterioriza seus problemas num ambiente controlado e seguro. Estudos comportamentais indicam que a maioria das enfermidades são causadas pela desarmonia consigo mesmo, com a natureza e a com a comunidade.

Entre os *Pueblo*, em geral, as curas das enfermidades mais graves ficam a cargo de suas sociedades de medicina e os transtornos menores são resolvidos por curandeiros que usam ervas e remédios simples, estes também controlam as chuvas e as colheitas. Nas cerimônias de curas mais complexas, todos os membros da Sociedade de Medicina são convocados a se tornarem "uma só pessoa", resultando numa possessão espiritual em que todos se despem e realizam curas por sucção. São momentos em que eles, dançam e se comportam como o animal totem de cura desta sociedade. Nessas tribos os clãs são extremamente importantes.

Como podemos ver acima, as danças também são utilizadas no processo de cura xamânica. A Dança do Sol dos *Lakota* visa à cura por meio do sofrimento dos dançarinos. Ao ficarem durante quatro dias em jejum de água e comida, ligados a um poste central com ganchos presos aos seus peitos, soprando apitos e rezando fervorosamente pelos doentes, oferecem a sua dor em troca da cura. No último dia, eles libertam-se dos ganchos e lavam a terra com seu sangue. Os *Anishinaabe* realizam uma dança de cura, a *ogichidanimidiwin*, para conquistar o auxílio dos *manitus*, os espíritos guardiões da tribo. Em outra dança, a *windigokan*, os dançarinos *Anishinaabe* vestem uma roupa como se fossem esqueletos para expulsar os demônios que provocam as enfermidades. Os *Ainu*, da região norte do Japão, também dançam para afugentar os espíritos malignos.

Podemos descrever a medicina tradicional xamânica de duas formas: primeiro, como um meio que transporta o xamã, e o paciente para um EXCA, onde se processará a cura; segundo, como símbolos físicos do estado curativo – bolsa de medicina e objetos removidos do doente. Porém, devemos esclarecer que, um xamã completo, teoricamente não necessita de nenhum destes "remédios" para curar, usando para tal somente seus poderes mentais e contando com o auxílio dos seus Aliados de Poder. Entretanto, como os pacientes não tem tal poder, toda a parafernália culturalmente utilizada no processo de cura é necessária para incluir o paciente no contexto da cura xamânica.

Xamanismo Hoje

> A arte de ler os sinais através do movimento dos pássaros, dos ventos, dos rios e do fogo é para o povo indígena a maneira pela qual a Mãe Terra conversa com o ser humano. Essa fala silenciosa faz parte do caminho do coração.
>
> KAKÁ WERÁ JECUPÉ

Por ser o mais antigo sistema de práticas espirituais da humanidade, podemos dizer que o Xamanismo é o protótipo de uma série de religiões e caminhos esotéricos, como: bruxaria, hinduísmo, budismo, gnosticismo, islamismo, cristianismo, zoroastrismo, judaísmo, ubandismo, etc. Podemos ver exemplos de técnicas xamânicas, como a Busca de Visão, na caminhada de Jesus pelo deserto; na meditação de Buda sob a árvore e na de Maomé na caverna do Monte Hira. Ritos de Passagem na circuncisão judaica, o batismo cristão e a feitura de santo no Candomblé. Todos esses caminhos espirituais incorporam o princípio da transcendência do estado de separação no qual uma divindade ou espírito envolve seres humanos em uma experiência para além das suas necessidades imediatas.

Apesar de ter influenciado a maioria das religiões, algumas delas, com o advento da invasão dos europeus e a subjugação imposta aos povos na África, Austrália e Américas, quase extinguiu a chama do Xamanismo nos séculos 15, 16 e 17. Como também, mais recentemente, a matança e a caça aos xamãs siberianos no século passado pelo governo soviético e nas últimas décadas pelo chinês, além de outros realizados contra os povos autóctones e suas linhagens que guardam a sabedoria ancestral nativa. Durante as perseguições religiosas e políticas, xamãs foram difamados, acusados de magia maléfica e exterminados. Muitos tiveram que se adaptar, já outros se esconderam para continuarem sobrevivendo e exercendo a sua prática espiritual discretamente.

No final do século 19, antropólogos começaram uma série de estudos sobre o Xamanismo e grande parte deles chegou a infeliz conclusão de que xamãs eram trapaceiros que procuravam enganar os incautos, como diz o russo Basilov

(1984, p. 33): "Os xamãs eram charlatães astutos que pretendiam ser possuídos pelos 'demônios' para assim enganar os seus ingênuos conterrâneos".

Além de serem objetos de estudos dos antropólogos, no início do século 20 passaram a ser também dos psicólogos. Infelizmente, a maior parte das pesquisas psicológicas, apesar de produzirem introvisões de valor, também deram margem a equívocos memoráveis, alguns dos quais distorceram por décadas o que sabemos sobre o Xamanismo. Durante muito tempo as experiências transcendentais xamânicas foram consideradas como regressões patológicas e de proporção quase psicóticas, fazendo com que psiquiatras e psicólogos considerassem que xamãs eram loucos epiléticos e sofriam de esquizofrenia.

Vitebsky (1995, p. 138) explica que:

> O paralelo mais próximo para a loucura do xamã será talvez o estado clinicamente designado por esquizofrenia. Um ataque esquizofrênico consegue mergulhar uma pessoa em terrores comparáveis à visão da iniciação de um xamã, quando a sua personalidade se desintegra de modo semelhante. Todavia, as diferenças são bastante grandes, tanto psicológica quanto socialmente. Enquanto a atenção do xamã aumenta, a do esquizofrênico encontra-se difusa; enquanto o xamã mantém o controle de longo alcance sobre o seu próprio estado de espírito, a esquizofrenia determina a perda deste controle; e enquanto a experiência do xamã é sempre trazida de volta à sociedade e partilhada para benefício dela, o esquizofrênico está retido no interior da sua experiência privada, quase a ponto do autismo.

Aquelas pessoas que dizem que os xamãs são esquizofrênicos e que não existe uma diferença entre os Estado Xamânico de Consciência Ampliada e da esquizofrenia, estão assumindo que só existe um Estado Alternativo de Consciência dentro do Xamanismo. É nesse ponto que está o engano, pois existem diversos estados de consciência, como também há diversos tipos de esquizofrenia. Pelo que pudemos observar e ler, surtos esquizofrênicos são arrasadores, desestruturando todas as emoções, pensamentos e percepção da realidade, fazendo com que os indivíduos percam a identidade.

Comparando esse estado com o EXCA, notamos que as pessoas que sofrem de esquizofrenia não conseguem ter o controle de suas ações, elas sofrem uma enorme quantidade de alucinações, perdendo a capacidade de discriminar o que é real do que não é. Enquanto isso, dentro da jornada xamânica, xamãs tem controle de suas ações. Conseguem sair e voltar para o seu corpo a hora que quiserem, já o esquizofrênico parece que vive numa viagem sem retorno.

O processo esquizofrênico, segundo Walsh (1993, p. 243), relaciona-se com uma desestruturação violenta da realidade e do ego. Não que o esquizofrênico "alucine" coisas que não existem. Simplesmente está percebendo coisas e organizando-as no plano psíquico e emocional de maneira diferente da ordinária ou está percebendo coisas que as pessoas em geral desconsideram inconscientemente, que resultam da percepção de uma realidade diferente, que no caso do esquizofrênico é-lhe angustiante e muitas vezes autodestrutiva. A citada desestruturação é experimentada como uma perda de certeza quanto ao que é ou não real, inclusive quanto ao próprio ego, que perde a sua continuidade, uma vez que a estrutura que lhe dá forma se "desmonta". Nesse ponto, o esquizoide pode ter sérias dúvidas sobre a sua identidade por carecer de certeza a respeito dos traços que a configuravam, sendo o ego a referência fundamental da conduta, quando aquele se desestrutura, esta é atingida seriamente, podendo parecer errática, imprevisível ou desconexa.

Fora os casos de lesão cerebral ou má formação genética, o esquizofrênico é um indivíduo que entrou num processo de desestruturação incontrolado, mesmo que não esteja ciente disso, e adentrou nele por motivos semelhantes aos do xamã. A busca de um jeito alternativo de ser, a renúncia a uma normalidade doentia, cujo preço é o tédio e a angústia, quando não a dor e a depressão. A esquizofrenia é uma busca desesperada e errática da liberdade. Geralmente, a pessoa esquizofrênica caiu nesse estado como consequência de uma crise existencial de grandes proporções, da qual não conseguiu se recuperar. Por isso, costuma-se dizer que "ficou na viagem". Mas essa "viagem" ia para algum lugar. Dirigia-se à libertação de uma existência opressiva. Apenas não achou o caminho certo, não teve intento bastante para chegar ao seu destino.

É até compreensível que alguns pesquisadores tenham rotulado xamãs de esquizofrênicos, mas está claro que Xamanismo e esquizofrenia são fenômenos absolutamente diversos.

Em resumo, as alegações de que os estados xamânicos são idênticos aos da esquizofrenia parecem ter sido baseadas em comparações imprecisas e tanto a teoria como os dados sugerem que esses estados são muitos distintos entre si.

O antropólogo francês Claude Lévi-Strauss, com seu estilo refinado, deu uma guinada radical no assunto quando disse, em 1949, que xamãs deveriam ser comparados mais com psicanalistas do que com psicopatas. A partir daí outros observadores confirmaram que os xamãs se encontravam entre os membros mais sãos da sua comunidade. Desta forma, novas pesquisas colocaram sob uma renovada luz às práticas xamânicas com estudos sobre as curas psicossomáticas, os vários estados de consciência, o processo do sonho, a meditação, os psicotrópicos, as experiências místicas, efeitos placebo, etc.

Aldous Huxley (1954) fez experiências com mescalina nos primeiros anos de 1950 e o interesse pelo Xamanismo desenvolveu-se muito desde então. No final da década de 1950, O Xamanismo interessava fundamentalmente aos especialistas da psicologia transpessoal, como Abraham Maslow (1954), Ken Wilber (1990), Stanislav Grof (1997), constituindo-se em uma disciplina de vanguarda que procurava estudar os estados de consciência mística veiculados pelo conjunto das tradições da humanidade. Para os antropólogos, etnólogos e historiadores das religiões, era em uma forma primitiva de religião, suplantada e superada pelas culturas hierarquizadas modernas.

Neoxamanismo

Na década de 1960, uma série de questionamentos sócio-existenciais, feitos anteriormente pela revolução contracultural dos *beatniks*, propiciou o surgimento do movimento *hippie*, cujo questionamento existencialista ia além das considerações econômicas, sociais e políticas, visando ao ser integral em face da vida e do mundo. Os *hippies* adotavam um modo de vida comunitário, ou de vida nômade, e em comunhão com a natureza. Esses fatores sociais permitiram o interesse dos jovens pelas práticas meditativas orientais e a busca pelas raízes perdidas: experimentação de vias xamânicas, contato com os indígenas, retorno ao nascimento, à mãe e ao pai, desenvolvimento em laboratório de técnicas de alteração da consciência, como o isolamento sensorial e o *biofeedback*.

Essa procura pelo ser integral conduziu a busca espiritual que incidiu sobre diversas formas de religião e caminhos místicos, como as igrejas carismáticas, o budismo, o hinduísmo ou o paganismo. Durante o processo, os buscadores começaram a perceber seu valor e o quanto o homem havia se desviado do conhecimento e do caminho original. Nesta busca, a redescoberta do Xamanismo surgiu como um impulso importante no atual renascimento espiritual que varre o mundo ocidental, principalmente por ser considerado uma forma não dogmática de espiritualidade, que proporciona uma grande margem de criatividade pessoal.

Uma série de indivíduos foram cruciais para o ressurgimento do Xamanismo, dentre eles se destacam Marie Antoinette Czaplicka, Carl Gustav Jung, Aldous Huxley, Peter Furst, Mircea Eliade, Claude Lévi-Strauss, Joseph Campbel, Mario Mercier, Michael Harner e Carlos Castaneda. Todos foram, principalmente os dois últimos, responsáveis por abrirem a consciência de indivíduos em busca do desenvolvimento pessoal e espiritual para as ideias, crenças, inspirações e experiências diretas dos xamãs.

Com o ressurgimento do Xamanismo, um número crescente de indivíduos começou a querer explorar os diversos estados de consciência na busca pelo conhecimento e sabedoria das diferentes dimensões e mundos. Desta forma, os cantos sagrados acompanhados de instrumentos de percussão, danças, chocalhos e tambores, ou a interação com os "aliados de poder" por meio de jornadas em outros níveis de consciência, voltaram a se tornar práticas bastantes correntes no Mundo Contemporâneo.

Os livros lançados por Carlos Castaneda sobre seu aprendizado com Don Juan Matus, da etnia *Yaqui*, tornaram-se leituras obrigatórias e colocaram um árduo desafio aos quadros convencionais da realidade e as ideias sobre seus limites. Michael Harner, na mesma época, após ter estado com os *Conibo* e *Shuar* da Amazônia, entrou em contato com o universo xamânico. A partir daí, percebeu que as técnicas multimilenárias dos xamãs poderiam ser trazidas ao homem racional e utilizadas para o restabelecimento da energia vital e, consequentemente, do equilíbrio psicológico e corporal.

A grande contribuição de Michael Harner foi criar um método de entrar em Estado Alternativo de Consciência sem o uso de enteógenos, que aprendeu com os xamãs *Salish*, *Pomo* e *Wintun* da costa oeste norte-americana. Harner (1980, p. 16) afirma que o que consideramos realidade subjetiva no Estado Comum de Consciência (ECC) é realidade objetiva, no EXCA. A partir daí, concluiu que, para se conseguir um efeito objetivo no Estado Xamânico de Consciência Ampliada, bastaria um estímulo subjetivo no ECC. Esse incentivo seria pelo som produzido por batidas rítmicas de tambores e chocalhos, instrumentos tradicionais do xamã.

Particularmente, não acreditamos que esse método adotado por Harner faça-nos entrar isoladamente em EXCA. Na verdade, o toque do tambor nos leva a um estado de relaxamento provocado pelas ondas teta, porém o som deste instrumento deve ser acompanhado pela dança e pelo canto, levando nosso corpo à fadiga e fazendo com que hiperventilemos o nosso cérebro.

Lascariz (2011, p. 316-317) sobre a batida do tambor diz:

> Tem-se defendido que a percussão de 130 a 140 batidas num tambor, numa cadência regular e isométrica, pode induzir efeitos de relaxamento extraordinário nos seres humanos e provocar ondas teta no cérebro, responsáveis pelos estados

profundos de transe. A eficácia do tambor no contexto do transe é essencial, mas não funciona de forma isolada. O tambor não pode ser dissociado da dança ou do movimento ritual, do canto e da hiperventilação que ela provoca. Atribuir ao tambor uma eficácia todo-poderosa no transe é cair no mero placebo ritual, a menos que no futuro se encontre fundamentos neurológicos credíveis para a explicação do fato. Na verdade, como em todos fenômenos místicos, o fator crença parece ser também uma poderosa força subconsciente responsável pelo transe.

Movimentos neoxamânicos surgiram a partir da década de 1970, na Europa e Estados Unidos. Fundações e escolas foram criadas visando restaurar a sabedoria ancestral dos povos nativos, mas na maioria delas ocorreu uma mistura de elementos de diferentes tradições xamânicas com partes de outros sistemas de crenças para criar um novo complexo de valores, rituais e práticas. Nem todas essas instituições são necessária e diretamente relacionadas ao Xamanismo, já que em muitas delas ocorre uma variedade de formas espirituais xamânicas e não xamânicas em que o xamã é geralmente uma metáfora idealizada, não um praticante no sentido literal.

Práticas neoxamânicas são ecléticas e amorfas. Praticantes não tentam evitar a apropriação e mistura de rituais e práticas de culturas xamânicas existentes. Neste sentido, o neoxamanismo não é um aspecto do Xamanismo contemporâneo, principalmente porque ele não envolve realmente um xamã. Alguns estudiosos usam o neoxamanismo para referir-se à revitalização do Xamanismo em culturas tradicionalmente xamânicas, onde as novas práticas desses xamãs tomam formas não tradicionais. Neste sentido, neoxamanismo é um aspecto do Xamanismo contemporâneo. É inerente a natureza das práticas xamânicas transformar-se ao longo do tempo. O renascimento do Xamanismo em culturas xamânicas nativas é um aspecto natural do Xamanismo.

Langdon e Rose (2010, p. 87-88) identificaram que:

> A partir da década de 1980, as formas híbridas de práticas chamadas "neoxamânicas" floresceram na forma de oficinas, terapias e caminhos espirituais pelo mundo inteiro. Enquanto, ao menos durante certo período, os antropólogos enfatizaram a natureza indígena do xamanismo, implicitamente assumindo que este é um fenômeno que se desenvolveu ao longo da história de grupos que podiam ser pensados como cultural, temporal e geograficamente contíguos, o movimento global heterogêneo do neoxamanismo introduz no xamanismo elementos não indígenas e vindos de diferentes lugares e contextos. As raízes dos movimentos neoxamânicos estão ligadas a um contexto global mais amplo, no qual o indígena é objetificado como o "Outro primitivo", como o detentor de um conhecimento

primordial e ancestral. Algumas características comuns desses movimentos seriam a promoção de um xamanismo primordial como um fenômeno que não está vinculado a culturas ou contextos específicos; a expressão dos valores do individualismo moderno; uma orientação para objetivos psicológicos e terapêuticos individuais.

Langdon e Rose (2010, p. 88), complementam falando que:

Estes novos "xamanismos" emergiram mais a partir da fascinação popular nas práticas de êxtase, influenciada pelo enfoque interdisciplinar dos estados alterados de consciência e das terapias, e menos da antropologia acadêmica. Desde as primeiras publicações sobre experiências com estados alterados de consciência causadas por substâncias como mescalina, LSD e *ayahuasca* (Huxley, 1954), psicoterapeutas, etnofarmacólogos, antropólogos e outros têm argumentado sobre os benefícios desses estados, afirmando que tais substâncias funcionam para a liberação da mente e a integração da psique (Winkleman, 2000), e não para sua desintegração, como previamente sugerido por termos como psicotomiméticos ou alucinógenos (Sell, 1996). Com o tempo, a ligação do sagrado com os estados alterados xamânicos tomou importância central no discurso do neoxamanismo e hoje o termo mais utilizado para designar as inúmeras substâncias utilizadas nesses contextos é o de enteógeno, em referência ao aceso às dimensões sagradas provocado por sua ingestão (Metzner, 1999). Cabe ressaltar, que o uso dos chamados enteógenos no mundo atual faz uma ligação íntima entre espiritualidade e saúde psíquica, associando essas plantas a noções contemporâneas de autoconhecimento e terapia. (sic)

Infelizmente, grande parte dos grupos de neoxamanismo têm uma perspectiva errada do que vem a ser realmente o Xamanismo. No lugar de trabalharem o corpo para que este crie uma química que fará com que entrem em EXCA, a maioria usa exclusivamente ferramentas externas, como a batida do tambor ou do maracá, para induzir a imaginação. Desta maneira arranham meramente a camada superficial do trabalho profundo e visceral que o Xamanismo é. O Caminho Xamânico se caracteriza pelo transe extático e uma transformação sacrificial do Iniciado, e não um devaneio imaginativo. Estes grupos fazem crer aos seus participantes que qualquer um pode ser xamã quando, em verdade, percebe-se pela tradição que a trajetória árdua do Xamanismo não é para todos, mas para aqueles convocados pelos espíritos e que se engajaram em despertar a visão para vivenciarem a experiência do mundo suprassensível.

Em todos os caminhos é possível encontrar segmentos que buscam manter um contato com a essência profunda e transcendente dos ensinamentos e outros que repetem a forma sem entender o conteúdo, que imitam fórmulas sem operar com a verdadeira essência do que é acessível. O mesmo pode-se ver entre os grupos neoxamânicos. Felizmente, por exemplo, o do Fogo Sagrado de *Itzachilatlan* (criado na década de 1980, pelo Mexicano Aurélio Diaz Tekpankalli) mantêm a essência em suas práticas, mesmo fundando-se numa concepção pan-indígena e *new age* do caminho de vida correto, inspirada por algumas das crenças encontradas em uma variedade de povos originários americanos, como também na Igreja Nativa Americana que utiliza o uso cerimonial e sacramental com o *peyote*.

Xamanismo na atualidade

Por um tempo adormecidos, mas não esquecidos, os rituais xamânicos agora despertam a atenção de homens e mulheres contemporâneos, independentemente de estágio cultural ou do fato de viverem na selva de pedra cercados de racionalidade, numa realidade completamente diversa, e talvez inimaginável, daquela experenciada por nossos antepassados quando reunidos em torno de suas fogueiras.

Diversas publicações atuais ajudam a restaurar as tradições de sabedoria do Planeta inteiro. Os ensinamentos revelados por essas iniciativas constituem herança comum àqueles que entendem o Xamanismo como um caminho para a sabedoria interior e a harmonia entre povos e nações. Hoje, um número cada vez maior de indivíduos conscientes das realidades ecológicas, sociológicas, religiosas e espirituais percebe que o Xamanismo foi a primeira chave que permitiu ao ser humano compreender seu meio ambiente e viver em harmonia com ele.

Vitebsky (1995, p. 128) comenta que:

> As ações do xamã, à primeira vista, parecem incompatíveis com a visão do mundo geralmente aceita pela sociedade como um todo. O pensamento xamânico está em conflito com os modelos "racionais" e mecanicistas de causa e efeito que operam na corrente principal da ciência. Todavia, certas ciências parecem perfeitamente abertas a ideias não convencionais nas suas fronteiras e, privadamente, muitas pessoas desejam acreditar em espíritos. [...] O Xamanismo oferece uma visão do mundo em que os homens usam o meio ambiente por um compromisso precário e ganho com custo, ao preço de atenção e respeito constantes e não através do seu poder.

O Xamanismo mudou ao longo do tempo com a complexificação das necessidades das comunidades e dos indivíduos. Enquanto no passado um dos papéis principais do xamã estava ligado especificamente à magia, hoje ajudam as pessoas com preocupações profissionais que envolvem empregos, sucesso e reconhecimento. Questões de carreira são, talvez, uma versão contemporânea da antiga necessidade de saber "onde caçar" e "quando plantar". Essas questões são levantadas fundamentalmente pela pergunta: "Como faço para sobreviver?" A necessidade de sobrevivência não mudou, como também permanece igual o transe do xamã e a sua relação com os espíritos aliados.

As formas externas de rituais xamânicos também mudaram ao longo do tempo, em resposta as alterações nas necessidades das pessoas que são provocadas pela influência de mudança de culturas, governos e sistemas religiosos dominantes. Geografia, mitologia, a flora e a fauna e os padrões climáticos são alguns dos muitos fatores que influenciam os tipos de espíritos com os quais xamãs podem trabalhar.

Pessoas contemporâneas se voltam para os xamãs essencialmente pelas mesmas razões que seus antepassados fizeram, por soluções práticas e pragmáticas para os problemas da vida cotidiana. Eles acreditam que a solução está além das dimensões do mundo físico comum do problema. Essa crença pode ser culturalmente realizada ou pode realmente ser contrária às crenças do indivíduo, mas o xamã é procurado porque todas as outras vias convencionais de ajuda falharam. Algumas pessoas relatam uma sensação estranha ou uma intuição de que buscar um xamã é a coisa certa a se fazer, mesmo não sabendo nada sobre Xamanismo. Como o xamã cria a mudança é determinado pela necessidade de cada um e varia de caso a caso, tal como acontecia e acontece com os xamãs tradicionais. O resultado de rituais de cura xamânica visa a restaurar a integridade da alma do paciente, a sua força vital, para restituir a harmonia e o equilíbrio entre o indivíduo e o meio ambiente, ou para reestabelecer a energia do paciente.

Xamãs contemporâneos abordam ampla gama de problemas de saúde, desde resfriado comum ao câncer, depressão, fertilidade e longevidade, problemas familiares, incluindo as questões que surgem entre cônjuges, pais e filhos, e membros da família mortos. Também realizam cerimônias de aberturas de novos lugares ou eventos, tais como estradas, pontes, casas, embarcações, bem como o fechamento de espaços antigos.

Enquanto, ao menos durante certo período, os antropólogos enfatizaram a natureza indígena do Xamanismo, implicitamente assumindo que este é um fenômeno que se desenvolveu ao longo da história de grupos que podiam ser pensados como cultural, temporal e geograficamente contíguos, o movimento global heterogêneo do neoxamanismo introduz no Xamanismo elementos não indígenas e vindos de diferentes lugares e contextos. Com base nessas premissas, consideramos que o Xamanismo hoje pode ser mais bem entendido como um produto da modernidade, uma herança da humanidade que ultrapassa as fronteiras dos países, credos, filosofias e raças.

Como podemos ver, a prática xamânica é uma arte viva. As formas mudam, evoluem e se transformam. No entanto, as funções dentro das formas não mudaram ao longo do tempo ou entre culturas. É justamente essa consistência e capacidade de adaptação que faz com que o Xamanismo seja uma prática espiritual até os dias de hoje.

Epílogo

> A natureza e a terra não são somente objetos de produção, mas, sim, de contemplação, um mistério que temos que respeitar, pois só assim trilharemos o verdadeiro caminho do coração.
>
> Wagner Frota

Nos dias atuais, o Xamanismo pode ser considerado como fenômeno social e cultural dinâmico. Xamãs preservam um notável conjunto de antigas técnicas desenvolvidas ao longo dos séculos, usadas para obter e manter o bem-estar e a cura para si próprios e para os membros de suas comunidades, possibilitando aos indivíduos aprenderem conscientemente a transpor o aparente abismo existente entre o mundo físico e o dos espíritos.

Anterior a todas as religiões, psicologias e filosofias conhecidas, o Xamanismo em si é o conjunto de práticas e técnicas arcaicas ligadas à natureza, com o propósito de expansão da consciência para interagir com os mundos suprassensíveis. Seu principal postulado é o pensamento animista de que todo Universo e tudo ao seu redor, até objetos inanimados, contêm espíritos autoconscientes. Todas culturas xamânicas respeitam a natureza, prestando atenção aos seus sinais, aplicando suas leis nas suas vidas e atividades, vivendo em harmonia com o meio ambiente.

Historicamente, as religiões abraâmicas (catolicismo, islamismo e judaísmo) privilegiaram o homem sobre a natureza. Eles consideram nossa casa terrena apenas como uma estação no caminho para a felicidade da vida eterna. Cuidar do Planeta e de todas as suas criaturas foi, em grande parte, deixado ao acaso – não sob responsabilidade da humanidade, pelo menos. Para os cientistas, no entanto, a necessidade de assumir o cuidado da Terra é mais premente. A maioria concorda que estamos sobrecarregando o Planeta e que cabe a nós salvá-lo fazendo as escolhas políticas e econômicas que temos adiado para as gerações futuras.

A realidade contemporânea vem tomando um rumo preocupante: o acirramento da crise no Oriente Médio, a crise do petróleo, o buraco na camada de ozônio, o aquecimento global, o efeito dos motores e indústrias poluentes e a destruição da flora e da fauna, mesmo em parques e reservas. A quantidade de fatores que comprometem a vida no Planeta chama a atenção para um fato: a Terra está doente e precisa do auxílio da humanidade para se curar.

Crema (1989, p. 21) alerta para crise que ocorre atualmente no nosso Planeta, quando diz:

> Para qualquer pessoa dotada de um mínimo de arte de ver o óbvio, é tão fácil quanto atordoante constatar que vivemos uma crise sem igual, por seu aspecto avassalador. É uma crise vital: pela primeira vez, na parcela histórica conhecida, a espécie humana corre um risco iminente de autodestruição total. Mais do que isso: a própria vida encontra-se ameaçada no nosso Planeta que os antigos gregos, com sua visão orgânica, denominavam Gaia, a Deusa Terra.

Depois de anos estudando as culturas xamânicas, somos conscientes de como a cosmovisão indígena difere do paradigma científico do Ocidente, assim como das visões religiosas ocidentais. É essencial que façamos algo Aqui e Agora para reverter o processo de degradação do nosso Planeta, senão por nós, mas pelas futuras gerações. Para os indígenas, o bem-estar do Planeta vem sempre em primeiro lugar, isso inclui todos os habitantes da Terra igualmente, humanos ou não. No Caminho Xamânico aprendemos que toda criação é sagrada. Os Xamãs vivem numa terra abençoada e cuidam dela, honrando-a e evocando seus deuses para que auxiliem na sua jornada como Guardiães da Terra. Os povos xamânicos acreditam que devemos cuidar do Planeta não porque a Terra é um lar temporário que nos é concedido por um Deus distante, mas porque é a própria Mãe Terra – nosso lar.

É fundamental no Xamanismo o entendimento de que os seres humanos estão ligados a todas as coisas. Povos tradicionais xamânicos aceitam isso literalmente, apesar desta teia não ser visível. Demorou mais de cinquenta anos, a partir do descobrimento do "princípio da incerteza" de Heisenberg, em 1927, para que fosse mostrado ao mundo pela Ciência, na década de 1970, que a interconexão não é apenas uma metáfora. Tudo está conectado num processo de troca contínuo de elétrons e fótons. Ou seja, levou pelo menos 48.000 anos de evolução humana e mais de 2.000 anos de pensamento filosófico para os seres humanos descobrirem cientificamente o que os povos xamânicos sabiam desde o início.

Segundo a cosmovisão xamânica há um equilíbrio permanente e íntimo entre o ser humano e a natureza que só é possível em termos de reciprocidade, pois tudo aquilo que fazemos à Mãe Natureza, dela recebemos em proporção e semelhança. Se a humanidade atentasse para este detalhe o Planeta não estaria correndo tantos perigos de extinção. Uma harmonia deve existir entre nós e o meio onde vivemos; o mesmo ocorre entre as ordens material e espiritual, também entre aquilo que chamamos de passado, presente e futuro, superando os conceitos clássicos de tempo-espaço. Temos uma visão holográfica do Cosmo; o corpo humano, por analogia, reflete a Mãe Terra em sua totalidade. Macro e microcosmo não estão separados. Todo e qualquer dano que se faça à natureza é um mal que o homem comete contra si mesmo, também em prejuízo de sua comunidade e sua saúde.

O Teólogo Leonardo Boff (2000, p. 74) diz que:

> Há séculos o ser humano vive exilado. Todos perdemos a conexão com o Cosmos e com a própria Terra, nossa casa comum. Tratamo-la como algo inerte, um repositório de recursos a serem explorados até a exaustão pelos seres humanos. Negamos-lhe subjetividade e direitos. Os antigos e os modernos compreenderam bem que a Terra é um superorganismo vivo. E que nós somos seus filhos e filhas. [...] Pelo fato de possuírem mais ancestralidade que nós e de serem nossos irmãos e irmãs cósmicos, os demais seres merecem ser respeitados e venerados. Todos eles falam, pois têm uma história a contar, inscrita em sua estrutura ou no seu código morfológico ou genético. Temos perdido a capacidade de escutar as falas e as mensagens dos seres e, assim, de aprender lições de sabedoria deles, das plantas, dos animais, dos pássaros, dos peixes, das várias culturas humanas. Acostumamo-nos a falar tão alto que somente a nossa voz se faz ouvir. E assim vivemos solitários, em vez de sermos solidários com todos.

A humanidade deve ser consciente de que nossa Mãe Terra pode chegar à conclusão de que é insustentável continuar a apoiar os mais favorecidos de seus filhos. Os seres humanos são extremamente gananciosos e, ao tomarem a maior parte dos recursos para seu próprio uso, colocam em perigo o resto da natureza – os inocentes. Para a cura e sobrevivência do nosso Planeta, precisamos de um novo sonho agora, antes que o dano que fazemos à Terra seja grande demais para permitir que ela se recupere sem perder seus filhos.

Inúmeras tradições xamânicas acreditam que podemos mudar o mundo sonhando um novo mundo. Intentando uma nova aurora para a humanidade. Os xamãs dizem que o Céu começa na Terra, dentro do coração de cada um, onde encontramos o *Spíritu* que nos ajudará a enxergar o que será necessário para este novo despertar e mudar esta realidade atual. Podemos sonhar juntos o sonho do mundo como queremos que ele seja, basta intentar firmemente.

Os avanços científicos e tecnológicos são fantásticos para a humanidade, porém estão deixando a nossa Mãe Terra à beira da destruição. O Xamanismo nos ensina a conquistarmos nosso Poder Pessoal e encontrar um lugar no mundo, auxiliando na cura de enfermos e cuidando de indivíduos que atravessam o nosso caminho. Como visionários, necessitamos olhar mais além e pensar em toda nossa humanidade, incluindo os outros reinos e no nosso lugar na Terra. Não podemos esquecer que fazemos parte da Grande Teia Cósmica da Vida, que a ela todos estamos conectados.

Nós pertencemos à Terra, e não o contrário. A destruição de nossa Mãe Terra atingiu o limite e não dá mais para explorar aleatoriamente a si mesmo e a ela, pois podemos pôr tudo em degradação, num colapso que ameaça a vida efetivamente e a curto prazo. Temos pouco tempo e todo tempo do mundo. Em nossas jornadas, os Ancestrais e espíritos aliados sempre alertam que devemos recuperar a sanidade deste mundo em que vivemos. É imprescindível que nossas atenções estejam voltadas para as questões ecológicas, caso queiramos que a Mãe Terra continue aqui temos que agir antes que seja tarde demais.

Apesar de toda a devastação que fizemos, no entanto, há sinais de esperança. Em todo o mundo as pessoas estão se conscientizando de que são cidadãs planetárias e estão criando novas formas para substituir as velhas que se desintegraram, tanto na infraestrutura, no governo, na economia, nos cuidados de saúde quanto no bem-estar social. As instituições estão se adaptando em resposta às necessidades atuais, assim como nossos corpos e nossos cérebros.

Moacir Gadotti (2000, p. 23) tem uma frase simples que diz: "Se sou cidadão do mundo, não podem existir para mim fronteiras". Ou seja, toda a humanidade faz parte de uma única pátria, a Terra... somos filhos dela.

Em tempos de estresse e crise global, como no presente, podemos ficar doentes ou nos tornarmos extraordinariamente saudáveis se aprendermos a nos adaptar e a prosperar em condições que mudam rapidamente. Em comparação com a adaptação, a evolução – mudança genética a longo prazo para garantir a sobrevivência da espécie – move-se a um ritmo glacial. Mas há evidência agora de que nossa fisiologia está prestes a dar um salto evolutivo. Ao longo dos últimos 20.000 anos, o cérebro humano tem diminuído de tamanho, perdendo cerca de 10% do seu volume, um cluster de neurônios do tamanho de uma laranja. Em termos evolutivos, esta é uma mudança dramática e um prelúdio do que é conhecido como especiação quântica, o salto que pode ocorrer quando uma espécie está ameaçada de extinção.

Estamos no limiar evolucionário. No passado, asseguramos nossa sobrevivência matando espécies concorrentes – como no caso dos Neandertais, nossos parentes distantes. Um novo salto evolutivo pode permitir que nossa espécie sobreviva. Coletivamente, pode haver um imperativo biológico que se agita dentro de nós para nossa sobrevivência, mas quanto melhor seria assegurá-la por meios menos violentos – através da evolução consciente, nas palavras. O Xamanismo nos dá acesso a estados de consciência que são cruciais para a evolução física, emocional e espiritual diante das crises ambientais e das mudanças econômicas, políticas e sociais que enfrentamos.

Assim como a vida na Terra começou em uma sopa primordial, hoje novamente nos encontramos em um caldeirão de imenso potencial criativo. O Xamanismo nos mostra o quadro geral e, dessa perspectiva, podemos transformar o caos em ordem e beleza. Criando as condições para a saúde, a doença desaparece. O cérebro límbico está ligado para resistir à incerteza, mas o caos é o próprio estímulo que pode desencadear saltos quânticos na evolução.

Hoje, caminhos autênticos voltam a se revelar, entre eles o Xamanismo. O despertar de uma visão ecológica em todo o Planeta, em resposta ao desafio da crise global a exigir uma resposta total da inteligência da espécie. Vive-se um tempo de reparação, por meio de uma escuta transcultural respeitosa que pode ensinar a arte de existir em paz com a Natureza.

Mais uma vez Boff (1999, p. 17) alerta que:

> Enfrentamos uma crise civilizacional generalizada: precisamos de um novo paradigma de convivência que funde uma relação benfazeja para com a Terra e inaugure um novo pacto social entre os povos no sentido de respeito e de preservação de tudo o que existe e vive.

Assiste-se a diversos ramos do conhecimento se encontrando, reconhecendo-se, interagindo na confluência de tradições oriundas de diferentes povos e contribuindo com o resgate do ser humano deste estado de "coisificação" e alienação de si mesmo que as religiões sedentas de poder político/econômico e os valores da era industrial impuseram.

Os paradigmas mais estabelecidos na civilização dominante encontram-se embasados na perspectiva da superioridade de uns sobre outros, da humanidade sobre os demais, e se manifestam em guerras de conquista, saque e genocídio; aprisionamento e escravização de irmãs e irmãos, objetificação de pessoas e atribuição e naturalização de valores violentos.

Ao se fazer estas leituras do momento da humanidade, nota-se a urgência de se desenvolverem pessoas voltadas para a construção e não para a destruição, para a consciência e não para a inconsciência, para a liberdade e não para prisão; que se irmanem de tempos em tempos, emitindo tipos de energia que podem auxiliar efetivamente no equilíbrio do Ser Terra.

A Tribo do Arco-íris é um movimento planetário, uma ação que nasce de uma resposta consciente, premeditada, ao chamado dos conselhos ancestrais de vários povos, desde as geladas planícies árticas, onde corre o urso polar, até o continente que dorme sob o gelo ao sul, onde repousa a continuidade da vida.

Formado por integrantes de vários povos e raças, de muitas cores, o movimento atua há anos de forma direta e indireta, tanto nos conselhos nas florestas e montanhas como nos meios conhecidos da mídia, para dar uma dimensão mundial aos seus trabalhos como cidadãos planetários.

A cidadania planetária implica na consciência de todos os homens como habitantes de uma única morada: a Terra, um superorganismo vivo, rico em sua diversidade e em permanente transformação que, como todos os seres viventes, possui história e é finito. A dimensão mundial propõe que se forme uma rede dentro da grande teia que já existe e que ela possua o propósito de preservar a Mãe Terra.

Gutiérrez (2002, p. 121) diz que: "Precisamos falar com a Terra, compreendê-la, experimentá-la. É necessário submergir nela, viver com ela, participar do seu futuro, ser parte integrante dela mesma". O grande desafio nosso é o de resgatar o conhecimento acumulado nas práticas xamânicas das diversas tradições de nosso Planeta. Pois, assim, poderemos contribuir para a saúde, o autoconhecimento e o bem-estar geral do nosso povo e resgatar valores para uma vida mais harmoniosa e ecologicamente correta.

Por sua consciência, o ser humano entra em relação direta com outros seres. Encaixa-se plenamente no sistema geral das coisas. É capaz de reconhecer-se a si mesmo e conhecer os outros, senti-los e amá-los. A reconciliação com a Mãe Terra se faz necessária para preservar a relação da ordem de vida ou morte. Essa mudança na relação homem-terra, hoje chamada de "ecologia humana", convida a todos ao reencontro com a *Madre Tierra*.

Segundo o Xamanismo, todos os elementos do meio ambiente estão vivos e todos possuem sua fonte de poder no mundo espiritual. Pedras, plantas e animais estão carregados de vida e devem receber o devido respeito para a manutenção da harmonia e da saúde. Para os xamãs, todas as formas de vida estão interligadas e o equilíbrio mutuamente sustentador entre elas é fundamental para a sobrevivência da humanidade. Nosso trabalho como xamanistas consiste em compreender este equilíbrio e viver em harmonia com ele, levando sempre a Mãe Natureza em consideração.

Caminho xamânico

Como vimos no decorrer do livro, o Xamanismo surgiu a partir de cultos cinegéticos e extáticos que vieram desde o paleolítico. O Caminho Xamânico não é uma religião, embora tenha sido a pedra basilar de todas as práticas mágico-religiosas e espirituais do nosso Planeta. Não há nenhum dogma, igreja, culto e personificação divina. Há orações e sacrifícios, mas não na forma abstrata do culto religioso. Eles são ações diárias comuns para manter o equilíbrio e o bem-estar pessoal e da comunidade. Este Caminho Sagrado exige uma disciplina espiritual. É um caminho de serviço que envolve sacrifício pessoal e a oportunidade para os mais altos estágios de desenvolvimento espiritual para o xamã.

É por todas essas razões que trilhamos o Caminho do Xamanismo. Não como uma religião, que ele não é, mas, sim, como uma prática profundamente pessoal, sem dogmas e linhas rígidas. O que difere esse caminho de uma religião é que o Xamanismo é algo para ser vivido, e a religião é algo abstrato em que se deve acreditar. Enquanto a primeira leva à ação, a segunda leva à submissão. Ao contrário das igrejas e seus mensageiros, que acreditam que Deus criou os animais, vegetais e tudo o que há sobre a Terra para servir à humanidade, xamãs acreditam que nós é que fomos criados para servir à Terra e cuidar dela. Os seminaristas ingressam num templo para submeter-se a um dogma pré-existente. Passam a compreendê-lo, mantê-lo e ensiná-lo quando se tornam sacerdotes. Sua experiência religiosa é uma experiência baseada na fé e não no contato direto. A comunhão deles está ligada à tradição e raras vezes à experiência. Aceitam a fé, suas normas e seus erros. Eles cuidam dos mitos. Xamãs, por sua vez, são criadores dos mitos, e a origem de sua fé reside na própria experiência com o Divino na natureza.

Xamãs acessam o poder da experiência transpessoal da vida e da conexão com todas as coisas pelo êxtase. Através das suas posturas e transes extáticos, conseguem se comunicar com as realidades suprassensíveis, curar, fazer adivinhações, contatar aliados de poder e auxiliares, entre outras possibilidades. Face às suas capacidades extáticas, isto é, abandonar seu corpo e empreender viagens místicas através de todas regiões cósmicas, o xamã é curandeiro, psicopompo, místico e visionário. Ele é o e a grande especialista das questões espirituais e conhece como ninguém os múltiplos dramas, riscos e perigos da alma.

O verdadeiro Xamanismo não é o devaneio imaginativo pregado pelo movimento da Nova Era, que ilude o praticante com promessas de acesso imediato e sem esforço ao mundo espiritual que está submerso na escuridão do inconsciente coletivo, descontextualizado do ambiente mágico-numinoso, reduzindo-o a uma técnica psicológica de autoajuda em detrimento de sua essência iniciática. Muito pelo contrário, é uma ação concreta e viva, na qual sua herança e seu corpo iniciático se encontram no Mundo dos Espíritos.

Nem todos que pretendem ser xamã têm as aptidões necessárias para sê-lo. Estes são escolhidos e chamados por Ancestrais Míticos e o seu prestígio, embora confirmado pelas comunidades que servem, proveem dos Aliados, Espíritos e Deuses. Não há xamãs gerados espontaneamente ou despertos num workshop de final de semana. Há que ter sido convocado pelos espíritos ou sofrido a doença do xamã, podendo ter nascido com uma marca ou recebido os dons hereditariamente, conforme a tradição.

Podemos afirmar que existem duas correntes de transmissão iniciática no Xamanismo: uma liderada pelos espíritos ancestrais, que o preparam por meio de visões, sonhos e doam-lhe o legado e poderes ditos esotéricos, e outra de forma material, que preserva a herança formal e exotérica das cerimônias, ritos e tradições. A transmissão oral pode, atualmente, ter perdido a sua força, mas as provas iniciáticas e os pactos com os espíritos, perpetuam-se nas culturas xamânicas. São esses testes e contatos sobrenaturais, assim como a radical transformação perceptiva que lhes sucede, que investem o neófito com uma enxurrada de conhecimentos numinosos.

Ao serem iniciados no Mundo Profundo pelos Ancestrais Míticos e outros entes, xamãs têm os olhos vazados para que possam ver o Mundo Sobrenatural em todas as suas dimensões. Só após passarem por esse rito iniciático é que ascendem de corpo e espírito até o cume da montanha, o Mundo Superior, sendo incinerados pelos raios do sol que limpam, definitivamente, as impurezas de seus corpos e concedem-lhes o fogo que permitirá a chegada ao êxtase e a entrada nos mundos invisíveis. Desta forma, recebem um passaporte com dupla cidadania para que possam viver na matéria e viajar até o Mundo dos Espíritos sempre que necessário.

Para acessar esses novos mundos, os xamãs têm que entrar em Estados Xamânicos de Consciência Ampliada. Para atingir o EXCA procuram cantar e dançar ao som de instrumentos (tambor, maracá, etc.) até chegarem à exaustão física, provocando a hiperventilação no cérebro e ativação de endorfinas opiáceas, deixando as ondas cerebrais mais lentas (*teta* e *delta*), quase próximas da morte e da união cósmica que também é atingida por grandes místicos. Além destes indutores, podem utilizar enteógenos (plantas psicotrópicas). Entretanto, alguns indivíduos não necessitam destes indutores, pois têm inclinação inata para romper as barreiras do tempo/espaço com o seu duplo anímico.

O Xamanismo é um caminho e, como tal, não pode ser plenamente compreendido e definido a menos que seja percorrido. Trilhando-o tivemos a confirmação do que já sentíamos quando crianças: de que tudo tem um espírito, as flores, as plantas, os animais, as pedras, as montanhas, o sol, a lua, as estrelas, os rios, lagos, mares, etc. Passamos a sentir mais profundamente respeito por todas essas manifestações divinas e compreendemos que não se trata de deuses distantes, pelo contrário, são partes integrantes da nossa mãe e pai cósmicos.

A Arte Xamânica celebra a vida, os ciclos da natureza, mas este celebrar não é adorar, não é prestar culto ou submissão a um ente superior. Ao celebrarmos o ciclo das estações e os eventos naturais anuais, reconhecemos que qualquer mudança é imutável. Os festivais celebrados refletem a vida que segue adiante, sempre. Por essa razão, nossos rituais refletem ao mesmo tempo transformação e constância, festejando o eterno ciclo da vida.

O verdadeiro Xamanismo, praticado por eras, é aquele que nos coloca frente a frente numa batalha com nosso ego e nos leva aos limites corporais e cognitivos da nossa condição humana. Por isso o chamamos de Xamanismo Visceral, aquele que nos leva à uma morte consciente e até ao mundo suprassensível. Nenhum rito iniciático é completo sem que haja contato com o sagrado e o indivíduo volte diferente. O Xamanismo vem alertar que necessitamos trazer os ritos de passagem para a nossa sociedade atual, celebrando as mudanças de fases de maneira tradicional, indo além deste mundo e tendo um breve contato com o sagrado antes de renascer.

Quando trilhamos o Caminho do Dragão e despertamos memórias ancestrais, não somos nós, enquanto indivíduos, que estamos lembrando, pois só podemos nos lembrar dos eventos da nossa vida. É como atravessar uma fenda que separa os dois mundos e assumir o seu lugar entre os que nasceram duas vezes, entre aqueles que venceram a morte. Quando entramos em contato com as poderosas energias ancestrais ocorre uma tremenda cura. Neste momento, descobrimos que o espírito é a própria energia consciente de si mesma que libera na hora da transição o ser consciente para a liberdade total, livre para viajar para todos os recantos do Cosmos. Nesse processo, desgarramos da limitada energia de nosso próprio ser e experimentamos uma comunhão com o Grande Mistério e toda a sua Criação em seu próprio terreno, o Infinito.

Chegou a hora de aguçar o olhar, como uma águia, e aprender os valores perdidos da celebração significativa, do êxtase espiritual transformador, da pedagogia da independência e da liberdade pessoal, aliados ao respeito ao Planeta Terra e às suas cidadãs e seus cidadãos. Como foi dito anteriormente, vivemos um clímax histórico, em que surge um pequeno grupo de Guerreiros, vindo do Arco-íris Sagrado com a missão de reestruturar o arco que foi quebrado.

Com a prática do Xamanismo, tornamo-nos cocriadores na vontade coletiva da natureza, agentes da mudança no drama da evolução. Zelo e cura caminham juntos. Finalmente, a prática do Xamanismo nos leva, consequentemente, a nos alinharmos com as forças de cura da natureza. Assim, encontramos equilíbrio e integração. Sabemos quem somos e para onde estamos indo.

Na nossa caminhada, descobrimos que todos têm seus desafios e só quem os enfrenta sabe o quanto são limitantes ou estimulantes. O Xamanismo é um caminho árduo, mas não da forma como se usa tal palavra no cotidiano, ele é penoso porque ardemos com o fogo interior desperto pela fricção do Céu e da Terra dentro de nós. Para um andarilho não há nada difícil ou fácil, há apenas desafios que são enfrentados com muita alegria. Se o caminho for "sofrido" não há coração nele e é melhor que este seja abandonado rapidamente.

Os Guerreiros do Coração da tribo do Arco-íris procuram retornar à fonte primeva da origem mítica da raça humana, quando não havia separação entre o mundo material e o espiritual. Numa época em que todos os seres se comunicavam entre si (animal, vegetal, mineral, etc.) e que existia um elo atávico com as forças mais arcaicas do Sangue e da Terra. Hoje, todos aqueles que trilham o Caminho Xamânico sabem que a prática do Xamanismo conduz à sabedoria interior e à harmonia entre diferentes povos e nações, pois somos os filhos do casamento sagrado da Terra com o Céu.

No Caminho Xamânico, a coisa mais importante é a nossa relação com os espíritos, as manifestações das forças da natureza e nossa comunhão com tudo aquilo que nos cerca visando à jornada rumo à Liberdade Total. Essa busca nos fascina e nos sustenta.

Em síntese, todos os ensinamentos de autoconhecimento nos dirigem a um único fim, o do respeito e amor entre todos os seres.

Ser e agir como Xamã não é privilégio de povos nativos, mas do desenvolvimento humano. O amor, o respeito, a energia e a intenção são determinantes para que isso ocorra. O amor é a pedra angular da vida e da consciência. É a chave que abre todas as portas. Por isso o Xamanismo é o Caminho do Coração. Quando os seres humanos voltarem a escutar a voz do seu coração, irão encontrar o *Spíritu* e poderão voltar a se comunicarem com todos os seres. Mas para isso terão que se aventurar além dos véus estendidos sobre o corpo, o espírito e a alma, como fazem os xamãs.

Nós, que trilhamos o Caminho Xamânico, descobrimos que não há individualismo, afinal, todos estamos conectados a uma grande Teia da Vida, do sonho, que molda nossas realidades. Se passarmos pelas técnicas de "autoconhecimento" com seriedade e disposição correta, influenciaremos positivamente tudo ao nosso redor, já que faremos reverberar nossa teia singular, diferentemente de ser individual, por todo o Universo, transformando, com isso, de maneira positiva e evolutiva, o nosso contexto atual, pessoal e geral.

As práticas xamânicas nos conscientizam de um grande plano e nos permitem dele participar, mas para isso temos que morrer. A morte é nossa melhor amiga e nos recorda continuamente de que estamos vivos.

Não existe Xamanismo sem morte. Morrer xamânicamente significa que se autoconhecer não é corroborar as questões do ego, mas conhecê-lo, perceber suas nuances e ver como ele nos separa do todo e nos torna, aí sim, indivíduos. Morrer é morrer para nós mesmos e perceber a fagulha do *Spíritu* dentro de cada um de nós. Só assim poderemos interagir com a essência verdadeira e pulsante que brota através de nossa presença e se espalha pelos muitos caminhos da vida. A essência que habita nosso coração é algo que não se conhece mentalmente, mas que se experimenta.

A verdadeira iniciação xamânica ocorre no Rito de Passagem da Morte, em que neófitos passam por um processo de desprogramação das suas crenças e estereótipos incutidas neles no processo de socialização, com o objetivo de fundir o Eu ao nosso Outro, o duplo anímico. Algumas tradições chamam esse duplo de sombra, porém ele é a essência do nosso Ser: aquele que surge após a iniciação xamânica. Por essa razão, todos os xamãs recebem um novo nome ao serem iniciados na caverna dos Ancestrais. Depois de sair do ventre da Mãe Terra, irão encarar tanto a Luz como a Sombra. E só após integrar esses dois elementos dentro de si, os novos xamãs se conscientizarão de sua missão no processo de evolução da Vida que nos conduzirá à Liberdade Total na infinitude cósmica.

Anexo I

A medicina dos minerais e pedras de poder

> Com muita humildade, considero todos os cristais, cada espécime do reino mineral, um "Mestre", um "Professor", pois cada um apresenta uma "medicina" específica que está à nossa disposição para nos ajudar durante a nossa caminhada na Vida.
>
> Isabel Silveira

Ágata de Fogo: chamada de pedra da disposição, fornece vitalidade e força (física e psíquica). Também estimula a memória e auxilia a equilibrar o chacra raiz, o primeiro vórtice energético.

Ágata-musgo: inspiradora de novas ideias, a ágata-musgo nos conecta com a natureza, revigorando a alma e nos inspirando a ver a beleza que nos cerca. Pedra que fortalece a autoestima.

Água-marinha: pedra da coragem e da serenidade interior. Acalma a mente, desperta a intuição e ativa a clarividência.

Amazonita: tem o poder de agir como filtro mental. Equilibra as nossas polaridades (femininas e masculinas), alinha o corpo físico com o energético e alivia as tensões.

Âmbar: pedra solar que desperta em nós a alegria de estar vivo. Auxilia nos casos de depressão, trazendo luz e proporcionando autoconfiança e bem-estar. Contribui para abertura de caminhos e protege o campo energético, recuperando-o.

Ametista: excelente para conexão espiritual, intuição e meditação. Carrega em si o poder da transmutação da Chama Violeta. Alivia tensões mentais e insônia, consequentemente, traz harmonia e tranquilidade. É utilizada no combate a qualquer tipo de dor, basta colocá-la sobre o local dolorido.

Angelita: aumenta o poder de percepção, representa a paz e alinha e harmoniza nosso Ser.

Apofilita: trabalha a espiritualidade de maneira alegre e suave. Ativadora do corpo emocional, ajuda na eliminação de resíduos afetivos que não ficaram bem resolvidos, enviando mensagens de integração para o consciente, produzindo, assim, reflexão, reconhecimento de falhas e correção de atitudes. É ótima para alinhar os chacras superiores (laríngeo, frontal e da coroa) com o do coração. Clareia a visão.

Aragonita: ótima para deixar o indivíduo centrado, acalmando e restaurando a harmonia do corpo físico.

Avalonita: portadora de alegria e de sabedoria. Tem o dom de equilibrar o campo emocional, espiritual e mental. Absorve energias densas e as transforma.

Aventurina: tem a força para acalmar, curar e equilibrar. Pelo seu alto poder terapêutico, é utilizada para todo tipo de doença: emocional, física ou mental. Fortalece o sangue.

Azeviche: usada pelos xamãs como pedra de proteção. Tem o dom de absorver energias densas. Auxilia no processo da busca de iluminação espiritual. Combate a depressão.

Azurita: ampliadora dos poderes psíquicos, auxilia a deslocar o pensamento do subconsciente para o consciente, abrindo a percepção e a visão interior. Auxilia a recuperar a memória. Aumenta também o poder de concentração. Xamãs trabalham com ela no combate a infecções nos olhos e ouvidos, amnésia e tonteiras.

Basalto: rocha de proteção contra negatividade e que nos dá coragem e força. Promove uma sensação de paz e serenidade.

Bornita: promotora de alegria. Alinha os chacras. Ótimo amuleto de proteção.

Bowenita: utilizada como amuleto de proteção por xamãs, auxilia no processo de recordação dos sonhos e no combate a dores de cabeça constantes.

Brasilianita: boa para trabalhar o corpo físico e emocional. Cria uma sinapse de luz liberando toda energia densa. Elimina a depressão e traumas.

Bustamita: excelente para o desbloqueio energético. Promove a cura emocional e traz sensação de paz.

Calcedônia-azul: ajuda a pessoa a se conectar com o Eu Superior, *Aumakua*. Traz calma, serenidade, estabilidade emocional e mental.

Calcita-dourada: traz a percepção de que somos mais do que seres físicos, de que somos espirituais. Auxilia no processo de desintoxicação do corpo físico e fortalecimento das articulações.

Calcita-laranja: excelente para equilibrar as emoções e tirar o medo, como também para criar um ambiente agradável. Auxilia no combate à osteoporose.

Calcita-cobalto: simboliza o amor e a compaixão. Ajuda no processo da cura emocional. Auxilia no desenvolvimento da autoestima e do amor-próprio. Traz paciência.

Canga-rosa: desperta e equilibra autoestima. É conhecida como a pedra do perdão por trabalhar profundamente as mágoas. Também elimina traumas.

Cavancita: por ser uma pedra calmante, traz paz e serenidade, além de aliviar o estresse. Faz-nos compreender fatos do passado e aprender suas lições, ao mesmo tempo em que nos liberta dele. Excelente para usar na meditação. Aumenta a criatividade e a intuição. Promove também a aceitação.

Celestita: eleva nosso Ser. Transmite confiança e paz. Carrega em si a energia da purificação.

Charoíta: auxilia a enfrentar o medo e nos dá coragem para tal. Ancora nossa espiritualidade.

Chert: utilizada pelos xamãs norte-americanos para trazer o equilíbrio mental e eliminar a irritação.

Cianita: considerada pelos xamãs como a ponte que une o corpo de energia luminoso ao físico. Facilita a conexão com os aliados de poder e mentores espirituais.

Citrino: por estar ligada aos raios solares, aquece, conforta, energiza e revigora. É considerada a pedra da abundância. Equilibra o corpo emocional. Tem o poder de aumentar a autoestima e a autoconfiança.

Clinozoisita: conhecida por aumentar a vitalidade. Estimula a clareza emocional e mental. Traz sensação de apoio, compreensão e lealdade e também equilibra o fluxo energético.

Cobalto Calcita: possui a energia do amor. Harmoniza a relação de amor e sexualidade. Simboliza amor incondicional, a compaixão e o perdão. Dissipa a energia densa do ambiente e do corpo. Auxilia no processo da cura emocional e emana bondade, paciência e tolerância.

Cobre: além de ser um excelente condutor de energia, serve também para aterrar e amplificar a transmissão mental. Auxilia no equilíbrio das polaridades e combate fadiga e inquietação.

Coral: apesar de não ser mineral, mas, sim, um ser orgânico, é considerado uma pedra. Atrai o amor, a fertilidade e a prosperidade. Promove compreensão, criatividade e paz e melhora a intuição e o poder de visualização.

Cornalina: auxilia no processo de estar presente no "Aqui e Agora", trabalha o ancoramento das energias, proporcionando equilíbrio emocional, físico e mental. Ajuda a compreender o Eu interior. Estimula a criatividade. Fortalece o poder de concentração, purifica o sangue e é tônica.

Crisântemo: traz a harmonia para quem a possui e fornece a energia necessária para seguir adiante e realizar seus sonhos. Xamãs presenteiam essas pedras aos recém-nascidos para que a criança tenha um belo caminhar pela vida.

Crisocola: aumenta o poder pessoal e estimula a criatividade. Harmoniza o corpo emocional. Auxilia a desenvolver bondade, humildade, paciência e tolerância. Tem energia muito forte, por essa razão, é utilizada pelos xamãs quando as mulheres estão grávidas, no período menstrual e na TPM. Conhecida como a pedra do amor incondicional.

Crisoprásio: induz estados profundos de meditação. Promotora do altruísmo. Promove uma sensação de segurança e desenvolve a compaixão e o perdão.

Crocoíta: potencializa a energia sexual, desperta dentro de nós a consciência de que a vida é infinita e fornece coragem para enfrentar o desconhecido.

Danburita: altamente espiritual, essa pedra nos liga aos reinos superiores. Abre nossos caminhos. Traz sabedoria, serenidade, tranquilidade e paz de espírito.

Diamante: a mais nobre das pedras tem o dom de ativar e energizar todos os chacras. Auxilia no tratamento de distúrbio da personalidade. Elimina toda a negatividade e purifica o corpo físico e o etérico. Amplifica a energia da abundância, da fidelidade, da inocência e da pureza, além de promover a união com o Eu Superior.

Diamante Herkimer: poderoso amplificador e condutor de energia espiritual. Excelente para cura e meditação. Aumenta o poder psíquico, a clarividência e clariaudiência. Auxilia no tratamento de doenças no sistema nervoso. Purifica todo o ambiente, elevando a frequência do local.

Dioptásio: excelente pedra a ser utilizada no trabalho de regressão e renascimento, pois desperta as feridas profundas e auxilia a sua cura. É também utilizada pelos xamãs para resgatar fragmentos da alma. Promove, ainda, a união com o nosso próprio Ser.

Elbaíta: por ser multicolorida é utilizada para trabalharmos o físico, a mente, as emoções e o espírito. Auxilia na conexão com nosso ser interior e a acessarmos os mundos mais elevados. Melhora o metabolismo. Aumenta a criatividade. Ajuda a equilibrar as energias femininas e masculinas e promove também uma sensação de paz e plenitude.

Enxofre: fornece proteção espiritual contra espíritos maus, expulsando-os e deixando o ambiente limpo. É utilizado pelos xamãs para problemas das vias urinárias. Elimina a depressão, o egoísmo, irritabilidade e a raiva.

Escolecita: traz a paz e a serenidade. Auxilia a concretizar objetivos propostos e conecta com o Eu Superior

Esmeralda: equilibra os corpos emocional, físico e mental. Tem o dom de estimular a clarividência e a busca de sabedoria, além de intensificar as faculdades psíquicas. Elimina a negatividade, confere clareza mental e inspira a procura de um conhecimento interior profundo.

Espinela: possui propriedades energéticas. Doadora de vitalidade e vigor. Excelente para melhorar a concentração mental e realizar viagens astrais. Atrai a abundância e a prosperidade.

Estibina: pedra que cria um escudo luminoso de proteção para seu usuário e auxilia a enfrentar as intempéries da vida. Ótima para tratar desequilíbrios emocionais. Elimina os medos e fobias e ajuda na comunicação com todos os reinos (animal, mineral e vegetal). Ao manuseá-la temos que ter cuidado, pois ela é frágil e tóxica.

Estromatolita: equilibra o campo emocional, removendo bloqueios energéticos. Excelente para meditarmos. Apresenta-nos o nosso propósito de vida na Terra.

Eudilita: promove equilíbrio e harmonia. Afasta os maus pensamentos.

Feldspato: auxilia no processo de autoconhecimento, amor-próprio, na criatividade e a alcançar os objetivos.

Fluorita: ajuda a manifestar o aspecto mais elevado da mente. Traz clareza e equilíbrio diante das adversidades. Facilita a comunicação interdimensional. Tem também o dom de sintonizar a mente com o espírito.

Gaspeita: utilizada pelos aborígenes australianos para aumentar a percepção extrassensorial e curar.

Granada: conhecida como pedra da coragem. Ativa e equilibra a circulação de energia do corpo pelos meridianos, distribuindo entusiasmo, dinamismo, impulsão e criatividade. Aumento o magnetismo pessoal e combate anemia, depressão, pressão baixa, cansaço e falta de ânimo. Altamente relacionada ao Feminino e ao sangue menstrual, auxilia também nos problemas relativos ao desequilíbrio hormonal, infertilidade, sexualidade, regeneração e purificação do sangue. Seu uso contínuo elimina a agressividade e a raiva, desintoxicando o corpo e a mente.

Harricana: conhecida também com Pedra das Fadas. Possui conexão com a Mãe Terra. Tem o dom de acalmar e dissipar as preocupações. Auxilia no aterramento de energia e afasta energias intrusas.

Hederita: cristal raríssimo que detém uma frequência muito elevada, por essa razão, auxilia a expansão da consciência. É chamada pelos xamãs de "pedra do despertar", por aumentar a vibração do corpo físico e pelo poder de comunicação com os seres de luz.

Heliodoro: pedra solar que nos auxilia com problemas de ego. É energizante e excelente para tratar ansiedade e depressão.

Hematita: tem o poder de canalizar a energia espiritual para todas as células do corpo físico, revitalizando-o. Pedra de proteção, que auxilia no combate à insônia e à hiperatividade. Considerada uma "âncora", atua como fio terra descarregando o excesso de energia para a Mãe Terra que a digere. Auxilia no tratamento contra a anemia e diabetes.

Hemimorfita: auxilia na comunicação com o Mundo dos Espíritos e, consequentemente, no nosso desenvolvimento espiritual e na nossa força interior. Pedra que estabelece um elo com nosso Ser Superior.

Indicolita: tem a propriedade de acalmar mentes perturbadas e de aliviar a tristeza. Auxilia no processo de concentração e de visualização. Excelente para voos xamânicos ou viagem da alma.

Iolita: abre os portais xamânicos. Auxilia a viagem astral. Fortalece o campo de energia luminosa. Ativa as visões e as áreas criativas da mente. Facilita a conexão com seres elevados.

Jade: traz equilíbrio e harmonia ao nosso corpo emocional. Tem o poder de irradiar amor, coragem, claridade e sabedoria. Auxilia também a remover as toxinas de nosso organismo.

Jade Lemuriano: auxilia no processo de comunicação com os seres da natureza e na conexão do coração com as energias da Terra. Impulsiona nossa jornada de busca espiritual.

Jaspe: fortalece a circulação e o sistema digestório. Traz tranquilidade. Serve para proteção individual e de ambientes contra energias intrusas.

Kammererita: auxilia a sintonizar nossa mente com a espiritualidade. Equilibra os hemisférios do cérebro. Purifica a mente. É utilizada para meditação, pois dá uma sensação de harmonia e paz.

Labradorita: ativa o terceiro olho, abrindo o campo visual, desta forma estimula a imaginação e a visualização.

Lágrimas de apache: trabalha nosso campo emocional, auxiliando a aliviar a dor e a tristeza, promovendo equilíbrio. Protege contra energia densa e intrusa.

Lápis-lazúli: estimula a criatividade e harmoniza conflitos. Auxilia a desenvolver o poder mental, atraindo a mente para o seu interior à procura da fonte de poder pessoal.

Larimar: associada às emoções, esta pedra auxilia no combate à depressão e à síndrome do pânico e traz alegria, espontaneidade e felicidade.

Larvikita: protege contra energias intrusas, purifica o campo de energia luminosa e auxilia abrir a visão e a conexão com espíritos da natureza.

Leopardita: estabelece o equilíbrio entre a luz e a sombra, ensinando-nos que uma é o complemento da outra. Aumenta o poder de percepção. Traz calma e tranquilidade.

Lingam de Shiva: sagrada para os *hindus*, essa pedra controla e aumenta a energia *kundalini*, intensificando a vitalidade do corpo. Símbolo de união dos opostos, como corpo e alma, feminino e masculino. Ensina-nos a olhar para dentro e a eliminar tudo aquilo que não nos serve mais. Excelente para problemas de natureza sexual.

Lua Dourada: por possuir forte energia espiritual, atua na proteção e na prosperidade. Ótima para combater a depressão e a preguiça, aumentando a disposição, a força e a coragem. Os xamãs também a utilizam para abrir o terceiro olho. Estimula a cicatrização e a glândula tireoide.

Magnetita: considerada a pedra da atração. Energiza o corpo físico, alivia as emoções negativas como apego, medo e pesar. Equilibra o campo emocional e mental.

Malaquita: excelente para proteção, a malaquita é considerada uma curadora universal. Ajuda no processo de eliminação dos medos e absorve facilmente as energias densas. Pedra que elimina a dor em locais doloridos. Auxilia nos tratamentos de asma, artrites, fraturas e facilita os partos.

Mangano Calcita: trabalha o corpo emocional, dissolvendo seus traumas. Resgata a Criança Interior que sofreu abuso, dando-lhe uma sensação de ser amada. Ensina-nos a aceitar demonstração de afeto e ter amor próprio. Alivia a ansiedade e o estresse.

Merlinita: detentora de uma forte energia xamânica, a merlinita auxilia no processo de comunicação com os seres elementais e a Mãe Natureza. Ensina também a contatarmos nossa sombra e integrá-la ao nosso Ser, promovendo o crescimento espiritual.

Meteorito: de alta frequência, facilita a evolução espiritual e integra esta energia ao corpo físico. Promove o equilíbrio emocional e aumenta a telepatia. É utilizada também para combater a depressão.

Mitorodita: possui ação calmante e nos dá a força necessária para seguir em frente.

Mochi: conhecida também pelos nomes de Bolas de Mochi ou Pedra Xamã, são pedras que devem ser usadas aos pares (sendo uma feminina e outra masculina) para auxiliar no crescimento espiritual, aterramento, superação dos medos e no voo da alma. Além disso, são excelentes protetoras contra energias externas e equilibram as energias masculina e feminina.

Moldavita: equilibra os corpos físico e mental, alinhando-os com o Eu Superior.

Molibdenita: alinha os chacras e harmoniza o corpo de energia. Aumenta o magnetismo.

Morganita: transmite o Amor Incondicional, por essa razão é chamada de "Pedra do Amor Universal". Estimula amorosidade e bons pensamentos. É benéfica para o sistema nervoso e alivia a tensão diária.

Nebulosa: auxilia o contato com o seu ser mais profundo e a nos livrar de antigos padrões comportamentais.

Niobita: conhecida como columbita, esta é uma pedra de proteção e aterramento. Traz o equilíbrio emocional e mental, alivia a tensão e aumenta o magnetismo.

Obsidiana: uma das pedras das mais poderosas. Só aqueles que a conhecem profundamente devem manuseá-la. Excelente para extração de energia intrusa, a obsidiana suga essas energias como se fosse um tamanduá no formigueiro. Serve para proteção. Promove aterramento, segurança e autoconfiança. Excelente para o desenvolvimento psíquico.

Olho de Falcão: proporciona a paz e facilita a cura. Ensina-nos a ver as coisas de forma holística e nos liga ao Mundo dos Espíritos. Combate a depressão.

Olho de Tigre: aumenta a intuição. Fornece força e sensação de equilíbrio. Melhora a percepção. Integra os dois hemisférios do cérebro. É utilizada pelos xamãs como um amuleto de proteção.

Onix: pedra de ancoramento. Auxilia no aumento do autocontrole e estimula a tomada de decisões.

Opala: auxilia a entrarmos em contato com o nosso eu verdadeiro. Equilibra o corpo emocional. Revela nossos talentos. Desperta a intuição e o poder de percepção.

Pedra da Lua: guardiã do subconsciente. Desperta o lado feminino e acalma as emoções, equilibrando nossos sentimentos.

Pele de Leão: pedra da coragem e da proteção. Promove clareza mental e equilíbrio das polaridades. Excelente para o aterramento energético. Melhora a autoestima e a capacidade de liderança.

Pedra do Sol: amplifica a energia do plexo solar. Promove a autoconfiança e o bom humor, trazendo-nos, consequentemente, a sensação de alegria e de felicidade. É um tônico. Diminui o estresse e elimina o medo. Excelente para combater a depressão.

Peridoto: trabalha o corpo físico e o emocional, purificando-os. Age como um estimulante. Cura problemas no fígado, rins e vesícula.

Pirita: ótimo como talismã para atrair dinheiro e direcionar para o caminho do sucesso.

Prehnita: chamada de pedra dos sonhos. Mantém os pesadelos afastados. Tem o dom de nos conectar com os seres elementais e a Mãe Natureza. Sintoniza as energias cósmicas.

Purpurita: ótima para trabalhar com cura. Traz sensação de bem-estar, clareza, confiança, serenidade e tranquilidade.

Quartzo-fantasma: auxilia a percepção espiritual e o acesso aos Registros Akáshicos. Facilita a reconciliação com a sombra. Desenvolve a clarividência.

Quartzo-fumê: dissolve padrões negativos. Considerado pelos xamãs como extremamente poderoso, o quartzo-fumê traz estabilidade e firmeza; auxilia no processo de reintegração da nossa sombra; fortalece rins e pâncreas; aumenta a fertilidade e equilibra a energia de natureza sexual.

Quartzo-rosa: conhecido como a "Pedra do Amor Incondicional", o quartzo--rosa regula o corpo emocional. No campo físico, atua no coração, na circulação sanguínea, no fígado, intestino grosso, pâncreas, ovário e útero.

Quartzo-rutilado: limpa o ambiente e o harmoniza. Ameniza fobias e medos. Auxilia no combate à depressão. Ilumina e promove a elevação espiritual.

Quiastolita: excelente para proteção contra energia intrusa e mau-olhado. Dispersa pensamentos negativos. Auxilia a viagem astral. Está associada à morte e ao renascimento.

Rodocrosita: utilizada para desobstruir o plexo solar. Também é excelente para cura física e emocional.

Rodonita: auxilia a manter calma em momentos de instabilidade e é excelente para o equilíbrio emocional.

Roselita: elimina toda a negatividade emocional e mental. Combate a angústia.

Rubelita: emana amor por todas células do corpo físico. Estimula a criatividade.

Rubi: tal como a crisocola e o quartzo-rosa, o rubi também é conhecido como pedra do amor incondicional. Excelente para equilibrar o corpo emocional, traz sensação de coragem, felicidade e integridade.

Safira: trabalha o alinhamento do campo físico, mental e espiritual. Auxilia na meditação. Incentiva o contato com a nossa essência, auxiliando-nos a entender o nosso papel no Cosmo.

Sardonix: serve para proteção. Aumenta a autoconfiança e a força de vontade. Absorve energias densas. É muito utilizado pelos xamãs nos trabalhos de aterramento e aumento de poder pessoal.

Selenita: tem ligação especial com os planos de vibração mais elevada. Promove a canalização de grande quantidade de luz na sua forma mais pura. Facilita no processo de recebimento de mensagens de Espíritos Aliados e Guardiões e é eficientíssima no equilíbrio e na limpeza do corpo energético. Utiliza-se também para regeneração de células e correção óssea.

Septariana: conhecida pelos xamãs como pedra do dragão, é utilizada para trazer confiança, paciência e tolerância. Facilita o aterramento e a comunicação. Aumenta a intuição, a percepção e o poder pessoal.

Serpentina: desobstrui e harmoniza os chacras. Ao desentupir os vórtices energéticos, abre caminho para o despertar da *kundalini*. Estimula as capacidades psíquicas e auxilia a resgatar a sabedoria interior.

Smithsonita: transmite energia de paz. Trabalha as emoções, ajudando a acalmar os nervos e aliviar o estresse e aumenta a capacidade psíquica.

Sodalita: equilibra o metabolismo e desperta a inteligência, fazendo com que a mente funcione melhor. Além disso, trabalha a comunicação, a concentração e a expressão criativa. Ajuda-nos também a entender os próprios sentimentos.

Sugilita: auxilia a harmonizar o corpo físico e dissipa dúvidas e inseguranças. Xamãs a utilizam como pedra de proteção espiritual.

Tanzanita: muito utilizada pelos xamãs para contatar seus Aliados de Poder. Auxilia a entrar em Estado Xamânico de Consciência Ampliada. Facilita a cura cármica e celular

Tectita: é um meteorito, por essa razão nos conecta com seres cósmicos. Auxilia a elevar a vibração, empodera a aura e alinha os corpos sutis. Ótima para viagens astrais.

Tempest Stone: atua no campo emocional e mental. Transmuta formas-pensamento.

Tigre de Ferro: considerado pelos xamãs como amuleto de proteção. Auxilia a superar a insegurança e a afastar o medo. Fornece confiança, força e vitalidade.

Topázio-azul: harmoniza o campo emocional e mental. Estimula a criatividade. Na meditação auxilia a conexão com o Eu Superior.

Topázio-imperial: atua no plexo solar, ativando as energias estagnadas devido a problemas emocionais. Transmite alegria, estimula a clareza mental, a criatividade e desperta a vitalidade.

Tugtupita: alinha, harmoniza e aumenta a energia dos chacras: cardíaco, frontal e coronário. Aumenta os sentimentos de amor e perdão. Libera a tristeza. Desperta e fortalece os relacionamentos.

Tulita: excelente para curar as feridas emocionais e mentais. Estimula a sensação de bondade, compaixão e ternura. Aumenta a autoestima e combate arrogância, extravagância e vaidade.

Turmalina-negra: repele e remove a negatividade, equilibrando os chacras e restaurando o campo de energia luminosa. Ótima para limpeza energética e espiritual. Também remove bloqueios energéticos.

Turquesa: auxilia a manter o campo emocional equilibrado. Traz calma interior. É usada pelos xamãs para proteção. Integra as energias femininas e masculinas. É purificadora.

Variscita: acalma a mente e auxilia na meditação. Excelente para combater a ansiedade, o estresse e a depressão. Tem o dom de trazer alegria, harmonia e paz ao coração.

Ulexita: auxilia a acessar o nosso *Aumakua*, Ser Superior. Traz harmonia, sabedoria, serenidade e aumenta percepção para o que está oculto.

Zircão: conhecida também por zircônio ou zirconita auxilia no processo de sintonia com as forças naturais do Cosmo. Alinha e harmoniza os corpos emocional, espiritual, físico e mental. Limpa a aura, proporcionando um escudo luminoso de proteção ao redor do corpo como proteção contra energias intrusas.

Anexo II

A medicina das ervas e plantas de poder

> Em todas as culturas, os xamãs têm conhecimento dos espíritos das plantas e de suas propriedades, a fim de aproveitar seu poder de cura, tratamento de enfermos e auxílio em outras tarefas.
>
> Jose Stevens & Lena S. Stevens

Abacateiro: tem ação analgésica, antitérmico, anti-inflamatório, anti-helmíntico, carminativo e auxilia no combate a cálculos renais. O chá de suas folhas é indicado para problemas estomacais, bronquites, flatulência e doenças renais.

Acariçoba: planta utilizada como antirreumática, diurética, nas obstruções hepáticas dos rins, purgativa, ajuda com erisipelas, sífilis, afecções tuberculosas e para tirar manchas de pele. Em dosagens altas é emética.

Aguaraguá ou erva-moura: suas folhas servem no combate aos problemas de amigdalite, anemia e cirrose, tendo entre suas propriedades ações anti-inflamatória, calmante, emoliente, expectorante e diurética. A decocção das folhas é utilizada para banhos no tratamento de feridas, furúnculos e queimaduras.

Alecrim: auxilia contra bronquite, cólica menstrual, depressão leve, dor de cabeça, fadiga, gases, gastrite, má digestão, sinusite e tosse. Também ajuda nos problemas de concentração, fortalecendo a memória. Tem ação antibacteriana, adstringente, antisséptica, digestiva, diurética e expectorante.

Alface d'água: suas folhas são utilizadas como colírio das seguintes formas; apanhar pela manhã a água do sereno e pingar diretamente nos olhos; a outra é colocar a folha de molho em água gelada e lavar os olhos com algodão. É indicada também para tumores, hérnias, enfermidades da bexiga e rins.

Alfavaca-do-mato ou manjericão: tem ação analgésica, aromática, calmante, carminativa e digestiva. Também é utilizada no combate a afecções do coração, colite, cólicas menstruais e inflamações.

Alfazema: auxilia no tratamento da ansiedade, cansaço, exaustão física, flatulência, irritação gástrica, colite nervosa, dispepsia nervosa, alergia à picada de insetos e hipotensão arterial. Incluem-se, também entre suas propriedades ações antisséptica, analgésica, antiasmática, cicatrizante e sudorífera.

Amor-perfeito selvagem: é depurativo, diurético e laxativo. Tem alto poder de drenar a pele, por essa razão é utilizado nos casos de acne e furunculose.

Araticum: suas folhas são utilizadas em infusão para cólicas, hipertensão, anginas, aftas e disenterias. Seu fruto fermentado produz uma bebida estomáquica e refrigerante.

Araucária: o chá de suas folhas é diurético, sendo utilizado também para combater asma, bronquite, catarro, tosses, problemas renais e contra a anemia. O óleo extraído do seu fruto é indicado para dores articulares, musculares, catarro e infecções.

Aroeira: planta utilizada pela etnia *Guarani* como adstringente, antidiarreico, anti-inflamatória, antiulcerantes, tônica, balsâmica e cicatrizante.

Arruda: suas flores e folhas tem ação analgésica, antiasmática, antiepilética, anti-inflamatória, antirreumática, calmante e vermífuga. Sendo utilizada no tratamento de dores de cabeça e reumática, como também no tratamento de cistos, varizes e úlceras. É usada por xamãs em casos de doenças espirituais.

Artemísia: planta com ação anti-inflamatória, calmante, antiespasmódica, digestiva e diurética. Servindo nos casos de anemia, cólicas, gastrite, falta de apetite, mau hálito e nervosismo. Fumar cigarros de artemísia induz à projeção astral e provoca sonhos lúcidos.

Assa-peixe: suas folhas e raízes são comumente recomendadas como balsâmica, antitussígena, expectorante, diurética, antiasmática e antigripal. Como também nos casos de doenças respiratórias como bronquite e pneumonia, infecções no útero e cálculos renais.

Babosa: auxilia no tratamento da acne, anemia, artrite, dor muscular, feridas, gripe, inflamações, insônia, problemas de pele, prisão de ventre e queimaduras.

Barba-de-velho: tem propriedades antibióticas, adstringente, antirreumática e anti-hemorroidal. É utilizada popularmente no combate às hérnias, úlceras e inflamações no intestino. As mulheres *guarani* a utilizam para evitar a gravidez.

Beldroega: comumentemente usada nos casos de afecções hepáticas e urinárias, e também para cólicas renais, erisipela e hemorroidas. Sua folha e caule são diuréticas, enquanto seu suco é utilizado em casos oftálmicos.

Boldão ou boldo: indicado como antirreumático, antiviral, calmante, cardioativo, carminativo, estomáquico, hepático e hipotensor, sendo utilizado também nos casos de cólica, inapetência, insônia e ressaca alcoólica.

Bolsa-de-pastor: utilizada como adstringente, sendo excelente para hemorragias genitais, principalmente na puberdade e na menopausa. Serve também contra a diarreia e como reguladora dos ciclos menstruais.

Cambará: o chá feito de suas folhas é usado nos problemas pulmonares e no combate à gripe.

Camboatá ou miguel-pintado: geralmente é utilizada no combate à azia, bronquite, dores no coração, problemas hepáticos, reumatismo e tosse.

Camomila: auxilia na má digestão, acalma e combate a ansiedade. Alivia as dores de cabeça, estômagos e dos músculos. Por estimular o sistema imunológico, combate gripes e resfriados.

Cana-de-açúcar: entre suas aplicações é comumente utilizada nos casos de afecções renais, antidiurético, aftas, anginas, aumento de lactação, cólera, combate à insônia, enjoos, envenenamento, escarlatina, erisipela, febres e pneumonia.

Canjerana: do suco do seu tronco se faz um chá que combate diarreias, doenças de pele, febre, hidropisia e prisão de ventre. Usada também como um tônico para anêmicos e ainda é adstringente, antitérmica, emética fortificante e purgativa. Os *Guarani* utilizam suas sementes e cascas no primeiro banho do recém-nascido, nas dores de cabeça, micoses e prevenção de hipotermia.

Capim-limão: devido às suas propriedades antibacteriana, antidepressiva, desinfetante e diurética é utilizado no combate a agitação, asma, catarro, depressão, dor de cabeça, febre, insônia, reumatismos, rins e tosse. Por conter óleo de citronela, é considerado um repelente natural de inseto.

Carqueja: seu uso medicinal é contra distúrbios digestivos, intestinais, hepáticos e renais. Sendo excelente também no combate à anorexia, asma, bronquite, febres, feridas, azia, gastrite, má digestão, obesidade, hipertensão e é um tônico. Os *Guarani* utilizam sua infusão como vermífugo e seus lenhos para limpar os dentes.

Carrapicho-beiço-de-boi: a infusão das suas folhas combate a gonorreia. Esta planta também é utilizada contra afecções dos rins, asmas e bronquites. Sua raiz é usada para segurar a urina frouxa das crianças e problemas relativos ao sangue.

Casca-de-anta: comumente utilizada no tratamento de hemorroidas, sendo recomendado seu uso para combater afecções das vias urinárias, febre e inapetência. O chá de sua casca é um excelente estimulante contra o desgaste físico e mental.

Chá-de-bugre: os amentos e suas folhas são utilizados como antidiarreicos e antirreumáticos. Este chá é indicado também para afecções estomacais, dores de cabeça, doenças pulmonares, frieiras e infecções urinárias.

Chal-chal ou aperta-goela: o cozimento de suas folhas serve para limpeza de feridas, enquanto somente a infusão auxilia contra afecções digestivas e intestinais, disenteria, febres, hipertensão e inflamação da garganta.

Chaparral: um antibiótico e parasiticida natural, que age contra viroses, bactérias e parasitas e auxilia no tratamento da pressão alta, reumatismo, bronquite e problemas intestinais.

Chapéu-de-couro: tem propriedades medicinais depurativa, diurética, antiofídica, antirreumática, antinevrálgica, tônica, emoliente e adstringente. É muito utilizado no combate às erupções de pele, edemas, distúrbios hepáticos, dermatoses, amigdalite, faringite, gengivite, estomatite, feridas crônicas, doenças renais e vias urinárias.

Corticeira-da-serra: utilizada usualmente como bochecho contra infecções bucais, dores musculares, depurativo, insônia, hepatite, hipertensão arterial, reumatismo, sinusite, tosse e úlcera. O povo *Guarani* a utiliza para dores de dente, da bexiga e hemorroidas.

Dente-de-leão: suas grossas raízes são a parte mais medicinal da planta, sendo utilizada contra afecções do fígado e rins, diminui a taxa de colesterol do sangue, é desintoxicante, depurativo, diurético, laxante e anti-inflamatório. Ajuda também no combate à celulite, obesidade, reumatismo, varizes e verrugas.

Erva-cidreira ou cidrão: serve para problemas digestivos, distúrbios do sono, dor de cabeça, enxaqueca, catarros, flatulência, herpes, palpitações e vômitos. Tem ação antigripal, anti-inflamatória, antibiótica e sudorífera.

Erva-de-colégio: suas folhas e raízes possuem propriedades medicinais, sendo utilizada como antitérmicas, tônico, cicatrizante, expectorante, emoliente, diurético e sudorífera. Seu cataplasma de folhas é usado em contusões e elefantíase. A infusão de suas folhas é excelente nos casos de cálculos renais, bronquite e coqueluche.

Erva-lanceta ou arnica-brasileira: utilizada como adstringente, antiespasmódica, anti-hemorrágica, antirreumática, cicatrizante, diurética, estomáquica, sedativa e no tratamento de contusões, feridas, frieiras, pruridos e varizes. Sua maceração em aguardente ou álcool de cereal é usada contra dores musculares, contusões, edemas e picadas de insetos.

Erva-de-santa-maria ou mastruz: utilizada popularmente como vermífuga, cicatrizante, antisséptica, sudorífica, diurética, tônica, sedativa, antigripal, anti-inflamatória, antifúngica, antiasmática, purgante e aromática. Suas folhas são usadas como cataplasmas. O cozimento delas, com sal, desincha pernas com gotas, atua em edemas, cólicas, dores de estômago e infecções pulmonares. Sendo utilizada também contra cãibras, varizes, picadas de animas, afecções da pele, espasmos musculares e insônia. Em alta dose é tóxica e pode levar à morte.

Erva-de-são-joão ou mentrasto: utilizado no tratamento de rinite alérgica, sinusite, contra dor de cabeça e de barriga e na regulação menstrual. Seu suco é indicado também para hemorragias pós-parto e seu chá, fervido, para cólicas menstruais, flatulências, artroses e resfriados.

Espinheira-santa: utilizada em feridas e úlceras por sua ação antisséptica. Sendo também indicada contra casos de hiperacidez, flatulência, dor ciática, amenorreia, dismenorreia, febre, acnes e herpes.

Fumaria: tem propriedades anti-inflamatória, depurativa, diurética e laxante. Atua no tratamento de amenorreia, escorbuto, prisão de ventre, febres eruptivas, cólicas intestinais, pedras na vesícula, sarna e psoríase.

Goiabeira: o fruto é usado contra diarreia, gastrite, incontinência urinária, infecções, edemas, úlceras gástricas e hemorroidas. Por ser calmante, é utilizada também contra casos nervosos. Atua nos tratamentos de inchaços e hemorragia uterina.

Guembé: geralmente é utilizada como hemostática e vermífuga, sua raiz é excelente como purgante.

Guiné: devido à sua ação anti-inflamatória e analgésica, serve para tratar dor de cabeça, de dente e de garganta. Age também nos casos de reumatismo e falta de memória.

Hibisco: tem propriedade analgésica, anti-inflamatória, calmante, diurética, digestiva, expectorante, gastroprotetora e laxante. Serve para cólicas menstruais, doenças do fígado, dor de estômago, febre e normalizar a pressão arterial.

Hortelã: utilizada no tratamento contra azia, má digestão, problemas hepáticos, flatulência, nevralgia e vômitos. Seu óleo é indicado para combater bronquite, faringite, gripe, sinusite, tosse e seu uso externo na dor muscular.

Jalapa: suas flores e raiz são diuréticas, sendo que esta última é utilizada como antidiarreica, antissifilítica e purgativa.

Jerivá: utilizado como diurético, contra problemas de rins e diarreia. O chá da casca e da flor é usado como vermífugo, assim como seu suco. O povo *Guarani* utiliza a infusão da raiz para combater a dor de dente.

Língua-de-vaca: as folhas e inflorescência são balsâmicas, diuréticas, antigripal e sedativas. O suco das folhas e raízes ou fervura somente das folhas são utilizadas nos casos de bronquite, dores musculares, icterícias, dermatoses e problemas estomacais. Na Amazônia, os nativos a utilizam como vermífugos.

Lírio-do-brejo: comumente utilizado como diurético e tônico, servindo também no combate a problemas de garganta, gases e hipertensão.

Macela: utilizada como antiespasmódica, anti-helmíntica, antigripal, calmante, digestiva, estomacal, excitante, expectorante e sedante. Auxilia no combate a enjoos, azia, estomatite, disenteria, cólica de origem nervosa e inapetência. Na selva amazônica é utilizada como tônico que combate a impotência. Já os *Guarani*, usam suas flores e folhas para combater doenças intestinais.

Mama-cadela: devido sua ação anti-helmíntica e antimicrobiana, é usada no tratamento de pele, contra bronquite, resfriado e úlcera gástrica.

Mamoeiro: frutos e flores são usados no combate à bronquite, gripe, prisão de ventre e para extrair verrugas, suas sementes mastigadas auxiliam a eliminar vermes no intestino.

Mamona: suas folhas cozidas são utilizadas em banhos para combater hemorroidas. Por mitigar a dor e acelerar o processo de cicatrização, o seu óleo é indicado para queimaduras.

Margaridão: suas folhas e flores são utilizadas em casos de diabetes, ferimentos externos e internos, coqueluche e hematoma, também é usada como anti-inflamatória, antirreumática e antianêmica.

Pata-de-vaca: sua função medicinal é bem ampla, sendo mais comumente utilizada como antidiarreica, depurativa, diurética, hipoglicemiante, purgativa e tônico renal. Possui a peculiaridade de reduzir a eliminação de urina, como no caso de poliúria, além de impedir o aparecimento de sangue na urina. É indicada também contra afecções vesicais, dores nas costas, hipertensão, prisão de ventre e problemas da coluna.

Pé-de-cavalo ou centelha-asiática: possui propriedades antidepressiva, antirreumática, antibactericida, antidiarreica, desintoxicante, cicatrizante, anti-inflamatória, diuréticas e como um tônico. Utilizada para combater moléstias sifilíticas, lepras, úlceras, icterícia, psoríase, furunculose, constipação, lúpus, eczema, doenças do aparelho urinário e genital feminino.

Picão-preto: excelente no combate à úlcera, é diurética e expectorante. A decocção das folhas é utilizada para combater afecções hepáticas, hepatite, angina, diabetes, laringite, micoses, conjuntivite, afecções renais e infecção vaginal. Já a infusão da planta ameniza as cólicas, inflamação de garganta, resfriados, tranquilizante, vermífuga, adstringente e estimulante.

Pinheiro-bravo: sua resina é usada no tratamento de afecções da bexiga e no combate a catarros. Suas folhas cozidas são excelentes contra a anemia, astenia e doenças glandulares. Do seu broto se faz um xarope tonificante.

Quebra-pedra: suas folhas são usadas contra problemas hepáticos, cálculo renal, afecções da bexiga, ovários, pedra na vesícula e cistite.

Taboa: tem ação adstringente, antidiarreica, anti-inflamatória, diurético, emoliente e tônico. Sendo utilizada nos tratamentos de aftas, anemia, dores abdominais, afecções das vias urinárias e sangramento nasal.

Tanchagem maior: há milênios é usado como panaceia, devido a suas propriedades adstringente, analgésica, antibacteriana, anti-inflamatória, cicatrizante, descongestionante, digestiva, depurativa, desintoxicante, diurética, expectorante, sedativa, tônica e suavizante. É um dos mais eficazes remédios quando usada como cataplasma para queimaduras. Além disso, auxilia no tratamento de acne, azia, catarro, cistite, conjuntivite, diarreia, ferida, furúnculo, gastrite, gota, hemorragia, infecções de pele, inflamações das mucosas, picadas de inseto, prisão de ventre e úlcera gástrica.

Tília: entre suas propriedades encontramos ação antiespasmódica, calmante, digestiva, diurética, expectorante e tônica. Usada no combate à bronquite, cansaço, catarro, dor de cabeça, enxaqueca, epilepsia, febre, gripe, insônia e pressão alta.

Urtiga-vermelha: utilizada como adstringente, anti-inflamatória, antirreumática, depurativa e diurética. Recomendada também nos casos de amenorreia, diarreia, erisipela, edema, feridas e queda de cabelo. Os *Guarani* as usam em casos de infecções urinárias, picadas e urticárias.

Verbasco: suas propriedades incluem ação anti-inflamatória, anti-hemorroida, calmante, depurativa, diurética, emoliente, expectorante e sedativa. Seu uso mais comum é no tratamento de problemas respiratórios, como asma, bronquite e tosse, assim como diarreia e gastrite.

Verbena: suas propriedades têm ação analgésica, anti-inflamatória, antirreumática, adstringente, calmante, depurativa e estimulante. Auxilia no tratamento da ansiedade, asma, bronquite, artrite, insônia, estomatite, reumatismos, cálculo biliar e renal.

Obs.: as Plantas Mestras consideradas enteógenos não estão nessa lista, pois foram abordadas minuciosamente no capítulo "Indutores de EXCA".

Anexo III

Atributos e medicina dos animais de poder

> A medicina que um animal nos transmite é, acima de tudo, a de aprender a observar, ficar atento, espreitar, abrir todos os sentidos e esperar o momento certo para agir, quer atacando ou defendendo; a verdadeira arte de aprender a viver em harmonia e equilíbrio, respeitando e compartilhando diferentes Espaços Sagrados e conhecendo esse enigma chamado instinto.
>
> Vera Tanka

Abelha: em diversas tradições xamânicas a abelha é considerada como Mãe da Humanidade e protetora das mulheres. Devido a sua natureza ígnea, é considerada um ser de fogo. Representa organização, disciplina e trabalho. Para alguns povos, é o símbolo da alma, do espírito e da ressureição.

Águia: para os xamãs, a águia é a mensageira do Grande Espírito e dos deuses, sendo capaz de elevar-se acima das nuvens, observando tudo de forma holística. Desta forma, ajuda-nos a tomar decisões e definir objetivos com clareza e objetividade. É o símbolo da iluminação e da visão interior. Seu voo ascendente ao céu representa a subida da luz ao mundo espiritual, já o voo descendente simboliza a descida da luz sobre a terra.

Alce: a energia deste animal simboliza a força da autoconfiança e da autoestima, para consegui-las, devemos aprender a julgarmo-nos positivamente e a utilizar as experiências boas da vida. Dessa forma, ninguém pisará em nosso terreno. Sua energia indica uma sublimação do ego, lembrando-nos que as pessoas ao nosso redor também possuem potencial para realizar grandes ações. Esse animal representa também o êxtase de nossa alegria interior, de vivenciar plenamente a felicidade de vermos os frutos de nossos esforços se multiplicando.

Antílope: sua medicina é a da cautela, da introspecção e do silêncio interior. Ensina-nos também a sermos serenos diante da adversidade. Por lutar diariamente contra a morte, ele tem o conhecimento do círculo da vida. Quando o xamã quer entrar em ação rapidamente, ele invoca este animal.

Aranha: símbolo das infinitas possibilidades da criação e da teia da vida. A Aranha nos ensina a tecer nossos sonhos e a estarmos sempre em movimento, pois sempre há algo a fazer. Ela nos mostra que somos seres de infinitas possibilidades e que continuaremos tecendo padrões, independentemente de saber ou não o verdadeiro sentido de se estar aqui. Tecer o próprio destino através da Sabedoria do verbo, da palavra e da ação é o grande segredo que a Aranha presenteia a todos nós. Para os siberianos, este animal representa a alma liberta do corpo.

Arara: na América Latina esse animal representa o fogo e a energia solar. Sendo em algumas tribos sul-americanas o guia da alma até o Mundo Superior.

Baleia: tal como as pedras, a baleia é considerada pelos xamãs como um dos guardiões do registro da terra, devido a sua ancestralidade. Nos voos xamânicos, esse animal nos auxilia a nos conectarmos com a mente universal e também a desvendar os mistérios profundos da vida.

Barata: inseto que nos ensina a utilizar tudo o que temos à mão para a nossa sobrevivência. Para os xamãs da Amazônia a barata auxilia no processo de eliminação da importância pessoal, visando ao desenvolvimento espiritual, mostrando que a sensibilidade é necessária para se adaptar às adversidades e mudanças, contentando-se com pouco. Ajuda-nos a entender que é necessário aceitar as coisas como elas são, ensinando-nos a nos adaptarmos com rapidez às circunstâncias incômodas.

Beija-flor: esse animal é considerado pelos xamãs como mensageiro da alegria, do amor e da cura. É o único pássaro com a capacidade de voar para as quatro direções sagradas e ensina a nos libertarmos do transitório. O beija-flor tem a vibração mais alta e suave da Mãe Natureza. Ele traz em seu bico o néctar da vida e, ao usá-lo para penetrar as flores, transforma-se no símbolo da virilidade irradiante e do Amor Incondicional.

Borboleta: no Xamanismo esse animal é o símbolo da leveza e da metamorfose. Ela é capaz de transformar totalmente o seu DNA. Segundo a etnia *Shuar*, a raça humana segue o mesmo ciclo de vida deste Ser: na infância é uma pequena lagarta, na maturidade uma lagarta maior, na velhice se torna uma crisálida e do seu casulo sua alma sai e voa na forma da borboleta. Desta forma, ela nos ensina a perceber todas as etapas necessárias para uma verdadeira transformação, interna e externa, no nosso processo de crescimento.

Búfalo ou bisão: sua simbologia está ligada à abundância, esperança, espiritualidade, paz, prece, sabedoria ancestral e tolerância. Entre os nativos norte-americanos é um dos animais mais sagrados, sendo considerado um enviado do Grande Espírito, para suprir suas necessidades (alimento, abrigo, segurança e proteção). Sua maior medicina está na prece de agradecimento por tudo que é recebido. Ao nos conectarmos com a sua essência espiritual encontraremos a energia do Divino que habita dentro de nós.

Cabra: os povos nativos das montanhas consideram este animal como símbolo da Liberdade. Além de lhes trazer a sensação de independência, representa a abundância para eles. Sua agilidade ensina a remover todos os sentimentos de culpa, superar as intempéries e buscar novas alturas, o nosso Ser Superior.

Cachorro: simbolicamente representa a lealdade, o amar incondicionalmente e estar sempre a postos. Ele nos ensina a sermos fiéis aos nossos princípios, antes de tudo e de todos. Em muitas culturas é o animal condutor de almas até o acampamento do outro lado do rio da vida.

Camaleão: devido a sua capacidade de mudar de cor, tem como atributo maior a camuflagem. Em algumas culturas africanas é considerado um demiurgo, um enviado dos deuses, por essa razão é venerado.

Camelo: seu atributo maior é o da longevidade, paciência e resistência em sua jornada. Tal como o xamã, é um viajante do tempo.

Canguru: com sua bolsa ventral, o canguru simboliza a proteção materna. Os aborígenes australianos o consideram como o animal primordial, um antepassado mítico.

Caracol: para os ameríndios, este animal é um símbolo de alegria e de renascimento. A forma em espiral de sua concha representa o círculo da vida. Este molusco ensina a nos desprendermos do que não é necessário para a nossa vida e a deixarmos de lado pensamentos, ideias e emoções prejudiciais.

Caribu: criatura nobre que simboliza a espiritualidade e a prosperidade. Sua medicina nos ensina como fazer o melhor uso de nossa energia, ajudando-nos a assumir o máximo que precisamos para realizar e persistir no caminho escolhido, até que cumpramos nossos objetivos.

Carneiro: animal que ensina a termos confiança em nossas habilidades e a nos mantermos equilibrados nas situações mais perigosas, pois só assim obteremos sucesso. Nas culturas xamânicas, representa a fecundidade e a fertilidade.

Castor: ajuda-nos a incorporar um forte senso de família. Com ele aprendemos como construir uma vida com alegria, equilíbrio, estratégia e segurança. Xamãs o evocam quando precisam encontrar uma saída para uma situação difícil.

Cavalo: símbolo de força e de poder, o cavalo nos ensina a conhecermos os nossos limites e a compartilharmos os conhecimentos recebidos em nossa jornada. É considerado um condutor de almas (psicopompo) em inúmeras culturas xamânicas, por essa razão, quando seu dono morria, o seu cavalo era sacrificado para guiá-lo na jornada até o além. Muitos xamãs *altaicos* utilizam-se de uma vara dobrada com a cabeça de um cavalo, simbolizando-o. Assim, realizam seus voos xamânicos. Esse animal nos ensina a seguir os instintos e as premonições, guiando-nos através de poderes superiores. Também nos traz a mensagem de que é importante conhecermos nossas limitações antes de nos lançarmos ao galope da vida.

Cervo, corça ou veado: animais que nos ensina o espírito da gentileza e a agirmos com delicadeza e graça em todas as situações enquanto permanecemos alertas. Olhando seus olhos, podemos sentir a conexão sagrada com o espírito que habita nosso coração. Devido a renovação periódica dos seus chifres, é comparado à Árvore da Vida. Simboliza, assim, a fecundidade e os ritmos de crescimento e renascimento. Nas tradições xamânicas é visto como o mediador entre o Céu e a Terra, como o xamã, que muitas vezes usa seus chifres na sua cervilheira. Em algumas tradições xamânicas, como as dos *Huichol* no México e os *Tungus* na Sibéria, este é o animal-mãe dos xamãs.

Chacal: por andar sempre próximo a cemitérios, é considerado como o guardião dos portais do além. Simboliza a morte e as andanças dos seres mortos.

Cisne: mitologicamente, representa o feminino, o poder da beleza, da intuição e da graciosidade. Este animal auxilia a entrarmos em êxtase e a escutar às mensagens vindas do nosso interior.

Coelho: pequeno animal que faz parte do simbolismo lunar. Essa associação do coelho com a Lua aumentou seu significado sexual, ligando-o à noção de abundância e fertilidade. Para os povos das planícies norte-americanas representa o herói mítico *Nanabozho* (Grande Coelho), que recriou a Terra após o grande dilúvio. Por essa razão, simboliza o recomeço e nos ensina a nos movermos além da estagnação e do medo.

Coiote: nas narrativas cosmogônicas dos povos nativos americanos ele é o grande trapaceiro, o sábio e o tolo ao mesmo tempo. Sua grande lição é que devemos deixar o espírito livre da maioria dos desejos para que sejamos felizes. Ensina-nos que é através da alegria que devemos reconhecer as armadilhas que estão nos nossos caminhos. É um ótimo aliado para problemas de relacionamentos, área da vida em que mais nos enganamos.

Condor: esta ave sagrada dos Andes nos ensina a transcender, a elevar-nos pelos planos superiores, através da paciência, da sua visão e do seu planar, demonstrando todo seu equilíbrio. Sua grande lição é de que mudanças são necessárias e que só conseguiremos atingir a iluminação se nos desprendermos das coisas mundanas. Ensina-nos a mergulhar no vazio e emergir dele transformado, através do processo da morte em vida.

Coruja: considerada um símbolo da magia, do poder de visão física e espiritual, a coruja tem a capacidade de enxergar o que está oculto e ainda nos ensina que é dentro da mais profunda escuridão que percebemos a nossa própria luz. É considerada pelos xamãs como o guardião dos conhecimentos sagrados.

Corvo: este pássaro negro é o portal para as dimensões invisíveis. É o guia e espírito protetor dos xamãs em suas jornadas. Em diversas culturas é o animal celeste, o herói-criador que organizou e estruturou o mundo e trouxe o fogo até nós. O corvo nos ensina que tudo tem um princípio e um fim, e que devemos trilhar o curso da transformação natural, passando por todas suas fases. Ensina-nos também o poder e equilíbrio entre a luz e trevas, o espiritual e o físico.

Doninha: para os xamãs é um animal que sabe qual o momento de ver e de escutar, por esta razão é o símbolo da prudência. É um ser que possui uma quantidade enorme de energia e engenhosidade.

Dragão: representa o éter enquanto elo entre si e os outros quatro elementos (Água, Ar, Fogo e Terra), por essa razão é considerado, em algumas culturas, como um arquétipo da chuva, da fecundação e da força vital, a *kundalini*, que habita em cada ser. Sua simbologia está ligada à força, poder, proteção e sabedoria, além da habilidade de se deslocar entre os mundos. Maremotos e terremotos estão associados ao dragão pela força que seus movimentos exercem nas profundezas da

Terra. Por esta razão é considerado a força primordial da natureza. Está conectado com o nascimento do Universo e, segundo as lendas, o dragão vermelho dorme no núcleo da Terra. Ao nos conectarmos com esse animal descobrimos a sabedoria ancestral e estabelecemos uma ligação com o divino.

Elefante: mamífero que é a imagem viva da estabilidade e da imutabilidade. Simbolicamente, representa a autossuficiência, inteligência, longevidade e memória ancestral. Ele nos ensina a removermos obstáculos por meio da força, da confiança e da paciência. Também nos auxilia na conexão com a sabedoria ancestral.

Ema: para os nativos sul-americanos representa a conexão com a Mãe-Terra. Para os *Charrua*, o Cruzeiro do Sul, a estrela guia do Hemisfério Austral, é a pegada deste animal que foi deixada lá pelo Espírito Criador para orientar nosso caminho pela vida. Essa ave nos ensina a nos conectarmos com a Mãe-Terra (enfiando a cabeça dentro dela) com os pés no chão.

Escorpião: este aracnídeo ensina-nos a seguirmos nossas próprias convicções confiantemente. Simbolicamente representa audácia, percepção alterada, sobrevivência, transmutação.

Esquilo: animal que sabe o tempo certo para guardar seu alimento e o local onde fazê-lo com segurança. Ensina-nos assim a reservar algo para usar no futuro e a empregar de maneira adequada o tempo e a energia.

Falcão: ave considerada pelos xamãs como um mensageiro dos deuses. É um excelente aliado para desenvolvermos a consciência espiritual. Seu piado é um alerta para a necessidade de elevar a consciência e escutar a orientação da alma, como também serve para alterar nosso estado de consciência. A energia do falcão nos pede para entrarmos em contato com nossa intuição, despertando a visão profunda e perspicaz, abrindo, dessa forma, o coração. Trabalhar com ele é recuperar a chave, o registro do mistério e da magia que a vida nos proporciona.

Flamingo: além de simbolizar a extravagância da abundância e do orgulho, o flamingo nos ensina a reverenciar a sabedoria da Mãe Terra, para que possamos alçar o voo da alma. Também nos mostra como manter o equilíbrio e o movimento com base nas emoções. Ele nos ajuda a filtrar o que sentimos por meio da intuição e do discernimento espiritual.

Foca: forte aliado de proteção que nos ensina a termos sonhos lúcidos. Estimula-nos a desenvolvermos a criatividade e a aprendermos a nos movimentarmos através de nossas emoções.

Formiga: para os xamãs simboliza a paciência e a perseverança. Tal como o castor, é uma construtora infatigável e perseverante. Este inseto nos ensina que nenhum indivíduo pode viver inteiramente só e que a integração é necessária nos relacionamentos.

Gaivota: símbolo da liberdade, essa ave nos ensina a voar a outras dimensões em busca do nosso poder pessoal.

Galo: representa altivez, fertilidade e sexualidade. Sua imagem é colocada em cima das casas nos Andes para afastar influências maléficas. Seu canto anuncia a chegada de um novo dia, a luz que rompe as trevas.

Gambá: entre os povos nativos das Américas, esse animal possui grande prestígio e poder. Ensina-nos que a busca do autoconhecimento, da nossa verdadeira essência é o melhor caminho para adquirirmos uma boa reputação.

Ganso: como outras aves, é considerado como o mensageiro entre a Terra e o Céu. Na Sibéria, faz as vezes de montaria do xamã quando em Estados Xamânico de Consciência Ampliada, tal como o cavalo. Também considerado símbolo de fidelidade conjugal.

Gato: esse felino é a ponte de comunicação "entre mundos", por isso são evocados quando se pretende ter uma comunicação mística. Tem a função de fazer limpeza em pessoas que estão carregadas e tem, também, o dom da clarividência.

Gavião: por ser um ótimo observador, essa ave é considerada a conselheira do xamã, como também mensageira do Céu. Simboliza a alma que se lança em direção aos deuses, em busca de conhecimento e depois o compartilha com o xamã.

Girafa: ensina-nos a olhar as coisas de cima, observando e recebendo as inspirações do alto. Como também a ver as coisas ao longe, antecipando obstáculos que possam surgir na nossa caminhada.

Golfinho: na xamaria grega é considerado um psicopompo que leva os defuntos para morada além-túmulo. O golfinho nos ensina a compreender o ritmo da vida e que o som, a respiração e a água são forças vitais da nossa existência. Com ele aprendemos técnicas de respiração que auxiliam liberar a tensão e o estresse.

Gorila: animal ligado à sabedoria ancestral. Traz em si a simbologia da adaptabilidade, da energia e da força.

Gralha: ave conhecida como a Guardiã da Lei Universal. Segundo os *Guarani*, é a Guardiã da Origem dos Mistérios. A gralha nos ensina que devemos agir sempre em consonância com nosso discurso, e encontrar coerência entre quem dizemos ser e quem realmente somos.

Grilo: pequeno inseto que nos ensina, por meio do seu canto, a entrarmos em contato com o nosso subconsciente. Encontrá-lo é um símbolo de boa sorte. O grilo ensina que, ao cantarmos, podemos atrair o que quisermos para nossa vida. Para os xamãs, é a voz da consciência.

Guaxinim: símbolo da limpeza, por sempre lavar os alimentos antes de comer, este animal nos traz a lição que devemos filtrar tudo que ingerimos.

Hiena: animal que representa uma etapa do caminho iniciático do conhecimento, conhece os segredos da natureza e compreende a forma de controlar epidemias, tal qual o abutre. Ensina-nos a adaptabilidade, como também a perseverança e a paciência, além da importância de entendermos o valor da cooperação e a defesa das fronteiras.

Hipopótamo: nome grego que significa "cavalo do rio". Considerado um animal de proteção do nosso campo etérico.

Jacaré: anfíbio ligado à Mãe Terra, à energia primal do nascimento e à fertilidade. Seus olhos no alto da cabeça simbolizam a visão superior e a vidência em outros planos.

Jacu: poderoso aliado na magia de renovação, amor, sorte e sucesso. O jacu nos traz confiança e integridade pessoais.

Jaguar: felino Guardião da Floresta Tropical. Representa a transformação súbita da vida e da morte. Animal transformador da magia cerimonial, purificando e transmutando a energia sempre que for necessário. É também o protetor de todas as cerimônias xamânicas na Amazônia. Este felídeo nos ensina como ficar à espreita para perceber tudo o que estiver envolvido numa questão, antes de tomarmos qualquer decisão. O jaguar é o único animal que não se submete ao controle do Senhor dos Animais, o que dá ao xamã uma liberdade considerável ao incorporar as características dele. Sua medicina engloba cautela, espreita, prudência, orgulho, soberba, independência, impecabilidade e sensualidade.

Javali: representa a autoridade e o poder espiritual, sendo este último observado pelos xamãs por causa de seu retiro solitário na floresta. Para os povos nórdicos, representa a fertilidade.

Joaninha: a medicina sagrada deste inseto nos traz alegria, confiança e nos ajuda a expandir a consciência.

Lagarto: réptil que simboliza o sonho e a sabedoria que se encontram no lado oculto de toda realidade, ali onde os sonhos têm sua morada.

Leão: felino que simboliza a coragem, a força e o poder. É evocado pelos xamãs quando um doente se encontra em depressão para que este tenha autoconfiança e continue a sua jornada.

Leopardo: simboliza altivez, força e ferocidade. No Xamanismo exerce a função de protetor das cerimônias, afastando qualquer ameaça. Também é o guardião do subconsciente.

Lhama: camelídio andino que nos traz prosperidade material, mental, como também espiritual. Ao olharmos em seus olhos encontramos uma mensagem de transcendência, que nos auxilia a superarmos qualquer intempérie em nossa caminhada espiritual.

Libélula: sua energia nos fala da transformação, de deixar para trás velhas ideias e ilusões e adotar novos hábitos para que alcancemos a evolução que tanto almejamos. Também nos ensina a estabelecermos comunicação com o mundo dos seres elementais. Devido ao seu processo de mutação, representa a transformação, as mudanças diárias, mas também a adaptação e a introspecção que nos ensina a ir além das aparências para procurar nossa verdadeira identidade.

Lince: felino detentor de todos os segredos e mistérios, que vê e viaja além do tempo e espaço. Animal que caminha pela floresta sem ser visto. Silenciosamente, zela pelas areias da Eternidade. Quando precisa que coisas escondidas venham à tona, os xamãs chamam o lince para auxiliá-los no processo.

Lobo: para os povos originários norte-americanos é o grande professor e guardião que nos encoraja a seguir adiante sempre. Ensina-nos a confiar nos nossos sentidos e, assim, ouvir a voz interior. Também nos protege de ações inapropriadas. Sua simbologia está ligada à liderança e à sabedoria. Seus instinto e sentidos são apuradíssimos. Sua medicina empodera nosso Mestre Interior e nos faz entender o grande mistério da vida.

Lontra: a energia deste animal nos estimula a sermos alegres e sensuais, sabendo apreciar cada detalhe da vida e a aprender com tudo que o rodeia.

Louva-Deus: a simbologia deste inseto é a da habilidade para trabalhar com o tempo, poder de se movimentar entre momentos de imobilidade e silêncio, compreensão da natureza circular do tempo, estratégia de ataque e energia feminina guerreira. Também simboliza a paz e a atenção plena. Geralmente aparece no nosso caminho quando precisamos de clareza, paciência e força.

Macaco: animal que representa a consciência que salta de um objeto para o outro como o macaco pula de galho em galho. O macaco nos ensina a capacidade de mudar de ambiente e de movimentar-nos através do ego.

Minhoca: representa a vida que renasce da podridão e da morte. É considerada pelos xamãs como o espírito que fecunda a matéria. Sendo vista também como símbolo da transição da Terra para a luz, da morte para vida, do estado de larva para o voo espiritual.

Morcego: mamífero voador que representa a morte simbólica do iniciado para velhos padrões de sua vida. Guardião da Terra ao cair da noite, representa o renascimento. Ensina-nos a ver na escuridão, a sonhar e a renascer com os aprendizados da vida, materializando esses sonhos.

Pantera: a pantera é a Guardiã do Tempo Circular e dos Portões para o Incognoscível. Sua simbologia está ligada ao mistério, à sensualidade, sexualidade, beleza, sedução, força e flexibilidade. Com esse animal aprendemos a descobrir a força arquetípica do que está além de nós mesmos, proporcionando-nos a habilidade de ir além do imaginável, com disciplina e controle.

Papagaio: ave que tem a capacidade de imitar tudo à sua volta. Sua energia é como um grande espelho universal, refletindo tudo aquilo que existe fora dele. O papagaio nos ensina a pensarmos antes de abrirmos nossa boca para falarmos.

Pato: simboliza a união e a felicidade conjugal. Os nativos americanos o consideram um guia eficaz, tanto na água como no ar.

Peru: para as tradições nativas americanas simboliza o sacrifício. Sua energia nos aconselha a pensar em que momentos devemos realizar tais sacrifícios, refletindo antes de agir. Só assim saberemos se vale a pena o nosso esforço. Representa simultaneamente a fecundidade e a força viril. Simboliza também a doação.

Pica-pau: para os povos das pradarias norte-americanas, representa proteção e segurança, pois nos desvia dos desastres naturais como a tempestade e o raio. Na cultura *Semang*, da Malásia, foi ele quem levou o fogo aos primeiros homens.

Porco-espinho: sua principal virtude é o poder da fé, confiança e crença, características típicas da nossa infância. Para as tribos africanas é um animal divinatório, ligado ao Mundo dos Espíritos e que ocupa, na mitologia, um papel de herói civilizador. O porco-espinho nos ensina que a vida é uma grande brincadeira. Mostra-nos também a preciosidade da fantasia e da imaginação, levando-nos a viver nosso mito pessoal consciente da realidade que nos rodeia.

Puma: felino símbolo da coragem, perseverança e da liderança. Ensina-nos o caminho do autoconhecimento. Sua energia nos instrui a perceber a manutenção do nosso território como um elemento essencial para nossa sobrevivência. Nos Andes é considerado o elo entre a humanidade e os deuses.

Quetzal: o simbolismo desta ave é de beleza, fertilidade, prestígio, prosperidade, riqueza e vida. Está relacionado ao céu em geral e ao sol em particular. Ele nos ensina a termos perseverança e paciência, como também a observar os sinais que a vida nos mostra.

Rato: pequeno mamífero que nos ensina a arte da minúcia e auxilia o xamã a entrar em qualquer local. É extremamente organizado e curioso. Para alguns nativos, simboliza confiança e inocência. O rato pode nos ensinar a apreciar o óbvio e a nos alegrarmos com os pequenos milagres do cotidiano. Também nos ensina a olharmos para dentro de nós e a enxergarmos tanto as nossas falhas como nossas qualidades.

Raposa: sua Medicina de Cura nos fala sobre adaptação, observação, integração, esperteza e destreza. Por ter todos esses atributos, a raposa nos ensina a sermos unos, íntegros e a buscarmos a harmonia. Ela nos treina sobre a arte de nos tornarmos invisíveis para descobrir não só um novo sentido para a situação que estamos vivenciando, como também para podermos proteger nossa família.

Salamandra: simboliza a regeneração. São consideradas pelos xamãs como espíritos do Fogo, por terem a capacidade de viver dentro dele. Também tem o poder de extinguir o fogo devido a serem extremamente frias.

Salmão: animal do conhecimento, do saber da ciência sagrada, aquele que sobe à Fonte de todas as coisas. Símbolo de coragem, determinação, força e perseverança.

Sapo: relacionado à Água, o sapo nos ensina a trabalhar com esse elemento para eliminar a negatividade e, acima de tudo, honrar as lágrimas, pois elas purificam a Alma. Quando coaxa é porque está pedindo chuva e nos traz mensagens de renascimento e harmonia.

Serpente: sua existência faz eco à aurora dos tempos. É um ser ligado à Água e à Terra, certamente vinculada à Grande Mãe. Sua energia possui inúmeros valores simbólicos, tais como: cura, fertilidade, regeneração, sabedoria, psiquismo, sensualidade e transmutação, sendo o principal deles o poder de adaptação às mudanças surgidas em nossa vida. A Serpente, ao trocar de pele, ensina-nos que devemos deixar para trás velhas ideias e conceitos que não nos servem mais. Equilibrar as forças do feminino e do masculino que coabitam em nós, também é uma sabedoria a ser adquirida com esse Animal Sagrado. Conviver em harmonia com as nossas dualidades para poder transformá-las em energia é um dom que certamente nos levará ao Poder Criativo, de forma plena e absoluta. Também simboliza a ascensão iniciática.

Tamanduá: para os xamãs é um animal dotado de um poder oculto e nefasto, revelado somente aos iniciados, geralmente invocado nos casos de extração de energias intrusas. Para os nativos *Chaco* dos pampas sul-americanos, está associado à chuva, à fecundidade e à sexualidade. Também nos sintoniza com nossa natureza emocional e habilidades intuitivas.

Tartaruga: quelônio que representa sabedoria e proteção da Mãe Terra e também estabilidade, honra, longevidade, organização e paciência. Com sua lentidão e grossa carapaça, ensina-nos como podemos nos proteger e a não nos magoarmos com facilidade com os "dardos venenosos" projetados pelos outros. Na maioria das culturas nativas é um animal primordial e civilizador, representando frequentemente o Universo: redonda como a abóbada celeste e chata como a Terra.

Tatu: por ser um animal difícil de ser ferido simboliza a resistência. O tatu nos ensina que, através dos obstáculos, colocam-se à prova as nossas tenacidade e vontade de vencer, como também a construir nossos limites de segurança. Animal que nos mostra sempre o melhor caminho a seguir.

Texugo: tal como a raposa, o texugo é símbolo da astúcia. Considerado pelos xamãs como o guardião das regiões inferiores que nos conectam com a energia da Mãe Terra. Sua medicina também contribui para que expressemos nosso amor à mãe natureza e nos convida à introspecção e à compreensão da energia e dos fluxos.

Tigre: felino que emite energia da independência e da confiança. A sua maior medicina é a da preparação meticulosa, o saber aproveitar as oportunidades que chegam e planejar boas estratégias. Xamãs asiáticos o considera como iniciador por conduzir o noviço pela selva a fim de iniciá-los, ou seja, matá-los e ressuscitá-los. Simboliza também a fé e o esforço espiritual. O tigre nos ensina como ver o extraordinário do mundo. Aqueles (que atuam) com esta medicina têm uma sensibilidade forte para curar e trabalhar o corpo. Criam seus espaços sagrados onde não deixam ninguém penetrar, sabem quando devem se retirar para recuperar as forças e a atenção.

Toupeira: ser ctônico que encarna as forças da Terra. Suas patas têm forma de mãos, por essa razão, são considerados curandeiros e chamados de "mãos que curam".

Touro: simboliza a força viril criadora. Representa a força temporal, sexual e a fecundidade da natureza.

Unicórnio: animal mítico, sua energia nos traz pureza, inocência, virgindade e ligação com a nossa criança interior. Traz também a conexão com os Espíritos da Floresta e nos ensina a irmos atrás da realização de nossos sonhos, não importando os obstáculos que surjam à nossa frente.

Urso: sua simbologia está ligada à consciência, cura, curiosidade, ensinamento, introspecção e intuição. Xamãs o consideram como o mestre da floresta, pois sabem encontrar mel nos ocos das árvores. Por desaparecer no inverno, para hibernar, e só reaparecer na primavera, é considerado um animal lunar. Ensina-nos a auto-observação e a introspecção e nos instrui a encontrar a segurança da sabedoria interior, dando-nos as respostas que procuramos ansiosamente fora de nós, em mestres, gurus, seita, etc. Quando um xamã quer entrar no Grande Silêncio, escolhe o caminho do silêncio e da solidão, solicitando a ajuda do urso para esvaziar sua mente e alcançar as respostas que necessita. Desta forma, além de encontrar o que tanto ansiava, renasce, tal como o urso quando hiberna, com mais força, recuperando a rédea do seu destino e procurando andar no seu próprio ritmo.

Urubu: ave de rapina que nos ensina a reconhecer que só conseguiremos seguir o caminho da evolução quando nos livrarmos de antigos padrões de comportamento, morrendo para o nosso Eu antigo para transcendermos e, assim, elevarmo-nos até o Espírito Criador do Universo. Tem o poder de transformar o que está morto em alimento para nossa alma e o dom de nos indicar o caminho da Liberdade, ensinando-nos que para tal devemos superar uma série de intempéries, como preconceitos e temores.

Vaca: em algumas mitologias é considerada "aquela que anima o ser vivente", a doadora cósmica da vida. Considerada, também, como símbolo de abundância.

Glossário

Alcaloide: compostos orgânicos nitrogenados produzidos pelos vegetais. Sua ingestão produz efeitos fisiológicos que variam de um alcaloide para outro: alteração de pressão sanguínea, analgesia, estimulação do sistema nervoso central, paralisia, tranquilizante, etc. Em doses elevadas são altamente tóxicos. As substâncias reconhecidas como alucinógenos são alcaloides que produzem alteração de percepção e alucinações. Todos os alucinógenos são alcaloides, porém nem todos alcaloides são alucinógenos.

Ainu: tribo aborígene do Japão. Por não ter nenhuma semelhança física com os japoneses, acredita-se que eles são descendentes de imigrantes que vieram da Oceania ou da Mongólia, sendo esta última a teoria mais crível.

Alma: corpo de energia luminosa, que serve como veículo para o espírito individualizado.

Animal Totem: não se refere particularmente a um Espírito Animal, mas antes a um Espírito Ancestral associado a uma linhagem familiar, tribal ou grupal. Também pode ser utilizado para designar o Animal de Poder ou Guardião.

Anishinaabe: etnia de língua *Ojibwe*, que habita a Região dos Grandes Lagos dos Estados Unidos e Canadá.

Apus: espíritos das Montanhas Sagradas nas tradições andinas. Espíritos tutelares que canalizam forças de sanação poderosas que ajudam o xamã a curar.

Arquétipo: símbolos que representam valores universais presentes em diversas culturas. Padrões comportamentais presentes no inconsciente coletivo desde os primórdios da humanidade.

Arunta: aborígenes da Austrália Central.

Árvore da Vida ou do Mundo: relacionada com a gênese do Universo, sua simbologia está ligada ao sacrifício e à cruz na maioria das mitologias, como: *Maya*, *Saami* e *Hindu*. A Árvore é vista como a Mãe Primordial que gerava e distribuía a vida.

Asteca: cultura pré-colombiana que floresceu na região central do México.

Aumakua: mente super consciente. Espírito pessoal que é masculino e feminino.

Avá-Katu-Eté (*Guarani*): povo da etnia *Guarani*, oriundo do oeste paraguaio, que se distribui pelo noroeste argentino, nordeste boliviano, sul e centro-oeste brasileiro.

Ayni: Lei da reciprocidade.

Ayahuasca: a Corda da Morte ou Vinho dos Mortos. Medicina feita a partir de duas Plantas de Poder, muito utilizada em cerimônias xamânicas pelos povos nativos amazônicos.

Ayoreo: grupo indígena que vive na base da cordilheira oriental na Bolívia.

Baniwa: etnia que habita a região amazônica do Brasil, Colômbia e Venezuela.

Baratzil: antigas lendas contam que, depois de uma série de precipitações atmosféricas, a Terra sofreu um dilúvio e ficou submersa durante séculos, até que em determinado momento a crosta terrestre, a primeira porção de terra, emergiu das águas onde hoje é o Planalto Central Brasileiro e lá surgiu a augusta raça vermelha feita do barro. A tradução do seu nome na língua *nheengatu* significa "terra da luz" (ver Neto, 1989).

Batek: grupo indígena que habita a floresta tropical da Malásia.

Beatnik: movimento contracultural da geração norte-americana de 1960, que se opunha aos valores, estilo de vida e padrões da sociedade materialista, liderado por Jack Kerouac, Allen Ginsberg e William Burroughs.

Bifrost: na mitologia nórdica é a ponte que liga os três níveis dos Nove Mundos e brilha nas cores azul, verde e vermelho.

Bosquímanos: conhecidos também como os homens dos bosques, vivem no sul da África há pelo menos 100 mil anos, segundo datação de carbono em pinturas feitas nas rochas. Exames de DNA provaram que estão entre os povos mais misturados e, portanto, são considerados os mais antigos do mundo.

Buryate: tribo que fala uma língua próxima do mongol e que ocupa a região da Sibéria na Rússia.

Busca da Visão: prática xamânica dos povos nativos americanos na qual o buscador fica isolado, em jejum e contemplação, à espera de visões ou mensagens dos guias espirituais.

Cabalá: corpo da prática mística judaica, considerada a alma do judaísmo.

Celta: designação dada pelos romanos a um conjunto de povos nativos indo-europeus.

Chakana: cruz andina que simboliza o Cruzeiro do Sul.

Charrua: grupo étnico que viveu nos pampas do nordeste argentino, sul do Rio Grande do Sul e por todo território uruguaio.

Chonta: madeira derivada de uma palmeira que cresce na selva, muito dura e utilizada para fabricação de espadas, lanças, varas e bordunas.

Chukchee (*Chukchi*): tribo siberiana que habita a península de *Chukchi* no Círculo Polar Ártico.

Consagração: ritual que envolve purificação, dedicação e direcionamento de energia de um objeto para um determinado fim.

Cunas: povo do Panamá.

Dagara: grupo nativo do oeste africano (Burkina Faso, Costa do Marfim e Gana).

Dança do Sol: cerimônia sagrada nativa *lakota*, realizada anualmente em junho ou julho, na qual os dançarinos oferecem seus corpos em sacrifício, visando ao benefício da tribo, para que seus membros tenham força e compreensão. Infelizmente, nos dias atuais, uma série de grupos neoxamânicos se apropriaram desta cerimônia e fizeram inúmeras adaptações para compartilhar com seus membros. Porém está é uma cerimônia que não pode ser realizada fora do território dos *Lakota*, e sua realização só pode ser feita mediante a autorização do Círculo Sagrado Tribal desta etnia, como também o treinamento de quem irá conduzi-la.

Derviches (*Dervixe*): praticantes do sufismo islâmico que trilham um caminho ascético, conhecidos por sua extrema austeridade e pobreza e por sua dança extática.

Desana (*Dessana*): grupo indígena de língua *tukana* que vive às margens do rio Uaupés e seus afluentes no noroeste amazônico.

Divindade: forma-pensamento criada pela mente coletiva de uma determinada cultura, dotada de poderes sobrenaturais.

DNA: ácido desoxirribonucleico. É nele que se encontram codificadas todas as informações necessárias para às células criarem e manterem a vida.

Donos-de-cantos: curandeiros que se utilizam do canto para sanarem seus pacientes.

Espírito (*Spíritu*): essência inteligente incriada, que anima as formas de vida.

Esquimós: grupo de povos disseminados ao longo da linha da costa Ártica na América do Norte, Groenlândia e Sibéria. O nome esquimó significa "aqueles que comem carne crua".

Evencos: grupo de caçadores siberianos e pastores de renas, geralmente conhecidos pelo nome de *Tungus*. A palavra xamã é originária da língua *evenca*.

Glaciar: grande e espessa massa de gelo formada por camadas sucessivas de neve compactada e cristalizada, conhecida também como geleira.

Grande Mistério: fonte original do Universo.

Hanan Pacha: na Mitologia Andina, é o Mundo Superior, atmosfera superior acima das nuvens, onde habitam os seres espirituais, representados pelos Apus e o Condor.

Hopi: grupo indígena que vive no nordeste do estado do Arizona nos Estados Unidos.

Huichol: povo nativo do México, conhecido por utilizar o *peyote*.

Huitoto: grupo indígena amazônico que habita essa região no Brasil, Colômbia e Peru.

Ícaro: canto dos xamãs *vegetalistas* utilizado em suas cerimônias. Esse canto surge do fundo da alma do xamã e, com o tempo vai tomando forma.

Incas (*Inkas*): grupo pré-colombiano da América do Sul com alta identificação religiosa, cultural e filosófica entre si, que construiu, pela imposição da sua cultura, um império conhecido como *"Tawantinsuyu"*, que incluía regiões desde o extremo norte do Equador e o sul da Colômbia, todo o Peru e Bolívia, até o noroeste da Argentina e o norte do Chile, no período entre 1.200 até 1.533 quando houve a invasão espanhola.

Inuit: grupo indígena que habita as regiões árticas do Canadá, Alaska e Groenlândia. O nome desta etnia significa "humanos".

Kachinas: espíritos ancestrais da natureza, pertencentes à Grande Nação das Estrelas. Para as tribos *Pueblo* (*Hopi, Keres, Tewa, Tiwa, Towa* e *Zuni*), são conhecidos como Senhores do Tempo por controlarem o clima e as estações.

Kahuna: guardião do Conhecimento Oculto. Mestre Guardião da *"Huna"* (filosofia de vida *havaiana, maori, polinésia* e *taitiana*).

Karpay: iniciação da Tradição Andina que conecta a pessoa com uma linhagem ancestral de conhecimento e dá poder ao indivíduo.

Kawsay: energia original da criação.

Kichwa: etnia que habita a região de Pastaza, no Equador.

Kichwa Otavalo: tribo andina que habita a região de San Luis de Otavalo, no Equador.

K'intu (*kintu*): trinca de folhas de coca, indispensável nas oferendas andinas.

Kiva: câmera subterrânea sagrada, utilizada pelos povos *Pueblo* em suas cerimônias xamânicas.

Kogi: etnia que vive na Serra Nevada de Santa Marta, na Colômbia.

Kultrun: tambor semiesférico utilizado pelas *machis* (xamãs *Mapuche*).

Kundalini: energia vital, de natureza sexual, situado na base da coluna vertebral, que está enroscada como uma serpente, mas pode despertar subindo pela coluna até os chacras superiores, bem como alimentando todos os outros ao longo da vértebra.

Kuntur: nome em *runasimi* dado ao Condor, a maior ave voadora da Terra, de cor negra com algumas penas rajadas de branco.

Kuya: pedra de Poder.

Lakota (*Oyate*): tribo das planícies da América do Norte.

Lapões: nome pejorativo atribuído pelos outros povos aos *Saami*.

Llipta: massa formada por uma mistura de cal e cinzas de *kiwicha* ou quinua, que se põem na boca no momento de mascar a folhas de coca para facilitar a extração dos alcaloides desta planta, muito utilizada pelos povos andinos e alguns amazônicos.

Manchu: tribo asiática situada na região centro sul, entre a China e a Índia.

Mama Killa: grande Mãe Lua, a Senhora das Emoções.

Mapuche: etnia que habita a região centro-sul do Chile e sudoeste da Argentina.

Mastana: manta andina.

Meavrresgárri: tambor ovalado utilizado pelos *nodide* (xamãs) da etnia *Saami*.

Mesa (*misa*): altar sagrado do xamã andino, onde ele guarda seus objetos sagrados, "artes".

Miqhuy: processo de cura andina utilizado para extirpar a energia intrusa.

Mohave (*Mojave*): tribo que habita o Deserto de Mojave nos Estados Unidos.

Mochica: civilização pré-incaica dos Andes, surgida por volta de 200 AEC.

Mongóis: principais habitantes da Mongólia que, na Idade Média, governaram um grande império, cujos governantes se tornaram também imperadores da China.

Ñahñus: etnia descendente dos Astecas, de língua *nahuatl*, que vivem na região central do México.

Navajo (*Diné*): tribo nativa norte-americana que habita o sudoeste dos Estados Unidos, mas especificamente o estado do Arizona.

Ñawi: nome dado aos chacras nos Andes. Olhos de luz, centro energético do corpo luminoso, que fazem parte dos cintos de energia viva, *chumpi*, que envolve o campo de energia luminosa.

Nganasan: tribo *Samodeic* que habita a Península Taymyr, na Sibéria Central.

Otorongo: jaguar, o guardião da floresta e do portal entre os mundos.

Pacarina: abertura no espaço/tempo que se acredita ser o ponto de entrada e saída dos mundos. Considerado um portal para o reino da criação. Pacarina também é um ser elemental das águas nos Andes.

Pachacamac: nome que se dá na Tradição Andina ao Senhor do Universo, aquele que governa todas as coisas.

Pachamama: Mãe Terra. O espírito da Terra no seu aspecto feminino. Também considerada a Grande Mãe Cósmica nos Andes.

Paviotso: povo nativo de língua *Shoshone* que habita o deserto de Nevada nos Estados Unidos, conhecidos também como *Paiute*.

Plantas enteógenas: aquelas que induzem o Estado Xamânico de Consciência Ampliada e impulsionam a manifestação interior do divino, por isso enteógenas.

Poq'po ou puq'pu: bolha, palavra utilizada pelos xamãs andinos ao se referirem ao campo de energia que cerca o corpo humano.

Psicopompo: é o "condutor de espíritos", uma das funções dos xamãs e outros sacerdotes, como também atributos de dezenas de divindades.

Q'ero: tribo andina que vive nos arredores da montanha sagrada de *Ausangate*, no Peru.

Q'enti: beija-flor na língua *runasimi*. Animal que simboliza a alegria e a sabedoria ancestral.

Q'osqo: estômago espiritual da nossa bolha de energia na língua *runasimi*.

Runasimi: antiga língua falada pelos *incas* e pela maioria dos povos andinos, que significa "linguagem humana".

Saami (*Sami*): tribo nativa da região Ártica. São os detentores dos conhecimentos xamânicos ancestrais escandinavos.

Salich: povo costeiro da fronteira do estado de Washington, nos Estados Unidos, e da Columbia Britânica, no Canadá.

Samay: sopro abençoado dados pelos xamãs andinos.

Sami: energia refinada na Tradição Andina.

Seneca: tribo nativa norte-americana que habitava as grandes colinas no leste dos Estados Unidos das Américas.

Shipibo-Conibo: etnia que habita a Amazônia peruana, às margens do rio Ucayali.

Shuar: tribo amazônica que vive no sudeste equatoriano e nas encostas orientais da cordilheira andina peruana. No passado eram conhecidos por encolherem as cabeças dos inimigos, prática que não é mais realizada. Também são conhecidos como *Aguaruna*, *Awajun*, *Huambisa* ou *Jivaro*.

Sora: tribo do sul do Orissa, Índia.

Tamang: etnia de origem tibetana que habita o vale de Katmandu, no Nepal.

Tata Inti: nome *runasimi* dado ao Pai Sol pelos povos andinos.

Tatewari: espírito do fogo para o povo *Huichol*.

Taripay Pacha: nome dado na Tradição Andina ao mundo além do tempo e espaço. A imensidão do Infinito. A fonte original do *Kawsay*.

Tawantinsuyu: as quatro regiões do Império Inca. Significa, em *runasimi*, Quatro Terras ou Territórios.

Texemuyo: fonte original da criação na Tradição Andina.

Toba: tribo pampeana que habita a região do Gran Chaco, na Argentina.

Tonal: o Universo e tudo no que nele está contido. A estrutura material existente. Tudo aquilo que tem nome.

Tribo Arco-íris: é a maior não organização internacional de membros não afiliados. Não possui líderes, hierarquias ou qualquer tipo de organização formal. Resultado da vontade de vários indivíduos em construir uma comunidade baseada nos princípios da não violência, da liberdade e do desenvolvimento de modos de vida alternativos em comunhão com a Mãe Natureza. Centrada nos valores da paz e do amor, muitas das suas tradições são baseadas nas culturas xamânicas, possuindo forte orientação para a preservação do Planeta e das formas de vida naturais. É, em muitos sentidos, a expressão humana fundamental, a tendência das pessoas para se reunirem em lugares naturais e celebrarem a vida em paz e harmonia.

Tsáchila: tribo que vive na floresta tropical na costa noroeste do Equador.

Tsong: etnia de língua *banta* que vive na região da África Austral.

Tukano: grupo indígena que habita a região da bacia do Uaupés, no noroeste Amazônico.

Tungus: tribo de língua *evenca* que habita a Sibéria.

Tuntui: tambor feito de um tronco oco utilizado pelos *Shuar*.

Ukhu Pacha: nome dado na Tradição Andina ao mundo interior ou inferior, representado pela Serpente, é também chamado de mundo dos mortos.

Vai-Mashe: senhor do Animais dos *Dessana*, que habita uma gruta etérea na Selva Amazônica.

Voo da alma: projeção da consciência do xamã que o permite viajar por outras realidades.

Wachuma: nome nativo nos Andes do cacto *san pedro*, utilizado como enteógeno.

Wakan Tanka: nome dado ao Grande Espírito pelo povo *Sioux*.

Wayra: "vento" em *runasimi*. Massa de ar em movimento. Um ente da natureza na Tradição Andina.

Wayüu (*Guajiro*): grupo étnico da península de *La Guajira*, no noroeste da Venezuela e nordeste da Colômbia.

Willka: "sagrado", "divino" na língua *runasimi*.

Wiracocha ou Viracocha: Senhor do Céu. Deus supremo dos Andes.

Xamã: pessoas com habilidades especiais, capazes de aventurarem-se nas realidades "não ordinárias" ao entrar em estado de êxtase e perceber os processos energéticos sutis. Neste estado alternativo podem transpor o umbral dos sentidos e ascender a dimensões onde se supõe que reside o mistério da vida e da morte.

Xamã de plástico: pessoa neoxamanista que, após fazer um workshop xamânico de final de semana, acredita ser um xamã sem passar por uma legítima iniciação xamânica. Em seu trabalho induz mais a fantasia e um teatro ritualístico do que uma jornada profunda xamânica, utilizando para tal métodos meditativos de autoajuda e terapêuticos do Movimento do Potencial Humano e *new age*.

Xamanismo: conjunto de conhecimentos praticados pelos xamãs na busca do desenvolvimento do poder pessoal, anterior a todas as filosofias e religião conhecidas, cuja as técnicas foram desenvolvidas no decorrer de eras.

Xamanistas: nome dado aos estudantes e praticantes do Xamanismo.

Yachac: sacerdote, xamã ou mestre andino.

Yachay (*dau* ou *keyón*): muco espesso localizado no estômago dos xamãs amazônicos que contém a essência do poder do xamã.

Yacumama: a Deusa-Serpente. Senhora das Emoções nas mitologias amazônicas. Anaconda ou sucuri.

Yágan: tribo da Terra do Fogo que habita a região mais meridional do Planeta.

Yagua: etnia que habita a Amazônia colombiana e peruana.

Yakutes (*Sakha*): povo que habita a região norte da Rússia, mais especificamente na região do Lago Baikal, conhecida pelo grande número de xamãs.

Yggdrasil: a Árvore da Vida ou do Mundo, que simboliza a estrutura cósmica que sustenta os Nove Mundos, segundo a mitologia nórdica.

Yanomami: grupo indígena que habita a floresta amazônica na fronteira entre o Brasil e a Venezuela.

Yaminahua (*Yaminawa*): grupo indígena das regiões amazônicas da Bolívia, Brasil e Peru.

Yurt: tenda circular usada pelos *mongóis* e outros povos da Ásia Central.

Zulu: é o maio grupo étnico da África, espalhada em territórios da África do Sul, Essuatíni, Lesoto, Moçambique e Zimbábue.

Bibliografia

ACHTERBERG, Jeanne. *A imaginação na cura, xamanismo e medicina moderna*. São Paulo: Summus Editorial, 1985.

ANTUN'TSAMARAINT, Raquel; CHIRIAP'INCHIT, Victor Hilário. *Tséntsak: La experiência chamánica em el pueblo Shuar*. Quito, Ecuador: Ediciones Abya-Yala, 1991.

ARRIEN, Angeles. *O caminho quádruplo – Trilhando os caminhos do guerreiro, do mestre, do curador e do visionário*. São Paulo: Ágora, 1997.

ARVIGO, Rosita. *Sastun – Meu aprendizado com um curandeiro maia*. Rio de Janeiro: Record, 1995.

BALZER, Marjorie Mandelstam. *Shamanic world: Ritual and lore of Siberian and Central Asia*. Armonk-NY: North Castle Books, 1997.

BASILOV, V. N. *Chosen by the spirits*. Moscou: Plitixdat, 1984.

BELYEA, Charles. *Dragon's play: A new taoist transmission of the complete experience of human life*. Berkeley-CA: Great Circle Lifeworks, 1991.

BEERY, Itzhak. *Shamanic healing: Tradicional Medicine for the modern world*. Rochester: Destiny Books, 2017.

BLY, Robert. *João de ferro: Um livro sobre homens*. Rio de Janeiro: Editora Campus, 1991.

BOAVENTURA, Edvaldo. M. Educação planetária em face da globalização. *Revista da FAEBBA educação e contemporaneidade*. Salvador, n. 16, ano 10, p. 27-35, jul/dez. 2001.

BOFF, Leonardo. *Saber cuidar*. Petrópolis: Vozes, 1999.

_____. *A voz do arco-íris*. Brasília: Letraviva, 2000.

BOHM, David. *A totalidade e a ordem implicada*. São Paulo: Cultrix, 1992.

_____. Peats, David F. *Ciência, ordem e criatividade*. Lisboa: Gradiva, 1989.

BRENNAN, Barbara Ann. *Mãos de luz: Um guia para cura através do campo de energia humana*. Pensamento: São Paulo, 1999.

BRUCHAC, Joseph. *The native american sweat lodge: History and legends*. Freedom, CA: The Crossing Press, 1993.

CAMPBELL, Joseph, 1959. *As máscaras de Deus, I: Mitologia primitiva*. São Paulo: Palas Athenas, Trad: Carmen Fisher, 1992.

CAPRA, Fritjof. *O ponto de mutação*. São Paulo: Cultrix, 1986.

_____. *O tao da física: Um paralelo entre a física moderna e o misticismo oriental*. São Paulo: Cultrix, 1995.

_____. *A teia da vida: Uma nova compreensão científica dos sistemas vivos*. São Paulo: Cultrix, 1997.

CASTANEDA, Carlos. *A erva do diabo*. São Paulo. Record, 1968.

CHURCHIL, Ward. *Fantasies of the master race: Literature, cinema and the colonization of american indians*. Monroe: Common Courage Press, 1992.

CLASTRES, Pierre. *A fala sagrada: Mitos e canto sagrados dos índios guaranis*. Campinas: Papirus, 1990.

COE, Michael. *The maya*. London: Thames and Hudson Ltd., 1999.

CONNER, Randy P. *Blossom of bone: Reclaiming the connections between homoeroticism and the sacred*. San Francisco: HarperCollins, 1993.

COWAN, Tom. *Fire in the head: Shamanism and the celtic spirit*. San Francisco: Harper Collins, 1993.

CREMA, Roberto. *Introdução à visão holística*. São Paulo: Summus, 1989.

CZAPLICKA, M. A. 2005: *Xamanismo – Origens e mistérios*. São Paulo: Tahyu, 2005.

DEVEREUX, George. *Shamans as neurotics*. In: American Anthropologist, vol. 63, 1961.

DROUOT, Patrick. *Le chaman, le physicien et le mystique*. Paris: Éditions du Rocher, 1998.

DUNCAN, Antonio. *O caminho das pedras*. Rio de Janeiro: Nova Era; 2006.

ELIADE, Mircea. *Yoga: Immortality and freedom*. Princeton, NJ: Princeton University Press, 1958.

_____. *O xamanismo e as técnicas arcaicas do êxtase*. São Paulo: Martins Fontes, 1998.

ELKIN, A. P. *Aboriginal men of high degree*. Nova Iorque: Palgrave Macmillan, 1994.

ERDOES, Richard. *Crying for a dream: The world through native american eyes*. Santa Fe-NM: Bear & Co, 1990.

ESTRADA, Álvaro. *Maria Sabina: Her life and chants*. Santa Bárbara: Ross-Eriksson, 1981.

FARON, Louis C. *Mapuche indians of Chile*. New York: Holt, Rinehart and Winston, 1968.

FAUR, Mirella. *Almanaque mágico: Um guia de ensinamentos práticos*. Brasília: Forças Ocultas, 1997.

_____. *O legado da deusa: Ritos de passagem para mulheres*. Rio de Janeiro: Editora Rosa dos Ventos, 2003.

_____. *Mistérios nórdicos. Deuses. Runas. Magias. Rituais*. São Paulo: Editora Pensamento, 2007.

_____. *Círculos Sagrados para mulheres contemporâneas*. São Paulo: Editora Pensamento, 2010.

FLAHERTY, G. *Shamanism and the eighteenth century*. Princeton: Princeton University Press, 1992.

FRANK, Jerome D.; Frank, Julia B. *Persuassion and healing*. London: John Hopkins University Press, 1974.

FROTA, Wagner. *Caminhando com os ventos: Uma jornada xamânica*. Maceió: Livro Rápido, 2008.

_____. *Xamanismo visceral – O despertar do guerreiro*. São Paulo: Editora Alfabeto, 2013.

_____. *Xamanismo nos Andes – Cosmologia, mitos & ritos*. São Paulo: Editora Alfabeto, 2017.

FURST, Peter. *People of the peyote*. Albuquerque: University of New Mexico Press, 1996.

GADOTTI, M. *Pedagogia da terra*. São Paulo: Petrópolis, 2000.

GALEANO, Eduardo. *Os nascimentos*. Porto Alegre: L&PM Editores, 1996.

GILLETTE, Douglas. *O segredo do xamã*. Rio de Janeiro: Rocco, 2001.

GRIM, John A. *The Shaman*. Norman-OK: University of Oklahoma Press, 1988.

GROF, Stanislav. *A aventura da autodescoberta,* São Paulo: Summus, 1997.

_____. GROF, Christina. *A tempestuosa busca do ser: Um guia para o crescimento pessoal através da crise de transformação*. São Paulo: Cultrix, 1998.

GUNN, Allen P. *Grandmothers of the light*. Boston: Beacon Press, 1991.

GUTIÉRREZ, Francisco. *Ecopedagogia e cidadania planetária*. São Paulo: Cortez, 2002.

HARNER, Michael. *Shuar: Pueblo de las cascadas sagradas*. Quito: Ediciones Mundo Shuar, 1978.

____. *O caminho do xamã: Um guia de poder e cura*. São Paulo: Cultrix, 1980.

HALIFAX, Joan. *Shamanic voices: A survey of visionary narratives*. New York: Dutton, 1979.

____. *Shaman: The wounded healer*. London: Thames and Hudson, 1982.

HANCOCK, Graham. *Sobrenatural: Encontros com os antigos mestres da humanidade*. Rio de Janeiro: Nova Era, 2011.

HEINBERG, Richard. *Celebrando os solstícios*. São Paulo: Madras, 2002.

HEINZE, R. I. *Shamans of the 20th century*. New York: Irvington Publishers, Inc., 1991.

HOPPAL, M.; SADOVSKY, O. J. *Shamanism: Past and present (Vol. 1 & 2)*. Fullerton-CA: International Society for Trans-Oceanic Research, 1989.

HUXLEY, Aldous. *The doors of perception*. New York: Harper and Row, 1954.

INGERMAN, Sandra. *O resgate da alma*. Rio de Janeiro: Record, 1994.

____. *Jornada xamânica: Um guia para principiantes*. São Paulo: Editora Vida & Consciência, 2009.

JILEK, W. *Salish indian mental health and culture chance: Psychohygienic and therapeutic aspects of the guardian spirit ceremonial*. Toronto: Holt, Rinehart & Wiston of Canada, 1974.

JOHNSON, Paul C. *Shamanism from Ecuador to Chicago. A case study in new age ritual appropriaton*. In: HARVEY, Graham (Org.). Shamanism, a reader. Londo: Routledge, 2003. P. 334-354.

KALWEIT, Holger. *Dreamtime and inner space: The world of the shaman*. Boston: Shambhala Publications, 1988.

____. *Shamans, healers, and medicine men*. Boston: Shambhala Publications, 1992.

KARSTEN, Rafael. *The head-hunters of western Amazonas: The life and culture of the jibaro Indians of eastern Ecuador and Peru*. Helsinki: Societas Scientiarum Fennica, Commentationes Humanarurn Litterarum, 1935.

____. *Tsachila: Los clásicos de la etnografia sobre los colorados*. Quito, Abya-Yala, 1988

KING, Serge. *Mastering your hidden self*. London. Quest Book, 1985.

KRIPPNER, S. *Estados alterados de consciência. In J. White (Org.), O mais elevado estado de consciência*. São Paulo: Editora Pensamento, 1993.

LA BARRE, W. *The peyote cult*. Norman: University of Oklahoma, 1989.

LAKE, Robert G. *Native healer: Iniciation into an ancient art*. Wheaton: Quest Books, 1991.

LANG, Sabine. *Men as women, women as men: Changing gender in native American cultures*. Austin; University of Texas Press, 1998.

LANGDON, Jean Matteson; BAER, Gerhard. *Portals of power: Shamanism in south america*. Albuquerque: University of New Mexico Press, 1992.

____(Org.). *Xamanismo no Brasil: Novas perspectivas*. Florianópolis: Editora da UFSC, 1996.

____. *New perspectives of shamanism in Brazil: Shamanism and neo-shamanisms as dialogical categories*. Artigo apresentado no seminário permanente de etnografia Mexicana, Instituto Nacional de Antropologia e História, México, 2008.

____. Rose, Isabel Santana de. *Diálogos (neo)xamânicos: Encontro entre os guarani e a ayahuasca*. Artigo da Revista Tellus, Ano 10, N. 18. Mato Grosso do Sul: UCDB, 2010.

LASCARIZ, Gilberto de. *Quando o xamã voava: Sonho, erotismo e morte no xamanismo*. Sintra – Portugal: Zéfiro, 2011.

LESHAN, Lawrence. *O médium, o místico e o físico*. São Paulo. Summus, 1994.

LÉVI-STRAUSS, Claude. *Structural anthropology*. New York: Basic Books, 1963.

LEWIS-WILLIAMS, David. *Journal antiquity*. Vol. 77 N° 295. Durham: Durkam University, 2003.

____. CLOTTES, Jean. *Les chamans de la préhistoire: Transe et magie dans les grottes ornées*. Paris: Seuil, 1996.

Lex, Barbara W. *The neurobiology of ritual trance: The spectrum of ritual*. New York: Columbia University Press, 1979.

LOMMEL, A. *Shamanism: the beginning of art*. New York: McGraw Hill, 1963.

LUNA, Luis Eduardo. *Vegetalismo: Shamanism amongthe mestizo population of the peruvian amazon*. Stockholm: Almqvist and Wiksell Publishers, 1986.

LYON, William S. *Encyclopedia of native american healing*. New York: W.W. Norton & Company, 1996.

MATTHEWS, John. *The encyclopedia of celtic wisdom: A celtic shaman's source book*. England: Elemente Books, 1994.

____. *Xamanismo celta*. São Paulo: Hi-Brasil, 2002.

MATTOS, Melusine de. *O mundo superior, o mundo médio e o mundo subterrâneo. In: Mandrágora. Nos trilhos do xamanismo*. Sintra: Zéfiro, 2009.

MASLOW, Abraham H. *Motivation and personalit*. New York: Harper& Row, 1954.

MCKENNA, Terence. *Food of the gods: The search for the original tree of knowledge*. New York: Bantam Books, 1992.

METZNER, Ralph (Org.). *Sacred vine of spirits: Ayahuasca*. Vermont: Park Street Press, 1999.

MONTAL, Alix de. *Le chamanisme*. Paris: M. A. Editions, 1984.

MUTWA, Credo Vusa'mazulu. *Song of the stars: The lore of a zulu shaman*. Barrytown, NY: Station Hill Openings, 1996.

MYERHOFF, Barbara G. *Peyote hunt: The sacred journey of the huichol indians*. Ithaca-NY: Cornell University Press, 1974.

NEBESKY-WOJKOWITZ, R. *Oracles and demons of Tibet: The cult and iconography of the tibetan protective dieties*. Delhi: Book Faith India, 1996.

NETO, F. Rivas. *Umbanda – A proto-síntese cósmica*. São Paulo: Editora Pensamento, 1989.

NOEL, Daniel C. *The soul of shamanism*: Western fantasies, Imaginal realities. New York: Continuum, 1999.

ODE, Walid Barham. *La clave de guaman*. Calca: Ed. Qualit Print, 2007.

PERKINS, John. *The world is as you dream it: Teachings from the amazona and andes*. Rochester: Destiny Books, 1994.

____. CHUMPI, Shakaim. *Spirit of the shuar: Wisdom from the last unconquered people of the amazon*. New York: Destiny, 2001.

PETERS, Larry. G. *Ecstasy and healing in Nepal: and ethnopsychiatric study of tamang shamanism*. Malibu-CA: Undena Publications, 1981.

PINCHBECK, Daniel. *Breaking open the head: A psychedelic journey into the heart of contemporary shamanism*. Nova York: Broadway Books, 2002.

POLARI DE ALVERGA, Alex. *O guia da floresta*. Rio de Janeiro: Ed. Record/Nova Era, 1992.

POLONSKY, Rachel. *Molotov's magic lantern: A journey in Russian history*. London: Faber & faber, 2011.

PRATT, Christina. *An encyclopedia of shamanism (Vol. 1 & 2)*. New York: The Rosen Publishing Group inc., 2007.

PRICE, Neil. *The Viking way: Religion and war in late iron age Scandinavia*. Uppsala: Uppsala University Press, 2002.

REICHARD, Gladys A. *Navaho religion*. New York, Pantheon Books, Bollingen Foudation, 1950.

REICHEL-DOLMATOFF, Gerardo. *The shaman and the jaguar: A study of narcotic drugs among the indians of Colombia*. Philadelphia: Temple University Press, 1975.

RIPINSKY-NAXON, Michael. *The nature of shamanism: substance and function of a religious metaphor*. Albany: State University of New York Press, 1993.

RODRIGUEZ, Germán, *La Sabiduría del kóndor: Un ensayo sobre la validez del saber Andino*. Quito: Editora Abya-Yala, 1999.

ROUGET, G. *Music and trance*. Chicago: Chicago University Press, 1985.

RUDGLEY, Richard. *Pagan ressurection: A force for evil or the future of western spirituality?* London: Random House, 2007.

RUIZ, Miguel; *A voz do conhecimento*. Rio de Janeiro: Best Seller, 2004.

_____. RUIZ, Jose. *O quinto compromisso*. Rio de Janeiro: Best Seller, 2010.

RZHEVSKY, Nicholas. *An anthology of russian literature from earliest writing to modern fiction: Introduction to a culture*. New York: M. E. Sharp, 2004.

SAMS, Jamie. *As cartas do caminho sagrado*. Rio de Janeiro: Rocco, 1993.

_____. *Dançando o sonho: Os sete caminhos sagrados da transformação humana*. Rio de Janeiro, Rocco, 2003.

_____. CARSON, David. *Cartas xamânicas*. Rio de Janeiro; Rocco, 2000.

SANDNER, Donald. *Navaho symbols of healing*. Rochester: Healing Arts Press, 1990.

SANTOS, Marcel de Lima. *Xamanismo a palavra que cura*. São Paulo: Paulinas Editora; Belo Horizont: Editora PUCMinas, 2007.

SAPA, Hehaka. *Les rites secrets dês indiens sioux*. Année: Payot, 1953.

SCHMIDT, Robert. *Shamans and northern cosmology: The direct historical approach to mesolithic sexuality*. In: "*Archeologies of Sexuality*." Londres: Routledge, 2000.

SCHULTES, Richard E. *Plants of the gods: Their sacred, heding and hallucinogenic power*. Rochester: Healing Arts Press, 2001.

SHIROKOGOROFF, S. *Psychomental complex of the tungus*. London: Kegan Paul, 1935.

SOME, Malidoma P. *Ritual: Power, healing, and community*. New York: Viking Penguin, 1997.

SOUZA, Vera Maria de. *Medicina de Cura dos Animais Aliados*. Disponível em: <http://www.xamanismo.com/mensagens> Acesso em 27 de jul de 2005.

STAMETS, Paul. *Psilocybin Mushrooms of the world: An identification guide*. California: Ten Speed Press, 1996.

STEVENS, Jose; STEVENS, Lena. *Os segredos do xamanismo*. São Paulo: Editora Objetiva, 1992.

STONE, Alby. *Explore shamanism*. Loughborough: Explore books, 2003.

SUN, Bear; WABUN, Wind & Mulligan, Crysalis. *Dancing with the wheel*. Nova York, Simon & Shuster, 1991.

____. WABUN, Wind. *Dreaming with the wheel*. Nova York. Fireside Books, 1994.

TASORINKI, Yanaanka. *Chamanismo andino-amazónico: Maestros e plantas mestras de poder*. Cusco: Editorial Piki, 2010.

TEDLOCK, Barbara. *A mulher no corpo de xamã*. Rio de Janeiro: Racco, 2008.

TKACZ, Virlana. *Siberian shamanism: The shanar ritual of the buryats*. New York: Parabola Books, 2002.

TOVAR, Alódio. *A face oculta da natureza: O enigma de paraúna*. Goiânia: Imery, 1986.

TUPAYACHI, Carlos Fernández-Baca. *El otro saqsaywamán: La historia no contada*. Lima: Biblioteca Nacional del Perú, 2000.

VITEBSKY, P. *Dialogues with the dead: The discussion of mortality among the sora of eastern índia*. Cambridge: Cambridge University Press, 1993.

____. *The shaman*. London: Little, Brown and Co, 1995.

WALL, Steve; ARDEN, Harvey. *Wisdom Keepers: Meetings with native american spiritual elders*. Hillsboro, OR: Beyond Words, 1990.

WALSH, Roger. *O espírito do xamanismo*. São Paulo: Editora Saraiva, 1993.

WASSON, R. Gordon. *Soma: Divini mushroom of immortality*. New York: Harcourt, Brace & World Inc, 1968.

WATTS, Alan Wilson. *Joyeus e cosmologie*: aventure dans la chimie de la conscience. Paris: Fayard, 1971.

WEIL, Pierre: *Os mutantes*. Campinas: Verus, 2003.

WHITE, John. *O mais elevado estado de consciência*. São Paulo: Editora Pensamento, 1993.

WILBER, Ken. *O espectro da consciência*. São Paulo: Cultrix, 1990.

____. *Breve historia de todas las cosas*. Barcelona: Editorial Kairós, 1996.

WINKELMAN, Michael. *Shamanism: The neural ecology of Counsciousness and healing*. Connecticut: Bergin and Garvy, 2000.

WILLIAMS, Mike. *The shaman's spirit – Discovering the wisdom of nature, power animals, sacred places and rituals*. London: Watkins Publishing Ltd, 2013.

WILLIAMS, Walter L. *The spirit and the flesh*. Boston: Beacon Press, 1992.

WOLF, Fred Alan. *The eagle's quest*. Nova York: Summit Books, 1991.